JN411031

나의 영적 모범이 되어 주신 어머니께

이 책을 바칩니다.

문광서원

말씀으로 하나님의 빛을 전하다.

"문서를 통해 하나님의 빛"을 전하는 문광서원(文光書院)은 복음의 불모지였던 조선을 위해 문광서원을 세우고 최초의 한글 성경을 번역하여 보급했던 존 로스 선교사의 귀한 뜻과 정신을 이어받아 복음이 제한된 곳에 말씀을 보급하고 전하는 사명을 감당합니다.

북한 지하교회 순교사

초판발행 2015년 07월 01일
2쇄 발행 2017년 01월 20일
3쇄 발행 2024년 03월 05일

지 은 이 이반석
펴 낸 이 김옥인
펴 낸 곳 문광서원
주 소 서울 용산구 한남대로 41-6
출판등록 제 2010-000074호
대표전화 02)797-8846
홈페이지 www.munkwang.com
E-mail munkwangbooks@gmail.com
I S B N 978-89-98232-12-2 03230

「이 도서의 국립중앙도서관 출판예정도서목록(CIP)은 서지정보유통지원시스템 홈페이지(http://seoji.nl.go.kr)와 국가자료공동목록시스템(http://www.nl.go.kr/kolisnet)에서 이용하실 수 있습니다.(CIP제어번호: CIP2015016638)」

잘못 만들어진 책은 교환해 드립니다.

북한 지하교회 순교사

| 이반석 지음 |

문광서원

감사의 글

먼저 변함없으신 은혜를 인하여 하나님 아버지께 영광을 올려 드립니다. 하나님이 원치 않으셨다면 이 책은 아무 의미도 없었을 것입니다. 덧붙여 이 책을 쓰는 동안 저를 지원해주신 많은 분들께 감사를 드립니다.

첫 번째로 저의 아내에게 감사합니다. 아내의 인내와 도움이 없었다면, 이 책을 완성하지 못했을 것입니다. 하나님과 더 깊은 교제를 나눌 수 있도록 시간을 허락해 준 것과 인생의 동반자로서의 협력에 깊은 감사를 표합니다. 목회학(M.Div)을 도전하도록 격려해 주고 선교학을 제대로 공부해서 선교하라던 아내가 고맙기만 합니다. 또한 이 선한 싸움을 끝내기까지 기다려 주며 나를 존경해 주고 도와준 세 딸 은종, 은혜, 그리고 은미에게 고마운 마음을 전합니다. 저에겐 너무나 사랑스럽고 훌륭한 자녀들입니다. 믿음 안에 살면서 아빠를 늘 사랑해 주는 딸들이 고맙기만 합니다.

저의 형이자 모퉁이돌선교회의 회장이신 이삭 목사님께도 감사의 인사를 전합니다. 형제로서 저로 하여금 사역에 동참하도록 허락해 준 것만이 아니라 오직 믿음으로만 사역을 감당할 수 있도록 도전을 준 동역자로서 감사를 드립니다. 이 책이 마무리되는 동안 소천하신 저희 아버지께도 감사를 드립니다. 아버지께서 종종 황해도 억양이 곁들여진 말투로 "아직 끝나지 않았냐?"고 끊임없이 재촉하시고 관심을 기울이지 않으셨다면, 저는 더 완벽하게 쓰고자 하는 욕심에 아직도 이 집필을 끝내지 못했을지도

모릅니다.

모퉁이돌선교회의 훌륭한 선교사들과 교역자들, 그리고 제가 선교학을 공부하는 기간 동안 먼 거리에서도 사역이 문제 없이 진행되도록 유연하게 움직여 준 모든 선교회의 간사들, 특별히 북한의 지하교회와 순교에 대한 자료들을 모으고 정리하는 데 표현할 수 없을 만큼 큰 도움을 준 연구원의 앤디 형제, 정말 수고했고 고맙습니다.

제가 이 책을 완성할 수 있도록 기도해 주신 모든 분들께 또한 진심으로 감사드립니다. 그리고 경제적, 정신적, 심리적으로 저를 지원해 주신 동역자들께, 특별히 주님 안에서 아름다운 형제인 가브리엘 선교사에게 감사의 마음을 전합니다. 이분들의 끝없는 격려와 지원이 제가 북한의 고통받는 그리스도의 몸 된 교회와 핍박받는 교회를 알리는 일을 계속할 수 있도록 큰 힘이 되었습니다.

풀러신학대학원(Fuller Theological Seminary)의 교수님들, 특별히 하나님 나라와 하나님에 대한 이해를 넓히고 그분의 기대를 충족시키기 위한 저의 노력을 지지해 주고 선교에 대한 시야를 확장시켜 주신 찰스 밴 엔겐 지도교수님, 윌버트 셍크 교수님, 딘 길리랜드 교수님, 선교학 한국부의 박기호 교수님과 여러 교수님들께 깊은 감사를 드립니다. 그분들과 나눈 것들로 인해 저의 인생과 사역은 끊임없이 변화되어 왔습니다.

마지막으로 이 책을 읽고 있는 당신께 감사드립니다. 부디 이 책을 통해 성령께서 말씀하시는 바를 두 눈과 두 귀로 분명히 보고 들으시기를 기도합니다.

목차

서문

매일 아침 배달되는 신문에 북한, 혹은 중국(당시에는 중공[中共])이란 단어가 나올 때마다 어머니의 눈가에는 눈물이 맺히곤 했다. 어머니께서 왜 우시는지 나는 알지 못했다. 그때 나는 10살도 채 되지 않은 어린아이였기 때문이다.

1962년 어느 날, 어머니께서는 외출을 앞두시고 형에게 함께 동행해 줄 것을 청하셨다. 공공장소에서 한 남자와 만나기로 하셨는데, 목사 사모로서 홀로 남자를 만나는 것에 대한 부담감 때문이었을 것이다. 긴 대화 끝에 어머니께서는 슬픈 얼굴로 돌아오셨다.

형은 어머니께서 왜 슬픈 얼굴로 돌아오셨는지 궁금하여 물어보았다. "어머니, 왜 그러세요?" 대답을 기다리는 아들에게 어머니는 나직하게 되물으셨다. "내가 10년 전 너에게 했던 말 기억하니?" 형은 망설이며 대답했다. "네, 그러니까 목사가 돼서 북한 선교사가 되는 거 말이에요?" 어머니께서는 이렇게 대답하셨다. "미국으로 가는 비행기표 살 돈이 없어서…" 어머니께서는 목소리를 내리까시며 계속 말씀하셨다. "내 피를 다 팔아도 충분하지 않겠다는 생각이 들어 이것까지 생각했는데…" 당시 어머니는 목회를 하시던 아버지가 받아오시는 적은 사례비로 생계를 꾸려 가시던 중에 종종 피를 팔아서 먹을 것이 없는 가난한 자들을 위한 양식을 마련하셨다.

어머니께서는 형이 선교사가 되어서 북한으로 가기를 기대하셨다. 한국전쟁이 끝나고 10년도 채 되지 않았던 그때는 북한으로 들어간다는 것은 생각조차 할 수 없는 일이었다. 휴전선과 죽의 장막 중국을 통하여 북으로 들어가는 것은 불가능할 때였다. 그럼에도 불구하고 어머니의 꿈은 확고하여 형이 미국 시민권을 따서라도 선교사가 되어 중국, 러시아, 몽골, 그리고 북한에 가기를 바라셨다. 한국에서는 불가능하다고 여기셨기 때문이다. 그러나 한국 교회의 가난한 목사 사모인 어머니께는 돈이 없었고, 할 수 없이 신문에 광고를 내어 그 사람을 만난 것이다.

어머니께서는 깊은 한숨을 내쉬고는 형에게 계속 말씀하셨다. "내 한쪽 눈이라도 팔려했는데…." 그리고 어머니는 말을 잇지 못하시다가 한참 만에 입을 떼셨다. "한쪽 눈을 빼는 데 드는 비용으로는 비행기값이 부족하대…." 어머니께서는 긴 한숨을 더 내쉬고는 말씀하셨다. "두 눈을 다 팔지 않는 한은…." 어머니의 눈에는 어느새 눈물이 고여 있었다. 한쪽 눈을 팔아 미국 갈 비행기표를 마련하고 한쪽 눈으로 살아갈 수 있다고 생각하셨는데, 양쪽 눈을 다 팔면 사람들에게 짐이 될 수 있다고 생각하신 어머니는 결국 그 생각을 포기해 버리신 것이다.

그 후 어머니는 아들을 미국에 보내어 북한 선교사로 만들지 못하게 된 것에 대해 매우 힘들어하셨다. 감사하게도 눈을 팔려고 했던 어머니의 계획은 이루어지지 않았다. 어머니는 그 다음해에 소천하셨고, 몇 년이 지나지 않아 하나님은 놀라운 방법으로 우리 가족을 미국으로 보내 주셨다.

어렸을 때부터 형과 나는 미래에 대하여 자주 이야기하였다. 교회도 아름답게 세우고, 학교도 세워 나라를 짊어질 청년들을 키우며, 북한에 복음을 전하는 구체적인 꿈들을 나누었다. 그때부터 나는 속으로 선교사로 부름 받은 형을 지원하기 위해 부자가 되어야겠다고 결심했다. 나는 미국에서 대학을 졸업하고 사회에 진출하면서 사업을 시작하였고, 곧 형의 활동을 지원할 수 있는 자리까지 올라갔다. 형은 신학 공부를 마치고 부목사로 사역하다가 선교사의 부름을 받아 1983년에 중국 여행을 시작으로 북한선교에 뛰어들었다.

1985년 어느 늦은 저녁, 형은 나에게 어머니가 눈을 팔려고 하셨던 이야기를 들려주었다. 그리고 종종 형이 교회들을 다니며 선교보고를 할 때에도 그 이야기를 듣게 되었다. 나는 하나님께 소리쳤다. 어쩌면 그것은 반항이었는지도 모른다. "어머니께서 당신을 위해 정말 눈까지 팔았어야 했나요? 선교를 위해 그렇게 많은 것을 드려야 했나요?" 그 후로 나는 한참 동안 방황했다.

그러던 어느 날, 하나님은 세미한 음성으로 나에게 말씀하셨다. "나는 나의 독생자를 십자가에서 죽게 했다. 그것이 그의 순종의 값이었다." 그분은 또 나에게 말씀하셨다. "그리고 내가 너에게 원하는 것이 있다. 바로 순종이다."

그 음성을 들은 지 얼마 지나지 않아 나는 사업에서 손을 떼었고, 북한으로 성경을 밀수하는 형과 함께 주님의 부르심에 동참하게 되었다. 그 후 신문을 읽으실 때마다 무엇이 그토록 어머니의 눈물을 쏟게 하였는지를 알게 되면서 북한의 포로 된 하나님의 백성들이 하루 빨리 자유케 되어 주님을 예배할 날을 고대하며 선교사역에 동참하게 되었다.

머리말

핍박과 순교는 지하교회가 존재한다는 증거

지난 60년 동안 북한의 성도들은 심한 핍박을 받았다. 해방 후 38선이 생겨 남북한의 왕래가 끊어지기 전, 우리 부모님을 포함한 많은 그리스도인들이 남한으로 피난을 왔다. 북한 건국 이후 북한에 남은 지하교회 성도들은 극심한 고난과 핍박을 견뎌야 했다. 많은 사람들이 그들의 믿음을 지키기 위해 순교하였다. 물론 진작부터 예수님을 부인하고 배교한 사람들도 있었다. 남은 자들의 모든 소망이 사라져 버릴 만큼 교회가 받는 핍박은 가혹했다. 1971년, 김일성은 북한을 방문한 일본 기자들 앞에서 마지막 남은 그리스도인들까지 모두 사라졌다고 자랑스럽게 선포했다.[1)]그리고 남한에 있는 우리는 북한의 교회가 완전히 무너져 버렸다고 배워왔다.

북한 교회의 역사와 핍박에 관한 현존하는 문서들을 검토해 본 결과, 남한의 문서들은 북한의 그리스도인들뿐만 아니라, 지하교회의 존재마저도 묵살해 버렸다는 것을 알게 되었다. 그러나 모퉁이돌선교회가 북한사

1) 김일성은 일본 기자들 앞에서 "북한에는 종교인들을 위한 교회가 없다"라고 말했다. 고태우, 『북한의 종교정책』(서울: 민족문화사, 1989), 107-108.

역을 하는 가운데 북한에 지하교회 성도들이 숨어서 믿음을 지키고 있으며, 신실한 남은 자들이 있다는 것을 발견하게 되었다. 우리는 성경을 배달하면서 실제로 그들을 만났고, 그들의 신앙고백을 듣게 되었다. 그래서 필자는 북한에 만연한 핍박과 현존하는 북한 교회에 관한 자료들을 모아서 문서화하기 시작했다. 북한 교회의 역사는 반공산주의적 활동과 함께 기록되었으며, 교회는 북한 공산주의자들의 적으로 인식되어 한국전쟁 후 가시적 교회는 공산주의 사회로부터 제거·축출되고 그 핍박은 오늘날까지 계속 이어지고 있다.

이 책은 서술적 연구로, 핍박받는 북한 지하교회에 대한 선교적 이해에 초점을 두고 1945년부터 2006년까지 처형되거나 투옥된 성도 16,984명과 관련된 761건의 문서들을 기초로 작성되었다. 각 자료들은 지하교회 성도들의 수, 장소, 모임의 종류, 체포 원인, 체포된 그리스도인들의 처벌 수준, 직분, 소속 교단, 그들의 믿음의 근거에 관한 정보들을 제공한다. 성도들의 순교와 핍박에 관한 정보는 지하교회의 존재를 증명할 뿐만 아니라, 여러 지역에 분포해 있는 성도들과 교회의 존재를 증명하는 것이기도 하다.

이 연구에서 찾은 정보들이 보여주는 것은 전쟁 후에 북한에서 특정 교단과 교회가 사라졌으며, 비공식적인 예배로 대체되었고, 전쟁 전에 하나님을 믿었던 그리스도인들이 이 지하교회의 중추를 형성하여 대대로 그들의 믿음을 다음 세대에 물려주었다는 것이다. 북한의 성도들은 전국적인 범위의 모임들과 개인 혹은 가족 단위로 적으면 2명, 많으면 30명 정도의 규모로 예배를 드리고 있는 것으로 확인되었다. 아울러 평양 등 대도시뿐만 아니라 지방 곳곳에 많은 지하교회가 존재하고 있다는 것도 알게 되었다.

이러한 북한 교회의 역사를 통해 배울 수 있는 것은 김일성이 등장한 이후 지금까지 지하교회는 여전히 하나님을 경배하고 있다는 사실이다. 1990년대 후반 탈북인들이 급증하면서 많은 사람들이 신앙생활을 시작했고, 새롭게 기독교인이 된 이들은 적극적으로 복음전도 활동을 펼쳤다. 1995년부터 2006년까지 10여 년 동안 주로 개인적인 복음전도를 통해 지하교회의 성장이 눈에 띄게 나타났다.

결과적으로 이 연구는 현재 성장하고 있는 지하교회에 대한 증거를 제시하며, 핍박 가운데 끊이지 않는 하나님을 향한 북한 성도들의 신앙고백을 조망하려고 노력하였다. 다 사라졌을 것이라고 여겨졌던 교회는 하나님의 섭리와 사랑 속에 한국에 왔던 초기 선교사들이 꿈꾸던 교단·교파도 없는 순수한 예수 그리스도의 지체로, 마태가 표현하였던 회중(에클레시아)으로 아직도 살아서 역사하고 있다. 필자는 이 책이 완벽하게 완성되었다고는 할 수 없지만, 미래에 세워질 북한 교회 역사의 초석이 될 것으로 기대한다.

연구를 마친 후 많은 시간이 흘렀다. 이 연구가 소개되기 전(前)과 후(後) 통일에 대한 한국인이나 외국인들의 생각에도 변화가 생겼고, 북한의 지하교회를 바라보는 시각에도 변화가 보인다. 이것과 관련된 몇몇 서적들이 발간되었고, 북한 지하교회에 대한 내용을 다루는 상황에 변화도 생겼다. 다만 달라지지 않은 것이 있다면 북한을 향한 하나님의 사랑뿐이다.

제법 시간이 흘러 환경이 달라진 상황에서 부분적으로 시대에 맞지 않는 내용도 있지만, 북한 지하교회의 존재에 대한 큰 변화는 없어 부록에 2013년에 발표한 통일 이후의 선교전략을 추가하였다. 이것은 모퉁이돌선교회와 동역하려는 분들에게 통일을 준비하는 선교회의 모습을 알리고, 하나님의 계획을 나누기 위함이다.

마지막으로 이 연구는 풀러신학대학원 선교학 박사학위를 위해

2009년도에 학교와 선교학회에 제출한 논문 중 학술적인 부분을 일부 수정·보완하고 구성을 변경하여 일반인들도 쉽게 읽을 수 있도록 편집하여 정리한 것이다. 논문에 제출된 핵심적인 정보는 수정하지 않았고, 다만 학술적으로 요구되는 내용으로 정리하였다.

기록되지 않은 역사

현재 북한 교회의 근대사를 다룬 책이나 문헌들은 많지 않다. 북한 교회 역사의 특정 시대를 구체적으로 설명한 것이 아닌 한 대부분의 교회 역사에 관한 책들은 한국전쟁 휴전(1953) 이후 시점부터 북한 성도들에 대해 기록하지 않고 있다. 예를 들면, 장로교 합동측 사학가 박용규 박사의 저서 『한국기독교회사』 31장을 보면 한국전쟁 이후 1960년까지 다루고 있는데, 그 이후 북한 교회의 역사에 대한 언급은 없고 오직 남한 교회의 역사만 서술했다.[2] 장로교 통합측 민경배 박사도 공산주의 체제 아래에서 어떻게 북한 교회가 살아남을 수 있는가에 대해 세 장(章)에 걸쳐 언급한 것 외에 전쟁 후 북한 교회의 역사에 대해서는 기술하지 않았다.[3] 전택부 교수(감리교) 역시 한국의 교회 발달 역사에서 전쟁 중 순교자 목록을 기록한 후 북한 교회에 대해서는 기록하지 않았다.[4] 이영훈(1978), 김영재(1998), 그리고 김진형[5] 같은 사학가들 역시 전쟁 후의 북한 교회 연구를 제시하지 않았는데, 이 역사학자들은 아직까지도 활발하게 활동하고 있다.

---

2) 박용규, 『한국기독교회사』 (서울: 생명의말씀사, 2004), 968-992.

3) 민경배 『한국기독교회사』 (서울: 대한기독교서회, 1993), 486-488.

4) 전택부 『한국교회발전사』 (서울: 대한기독교출판사, 1987), 316.

5) 김진형 목사는 수난기 한국감리교회 북한 교회사를 1910년부터 1950년까지 정리하였다.

지난 10여 년간 북한을 전문적으로 연구하는 소수의 학자들만이 북한 종교의 근현대사를 분석하고 기록하기 시작했다. 북한의 교회사를 기록하는 사람은 단순히 교회사학자라기보다는 북한학자, 북한 사회학자, 그리고 종교학자들[6]이었다. 그들은 북한을 연구하고 발표하면서 정부로부터 허가받은 연구 활동 범위 안에서 그 결과를 발표하였다. 결과적으로, 한국전쟁 후 북한의 기독교 역사에 대한 정확하고 충분한 기록이 없다고 해도 과언이 아니다. 현존하는 문서들은 표면적이고 공식적인 것들만 다룰 뿐, 가장 중요한 부분이라 할 수 있는 성장하는 지하교회들에 대해서는 간과하였다. 더군다나 북한 교회의 모든 역사를 다양한 선교적 관점으로 이해하고 해석하여 지하교회의 상황을 설명한 기록은 거의 찾아볼 수 없다.

북한 교회에 대해서 쓴 몇몇 사람들은 공산주의자들이 교회의 성도들을 가혹한 방법으로 처리한 후 교회가 휴면상태로 들어갔다고도 하였다. 우리 한국 교회사에 빼놓을 수 없는 김양선(1956), 김영국(1979), 김광수(1994) 등은 모두 북한 공산주의자들에게 실제로 핍박을 받은 사람들이었는데, 그들은 북한의 모든 그리스도인들이 사살되었고 교회가 생존할 가능성은 희박하다고 기록했다. 그들은 북한에서 유일하게 생존하는 교회는 공식적인 교회이며, 생존을 위해 공산주의에 복종하는 것은 그리 어렵지 않은 일이라고 믿었다.

남한의 성도들은 공산주의의 만행으로 인해 북한에 있는 교회들이 한국전쟁 동안에 그리고 한국전쟁 후에 완전히 붕괴·제거되었다고 배웠고, 또 그렇게 믿고 있었다. 전쟁 동안 그리스도인들의 순교에 대한 이야

6) 다음 목록은 저명한 학자들의 이름이다: 길성철(1981), 윤동현(1986), 박완신(1989), 사와 마사히코(1997), 윤이훈(1990), 고태우(1990), 강인철(1992), 김병로(2006), 김흥수, 류대영(2002), 그리고 양병희(2006) 등이다.

기를 모은 교회사학자들로는 김준배(1969), 김수진(1981), 김광수(1984), 임영섭(1991), 이형근(1992), 김성준(1993)이 있다. 그들이 쓴 북한의 역사는 모든 교회가 완전히 파괴되고, 목사들과 장로들이 순교당했다는 인상을 남겼다. 그들의 논리 뒤에는 교회에 대한 좁은 시야가 존재한다. 성직자로 임명받은 모든 목사들이 남한으로 피난을 갔고, 새로운 목사들을 훈련시키거나 임명시킬 만한 기관들이 없는데 어떻게 북한에 교회가 존재할 수 있느냐는 것이다.

이처럼 북한 교회사의 기록이 부재한 상황에서 종교학자 류성민은 북한에 지하교회가 존재한다고 주장하며 다음과 같이 말하였다. "따라서 우리는 북한에 종교가 없다고 해서는 안 될 것이다. 북한에서는 눈에 보이는 종교의례는 행하지 못하지만, 대다수 북한 주민들은 마음속으로나마 초월적인 존재, 즉 하느님에게 늘 빌면서 살아가고 있는 것이다."[7)]

종교학자로서, 그는 종교란 인간 본성의 기본적인 요소 중 하나라고 믿었다. 그러므로 그는 결론적으로 지하교회가 존재함을 논리적으로 설명한 것이다. 그는 『북한 주민의 종교생활』이라는 책의 서두에서 "사회주의 국가들에서 일어난 변화가 북한에서도 일어날 가능성이 있다고 본다"[8)] 라고 말하면서 사회주의 국가들 안에 어떤 형태라도 종교는 살아남아 있었다고 주장하며 북한의 지하교회의 존재를 제시하였다.[9)]

이런 상황에서 숙명여자대학교 명예교수인 이만열 박사는 한국기독교역사연구소의 북한 교회사 집필위원의 자격으로 북한 교회사를 집필하여 1996년 출간하였다. 이 책은 1990년대까지의 북한 교회사를 다루고

---

7) 류성민, 『북한 주민의 종교생활』(서울: 공보처, 1994), 197.

8) Ibid., 11.

9) Ibid., 197.

있는데, 북한 교회사를 가장 많이 다룬 책이기도 하다. 이 책에서 이만열은 북한 지하교회사를 다룬 것은 아니었지만, 북한에 지하교회가 존재하며 지하교회는 사회주의적 구조에 순응하였다고 말했다. 그는 북한의 교회는 어려운 시기를 대처하기 위한 생존 방법을 배웠다고 믿었다.

이만열 박사는 지하교회가 존재하기 위한 자치 세력이 없기 때문에 이 비공식적인 교회가 자생할 수 없을 것이라고 생각했다. 그러나 전통적인 기독교 형태는 사회주의 체제에 맞게 적응될 수밖에 없었다. 교회 활동은 일반 가정에서 행해졌으며, 안수받은 목사와 장로가 없기 때문에 평신도들은 더 큰 부담감을 떠안을 수밖에 없었다. 이런 이유에서 그는 결국 모든 교회의 전통적인 형태가 지하교회 성도들에게 가장 필요한 기본적인 형태로 축소되었다고 저술하였다.[10)]

북한에 지하교회가 없다는 주장들

대부분의 남한 교회 목사들 그리고 교회 지도자들은 북한에는 지하교회가 없다고 공공연하게 말한다. 예를 들어 한국기독교장로회의 박종화는 2006년에 다음과 같이 선포하였다.

> 북한의 소위 '지하교회' 문제가 심심치 않게 논의의 대상이 되고 있는데, 솔직히 말해서 노인세대들 중에서 과거 교인이었던 분들이 나름대로의 신앙을 고백하고 있을 수는 있으나, 북한 사회 체제 속에서 지하 개별신자들이 아닌 지하교회는 존재할 수 없으며, 존재한다면 그것은 이미 지하교회일 수 없다고 믿는다.[11)]

10) 한국기독교역사연구소 북한교회사집필위원회, 『북한교회사』(서울: 한국기독교역사연구소, 1996), 455-462.
11) 박종화, "통일을 향한 북한서교의 과제와 전망," 『통일한국포럼』(서울: 바울, 2006), 13.

북한 전문가로 해방 후 북한 교회사를 집필한 김흥수 박사마저도 북한 지하교회의 존재를 부인하였다.

> 북한 지하교회의 존재는 그들을 위해 일하고 있다는 남한 측 사람들에 의해 주장되고 있지만, 그 실상은 좀처럼 확인하기 힘들다. 북한을 자주 방문하여 북한 사정에 밝은 해외 기독교인들은 '지하교회'란 북한선교를 주장하는 보수적 남한 및 해외 기독교인들이 만들어낸 허상이라고 단언한다. 대부분의 탈북인들도 지하교회의 존재에 관하여 회의적이다.[12]

김흥수 박사는 나중에 만약 그런 것이 존재한다 하더라도 거기에 속한 성도들은 굉장히 적은 숫자일 것이라고 주장하였다. 그는 그것이 중국 국경 주변에서만 일어나는 최근의 현상일 것이라고 간주했다.[13] 김흥수 박사는 1998년에 국가안전보위부 출신 탈북자 윤대일의 말을 인용하면서, 북한의 생활양식을 고려해 볼 때 북한 성도들이 숨어서 신앙을 지킬 가능성은 희박하다고 말했다. 윤대일 박사는 다음과 같이 말하였다. "북한 사람들은 매일 어떻게 생존할지에 모든 초점이 맞춰져 있기 때문에 정신적으로 종교를 가져야겠다고 생각할 시간이 없다."[14] 윤대일은 모든 북한사람들이 생계 자체에 어려움을 겪고 있는 상황을 근거로 지하교회 성도들의 존재 가능성을 일축했다.

2002년 김흥수 박사는 다음과 같이 말했다. "1958년 이후에 종교인들이 사라졌다는 언급이 사실이고, 실제로 한 사회 안에 종교의 붕괴가

---

12) 김흥수, 류대영 『북한 종교의 새로운 이해』(서울: 다산글방, 2002), 197-198.

13) Ibid., 198-199.

14) Ibid., 100.

가능하다."[15] 김흥수 박사는 북한의 종교에 대한 다른 입장을 보여주었는데, 그는 공식적인 교회만이 합법적인 교회라는 관점을 인용하여 다음과 같이 설명했다.

> 북한의 교회는 정부에 속한 교회의 한 형태로서 존재한다. 이러한 형태의 교회는 북한에만 존재하는 것은 아니다. 이들은 지난 2천 년 동안 다양한 형태로서 존재해왔다. 또한 삼자교회 자체도 자신이 정부에 완전히 예속된 형태로서, 정부가 교회 위에 존재하며 국가가 정치적 목적을 달성하기 위해 교회의 존재를 허용하고 있음을 인정하고 있다.[16]

그래서 김흥수 박사는 남한의 기독교와는 다를지라도, 북한 교회의 종교적 행위는 사회주의 체제에서 허용되는 기독교의 적용이라고 주장한다. 김흥수 박사는 전 아세아연합신학대학교 총장인 한철하 박사의 『지상교회와 지하교회』에 나타난 주장과 비슷한 의견을 제시하였다.

> 모든 사회 조직들은 공산 정권의 사회주의 국가 조직의 통치(auspices) 아래 지배되기 때문에 모든 종교 집단 역시 공산당의 통제 하에 존재하는 것은 당연한 이치다. 그러므로 조직화된 교회는 공산당의 사회 조직의 하나로서 공식적으로 존재해야 하는 것이 불가피하다.[17]

김흥수 박사는 북한의 공식적인 교회가 이치에 맞는 것이라고 계속해

---

15) Ibid., 101.

16) 김흥수, 『조선기독교도연맹과 국가: 북한에서의 정교관계연구』(서울:한국기독교역사연구소, 1997), 244.

17) 한철하, 『지상교회와 지하교회』(서울: 기독교사상, 1971), 61.

서 주장한다.

> 만약 현재 공식적으로 인정되는 모든 종교가 사회적 가치와 지도자의 정치적인 판단을 고려한 후에야 허용되었다는 사실을 인정한다면, 명백한 정치 활동과 정치적 설교를 하며 비기독교인들을 종교 활동에 참여시키는 조선그리스도교연맹(KCF)과 봉수교회의 방식은 교회가 사회주의 북한 내에서 존재하기 위한 하나의 규범적인 조건으로 받아들여져야 할 것이다.[18]

즉, 김흥수 박사의 견해는 북한 사회주의 체제에 허용될 만한 독특한 적응 형태로 조선그리스도교연맹(KCF)과 봉수교회 등 '규격화된 교회'가 존재할 뿐 북한 정부의 공식·비공식 입장과 반하는 지하교회의 존재 가능성은 부인하는 것으로 해석할 수 있다.

일본의 교회사학자인 사와 마사히코는 북한에 비공식적인 교회가 존재하지 않는다는 비슷한 견해를 가지고 있다. 그는 북한의 공산주의자들이 모든 반공산주의 조직들과 사람들을 제거하기 위해 어떻게 했었는지에 대해 서술하였다. 공산주의자들은 사람들을 계층으로 구별하고 모든 종교 모임을 억압하기에 이르렀다. 사와 마사히코는 이런 가혹한 조치 때문에 남아 있는 교회가 발견될 가능성이 희박하다고 생각했다. 그는 교회가 자취를 감추게 할 만큼 가혹한 핍박의 증거로 순교자들의 이야기들을 제시했다. 따라서 그는 현재 북한에 활동하는 지하교회는 없다고 결론지었고, 만약 남은 교회가 있다고 할지라도 활동하지 않는 소수의 신앙인들로 제한되었을 것이라고 말하였다.[19]

---

18) 김흥수, 『조선기독교도연맹과 국가: 북한에서의 정교관계연구』(서울:한국기독교역사연구소, 1997), 230.

19) 사와 마사히코, 김숙자·강문규 역, 『남북한기독교사론』(도서출판 민중사, 1997), 288-300.

그러나 마사히코는 지난 60년간 북한에서 일어난 북한 지하교회 성도들의 순교 이야기에서 근본적인 형태를 밝히지 못했다. 그는 북한에서 계속되는 순교가 바로 지하교회의 존재를 역설적으로 보여 준다는 사실을 인식하지 못했고, 각 사건마다 처형된 순교자들의 숫자가 교회가 존재하였기에 가능한 것이며, 그 자체가 그리스도인들이 아직도 모여서 예배를 드리고 있다는 것을 말해 주는 것임을 알지 못했다.

전아세아연합신학대학교 북한학 교수인 김병로 박사(현 서울대 통일평화연구소 교수)는 "북한 그루터기 신앙공동체의 존재 양태"에서 그리스도 안에서 비밀스럽게 그들의 믿음을 지켜 나가는 성도들에게 '지하교회'라는 단어를 사용하기를 주저했다. 대신 그는 그들을 '그루터기'라고 표현했다. 그의 정의에 따르면, 이 그루터기는 1950년까지 존재했던 규격화된 교회의 과거의 성도들로 이루어진 것이라고 말한다. 이 그루터기는 북한 주민 전체를 출신 성분에 따라 3계층 51개 부류로 구분할 때, 한국전쟁 후에 노출된 자들이라고 말하였다.[20] 김병로 박사의 주장을 다음과 같이 요약할 수 있다.

> 1958년 5월 30일, 공산주의 정부는 반 혁명가들을 제거해 버리기로 결정했다. 그리스도인들은 잔혹한 핍박을 견디다 못해 모두 흩어져 자취를 감추었다. 어떤 이들은 지하로 숨어 들어갔고, 어떤 이들은 믿음을 부인하기로 선택했다. 10년간의 박해가 끝나자 박해의 강도가 다소 약화되었다. 이 기간 동안 정부는 전에 많은 교회와 성도들이 있던 지역에서 200여 개의 가정교회가 모임을 가질 수 있도록 허용했다. 물론 몇몇 성도들의 개인적인 접촉을 허락하기도 했다. 그러나 시간이 지날수록 규제는 강화되기 시작했고, 가정교회의 숫자가 40개로 감소했다.

20) 김병로, "북한 그루터기 신앙공동체의 존재 양태," 『통일한국포럼』(서울: 바울, 2006), 19-41.

1972년 조선기독교도연맹이 재설립되자, 투옥되었던 몇몇 그리스도인들을 석방시킬 수 있는 사면제도가 신설되었다. 이 사면제도 하에 석방된 기독교인들은 의무적으로 조선기독교도연맹에 가입하고, 북한의 종교 정책의 변화를 외부세계에 알려야 했다. 1980년에는 오지로 추방당한 기독교인들을 사면하는 제도가 추진되었다. 그들이 돌아온 후에, 정부는 그들의 종교 활동을 제한하기 시작했다. 얼마 후에 이 남은 자들은 어느 한 가정에서 모이기 시작했다. 북한을 방문한 외부인들이 이 가정교회를 방문한 뒤, 가정교회는 외부에 알려지기 시작했다. 가정교회의 모임들은 서서히 확장되기 시작하여 가정 단위로 모이기 힘들 정도로 규모가 커졌다. 이 가정교회 모임들은 1988년 봉수교회가 세워졌을 때, 모두 봉수교회에 흡수되었다.[21]

기본적으로 김병로 박사가 주장하는 것은 남은 자, 즉 '그루터기'라고 불리운 사람들의 모임은 '지하교회'가 아니라는 것이다. 이 그루터기들은 이전의 규격화된 교회의 신분이 높은 사람들이라는 것이다. 그는 어떤 지하교회의 존재도 인정하지 않았다. 그는 지하교회를 중국에서 돌아온 탈북인들이 행한 탈선 정도로 치부했다. 그는 '지하교회'를 인정하지 않았고, 몇 가지 문제점 때문에 그것을 교회로 보기 힘들다고 믿었다.

그 문제점들이란 지하교회는 비밀스러운 봉사자들에게만 알려져 있고, 그들의 신앙은 혼합주의적 경향이 있으며, 개인과 탈북인들의 물품 조달의 경로로 교회를 사용한다는 것이었다. 공식적이고 규격화된 교회의 형태가 아니라는 이유 때문에 그는 지하교회가 교회의 제 기능을 수행하지 못한다고 보았다. 그는 공식적으로 인정된 모임만 교회로 인정하려고

21) Ibid.

했고, 비공식적인 요소에 대해서는 진실된 교회로 포함시키지 않았다.[22]

"북한 교회가 처한 정치·사회적 상황의 특수성을 감안한다면, 북한 교회를 일단 신학적 의미의 교회로 간주하는 것은 무리가 없을 듯하다"[23]라는 그의 말은 비공식적인 교회는 공식적으로 인정된 교회라고 할 수 없다는 그의 관점에 들어맞지 않는다. 2006년에 발행한 책『남북한 교회 통일 콘서트』에서 그는 구체적인 신학적 근거들을 제시하기보다는, 비공식적인 교회가 마주하고 있는 많은 문제들과 도전들을 근거로 다시 한 번 지하교회의 존재를 부인했다. 그는 비공식적인 교회 혹은 지하교회의 실제 규모는 과장된 것이고, 그들의 활동도 액면 그대로 받아들여질 수 없다고 확언했다.

또한 그는 북한의 지하교회 성도들을 지원하는 선교단체의 사역들을 무시했다. 그리하여 지하교회가 없는 것은 자명한 일이며, 그루터기들이 공식적인 감시에 노출될 것이기 때문에 최초의 신앙 모임의 남은 자들만이 존재할 수 있는 것이라고 결론을 내렸다. 이와 같이 지하교회는 비밀리에 활동하며 조직화된 교단에 속하지 않았기 때문에 그루터기 교회의 일부로서의 자격을 갖추지 못했다고 믿었다.[24]

반대로 소수의 지식인들과 교회 지도자들 중 지하교회의 존재를 믿는 사람도 있다. 서울 사랑의교회 담임목사를 역임한 옥한흠 목사는 오순절 기간에 숨겨져 있던 성도들에게 부흥이 일어났던 것처럼, 지하교회에도 그와 같은 부흥이 가능하다고 믿었다.[25] 그도 지하교회의 존재가 사

22) Ibid., 39.

23) Ibid., 17.

24) Ibid., 80-85.

25) 김철영, "북한 교회 가짜인가? 그래서 손길을 거두어야 하는가?"(코람데오닷컴, 2007), 1.

실임을 인정했다. 새문안교회의 이수영 목사는 2007년 3월 11일 설교에서 현재 공식적인 북한 교회의 모든 목사들과 신앙인들은 가짜 성도들이라고 선포하며 구체적으로 봉수교회 혹은 칠골교회를 다니는 성도들을 언급했다. 그는 남한으로 도망하지 못한 모든 진짜 성도들은 사살되었든지 아니면 지하로 숨어 들어갔다고 믿었다. 그리고 그들이야말로 교회의 진짜 남은 자들로서의 성도의 자격이 있다고 믿었다. 그는 이런 이유에서 지하교회의 존재 가능성을 인정했다.[26)]

북한학자 고태우는 북한 귀순자[27)]의 정보를 정리하였다. 그는 북한연구소에서 북한정보를 취급하였는데, 주로 북한 귀순자들을 만나 그들의 상황을 듣고 북한의 동향을 분석하는 업무를 담당했다. 1990년 고태우는 『북녁의 남은 자들을 위한 기도』라는 책을 썼고, 한 장(章)에 걸쳐 '북한교회에 대한 탈북인들의 증언'에 대하여 썼다. 그는 지하교회 성도들의 이야기를 다음과 같이 밝히고 있다.

> 귀순자들은 북한에서 살아왔기 때문에 그들의 증언에는 한계가 있다. 이들은 종교에 대한 관심이 없다. 그들이 종교활동을 했다면, 그것은 어린 시절의 이야기이기 때문에 그들은 교회나 절에 대한 기본적인 용어를 거의 기억하지 못한다. 그들의 증언은 단편적인 기억일 뿐 구체적인 정보가 없으므로 교회 역사에 대한 유일한 출처로서 사용될 수 없다. 그러나 그들의 편향된 시각과 제한된 사

---

26) Ibid.

27) 필자는 고의적으로 귀순자와 탈북인 사이에 구별을 두었다. 귀순자는 1995년 이전에 정치적인 동기로 북한에서 탈출한 사람들을 말한다. 1953년부터 1995년까지 남한에 도착한 대부분의 북한 사람들은 비무장 지대(DMZ)를 건너거나 고깃배를 타고 바다를 건너서 온 귀순자들이다. 이러한 귀순자들의 대부분은 군대나 정부 간부의 일원이었다. 1995년 이후 극심한 기근으로 인해 탈북 이유는 정치적 이유가 아닌 단지 생존을 위한 단순한 이유로 바뀌었다. 따라서 중국 국경을 넘어오거나 1995년 이후에 남한으로 넘어온 사람들을 이 책의 목적을 위해 귀순자보다 탈북인이라고 명명하고자 한다.

> 건에도 불구하고, 북한에 지하교회가 존재한다는 사실을 알 수 있다. 그들의 이야기에는 하나님에 대한 신앙을 지켜 온 사람들이 등장한다.[28]

고태우는 북한에 비공식적인 지하교회가 실제적으로 여러 형태로 존재하고 있다고 말한다.

2007년 3월에 북한 내부의 훈련 문서 '학습제강'[29]을 입수했다. 이 문서는 북한 인민들을 세뇌시키고 훈련시키기 위해 '단위'[30] 모임에서 사용되는 것이었다. 북한이 서서히 개방되어 가고 더 많은 외국인들의 입국을 허락할수록 공산당은 북한 인민들에게 종교적인 부분에 대해 엄격하게 경고하였다. 북한 공산당은 안정적으로 정부를 유지하기 원한다. 내부 문서의 제목은 '우리 3세, 4세 군인들을 변질·와해시키려는 적들의 심리 모략전을 단호히 짓부숴버릴 것에 대하여'이다.

북한 군대에서 군인들에게 영향을 끼치는 종교 라디오 방송, 예술, 비디오 및 CD가 증가하고 있는 상황에서, 이 훈련 문서는 이런 종류의 문건들을 적발해야 할 뿐만 아니라 진짜 당원이라면 그것을 듣지도, 보지도, 보여 주지도 말아야 한다고 가르치고 있다. 이것은 '종교, 미신 행위를 반대하여 견결히 투쟁하여야 한다'는 제목의 글에서 더 구체적으로 설명되고 있다.

> 적들은 '성경책'을 비롯한 종교와 미신과 관련한 인쇄물들과 복음록화물들을 여러 경로를 통하여 들여보내고 있으며 우리나라에 들어오는 각종 명목의 대표

---

28) 고태우, 『북녘의 남은 자들을 위한 기도』(서울: 은석, 1989), 108.

29) 이 학습제강은 A4용지 18쪽 분량의 병사·사관(우리의 부사관)용으로 2007년 3월에 제작됐으며 4-5월에 군인들을 상대로 강연을 실시한 자료의 원본인데, 우리나라 군(軍)의 정훈 교육자료에 해당한다.

30) '단위'란 기본적인 조직 단위로서 모든 북한 주민들이 상부로부터의 명령을 받기 위해 가입하는 것이다.

단, 시사 려행자들 속에 제놈들의 업자를 끼워 넣거나 일부 성원들을 매수하여 종교와 미신을 퍼뜨리게 하고 있다.

얼마 전 남조선 잡지 '시사저널'에는 남조선의 반동적인 그리스도교 단체들이 이웃 나라 국경지방에 둥지를 틀고 우리 내부를 와해시키기 위해 '목숨을 건 북파선교활동'을 벌이려고 한다는 내용의 글이 실렸다. 그에 의하면 이웃 나라 국경지역에 파견된 십여 개의 적측 종교단체들이 우리 사람들을 식량과 돈으로 매수해서 우리 내부에 '지하교회'를 조직하려고 한다는 것이 밝혀졌다.

이러한 현실은 우리 군인들이 그 어느 때보다도 높은 혁명적 경각성을 가지고 놈들의 책동에 대처해 나갈 것을 요구하고 있다.

이 학습제강은 북한 정부가 북한과 지하교회로 보내지는 복음과 관련된 소책자, 비디오 자료, 라디오 방송 그리고 성경에 대해 인식하고 있다는 것으로, 북한 정부마저도 '지하교회'의 존재를 인정하고 있다는 사실을 보여 준다.[31]

지하교회는 존재한다

앞에서 제시하였듯이 대다수의 한국 교회 성도들과 목회자들, 그리고 학자들까지도 북한에 지하교회가 있다는 사실을 부인한다. 만약 교회사학자들에게 북한 지하교회의 존재를 증명할 정보가 없다면, 정보가 없다는 이유로 지하교회는 존재하지 않는다고 할 수 있을까? 과연 그것을 진실로 받아들여야 할까? 우리 한국 교회는 지난 2000년의 교회 역사를 모르는 것일까? 아니면 공산주의를 이용하여 교회를 무너뜨린 김일성이

31) 북한보안사무국, 학습제강(2007.3).

하나님보다 강하다고 믿는 것일까? 믿는 성도가 한 사람만 있어도 교회는 존재하는데, 왜 지하교회가 존재하지 않는다고 하는 것일까?

필자는 지난 20년 동안 모퉁이돌선교회를 통하여 북한으로 성경을 밀수하여 왔고, 지하교회의 성도들을 만났으며, 그들이 함께 모여 예배하는 것에 대해 들었고, 그들과 대화하고, 그들을 가르치기도 하였다. 이에 북한에 존재하는 교회에 대한 보다 정확한 이해를 갖기 위해 그들의 존재를 역사적인 차원에서 기록하고 자료를 수집하여 북한 지하교회의 존재에 대한 논리적이고 추론적인 답을 찾아 북한에 지하교회가 존재한다는 사실을 증명하고자 한다.

연구의 목적과 방법

이 연구의 목적은 다음과 같다.

현존하는 북한 지하교회에 대한 실제적이고 구체적인 증거와 사례들을 제시하여 북한 지하교회의 성장과정을 역사적 흐름을 따라 살펴본다. 이것은 북한 교회 역사에 대한 기초 자료, 즉 1차 자료로서 북한 교회의 현재와 과거 그리고 통일 이후 미래에 관하여 하나님의 섭리와 역사하심을 보여 주게 될 것이다.

결과적으로 이 연구를 통하여 극심한 핍박으로부터 지하교회가 회복·재건되어 지상으로 올라와 자유케 예배하게 될 때, 남한 교회들로 하여금 고난 속에 성장해온 북한 지하교회를 이해하고 포용할 수 있도록 준비시키기 위함이다. 지하교회는 관습과 형태에 있어서 수많은 변화를 거쳐왔다. 이것은 남한의 정통적인 교회들이 보았을 때 혼란과 신학적 논쟁을 일으킬 가능성도 있다. 북한 지하교회의 이질적인 모습으로 인해 남한 교회는 북한 지하교회의 존재 자체를 부인할 수 있다.

필자는 남한 교회에 북한의 지하교회의 모습을 알려 남한 교회와 북한의 신실한 지하교회 사이의 이해의 폭을 넓히고, 이 두 교회가 용서와 화해로 나아가기를 소망한다. 이와 더불어 핍박받는 북한 지하교회의 발전을 선교학적으로 설명하고자 한다.

가정과 전제

이 연구의 주된 전제는 하나님께서 역사를 주관하시며, 핍박의 현장 가운데서도 '하나님의 선교'는 끊임없이 이루어지고 있다는 것이다. '하나님의 선교'란 하나님의 주권 아래 모든 역사적 요소마다 하나님의 사람들을 향해 계획된 끊임없는 약속과 사랑의 결과이다.

하나님의 사랑은 이스라엘 사람들에게만 한정되어 있지 않으며, 하나님은 전 세계의 모든 사람들을 그분과 동행하도록 초청하신다. 이 관점을 기반으로, 필자는 북한의 역사가 하나님의 주권 아래 있다는 것과 지금까지 모든 핍박을 허락하신 것에 하나님의 분명한 목적이 있다고 전제한다. 하나님은 승리자이시며, 핍박 가운데 하나님의 백성들의 신음 소리를 들으시고 하나님의 때에 그들을 회복시켜 주실 것이다.

이 연구를 시작하면서 나는 몇 가지 가설들을 세웠다. 첫 번째 가설은 북한 전역에 활동하고 있는 지하교회에 하나님께서 신실한 자들을 남겨 두셨다는 것이다. 그들은 가혹한 핍박을 피해 지하로 숨었다. 그들은 어떤 대가를 지불하더라도 그리스도 안에서 자신들의 믿음을 부인하지 않았기 때문에 그들이 발각되어 체포되었을 때 대부분의 성도들은 순교를 당했다. 순교가 있었다는 말은 교회가 존재하였다는 것을 의미한다.

두 번째 가설은 북한의 순교당하는 지하교회는 신실한 남은 자들에 대한 측면들을 반영하고 있다는 것이다. 그래서 이 연구의 목적을 위해 비록 견본이지만 인터뷰와 참여 관찰로 선택된 사람들의 행동과 관점들이 북한 지하교회 성도들을 대표하고 있다는 가정을 세웠다. 이 가설은 북한의 그리스도인들의 핍박과 순교 사건에 대한 광범위한 연구를 통해 검증될 것이다. 그리고 그 결과를 기존에 알려진 북한 역사와 비교·분석하여 북한 교회의 신실한 남은 자들의 역사에 대한 초고로 발전시키는데 사용할 것이다.

이 책은 한국 교회 역사의 모든 부분을 포괄적으로 분석하여 설명하기보다는 가설들을 통해 주어진 질문에 답함으로써 성장하고 있는 북한의 지하교회를 설명하고자 하였다. 이 연구는 1945년부터 2006년까지 북한 안에 있었던 지하교회의 현상에 대한 이해에 중점을 두고 있으며, 배교한 사람들에 대한 연구는 포함하지 않았다.

선교학적 관점

필자는 이 연구를 위해 모아둔 모든 자료와 정보들을 선교학적 관점에서 살펴보기로 하였다. 그러므로 이 연구는 역사 분석에 있어 분명한 구속사적 성향을 띨 것이다. 필자는 더 깊은 연구를 위한 충분한 선례를 제공하고자 발견한 사실들을 선교학적 관점으로 설명하였다. 이 연구의 복잡성으로 인한 부담을 염려하면서도 필자는 다양한 각도에서 정보를 제공하는 것에 무게를 두었다.

또한 필자는 풀러신학대학원의 선교학 교수인 찰스 밴 엔겐 박사의 이야기식 접근법(narrative approach)을 사용하기로 하였다.[32] 또한 핍박을 배경으로 하는 그리스도인들의 실제 활동을 이야기로 전하는 신학(narrative theology)을 발전시키기 위해 스토리텔링(story telling) 기법으로 정리하려고 노력하였다. 이야기식 접근(해설적 접근, narrative approach)법은 '전통적인 방법'으로 연구한 학자들에게는 거부감을 줄 수도 있다. 그러나 이 연구 자체가 복잡하다고 해서 어떠한 변수도 발생하지 않을 것임을 장담할 수는 없다. 오히려 이 연구가 가져올 영향에 대해 앞으로 학자들이 철저하게 조사할 수 있게 되기를 바란다.

이 책은 북한에서 핍박 가운데 성장한 지하교회에 관한 역사적 사실에 근거한 연구이다. 따라서 보안상의 문제로 다 드러낼 수 없고 밝히지 못하는 부분들 때문에 아마도 이 연구가 학문적으로 비평의 대상이 될 수도 있을 것이다. 그러나 아직도 북한에서 믿음을 지키고 있는 사람들의 안전과 보안이 학문적 업적보다 더 중요하기에 모든 연구의 결과를 드러내지 못함을 미리 밝혀두는 바이다. 그럼에도 불구하고 분명 어느 정도 합당한 결론을 도출하게 될 것이다. 무엇보다 필자는 북한 지하교회의 존재 여부를 실증하는 이 연구를 통해 이 글을 읽는 모든 독자들이 북한의 지하교회가 지금도 성장하고 있음을 알게 되기를 소망한다.

방법론과 접근법

필자는 광범위한 도서관 연구 결과를 실제 사건 조사, 참여 관찰, 그리고 북한의 핍박받는 교회와의 면담의 결과에 대입시켰다. 사건 조사의

32) Van Engen, Charles, "Footprints of God: A Narrative Theology of Mission."(Monrovia, CA: MARC.1990); "Mission on the Wary: Issues in Mission Theology."(Grand Rapids, MI: Baker Books. xvii-xxvii; 1996a), 44-68.

결과는 연구에서 수집한 자료들과 비교·분석하였다. 또한 연구를 하는 동안 보고된 순교자들에 관한 광범위한 자료는 북한 지하교회와 함께 나열하였다. 연구결과의 내용은 지하교회 성도들과의 일대일 면담과 직접적인 관찰 결과가 반영된 것이다.

남한의 역사학자들은 북한의 종교 활동을 기록하려고 시도했고, 공식적인 경로를 통해 공개된 한정적인 정보를 기반으로 북한의 기독교를 설명하였다. 하지만 공식적인 정보는 북한 지하교회의 전체적인 모습을 반영하거나 북한 지하교회를 이해하기 위한 충분한 정보를 제공하지 못한다. 설상가상으로, 지하교회를 문서화하기 위한 정보가 절대적으로 부족하기 때문에 남한의 학자들 대부분은 지하교회의 존재 자체를 인정하지 않았다. 이러한 이유로 한정적인 자료와 정보를 가지고 지하교회를 설명하거나 실증하려는 기독교 역사학자들은 점차로 줄어들었다.

'퍼즐 끼워 맞추기' 접근법

필자는 북한의 교회 역사를 밝히기 위해 '퍼즐 끼워 맞추기'라는 특별한 접근법을 제시하고자 한다. 지금껏 계속적으로 유입되는 정보는 주로 검증되지 않았거나 확인되지 않은 것이었으나 어느 정도 일정한 형태를 띠기 시작했다. 한국 교회의 역사학자들은 학계의 요구에 따라 문서화되고 합법화된 정보만 사용해야 했다. 그러나 북한은 이러한 학문적인 접근에 적합한 대상이 아니므로, 각기 다른 출처로부터 정보 조각들을 모아서 알려진 역사적인 사건들에 연결시킨 뒤 하나의 완성된 퍼즐을 완성하는 방식을 취해야 했다.

필자는 퍼즐을 맞춰가면서 역사학자들의 공식적인 입장과 달리 북한에 교회가 존재하지 않은 적이 단 한 번도 없었다는 사실을 발견하였다.

따라서 필자는 보이지 않고 침묵하고 있는 세계에 우리의 시선을 맞추고 사용 가능한 모든 형태의 정보를 결합시키면, 북한 교회의 역사가 밝혀질 수 있다는 것을 가설로 설정하고자 한다.

연구 발표의 구조

이 연구는 연구내용과 그 결과를 가장 효과적으로 나타내기 위해 부분으로 나누지 않고, 계속되는 흐름 속에서 각 연구 질문에 대한 답을 찾는 식으로 되어 있다. 1장은 선교학적 및 교회 역사적 관점에서 핍박에 대해 간단하게 서술하였다. 2장에서는 지하교회의 존재에 대한 실증적인 증거를 광의적 개념에서 제시하였고, 3장부터 8장까지는 1945년부터 2006년에 이르기까지 북한 교회의 역사에 대해 구체적으로 서술하였다. 9장에서는 현재 북한 지하교회의 모습을 요약하여 형태, 크기, 조직 등에 대한 대략적인 개념을 제공하였다. 10장에서는 선교학적 이해로 북한선교의 역사를 고찰하면서 '북한 교회를 향한 하나님의 뜻과 섭리는 무엇인가?'라는 질문에 답하였고, 11장에서는 결론과 더불어 북한 지하교회의 미래를 위한 제안과 함께 선교학적 발견과 이 연구의 영향을 요약했다.

3장부터 8장까지는 각 시대의 정치·사회적 상황과 더불어 '공식 교회'와 정치적 환경을 먼저 살피고 그 후 지하교회를 역사적 흐름에 따라 정리하였다. 놀랍게도 각 시대마다 핍박받아 다 사라질 수밖에 없는 지하교회의 열악한 환경에서도 하나님께서 특별한 손길들을 동원하여 교회를 회복시키시는 모습을 보았다. 이에 자기 백성을 포기하지 않으시는 하나님의 역사들을 찾아 정리하였다.

다음 1장에서는 성경과 역사적 관점에서 지하교회가 존재할 수밖에 없는 이유를 설명할 것이다.

1장

교회의 역사는 핍박의 역사다

아담과 하와의 타락으로 그들은 심판을 받았다. 그들은 본향과 다름없는 에덴 동산에서 나가야 했고, "인간은, 비유하자면 그 후 줄곧 망명자가 되었다"[1]라는 프레드릭 노우드의 말처럼 땅 위에서 유리하는 자가 되었다. 그리고 고난과 핍박이 시작되었다. 구약과 신약을 오가면서 하나님의 백성과 이스라엘, 교회를 향한 핍박은 항상 존재해 왔다. 북이스라엘은 이방 나라인 앗시리아로, 남유다는 바벨론에 포로로 끌려갔다.

성경 속의 핍박

첫 사람 아담과 하와는 가시와 엉겅퀴로 인한 고난을 받았다. 아담과 하와가 머물렀던 땅은 저주받았다. 그들은 죄 때문에 고통받았고, 핍박을 당했다. 아벨도 하나님을 예배한다는 이유로 그의 형 가인에게 핍박을 받아 순교하였다(창 4:8). 이삭은 많은 우물을 팠으나 블레셋 사람들의 시기 때문에 파놓은 우물을 버리고 그 지역에서 떠나야 했다(창 26:12-22). 요셉은 하나님의 장래의 약속에 대한 꿈을 이야기한 것 때문에 형들에 의해 애굽으로 팔려갔다. 보디발의 종이 된 요셉은 주인의 아내와의 동침을 부

1) Frederick Norwood *Strangers and Exiles*.(Nashville, TN: Abingdon Press. 1969), 22.

한 이유로 핍박받았고 투옥되었다(창 39:7-20).

이스라엘 백성들은 그들이 번성한 것 때문에 애굽의 노예가 되었다(출 1:11). 모세는 동족 히브리인들에게 자신의 애국심을 보여 주기 위해 애굽인을 죽였지만, 히브리인으로부터 거부당했다(출 2:11-15). 엘리야는 하나님의 권능으로 바알 선지자 450명을 죽인 후에 이세벨의 협박을 듣고 광야로 도망쳐야 했다(왕상 18:22-40, 19:1-2). 그리고 그는 바알에게 무릎을 꿇지 않은 사람 7,000명이 숨어 있다는 것을 하나님으로부터 직접 듣는다. 다니엘, 예레미야, 에스겔을 비롯한 대부분의 선지자들은 그들의 믿음과 하나님께 대한 순종, 그리고 하나님의 말씀을 선포한 것 때문에 조롱받거나 사람들로부터 죽임을 당했다(대하 36:16, 마 23:34-37).

메시아의 길을 예비하기 위해 온 세례 요한은 헤롯 왕에 대항하여 진리를 선포한 후 참수당했다(마 14:1-2, 6-12; 막 6:14-16, 21-29; 눅 9:7-9). 하나님의 아들 예수님은 메시아로 오셨지만, 고난을 받으시고 온 세상의 죄를 담당하시기 위해 십자가에서 죽으셨다. 예수님은 제자들에게 세상이 그들이 아닌 예수님을 미워하기 때문에 제자들 또한 핍박을 받을 것이라고 말씀하셨다(요 7:7). 그러나 예수님은 핍박은 영원한 축복의 신호일 뿐이므로 핍박 가운데 즐거워하라고 제자들을 격려하시며 "복 받은 사람들은 의로 인하여 괴롭힘을 당하나 마침내 하늘나라가 그들의 것이 된다"(마 5:10 새누리 통일성경)고 말씀하셨다.

예수님은 그 예언을 제자들과 함께 나누셨는데, 예언된 말씀에 따라 교회 역사는 열두 제자가 모두 순교당했음을 기록한다.[2] 요한의 형제인 야고보는 헤롯 왕에 의해 순교당하였다(행 12:2). 스데반과 바울은 예수님

2) William B. Forbush, *Foxe's Book of Martyrs.*(Grand Rapids, MI: Zondervan Publishing House. 1967), 2-5.

의 이름으로 핍박받았다. 바울은 디모데에게 "무릇 그리스도 예수 안에서 경건하게 살고자 하는 자는 핍박을 받으리라"(딤후 3:12)고 말하며 성도들이 환난에 대비하도록 하였다(고후 1:3-7).

핍박에 대한 열거는 여기서 끝이 아니다. 히브리서 기자는 히브리서 11장에서 믿음 안에서 죽은 자들을 열거하며 그들을 '세상이 감당치 못할 자들'(히 11:38)이라고 불렀다. 또한 그는 믿음과 순종을 동일시하여 믿음 때문에 언약을 소망하며 죽기까지 순종한 사람들이 있었음을 기록하였다. 사도 요한은 "또 여러 형제가 어린 양의 피와 자기의 증거하는 말을 인하여 … 죽기까지 자기 생명을 아끼지 아니하였도다"(계 12:11)라고 기록하였다. 교회가 성장하면서 초대 교회도 핍박을 받았다. 이 핍박은 끝나지 않았지만, 교회는 계속 존재하였다.

이렇게 핍박을 받는 교회는 유대와 사마리아 모든 땅으로 흩어졌고(행 8:1) 숨기도 하였다. 초대 교회 시대, 베드로가 잡히자 교회는 마가라 하는 요한의 어머니의 집에 가서 숨어 있었다(행 12:12). 사도 바울이 로마를 찾았을 때에도 교회는 지하에 있었다. 이처럼 극심한 핍박이 있을 때 지하교회가 형성되는 것은 자연스러운 현상이었다.

핍박받은 교회의 역사적 사례

앞에서 언급한 것처럼, 교회의 역사는 핍박의 역사이다. 지하교회는 핍박이 존재한다는 사실을 가장 잘 보여주는 곳이다. 따라서 핍박을 당한 지하교회에 대한 최근의 역사적 사례를 몇 가지 간략하게 살펴보고자 한다. 북한과 유사한 경험을 가지고 있는 공산주의 국가인 러시아와 루마니아, 중국의 교회 역사를 살펴보자.

러시아 정교회

1971년에 윌리엄 플리처는 『러시아 정교회의 지하교회, 1917-1970』라는 책을 썼다. 플리처는 그 책에서 러시아 정교회 지하교회의 역사적인 발전과 더불어 교회가 핍박 가운데서 어떻게 생존했는지를 기록하였다. 소련은 1928년부터 제2차 세계대전까지 고통의 시기를 지났다. 이 기간 동안 국가는 전국적으로 가혹한 집단화 운동과 사회주의 운동을 강요하며 교회를 핍박했다.

그 결과 1930년에 30,000개였던 교회 수가 4,225개로 감소한 것으로 공식 집계되었다. 그러나 이러한 통계는 과장된 것이며, 실상은 극소수의 교회만이 법적 기능을 유지하고 있었다.[3] 교회 지도자들은 체포되었고, 교회는 문을 닫았으며, 개인의 종교 행위는 처벌의 대상이 되었다. 1938년에 교회는 제도적으로 거의 완전히 붕괴되었다.[4] 그러나 공산주의자들의 가혹한 핍박에도 사람들은 변함없이 하나님을 향해 신실하게 믿음을 고백했다. 플리처는 그러한 상황을 이렇게 보고했다.

> 국가의 종교탄압정책으로 인해 사실상 이 사회에서 제도상의 교회가 사라졌음에도 불구하고 대다수의 사람들은 더욱 신실하게 신앙을 지키게 되었다. 이러한 환경은 지하에서의 은밀한 종교활동을 펼치기에 매우 비옥한 토양이 되었다 … 이 기간에 불법적인 비밀 종교활동이 왕성했으며, 신앙을 가진 자들의 지하 종교 활동에 관한 증거들은 매우 많았다.[5]

3) William C. Fletcher, *The Russian Orthodox Church Underground, 1917-1970*.(London, UK: Oxford University Press. 1971), 81.

4) Ibid., 79-81.

5) Ibid., 81.

가혹한 핍박으로 인해 교회의 모든 활동은 비밀리에 진행되었다. 플리처는 그레고리 그라베의 발언을 언급하며 지하교회의 상황을 설명했다.

> 소련의 지하교회는 매우 활발하게 활동했으며 그들만의 비밀스런 종교생활을 영위했다. 그들은 숨겨진 목회자와 수도사들, 카타콤 교회와 전례, 세례, 고해성사, 성찬식, 결혼식, 비밀스런 신학 과정, 성례 기구를 위한 비밀 상점들, 성물, 예배를 위한 서적들, 그리고 회중과 교구 및 원로 행정부와의 비밀스런 관계를 유지하고 있었다.[6]

이러한 핍박이 있음에도 불구하고 1961년에는 4,000-5,000만에 이르는 정교회 그리스도인들과 함께 350만에 이르는 지하교회 성도들이 있다고 보고되었다.[7] 이 기간 동안 지하교회는 활성화되었고, 교회의 모든 기능을 유지했다.

그러나 지하교회는 그들의 활동을 노출시키지 않기 위해 전력을 다했다. 가혹한 핍박으로 인해 교회는 예전과 달리 단순하고 비공식적인 형태로 변화되었다. 이 변화에 대해 플리처는 다음과 같이 말했다.

> 비밀스럽게 운영되는 교회 역시 이 기간 동안 설립되었다. 만약 지역의 성직자들이 교회 문을 용케 닫지 않고 살아남았다면, 이는 그 교회가 국가 권력의 눈에 띄지 않는 장소에 있었기 때문에 가능했다.[8]

이 성도들의 모임의 가장 보편적인 형태는 가정에서 모이는 지하교회

---

6) Ibid., 82.

7) 한철하, 『지상교회와 지하교회』(서울:기독교사상, 1971), 62

8) Ibid., 85.

였다. 예배는 성도들의 가정이나 아파트와 같은 거주지에서 목회자와 함께 혹은 목회자 없이 이루어졌다. 몇몇 모임은 평신도들이 주도했고, 짧은 기도모임도 있었다.

루마니아 지하교회

1964년 리차드 범브란트[9]가 루마니아 감옥에서 석방되어 1966년 5월 미국의 워싱턴 의회에서 증언할 때까지 서양 세계는 루마니아 공산주의 국가에서 무슨 일이 일어나고 있는지와 그곳의 지하교회에 대해서 전혀 알지 못했다. 그의 책 『그리스도를 위하여 받는 고난』[10]에서 범브란트는 루마니아의 지하교회에 대해 다음과 같이 서술하였다.

> 지하교회는 매우 어려운 상황에서 일하고 있다. 무신론주의가 모든 공산주의 국가의 종교가 되었다. 그들은 늙은이들에게는 다소간의 신앙의 자유를 주지만 어린이들이나 젊은 청소년에게는 신앙의 자유를 금지시키고 있다. 이 나라에 있는 TV, 라디오, 영화관, 극장, 잡지사 및 출판사들은 모두 하나님을 믿고자 하는 신앙을 짓밟기 위한 목적을 가지고 있다 … 지하교회인 우리에게는 성전이 없다. 그러나 우리가 비밀리에 모여서 예배드렸던 그 숲속과 하늘보다 더 아름다운 성전이 어디에 있을까? 오르간 대신 새들이 지저귀고 꽃향기가 우리의 코를 찌른다. 그리고 감옥에서 최근에 석방된 순교자의 낡은 옷은 사제복보다도 훨씬 인상적이다. 그들을 환하게 비춰주었던 우리의 시중꾼은 천사들이었다.[11]

---

9) 범브란트 목사는 1950년 소련이 루마니아를 점령할 때 복음을 전하다 잡혀 감옥에 갔다.

10) Richard. Wurmbrand, *Tortured for Christ*(Glendale, CA: Diane Books, 1976).

11) Ibid., 89–90.

그는 지하교회가 핍박당했지만 정부와 경찰 내부에 비밀리에 믿는 성도들이 있었고, 다른 장소에서도 하나님이 숨기신 성도들이 있었기에 교회가 생존할 수 있었다고 서술하였다. 또한 "그러한 곳에 있는 신실한 지하교회의 경우 수천 명의 성도들이 있었다. 그들은 지하와 다락방, 아파트와 집에서 비밀스럽게 모였다"[12]고 말했다.

중국 교회

중국 교회의 근현대사를 살펴보면 지하교회가 핍박을 통해 어떻게 형성되었는지, 그리고 공산주의 체제 아래에서 지하교회가 어떻게 생존했는지 엿볼 수 있다.

삼자 애국 운동(1949-1966)

중국의 공산당은 1949년 10월 1일에 건립되었다. 중국선교 전문가인 조나단 차오[13]는 그 후 2만 개의 교회의 84만 명이 넘는 그리스도인들은 가장 가혹한 대적을 상대해야 했다고 전했다.[14] 1951년, 국가의 종교 모임을 통제하기 위해 중국공산당 종교분과 관할 하에 삼자 애국 운동(TSPM, Three-Self Patriotic Movement)이 결성되었다. 모든 교회는 삼자 애국 운동에 등록해야 했으며, 모든 교회의 지도자들과 그들의 활동이 상세히 보고되었다. 교회의 삼자 사상은 공산주의 체제를 지지하고, 그 구성 교회들을 자양(自養), 자치(自治), 자전(自傳)하도록 유도하는 것이 목적이었다.

---

12) Ibid., 91.

13) 조나단 차오(Jonathan Chao) 목사는 China Ministries International을 시작하여 25년 이상 중국선교를 해왔다.

14) Jonathan Chao, *China Mission Handbook*.(Hong Kong: Chinese Church Research Center, 1989), 23.

삼자 애국 운동에 등록하기를 거부하는 교회들은 문을 닫아야 했다. 그러나 대부분의 교회들은 감시를 피해 비공식적인 모임을 가지기 시작했다. 중국 교회 전문가 토니 램버트는 다음과 같이 보고했다. "삼자 애국 운동에 주류 교회들을 빼앗기고 설교자들이 점점 정치화되어 가는 가운데, 1950년경에도 일부 복음주의 그리스도인 모임들은 그들의 집에서 모임을 가졌다."[15]

1958년에 삼자 애국 운동에 등록하기를 거부한 그리스도인들은 공개적으로 믿음을 고백했고, 그 결과 징역형을 선고받았다. 몇몇 사람들은 공개처형까지 당했다. 잘 알려진 왕 밍다오(왕명도)는 삼자 애국 운동 가입을 거부했다. 그러나 그는 명성 덕분에 계속 설교를 하며 성도들을 격려할 수 있었다. 그는 삼자 애국 운동에 가입한 사람들을 정부와 매춘하는 것과 다를 바 없다고 비난하였고, 결국 투옥되었다. 무교회를 주장하던 워치만니[16]의 글과 계속되는 간증은 지하로 숨어든 가정교회들을 위로하였고, 문화대혁명 무렵에 이르러서는 토착교회가 자생할 수 있도록 도움을 주었다. 워치만 니는 1952년에 체포되었고, 1972년에 강제수용소에서 순교했다.[17]

당시 가장 효과적인 비밀 모임 장소는 일반 가정집이었다. 램버트는 다음의 말을 재차 강조했다.

> 중국의 가정교회는 매우 긴 역사를 가지고 있다. 문화대혁명이 일어나기 전에 그리스도인들로 이루어진 수많은 소그룹들은 가정집에 모여 예배를 드렸다. 특별히 이들 가정은 성도들의 수가 적고 합법화된 교회 건물이 없는 지역에 있었

---

15) 토니 램버트, 『중국의 교회 그 놀라운 성장』, 최태희 역(서울: 로뎀, 2000), 44.

16) 영어로는 Watchman Nee, 중국어로는 倪柝声(니도셍)이라 한다.

17) Bob Laurent., *Watchman Nee: Man of Suffering*.(Unrichville, OH: Barbour Publishing, Inc., 1998), 175-178.

다. 1920년 즈음부터 1930년까지 생겨난 특정 토착교회들, 예를 들어 워치만 니가 설립한 '작은 무리'(Little Flock)와 같은 교회들은 소모임에서 성도 간의 친밀한 교제의 중요성을 강조했다.[18)]

조나단 차오 박사는 다음과 같이 설명했다. "1949년 전에 '가정교회'라는 단어는 드물게 사용되었다. 대신 '가정모임'이라는 단어가 자주 사용되었고, 이 모임은 가정에서 벗어나 조직화된 교회로 발전했다."[19)] 핍박 기간 동안 중국 교회의 지도자 중 한 명이었던 사무엘 램[20)]은 그의 가정 내의 교회를 폐쇄시키라는 명령을 받았다. 사무엘 램 목사는 다음과 같이 말했다.

교회는 우리의 초라한 건물을 의미하지 않는다. 교회는 신실한 성도들이 함께 모여 교제를 나누고 예배를 드릴 수 있는 유일한 곳이었다. 전에 교회가 폐쇄되었을 때 우리 성도들은 자신의 가정에서 모임을 가졌으며, 관심이 있는 사람들은 계속해서 예수님 앞으로 나아왔다.[21)]

조나단 차오는 미등록 가정교회로서 독립적으로 운영되는 비공식 가정모임을 다음과 같이 묘사했다.

이 모임은 삼자 애국 운동과 민간 당국에 의해 불법적인 모임이라고 간주되었다. 몇몇 가정교회 모임은 도시에서 행해졌으나, 대부분의 지하종교모임은 국가의 종

18) 토니 램버트, 『중국의 교회 그 놀라운 성장』, 최태희 역(서울: 로뎀, 2004), 44.

19) Jonathan Chao, *China Mission Handbook*.(Hong Kong: Chinese Church Research Center, 1989), 45.

20) 林献羔라고 표기되는 Lin Xiangao 목사는 1924년 10월 4일에 출생하여 삼자교회를 따르지 않는다고 하여 1955년부터 1957년까지 그리고 1958년부터 1978년까지 수감되었다. 1979년 이후 광주지역에서 지하교회를 통하여 목회하다가 2013년 8월 6일에 88세로 세상을 떠났다.

21) Anderson Kenneth. *Bold as a Lamb*.(Grand Rapids, MI: Zondervan Publishing House, 1991), 21.

교의 지배를 덜 받고, 넓은 공간으로 인해 감시가 어려운 지방에서 이루어졌다.[22]

가정교회는 핍박 가운데서도 성도들이 서로를 격려하고 견고하게 설 수 있도록 도와주는 장소가 되었다. 비밀리에 만나는 이 성도들은 지하교회가 되었다. 기관과 하부 조직들을 거부했던 지하교회는 가족 중심으로 조직화 되었다. 이들은 예배와 나눔이 가능하다면 어디서든지 만나 비밀리에 소규모 모임을 가졌다. 그들은 교단과 연결되지도, 교단을 형성하지도 않았다.

그들의 신학은 어떠했는가? 램버트는 그의 독자들에게 다음과 같이 말했다. "중국의 가정교회들은 대단히 성경적이었다. 단순하게 말하면, 그들은 집, 농장 안뜰, 혹은 들에서 자발적으로 모이는 복음주의 그리스도인들의 집단이었다".[23] 차오 박사는 "가정교회는 진실한 교회적 공동체였다. 중국의 가정교회는 단순한 가정모임이 아니었다. 비록 바깥 세계의 눈에 띄지는 않지만, 조직화되고 잘 정착된 교회 공동체의 특징을 가지고 있었다"[24]라고 되풀이하여 설명하였다.

문화대혁명(1966-1976)

1966년에 모택동을 중심으로 한 문화대혁명이 일어났다. 이 시기는 중국의 암흑기로, 과거에 있던 모든 정치체계, 사회구조, 문화까지도 붕괴되었다. 공식적인 교회도 붕괴되었다. 삼자 애국 운동은 공식적으로 폐쇄되었고, 중국에는 더 이상 교회가 존재하지 않았다. 교회 건물들이 철거되고 대신 창고나 학교들이 세워졌다. "문화대혁명이 일어나는 동안, 모든

22) Jonathan Chao, *China Mission Handbook*.(Hong Kong: Chinese Church Research Center, 1989), 44.

23) Ibid.

24) Ibid., 48.

교회는 문을 닫았고 성경은 몰수되었다. 그러나 많은 그리스도인들은 가정에서 지속적으로 예배와 교제를 나누었다."[25]

그리스도와 함께 고난을 받기로 자처하지 않은 그리스도인들은 배교자들이 되었고, 함께 교제했던 성도와 친구, 가족들을 경찰에 고발하기 시작했다. 이때는 반혁명적 사상에서 돌이킬 것을 요구하며 가혹한 구타를 가하며 혁명정책을 강요했던 시기로, 성도들이 젊은 이상주의자들의 손에 죽는 경우도 허다했다. 성도들은 고문과 투옥, 엄청난 벌금, 가혹한 노동, 그리고 죽음까지도 불사하며 비밀리에 계속 모임을 가졌다.

교회는 온갖 위험을 무릅쓰고 계속해서 성장했다. 성령께서 기적과 징조들을 통해 성도들의 말을 계속해서 입증하셨고, 하나님과 독대하도록 인도하셨다. 강제수용소에 갇힌 그리스도인들은 기준을 세우고, 정직하고 생산적이며 기뻐하는 삶을 살며 모범을 보였다. 반혁명 사상을 없앤다는 명분 하에 그리스도인들은 가장 가혹한 대우를 받았다.

투옥된 그리스도인들의 가족도 함께 고난을 받았다. 그들은 공산주의 사회에서 승진할 수 없었고, 시골 오지에 있는 강제수용소로 보내졌으며, 자녀들은 혁명의 중심지에서 가장 멀리 떨어진 학교에 다니도록 강요받았다. 그러나 그들은 어디로 가든지 복음 전하는 것을 멈추지 않았고, 오히려 이것을 계기로 먼 오지 구석까지 복음이 전해졌다.

1966-1969년의 초기 탄압 이후 서서히 변화가 시작되었다. 하나님의 성령으로 감동된 몇몇 젊은 청년들은 교회의 영적 황폐함을 애통해하며 교회의 부흥을 위해 기도했다. 그들은 마을을 돌아다니며 남은 자들을 찾아 그들에게 두려움

25) Thomas Wang and Chan, Sharon., "Christian Witness to the Chinese People." In *Perspectives on the World Christian Movement*. R. D. (Winter, Hawthorne, Steven C. Pasadena, CA: William Carey Library, 1999), 640.

을 이기고 분연히 일어나 예수 그리스도의 이름을 다시 부를 수 있도록 독려했다. 5-10명 정도의 소그룹으로 은밀하게 모여 기도하는 가운데 하나님의 말씀을 상기하며 서로를 격려하고 삶 가운데 하나님의 은혜를 나누었다. 서서히 이 소그룹들은 50-200명에 달하는 성령으로 충만한 가정교회로 성장했다.[26)]

지하교회는 성장했다. "각 가정모임은 가정교회의 영적 임무를 담당할 '장로들' 같은 그들만의 영적 지도자들을 세웠다. 그들은 큰 위험을 무릅쓰고 믿음을 지켰다."[27)] 토마스 왕은 이것을 다음과 같이 설명했다.

1979년 중국이 미국과의 국교를 재정상화하고 외국인들의 방문을 허가할 무렵, 놀랍게도 그들은 예수 그리스도만이 그들의 주 되심을 담대하게 고백하는 수천, 수만 명의 기독교인들이 모인 한 살아 있는 교회를 발견하게 된다. 사실 중국 기독교 인구는 1949년 84만 명에서 1982년 약 3,500만 명으로 증가한 것으로 추정되고 있다.[28)]

러시아와 루마니아, 중국 교회에 대한 내용에서 알 수 있듯이, 핍박이 있는 곳에 지하교회는 자연스럽게 존재했다. 역사를 주관하시는 하나님은 결코 그분의 교회가 무너지도록 내버려두지 않으신다. 하나님의 사람들은 어떤 대가를 치르더라도 가장 먼저 성령님께 순종하고 이 땅 위에 하나님의 나라를 건설해야 한다는 사실을 잘 알고 있었다. 이 땅에서의

---

26) Jonathan Chao, *China Mission Handbook*.(Hong Kong: Chinese Church Research Center, 1989), 36-37.

27) Ibid., 46.

28) Thomas Wang and Chan, Sharon., "Christian Witness to the Chinese People." In *Perspectives on the World Christian Movement*. R. D. (Winter, Hawthorne, Steven C. Pasadena, CA: William Carey Library, 1999), 640.

삶은 잠깐이고 그들의 본향은 천국에 있기 때문이다. 예수님은 모든 성도들에게 의를 위하여 핍박을 받게 될 것이라고 경고하셨다. 바울도 그리스도인들에게 자기 십자가를 지고 예수 그리스도와 함께 십자가에 못 박힐 준비를 하라고 경고하였다.

교회의 핍박은 변하지 않는 역사의 일부이다. 따라서 교회는 핍박에 맞서 비공식적인 모임일지라도 지속적으로 모여 하나님에 대한 계속적인 순종으로 나아갈 수 있도록 서로를 격려해야 한다. 그렇게 할 때 예수님의 몸 된 교회는 어제도, 오늘도, 영원히 존재하게 된다.

북한

성경과 역사를 통해 우리는 지하교회에 대한 무수히 많은 이야기들을 찾을 수 있다. 성경적으로 핍박은 자연스럽게 지하교회를 발전시켰고, 비밀스러운 예배를 통해 지하교회의 신실한 성도들은 온전히 하나님을 예배할 수 있었다. 교회는 모든 측면에서 온갖 핍박에 맞서며 2천 년이 넘도록 교회의 기능을 유지해왔다.

현재 북한 교회도 지하교회의 형태로 핍박을 견디고 있다. 만약 성경의 초대 교회 시대부터 지하교회가 존재해 왔고 2천 년의 교회 역사 동안 계속 존재해 왔다면, 한국 교회 성도들이 예전의 다른 시대, 다른 나라의 교회들처럼 북한에 지하교회가 현존하지 않는다고 믿고 있는 이유는 무엇일까?

북한의 지하교회 성도들은 핍박에 강력하게 저항하며 생존해 왔다. 따라서 우리가 해야 할 질문은 '북한에 지하교회의 성도들이 생존하고 있는가?'가 아니라, '그들은 어떤 모습으로 생존하고 있는가?'가 되어야 할 것이다.

2장

실증적인 증거

필자는 실증적인 자료를 기반으로 북한 지하교회의 존재에 대한 명확한 정보를 제시하려 한다. 지난 20여 년 동안 모퉁이돌선교회는 북한 교회와 지하교회 성도들의 활동에 관한 자료(data)를 모아 왔다. 그 자료들이 수집되어 정보(information)가 형성되었고, 그 정보를 확인하여 북한을 아는 지식(knowledge)이 축적되었으며, 그것이 우리에게 선교의 방향을 제시해 주었고 필요한 지혜(wisdom)를 주었다.

이 정보들은 정확하지만, 관련 성도들의 삶과 출처와 근거지를 보호하는 범위 내에서 특정 정보들은 드러내지 않았다. 그럼에도 불구하고 이 정보들은 어떤 정보들보다 북한의 지하교회 상황에 대한 매우 선명한 그림을 보여 준다.

유효한 출처

최종 분석에서 필자는 1945년부터 2006년까지의 기간 동안 북한의 성도들이 받은 핍박을 다룬 761건의 유효한 사건들을 정리하였다. 이 사건들은 모두 입증 가능한 출처가 있는 것들이다. 모퉁이돌선교회에서 발행하는 월간 소식지 〈카타콤소식〉에 실린 북한 성도들의 내용은 실제 사건의 본인 면담을 거쳐 개인의 보안과 안전을 고려하여 기록되었다.

출처	사건
책	403
박사학위 논문/기타 논문	79
신문 스크랩	74
인터넷	9
정부 보고서	4
다른 선교회 보고서	28
모퉁이돌선교회 〈카타콤소식〉	159
개인 면담	5
총계	761

〈표 1〉 정보의 출처

인구 대상

분석 과정에서 필자는 남한의 유효한 많은 자료들이 한국전쟁 동안 북한 사람들에 의해 사살된 남한 그리스도인들을 포함하고 있다는 사실을 알게 되었다. 총 1,496건의 사건 중 무려 735건이 남한 사람들과 관련되어 있었다. 이 자료들은 북한 교회의 통계를 계산하는 것과 무관하므로 북한 교회에 대한 자료에 집중하기 위해 이 735건의 사건들을 분리하였고, 결과 분석 시에도 고려하지 않았다. 중복된 것을 제외하고 북한 사람들에 관한 자료가 아닌 것들을 생략하고 나자 〈표 2〉에서 보듯 16,984명의 북한 사람들이 연루되어 핍박을 당한 총 761건만 남았다.

대상	사건
북한 사람	761
남한 사람	735
총계	1,496

〈표 2〉 사건 대상

본명

수집된 자료의 유효성과 신뢰성을 확보하기 위해 기록된 사건에 연관된 사람들의 실제 이름을 파악하였다. 결과는 아래의 표와 같다.

이름	사건 수	비율	사람 수	비율
개인의 이름이 알려짐	455	60%	466	3%
지도자 이름이 알려짐	46	6%	3,090	18%
교회 이름이 알려짐	3	0%	74	0%
지역 이름이 알려짐	107	14%	8,185	48%
알 수 없음	150	20%	5,169	30%
총계	761	100%	16,984	100%

〈표 3〉 이름으로 식별

16,984명의 북한 그리스도인들과 관련된 761건의 입증된 사건 중 총 501건(455건과 46건)에서는 개인 혹은 사건에 연루된 중요 인물의 본명을 밝혔고, 이것은 사건 전체의 66%에 해당한다. 그러나 본명이 알려진 사람들은 512명(455건에 관련된 466명과 46건의 대표자 이름)밖에 되지 않는다. 46건의 사건은 그 사건에 관계된 사람들과 함께했던 목사 혹은 가장 또는 대표의 이름만을 밝히고 있다. 이 사건들에서 우리는 교회의 목사 혹은 모임의 지도자, 가장 또는 대표의 이름은 알고 있지만, 관련된 3,044명 개개인의 구체적인 이름은 알 수 없었다. 교회의 이름만 명시된 사건 중에서 74명이 연루된 3건의 사건이 있는데, 이 사건들은 대부분 한국전쟁 기간에 일어났다. 8,185명의 그리스도인들과 관련된 107건의 사건은 지역 이름만 알려져 있다. 5,169명의 그리스도인들이 연관된 150건의 사건은 모든 자료 중에 정보가 가장 빈약하다.

앞에 제시된 자료를 통해, 정보의 자유로운 교류에 어려움이 있는 북한에서 그리스도인들의 핍박과 처형에 관련된 세부적인 정보를 파악하는 것은 상당히 의미 있는 일이라고 할 수 있다. 그러나 이 사건들과 관련된 추가적인 세부사항을 파악하기 위해서는 투옥과 처형에 관한 공식적인 북한 정부의 문서를 확보할 수 있을 때까지 기다려야 한다.

역사의 세부사항을 기록하는 것과 관련된 이러한 어려움은 예수님 시대에도 분명하게 나타나 있다. 예수님께서 5천 명을 먹이셨을 때, 성경에 기록된 이름은 제자들 중 불과 몇 명뿐이었다. 그 외에 우리는 단지 남자 5천 명과 알려지지 않은 여자들과 아이들이 있다는 것만 알 뿐이다(마 14:21). 이 이야기의 요점은 예수님께서 5천 명의 남자들과 그들과 함께한 여자들과 아이들을 먹이셨다는 기적에 대한 기록이다. 북한 성도들의 핍박과 처형을 기록하는 데 있어서도 이와 비슷한 제한이 있다.

덧붙여 지하교회 성도들은 특정 정보를 공개할 경우 이로 인해 일어날 핍박을 염려하여 교회 구성원들의 이름과 세부사항을 노출하기를 꺼려했다. 그러므로 대부분의 기록들은 요약되거나 사실 입증에 필요한 최소한의 세부사항만을 포함하고 있다. 마지막으로 일부 선교회들은 관련자 리스트를 가지고 있지만, 보안상의 이유로 노출하지 않았다. 모퉁이돌선교회도 마찬가지이다.

한국전쟁 전과 전쟁 기간 동안에 처형된 그리스도인들의 이름은 비교적 쉽게 확보할 수 있었다. 그들의 명단은 교단별 기록과 남한 교회 역사학자들이 기록한 간행물에서 쉽게 발견할 수 있었다. 그러나 북한과 같은 은둔의 나라에서 지하교회 설립에 관한 자료를 찾기란 매우 어려운 일이며, 구체적인 정보보다는 요약된 정보가 훨씬 많다. 그렇지만, 북한 교회의 전체 역사에 걸쳐 상당히 입증이 잘된 사건들과 개인에 대한 참고 문서도 존재한다.

이름으로 사건을 식별할 경우, 사건의 유효성을 입증하는 데 상당한 증거를 마련할 수 있다. 물론 특정 이름을 식별할 수 없다고 해서 특정 행사 또는 사건이 일어나지 않은 것이 아니므로, 충분한 확증과 분석을 통해 해당 사건들이 발생했다는 사실을 분명하게 입증하고자 하였다.

성별

핍박과 관련된 사람들의 성별은 총 538건에서 명확히 볼 수 있었는데, 남성은 451건에 520명이 포함되었고, 여성은 87건에 총 108명이 포함되었다. 16,356명의 그리스도인들과 관련된 나머지 223건의 사건들 중에는 사람들의 성별을 확실하게 구별할 만한 충분한 정보가 없었다. 〈표 4-1〉은 여성이 입증된 사건이 단 17%를 차지하고, 남성이 83%를 차지하고 있음을 보여 준다.

성별	성도수
남성	520
여성	108
총계	628

〈표 4-1〉 관련 성도들의 성별

이 성별 분포에는 여성 순교자들이 모두 포함되지 않았다. 실질적인 차원에서 보면 한국 교회 안에서의 여성의 역할은 확실히 비중이 커졌다. 그러나 가부장적인 한국 사회에서 여성들이 권위 있는 직분을 얻거나 이름으로 확인될 정도로 중요하게 간주되는 일은 극히 드물었다. 혹여 있다 하더라도 기록되지 않은 경우가 많다. 반면 재중 교포들의 경험을 살펴보면, 여성들이 지하교회에서 중요한 역할을 하고 있다는 것을 알 수 있다. 그들은 이웃에게 복음을 나누는 일에 적극적이었다.

분류	남자	여자
목사	361	0
부목사(안수받지 않음)	29	11
사역자	0	0
선교사	3	0
장로	25	0
권사	2	2
집사	2	4
사모	0	5
평신도	98	86
계	520	108

〈표 4-2〉 관련 성도들의 직분

위 표에서 보듯, 361명의 목사 중 여성이 단 한 명도 없는 것은 문화적으로 여자에게 목사 안수를 하지 않았던 시대상황을 반영한 것이다. 그러나 40명의 부목사 중 11명은 여성으로 밝혀졌다. 부목사라고 통칭했지만, 실상 이들은 목사 안수를 받기 전의 남자 강도사를 포함하고 있으며, 부목사와 구분하지 않고 보고되었다. 25명의 확인된 장로들은 남성이었다. 이 시대에는 여자 장로가 존재하지 않았고, 4명의 권사 중 두 명이 여성이었다. 감리교에서는 남자도 권사가 될 수 있기 때문이다. 집사 6명 중 4명이 여성이었다.

확인된 평신도 184명 중 86명이 여성이다. 교회 내에서의 여성의 존재는 북한 지하교회 안에서의 그들의 중요성을 보여 준다. 다음 표를 보면 알 수 있듯이 1945-1950년에는 남자가 18%, 여자가 3%를 각각 차지했지만, 교회가 지하로 옮겨간 1995-2006년에는 여자가 55%, 남자가 12%의 비중을 차지한 것으로 볼 때, 제한된 상황에서 여자의 역할이 더욱 강화된 것을 알 수 있다.

	1945 -1950	1950 -1953	1953 -1972	1972 -1988	1988 -1995	1995 -2006	계
남자	96	313	23	19	9	60	**520**
	18%	60%	4%	4%	2%	12%	100%
여자	3	21	6	12	7	59	**108**
	3%	19%	6%	11%	6%	55%	100%

〈표 4-3〉 시대별 성별

기간

북한 그리스도인들의 핍박을 시기별로 나누어 보면, 지하교회가 단순히 존재한 것뿐만 아니라 활동적이지 않았던 시기가 없었다는 것을 알 수 있다. 〈표 5〉는 각 시대마다 핍박받은 성도들의 숫자를 보여 준다.

	1945 -1950	1950 -1953	1953 -1972	1972 -1988	1988 -1995	1995 -2006	계
성도 수	123	1,204	10,897	299	741	3,720	16,984

〈표 5〉 시대별 핍박받은 성도 수

역사적 연구와 일관되게 가장 적은 수의 그리스도인들이 한국전쟁 전에 투옥 혹은 처형되었다. 소련은 한국을 감시하도록 위임받았고, 교회 안에 있는 반공산주의 파벌에 가장 먼저 대응했다. 가장 심각한 핍박은 전쟁 후에 찾아왔고, 그 시기는 김일성이 그리스도인들을 고칠 수 없는 친미주의자이자 반공산주의자들이라고 인식한 후부터였다. 전쟁 후 20년이 지나는 사이 최소 10,897명의 그리스도인들이 투옥되거나 처형되었다. 극심한 핍박으로 인해 성도들은 지하교회로 숨어들었다. 그 후의 그리스도인들의 핍박에 대한 기록은 현저하게 적다. 그러나 적어도 299명의 그리스도인들이 뒤이은 20년 동안 여전히 투옥되고 처형되었다.

그 시기가 지나면서 지하교회는 증가하기 시작하여 1988-1995년에는 741명의 순교자가 생겼고, 그 숫자는 1995년 기근으로 인한 탈북인들의 대량 탈출 기간 동안에 5배나 늘어났다. 많은 이들이 중국에서 예수를 믿고 북한으로 돌아가 복음을 전하다 핍박을 당한 것이다. 이 중 적어도 3,720명이 최근에 그들의 믿음을 지키기 위해 투옥되거나 처형당했다. 교회가 사라진 것이 아니라 오히려 확장되면서 더 많은 지하교회 성도들이 순교한 것이다.

사건 장소

기록된 사건들의 지리적 위치를 살펴봄으로써, 지하교회의 현 위치와 시간에 따른 지하교회의 분포를 추측할 수 있다. 핍박받은 그리스도인들의 대다수는 서북지방의 평안북도 지역에 집중되어 있다.

지역	사람 수	비율
함경북도	2,157	13%
양강도	49	0%
자강도	5	0%
평안북도	9,531	56%
평안남도	1,191	7%
함경남도	377	2%
평양	119	1%
황해도	916	5%
강원도	330	2%
국경	31	0%
북한의 모든 지역	210	1%
알려지지 않은 지역	2,041	12%
소계	16,965	100%
중국	16	0%
자료 없음	3	0%
총계	**16,984**	**100%**

〈표 6〉 사건 관련자의 지역 정보

지리적 위치가 알려진 사람들 중 56%인 9,531명이 평안북도 지방에 속해 있었다. 두 번째로 집중된 곳은 동북지방의 함경북도로, 지리적 위치가 알려진 사람들 중 15%인 2,157명이 이 지방에 속해 있었다. 아마도 중국변경과 가까운 곳이어서 정보의 노출이 쉬웠기 때문일 것이다. 휴전선 가까이에 위치한 황해도 지방의 경우, 놀랍게도 그리스도인들이 핍박받은 보고 건수는 916명이 연루된 96건밖에 되지 않는다. 전쟁 전에 황해도에는 다수의 그리스도인들이 살고 있었으나, 분단으로 인한 불안감 속에 많은 그리스도인들이 남한으로 내려온 것으로 추정된다. 그러나 이는 단지 추정일 뿐이다. 결론적으로 이 도표에서 알 수 있듯이, 북한 지하교회는 특정 지역에만 존재하는 것이 아니라 북한 전역에 퍼져 있음을 알 수 있다.

교단

핍박받은 그리스도인들의 교단 분포는 비교적 쉽게 예상할 수 있다. 1940년 기준 자료는 한국 그리스도인 중 83.8%가 장로교인, 10.2%가 감리교인, 그리고 나머지가 다른 교단들이라는 것을 보여 준다.[1] 이 통계에 의하면, 소속된 교단이 알려진 2,606명의 핍박받은 그리스도인들 중 장로교인이 92%, 감리교인이 8%이다. 핍박받은 성도들의 비율은 1940년 당시의 핍박받은 성도들의 비율과 비슷하다. 그 이유 중 하나는 이 사건들의 대부분은 북한 정부 초기에 핍박받은 그리스도인들과 관련되어 있기 때문이다.

교단	성도 수	비율
장로교	2,386	91.7%
감리교	200	7.7%
성결교	14	0.5%
침례교	3	0.1%
하나님의 교회	1	–
구세군	1	–
순복음	1	–
총계	2,606	100%

〈표 7〉 소속 교단

총 761건 중 411건에 관계된 14,378명은 소속 교단이 알려지지 않았다. 1972년 후로 핍박으로 인해 교단 소속이 지하교회 내에서 큰 의미를 지니지 않을 정도로 전통적인 교회 구조가 약해졌다는 것은 주목할 만한 부분이다. 보고한 사람들조차도 교단을 밝히는 것이 필요하다거나 적합

1) 기독교문사, 『기독교대연감』(서울: 기독교문사, 1992), 152-157.

하다고 느끼지 못했던 것이다. 이러한 사실은 한국전쟁 이후 극심한 핍박을 겪은 뒤 교단의 구조와 기록들이 크게 파괴되었음을 보여주는 아래의 표가 뒷받침해준다.

	1945–1950	1950–1953	1953–1972	1972–1988	1988–1995	1995–2006	계
장로교	74	181	2,131	–	–	–	2,386
감리교	14	184	1	–	–	1	200
성결교	4	10	–	–	–	–	14
침례교	1	2	–	–	–	–	3
하나님의 교회	–	1	–	–	–	–	1
구세군	–	1	–	–	–	–	1
순복음	–	–	–	–	1	–	1
확인 불가	30	825	8,765	299	740	3,719	14,378
총계	123	1,204	10,897	299	741	3,720	16,984

〈표 8〉 시대별 교단

〈표 8〉은 대부분의 교단들이 전쟁을 지나면서 교단별 구성원을 파악하려 하였으나 구체적인 정보가 유실되었음을 보여 준다. 전후에 일어난 대부분의 사건의 경우, 관련 성도들의 정보가 유실되거나 빈약하여 소속 교단을 제대로 파악할 수 없었다. 이는 전후 북한에서 교단이 더 이상 제 기능을 수행하지 못했음을 보여 준다. 1995–2006년의 경우, 교파나 교단 정보를 수집하기가 훨씬 수월했음에도 불구하고 대부분의 사건에서 성도들의 교단 정보가 누락된 것은 지하교회에서 교단 소속이 가지는 의미가 크게 상실되었음을 의미한다. 그러므로 교단 자료는 특정 교단이 통계 수치에 특별하게 영향을 미치는 경우에만 사용해야 했다. 이는 다시 말하면, 종전 무렵에 특정 교단이 집중적으로 핍박을 받은 일이 없음을

의미한다. 또한 이 핍박으로 인하여 교단을 초월한 유일한 하나님의 교회만이 존재하였음을 보여 준다.

직분

다음 표를 통해 핍박받은 북한 그리스도인들의 직분을 알 수 있다.

성직자	사람 수	평신도	사람 수
목사	431	장로	25
선교사	6	권사	4
부목사(안수받지 않음)	45	집사	6
		사모	5
		평신도	14,345
		확인 불가	2,117
소계	482	소계	16,502

〈표 9〉 핍박받은 성도들의 직분

일반적으로 교회 내의 직분에 대한 특정한 정보가 제공되지 않은 사건일 경우, 관계된 사람들은 평신도에 포함시켰다. 2,117명의 그리스도인들이 연관된 4건의 사건들은 '확인 불가'로 분류되었는데, 그 이유는 그들이 목사와 교회 지도자, 평신도들로 혼합되어 구성되어 있었기 때문이다.

교회 내의 직분을 밝히는 것이 쉽지 않은 경우도 있었다. 예를 들어 1957년도에 있었던 이만화 사건[2]의 경우, 사건 후에 36명의 그리스도인들이 사형되었고 다른 2,000명은 추방되었다. 사형은 주로 평신도 이상의 사역자들에게 적용되는 것으로 알려져 있지만, 이 36명의 성도들은 '확인

2) 임영섭, 『한국기독교 순교자』(양문출판사, 1991), 231-234.

불가'로 표시되었다. 이 36명의 순교자들은 목사 혹은 장로들일 수도 있지만, 그들의 정확한 역할을 알 수 없으므로 '확인 불가'로 분류한 것이다.

1950년 후반에 발생하여 임영선이 보고한 또 다른 사건[3]에서는 2,000명의 사람들이 추방되어 강제수용소에 보내졌다. 이 사건에서도 그들의 직분을 확인할 수 없었다. 그러나 이 기간 동안 평신도들은 주로 지방으로 추방되었고, 목사와 지도자 그리고 교회 직분자들은 주로 강제수용소에 보내졌다는 증거가 있다. 그러므로 '확인 불가'는 지도자일 가능성이 있는 사람들을 반영하기 위한 분류이다 .

다음의 도표에서 순교 혹은 사형 등의 핍박을 받은 사람들 중 적어도 97%가 평신도였다는 것을 알 수 있다.

	1945 –1950	1950 –1953	1953 –1972	1972 –1988	1988 –1995	1995 –2006	계
평신도	29	880	8,809	258	737	3,632	**14,345**

〈표 10〉 시대별 평신도 순교 상황

여기에서 사역자들을 제외한 16,502명의 일반성도들은 지하교회가 계속 존재해왔음을 나타내고 있다. 그들은 북한 교회의 전 역사 동안 핍박을 받아왔다.

믿음의 경로(신앙 동기)

북한의 성도들이 어떤 경로를 통해 믿음을 가지게 되었는지에 대한 정보는 부분적으로만 존재했다. 그러나 이 자료는 핍박 가운데 어떻게 사

3) 〈탈북난민〉(2002년 여름호), 44.

람들이 믿음을 가지게 되었는지를 보여 준다. 이 자료를 통해 북한에서 개인 전도가 행해졌고, 그것이 지하교회의 성장 기반 중 하나라는 사실을 알 수 있다. 외부인들은 이러한 '숨겨진 교회들' 대부분이 두려움으로 무력화되었으며 재건될 수 없는 상태로 남겨졌다고 생각한다.

어떻게 하나님을 알게 되었는가?	사람 수	비율
1945년 전에 믿음	11,261	66%
부모의 영향	3,398	20%
개인 전도	1,789	11%
중국 탈북생활 중	340	2%
라디오, 비디오, 성경 등	86	0%
북한 외부로의 합법적인 여행 중	19	0%
성령의 인도	7	0%
외부인과 선교사	3	0%
모름	46	0%
총계	**16,984**	**100%**

〈표 11〉 '어떻게 하나님을 알게 되었는가?'에 대한 개별 응답

그러나 위의 자료는 외부인의 생각과는 반대로 지하교회에 과거 그리스도인들의 남은 자들만 있는 것이 아니라, 다수의 새로운 회심자들이 계속 생겨나고 있음을 보여 준다. 핍박받은 그리스도인들 중 가장 많은 11,261명(66%)이 광복 전에 교회 활동을 통해 예수를 믿고 있었다. 핍박받은 성도들이 그리스도를 영접할 수 있게 된 두 번째 이유는 그들의 부모의 영향이었으며, 그 수는 3,398명(20%)에 달한다. 세 번째 이유는 다른 이들을 통한 개인 전도인데 1,789명(11%)이 이에 해당한다. 이는 제한된 지역에서도 개인 전도가 일어나고 있다는 증거로, 북한에 여전히 지하교회가 존재할 수 있는 이유이기도 하다.

공식적·비공식적으로 중국에서 지내는 동안 예수를 믿게 된 340명의 핍박받은 그리스도인들(2%)에 대한 사건들이 자료로 남아 있다. 1983년부터 1994년까지 연평균 2,000명의 북한 사람들이 합법적으로 중국에 들어왔고, 200,000명의 재중 교포들이 매년 북한을 방문했다.[4] 음식과 옷을 얻거나 1995년 기근 후에 지원을 받기 위해 불법적으로 국경을 넘어 중국으로 건너간 북한 사람들에 대한 정확한 통계는 없다.

그 후에 더 많은 탈북인들과 사업가들이 중국으로 건너가면서 다수의 사람들이 북한 외부에서 예수 그리스도를 믿게 되었다. 그들 중 많은 사람들이 그들의 가족이나 친족, 친구들에게 복음을 전하기 위해 북한으로 돌아갔다.

믿음의 출처	1945 −1950	1950 −1953	1953 −1972	1972 −1988	1988 −1995	1995 −2006	합계
1945년 이전에 믿음	123	1,202	9,234	193	332	177	11,261
부모의 영향	−	2	1,659	34	345	1,358	3,398
개인 전도	−	−	−	4	35	1,750	1,789
중국 탈북생활 중	−	−	−	−	2	338	340
라디오와 성경 등	−	−	−	68	−	18	86
외부인과 선교사	−	−	3	−	−	−	3
해외 체류 중	−	−	−	−	−	19	19
성령의 인도	−	−	−	−	−	7	7
모름	−	−	1	−	27	53	81
총계	123	1,204	10,897	299	741	3,720	16,984

〈표 12〉 시대별: 어떻게 하나님을 알게 되었는가?

〈표 12〉는 지하교회가 한국전쟁 전에 그리스도인이었던 사람들로 인

4) **윤여상**, "탈북자의 발생원인과 규모 그리고 전망" http://www.[illegible] ([illegible]), 275.

해 큰 영향을 받았음을 보여 준다. 이들은 북한 교회 역사의 모든 기간 동안 활발하게 움직였다. 이 연구에서 전쟁 전부터 믿음을 지키고 나중에 투옥되거나 사형당한 그리스도인들이 11,261명이었다.

대부분의 목사들이 북한을 떠나거나 추방 또는 사형되었고, 남은 성도들은 자신의 자녀들에게 신앙을 전수하였다. 1953년부터 2006년까지 3,398명의 성도들이 투옥되거나 사형당했는데, 그들은 부모를 통해 그리스도께 인도되었음을 볼 수 있다. 완벽한 고립 가운데서도 믿음을 지켰던 사람들은 지난 60여 년간 그들의 자녀들에게 믿음을 전수했다.

가장 최악의 핍박기간인 1953년부터 1972년 후에도 사람들은 여전히 친구들과 이웃들에게 그리스도를 전했다. 필자가 수집했던 사건들에는 1,789명의 핍박받은 그리스도인들이 개인 전도를 통해 예수님을 영접했다고 기록되어 있다. 이 수치는 북한 주민들이 대부분 개인 전도를 통해 신앙을 가지게 되었음을 암시한다.

1995년부터 2006년까지 가뭄과 기근으로 인해 국경을 넘어 중국으로 간 많은 사람들이 그리스도인들을 만나 예수를 믿게 되었다. 338명의 핍박받은 그리스도인에 대한 사건들은 중국에 있는 북한 주민들 사이에 나타났던 하나님의 크신 역사에 대해 극히 일부분만 보여 줄 뿐이다.

중국에서 그리스도를 알게 된 사람들은 다른 사람들, 특별히 그들의 가족과 친족들에게 복음을 전하기 위해 목숨을 걸고 북한으로 돌아갔다. 그들은 하나님을 통해 얻게 되는 영생에 대해 배우고 난 뒤, 가족들에게도 동일한 복음을 전하기 원했다. 개인주의가 만연한 다른 나라들과는 달리 북한 주민들은 가족의 중요성을 알고 있었고, 복음이 가족들을 통해 빠르게 전파되고 있다는 사실을 깨달았다.

성경과 라디오 배달의 영향은 총 86명의 그리스도인들이 투옥되었거나 사형된 사건에 나타나 있다. 그들은 성경책을 받거나 기독교 라디오 프로그램을 듣고 그리스도를 영접했다고 하였다. 이 문서화된 사건들은 다른 방법으로 그리스도를 영접했지만, 감시를 피할 수 있었던 훨씬 많은 지하의 그리스도인들이 있음을 나타내고 있다. 전도하는 사람들이 전하여 준 성경으로 예수님을 믿은 숫자는 이 숫자에 포함되어 있지 않다. 성경이나 다른 매개체를 통하여 직접 예수님을 믿은 숫자만 산정된 것이다.

체포 원인

필자가 조사한 각 사건들을 보면, 북한의 그리스도인들이 여러 가지 이유로 체포되었음을 알 수 있다. 〈표 13〉은 시대별로 그들의 체포 원인을 요약한 것이다. 나중에 다시 살펴보겠지만, 체포된 성도들은 심문을 당하거나 고문을 받고 투옥되었으며, 추방되거나 사형되었다.

체포의 원인	1945 –1950	1950 –1953	1953 –1972	1972 –1988	1988 –1995	1995 –2006	총계
은신 중	–	21	5,742	67	264	1,325	7,419
공개적인 신앙고백	28	469	5,005	14	110	11	5,637
비밀리에 복음전파	–	–	103	4	3	49	159
전쟁 중에 학살	20	653	–	–	–	–	673
민족주의적 활동	70	34	31	–	–	6	141
교회 건물 사수	5	27	–	–	–	–	32
중국에서 강제 북송	–	–	–	–	–	111	111
성경 소지	–	–	–	–	–	2	2
인도주의적 지원	–	–	1		27	53	81
모름	–	–	16	211	364	2,198	2,789
총계	123	1,204	10,897	299	741	3,720	16,984

〈표 13〉 시대별 체포 원인

각 시대마다 자신의 신앙을 고백했던 참 신앙인들이 있었다. 풀려나기 위해 신앙을 부인했던 사람들에 대한 기록은 많지 않았다. 그러나 우리는 자신의 신앙을 지켰던 16,984명의 그리스도인들이 그 약속(히 11:39)을 지키기 위해 심한 핍박을 받았다는 사실도 알고 있다. 체포 원인이 알려져 있는 13,215명, 즉 93%에 달하는 그리스도인들 가운데는 지하교회 활동에 활발하게 참여하다가 체포된 사람들도 있었다. 1953년에서 1972년까지 행해졌던 가혹한 핍박도 그들의 믿음을 막을 수는 없었다. 1953년 후에 공개적으로 신앙을 고백한 사람은 5,140명이나 되었다.

숨어 있다가 붙잡힌 그리스도인들은 1953년-1972년에 5,742명, 1972년-1988년에 67명, 1988년-1995년에 264명, 그리고 1995년-2006년에 1,325명이었다. 숨어 있다가 체포된 그리스도인들은 최소한 7,419명이었다. 1953년-1972년에 가장 많은 그리스도인이 체포되었다는 사실은 이 기간에 공산당 정책이 완벽하게 시행되었으며, 공산당의 그리스도인 색출 작전이 성공적이었다는 것을 증명한다.

그렇다면 드러난 10,897명을 제외하고, 이 기간 동안 신앙으로 인해 투옥되고 핍박받은 그리스도인은 도대체 얼마나 더 있는 것일까? 이 질문에 대한 대답은 미래 연구자들의 몫이며, 아마도 북한 정부의 내부 문서에 접근할 수 있다면 더 분명하게 밝혀질 것이다.

체포된 성도들의 처벌

체포된 북한의 성도들은 대부분 여러 곳으로 흩어져 그곳에서 믿음을 지켰다. 필자는 각 사건과 관련된 자료들에 의거하여 체포된 성도들의 처벌을 사형, 투옥, 실종, 그리고 강제북송으로 구분하였는데, 실제로 그리스도인으로 확인된 사람 중 오래 산 사람이 거의 없었다. 처형되지 않은 성도들은 정치범으로서 가장 가혹한 강제수용소로 보내졌고, 가장 비인간적인 대우를 받았다. 그리스도인 정치범들의 평균 수명이 왜 3년도 채 되지 않았는지에 대해서는 추후에 살펴볼 것이다.

생존한 정치범들의 목격담에 의하면, 기록된 사건 중에 투옥된 그리스도인들이 수감 생활을 견디고 생존할 가능성은 매우 희박했다. 이것이 사실이라면, 지난 60년이 넘도록 북한에서 체포된 성도들 4명 중 3명꼴로 죽었다는 것이다. 다음의 〈표 14〉는 체포 후 처벌이 알려진 그리스도인 중 적어도 10,539명, 즉 74%가 이 사실을 증명한다는 것을 보여 준다.

처벌	성도 수	비율
사형	2,176	13%
투옥 또는 추방	8,065	47%
석방	3,656	22%
실종	147	1%
전쟁 중 납치	19	0%
고문받은 후 집에서 사망	125	1%
그리스도를 부인한 후 처형	7	0%
모름	2,789	16%
합계	16,984	100%

〈표 14〉 체포된 성도들의 처벌

1953년부터 1972년까지 그리스도인들이 투옥되거나 추방된 사건 중 1969년 12월 6일 북한 뉴스는 추방된 그리스도인들과 관련된 사건을 보도했다.[5] 탄광 수용소의 총 30,000명의 광부들 중 매주 일요일마다 주기적으로 나오지 않았던 1,500명의 사람들이 있었다. 공안 수사관들은 이

5) 사와 마사히코, 김숙자·강문규 역, 『남북한기독교사론』(도서출판 민중사, 1997), 299-300.

사람들을 뒷조사했고, 그들이 기독교 활동을 하고 있다는 것을 발견했다. 그들은 4-8명의 소그룹으로 나뉘어 매주 일요일마다 나무 밑이나 큰 바위 뒤에 모여서 침묵 가운데 예배를 드렸다. 그들은 감격 속에 눈물로 예배를 드렸지만 자유함이 넘쳤다. 그들은 잡혀서 조사를 받는 중에도 믿음을 지켰다. 1,500명 중 적어도 45명이 사형되었고, 나머지는 지방의 강제 수용소로 보내졌다.[6]

석방된 그리스도인들의 사례들 가운데 20명의 성도들과 함께 비밀리에 예배를 드리던 중 체포된 72세의 한 여성에 관한 사건이 있다.[7] 사회안전부는 대부분 고령이었던 이들 모두를 가혹한 공개비판 후에 풀어 주었다. 또한 1958년, 황해도 사리원에서 모임을 이끌었던 혜옥이의 할아버지를 풀어준 사건에서도 100명이 넘는 사람들이 체포된 뒤에 석방되었다.[8]

다음은 교회 조직 유형별 관련자수이다.

	지도자	개인	가족	집단	조직	합계
사형	260	87	22	1,616	191	2,176
수감	8	60	25	5,290	2,682	8,065
감금 후 석방	1	4	11	140	3,500	3,656
실종	131	7	8	1	–	147
납치	19	–	–	–	–	19
고문	3	1	1	120	–	125
그리스도를 부인한 후 처형	7	–	–	–	–	7
합계	429	159	67	7167	6,373	14,195

〈표 15〉 모임별 노출의 결과

6) Ibid.

7) 고태우, 『북녘에 남은 자들을 위한 기도』(서울: 은성, 1990), 117.

8) 모퉁이돌선교회, 《카타콤소식》(2004.10).

지도자 영역에서 감금 후 집으로 보내진 1명 이외에 260명이 처형당했고, 131명이 실종, 19명이 납치되었음을 알 수 있다. 예수를 부인하였지만 처형된 자들 중 1945-1950년에 조선기독교도연맹에 가입했던 7명의 목사가 포함되었지만, 그들은 전쟁 전에 처형되었다. 이 목사들은 김익두,[9] 나시산,[10] 문준희,[11] 조희렴,[12] 김치근,[13] 이구태,[14] 곽희정[15]이다.

핍박은 집단이나 조직과 연계되어 있던 사람들 사이에서 가장 심했다. 집단이나 조직에 속해 있던 사람들은 큰 위험을 감수해야 했으며, 핍박의 참 의미를 알고 있었다. 조직과 연결되어 있던 사람들 중 191명이 처형되었고 2,682명은 투옥되었다. 처형된 1,616명의 순교자들과 5,290명의 수감자들은 집단과 관련되어 있었다. 그들은 살아남기 위해서 그들의 구원자 되신 예수를 부인하는 대신, 견고하게 서서 주님의 증인으로서 그들의 생명까지도 버렸다.

한편 조직의 구성원으로서 잡혀 고문과 심문을 당한 후에 풀려난 사람들도 3,500명이나 되었다. 이들이 배교를 해서 보내졌을 것이라는 추측도 있고, 계속되는 감시와 추궁을 견디지 못해 지하교회 성도가 되었다고도 한다.

1971년에 김일성은 북한에 있는 모든 그리스도인들이 제거되었다고

---

9) 이형근, 『한국교회 순교자』(세신문화사, 1992), 97.

10) 김성준, 『한국기독교 순교사』(기독교문화사, 1993), 225.

11) Ibid.

12) 김춘배, 『한국기독교 수난사화』(성문학사, 1969), 266; 김성준, 『한국기독교 순교사』(기독교문화사, 1993), 205.

13) 김광수, 『한국기독교 순교사』(한국기독교 순교사연구원, 1984), 207.

14) Ibid.

15) Ibid.

선언했다.[16] 그러나 〈표 15〉의 순교자들에 관한 자료는 북한의 주장과는 전혀 다르다. 우리는 북한 건국부터 현재까지 모든 시대에 걸쳐 북한의 그리스도인이 핍박받아 온 것을 보아왔다. 이것은 지하교회의 실재가 오랫동안 의심받아온 사실을 감안해 볼 때, 뉴스거리가 아닐 수 없다.

비록 부분적이긴 하지만, 핍박받고 순교당한 북한의 그리스도인에 대한 기록은 북한 지하교회의 존재를 증명하고도 남음이 있다. 성도가 없는데 교회가 존재하고, 교회가 없는데 순교자가 나올 수 있겠는가? 가장 가혹했던 핍박 기간이 지난 후에도 여전히 교회가 존재했다는 사실은 매우 주목할 만하다. 이뿐만 아니라, 앞의 자료에 의하면 북한의 지하교회들이 지역 간에 서로 긴밀하게 연결되어 교제를 나누었다는 것을 알 수 있다.

다음 장은 각 시대별 북한 교회의 핍박에 대한 보다 구체적인 해석을 여러 가지 자료를 조사·비교·대조하여 수치화된 도표와 이야기를 통해 제시할 것이다.

16) 고태우, 『북녘의 남은 자들을 위한 기도』(서울: 은석, 1990), 107-108.

3장

공산주의 체제 하에 다시 세워진 교회

(1945년 8월 16일 - 1950년 6월 24일)

3장_ 공산주의 체제 하에 다시 세워진 교회

(1945년 8월 16일 – 1950년 6월 24일)

이번 장부터 8장까지는 각 시대별로 지하교회가 형성되고 확장되어 가는 과정을 북한의 공산주의 정치 환경에서 살펴볼 것이다. 지하교회의 역사를 북한 전체 교회의 일부로 인정하여 공식적으로 세워진 조선기독교도연맹에 속한 교회들의 역사와 함께 보는 식으로 접근하였다.

이 시대는 해방 이후 한국전쟁 이전의 시대이다. 해방 후 교회는 일본의 식민지 아래 무너진 교회를 다시 세우려 하였지만, 실제는 새 국가를 세우는 데 더 많은 노력을 기울였다. 일본의 식민지에서 벗어나 한 국가의 모습을 찾고자 한 것이다. 선교사들이 한국에 들어와 복음을 전한 지 25년이 지나고 일본의 식민 통치로 한국인의 정체성을 잃어버린 상태에서 해방이 왔다. 이러한 과도기적인 상황에서 정치, 사회, 교육 등 사회 전반적인 혼란기에 공산주의자들이 들어오는 바람에 교회는 순수한 복음보다는 민족적인 교회로 변하였다.

북한 정부의 수립은 소련과 직접적으로 관련이 있다. 한국의 최북단에 위치한 두만강에서 목재를 수확할 수 있는 권리를 확보했던 러시아는 1896년부터 조선의 천연자원에 관심을 보였다. 일본 역시 조선의 천연자원에 관심을 보이면서 러시아와 전쟁이 벌어졌다. 일본은 한국을 보호·관리하기 위해 필요한 어떠한 수단이라도 제공해야 한다고 권리를 주장하면서 1905년 러시아와 전쟁을 일으켜 승리하였다.

제2차 세계대전에서 연합국은 1945년의 얄타회담과 포츠담선언에서 한국과 만주의 지배권을 소련에게 허용한다는 언급을 막연하게 한 바 있다. 이 내용을 알고 난 연합국은 후에 그들의 입장을 재조정하여 일본을 조선 땅에서 후퇴시키도록 미국에 영향을 주었으며, 1945년 모스크바회의에서 소련, 중국, 영국, 미국 4개국은 한국을 5년간 신탁 통치 할 것을 결정했다.

미국이 한국의 문제를 국제연합에 언급하면서 1947년 유엔 총회에서 한국의 독립을 인정하였다. 그러자 한국을 사회주의국가로 만들기 위해 기회를 노리고 있던 스탈린은 한국이 일본으로부터 해방되기도 전에 한반도에서 그들의 입지를 강화하기 위해 군사 작전을 시작했다. 그리고 공산주의국가 건설을 이끌 수 있는 3명의 한국인 후보자들을 눈여겨보고 있었는데, 그들이 바로 조만식, 박헌영, 김일성이었다.[1] 그들은 모두 민족주의자들로 일본에 대항하여 싸워왔다. 이 후보자들은 모두 기독교 배경에서 자라났다.

처음에 소련은 북한을 운영하는 조직인 이북5도 행정위원회의 위원장으로 조만식을 세웠다. 조만식은 인지도가 높은 지도자였으며, 교회의 장로이기도 했다. 기독교인이었던 그는 위원장이 된 후에 소련이 주장하는 공산주의 방식에 복종하지 않았다. 홍성환은 이에 대해 다음과 같이 말한다.

1) 홍만춘, 『북한 인물 연구:북한초기의 기독교와 강양욱』(서울: 다산글방, 1990), 81.

막강한 소련 군대의 사령관도 공개적으로 그를 비난하거나 처형할 수 없을 정도로 힘이 있었다. 그의 배후에 평양을 중심으로 꽃피웠던 기독교회와 교인들이 있었기 때문이다. 조만식의 제거는 기독교에 대한 공식 선전포고나 다름없었다.[2)]

그는 1946년 1월 소련군 장관으로부터 경고를 받은 지 며칠 지나지 않아서 사라졌다. 소련 공산주의자들이 그가 기독교 신앙을 저버리지 않았다는 이유로 암살한 것이다.[3)]

박헌영은 만주에서 활발하게 반일 활동에 참여했던 강력한 공산주의자였다. 그는 민족주의적 문제에 대해 강경한 입장을 가진 자였지만, 지지자들이 없다는 이유로 소련의 선택을 받지 못했다.

김일성은 기독교 집안에서 자랐다. 그의 외할아버지는 교회의 장로였으며, 아버지는 기독교 학교를 다녔다. 그의 부모는 교회 사역에도 적극적인 성도들이었다. 그러나 김일성은 하바로브스크와 가까운 소련에서 훈련을 받았고, 일본에 대항하는 전쟁에 유격대원으로 참전했었다. 젊은 민족주의자 김일성은 일본으로부터의 해방을 갈망했다. 소련에 의해 세뇌된 김일성이 자신의 존재 가치를 그들에게 증명해 보이자, 소련은 그에게 조선을 사회주의국가로 만드는 임무를 부여했다.

1945년 이전의 공산주의

많은 사람들은 소련과 김일성이 1945년에 북한에 공산주의 체제를 도입했다고 생각한다. 그러나 조선은 훨씬 이전부터 공산주의의 영향을

2) 홍성현, 『맑스주의자들의 종교비판』(서울: 제3세계신학연구소, 1988), 71.

3) 김광수, 『북한 기독교 탐구사』(서울: 한국교회사 연구원, 1994), 212.

받았다. 1919년에 일본에 대항하는 삼일독립운동에 참가한 사람들은 민족주의의 실패로 인한 공허함을 더 진보적인 사상으로 채우고 싶어 했다.[4] 그래서 1917년에 러시아에서 일어난 볼셰비키 혁명이 민족주의를 대신할 수 있다고 생각하였다. 한국의 일부 지성인들은 공산주의가 대체 가능한 사상이라는 희망을 가졌고, 국가적 구원을 가져올 수 있을 것이라고 믿었다.[5]

저항 운동

1919년 독립운동이 실패로 돌아가자, 전국적인 시위에 참여했던 200만 명의 사람들은 일본 경찰의 핍박을 피하기 위해 뿔뿔이 흩어졌다.[6] 30만 명에 이르는 한국인들은 보복을 피해서 만주 또는 멀리 시베리아까지 도망갔다.[7] 소련은 오래 전부터 일본에 불만이 있었고, 만주에서 점점 커지는 그들의 세력을 누르기 위한 방법을 적극적으로 찾고 있었다. 따라서 중국과 아시아의 다른 국가에 있는 한국인 망명자들이 일본의 확장을 저해하는 완충 작용을 하는 것을 기뻐했다. 일본의 가혹한 억압으로부터 자유로워진 한국인 망명자들은 다른 국가에서 활발한 저항 운동을 할 수 있게 되었다.

국제적인 공산주의 운동

여러 나라에 흩어진 한국인들은 자신들이 거주하는 일본, 중국, 러시

4) 한창수 편, 『한국공산주의 운동사: 현대사 사료집 I』 지양전서16 (서울: 지양사, 1984), 16-18.

5) 전택부, 『한국교회발전사』(대한기독교출판사, 1987), 212.

6) 박용규, 『한국기독교회사』(한국기독교회사 연구원, 2003), 667.

7) 한창수 편, 『한국공산주의 운동사: 현대사 사료집 I』 지양전서16 (서울: 지양사, 1984), 133.

아 등에서 공산당에 가입했다.[8] 1917년 8월 신규식은 중국에서 조선공산당을 세웠다. 조선에서는 일본 때문에 공산주의가 허용되지 않았으므로 조선공산당은 중국 상해를 본거지로 삼았다. 이동희와 김립은 상해에서 여운형과 안병찬을 만나 조선공산당에 가입했고, 망명 중에 한국임시정부를 설립하였다.[9]

한국 학생들과 노동자들은 그들이 거주하는 나라의 공산당 형태를 수용하고 1921년에 사회당을 세웠다. 사회주의와 공산주의는 실패한 민족주의의 활동보다 더 매력적이고 가능성이 있어 보였다.

공산주의자들은 한인 공산주의자들이 한국에서 더욱 활발하게 활동하도록 격려했다. 1925년 4월 17일 국제공산당은 김재봉을 지명하여 조선공산당의 첫 모임을 계획하도록 했다.[10] 홍성환은 그의 책『마르크스주의자들의 종교비판』에서 세계 무대에서 활동하는 한국인들을 이와 같이 묘사했다. "한국 공산주의자들의 주요한 국제적인 활동은 그 무대를 한국으로 옮기기 시작했다. 블라디보스토크에서 온 한인 공산주의자들은 한국에서 공산당을 조직하는 데 열심을 쏟았다."[11]

1925년 4월 17일, 15명의 한국인들이 공산당을 조직하기 위한 첫 번째 시도를 하였다. 그러나 이 운동에 대항하는 일본의 제재 때문에 실패하였다. 1928년까지 세 번의 시도가 더 있었지만 결국은 실패했다. 그 후, 그들은 일본의 감시 아래서 한국을 떠나 해외에 있는 공산주의 모임에 가입했다. 어떤 이들은 일본 공산당에 가입했고, 다른 이들은 중국 공산당

8) 전택부,『한국교회발전사』(대한기독교출판사, 1987), 212.

9) 한창수, op. cit., 12.

10) 박용규,『한국기독교회사』(한국기독교회사 연구원, 2003), 667-668.

11) Ibid., 65.

이나 소련 공산당에 가입했다.

그리고 반일 활동을 위한 두 개의 모임이 세워졌다. 하나는 중국 상해에, 다른 하나는 소련의 이르쿠츠크에 각각 세워졌다. 이 한인 시설들은 소련 공산당의 지지를 받고 있었다.[12] 이들은 1945년 8월에 해방되기까지 모든 방법을 동원하여 일본에 저항하였다.

북한의 공산주의

소련 공산주의자들은 동유럽 국가들과 긴밀한 관계를 형성하고 있었지만, 아시아 국가 중 북한을 주목했다.

소련 군대(1945년 8월 11일)

소련 군대는 일본으로부터 광복되기 6일 전인 1945년 8월 9일부터 한국에 입성하기 시작했다. 그들은 8월 11일에 한국의 동북지역에 위치한 나진항에 도착했다. 그리고 1945년 8월 16일에는 함경북도에서 두 번째로 중요한 항구인 청진항을 차지했다. 그리고 21일에 강원도 원산으로 이동하여 3일 만에 함흥과 평양을 점령하였다. 8월 26일에는 개성을 탈환하고, 38선에 도착하였다.[13]

소련 군대는 3만 명의 군대와 함께 소련에 거주하고 있던 한인들을 군사로 동원시켰다. 이때 대략 3,000명 정도의 한인들이 소련군에 가담하여 참전했는데, 김일성도 그 중 한 명이었다.[14]

---

12) 홍성현, 『맑스주의자들의 종교비판』(서울: 제3세계신학연구소, 1988),64.

13) 임영태·고유한, 『북한50년사』(서울: 들녘, 1999), 25.

14) 홍성현, op. cit., 68.

김일성의 등장(1945년 9월 19일)

1945년 9월 19일, 원산에 도착한 김일성과 한인 공산주의 조직은 소련 선박 푸가초프호에 승선했다. 그들은 소련 블라디보스토크에서 왔고, 두 명의 소련 장교와 통역관이 그들을 환영했다. 당시 김일성은 배 위에서 사람들의 눈을 피하기 위해 우리가 알고 있는 이름인 김일성 대신 본명인 김성주를 사용했다.[15] 김일성은 1945년 7월부터 하바로스크에서 조선공산당의 조직원으로 활발하게 활동했다.[16] 하바로스크의 한인 사회에서는 한국의 일제 강점기 동안 일본군에 대항하는 운동이 계속되고 있었다.

1942년부터 대중의 시야에서 사라졌던 김일성은 가짜 김일성으로 1945년 10월 14일, 개선장군이 되어 평양에 입성했고 6만 명의 사람들로부터 환영을 받았다.[17] 김일성을 본 평양 주민들은 깜짝 놀랐다. 사람들은 김일성을 일본에 대항하여 싸운 백전노장으로 생각했다. 그러나 그들이 본 것은 33살에 불과한 젊은 청년이었다. 소련군은 김일성이 북한으로 가기 전에 북한 주민들에게 김일성을 '김일성 장군'으로 부르도록 미리 주지시켰다.[18] 시간이 지나서야, 사람들은 그가 일본에 대항하여 싸운 것은 조작된 이야기이며, 그가 순탄하게 지도자의 자리에 오르기 위해 인위적으로 만들어진 영웅에 지나지 않음을 알게 되었다.[19]

---

15) 고태우, 『북녁의 남은 자들을 위한 기도』(서울: 은석, 1990), 21.

16) 임영태·고유한, 『북한50년사』(서울: 들녘, 1999), 60.

17) 임영섭은 그곳에 400,000명이 넘는 사람들이 있었다고 보고했다(임영섭 & Y. H Koh 1996: 42). 고태우는 임영섭이 보고한 숫자는 평양의 인구이고, 100,000명만이 환영식에 참여했다고 말했다(고태우, 1996:24).

18) 김국후는 평양의 소련군정에 "소련군은 입북 전 '김일성 장군'으로 예습시키었다"라고 하였다(김국후 2008:39-40).

19) 한국기독교역사연구소, 북한교회사집필위원회 『북한교회사』(서울: 한국기독교역사연구소, 1996), 96.

북한의 임시인민위원회(1946년 2월 8일)

1946년 2월 8일, 김일성은 북조선임시인민위원회의 위원장으로 뽑혔다. 이 위원회는 북한 민주당 2명, 무소속 2명, 신민당 1명, 그리고 12명의 공산당원들로 구성되었다. 위원회는 20개의 조항을 발표했으며, 그 중 열세 번째 조항에 근거하여 임시위원회가 임시정부의 역할을 수행했다. 이것이 북한 공산주의 정부의 첫 시작이었다.[20] 북한은 다음과 같이 공표했다. "이것은 진정한 인민들의 삶을 반영하여 각계각층의 인민 대중의 합일된 의견에 근거하여 세운 민주주의이다."[21] 그러나 현실은 이와 매우 달랐다.

조선민주주의인민공화국(1948년 9월 9일)

어떤 정부든지 최초에 설립된 정부가 우선적으로 한반도를 지배하게 될 것임을 알았기 때문에 우선권에 대한 투쟁이 일어났다. 북한뿐만 아니라 남한에서도 정부가 세워졌다. 1948년 5월 10일, 남한은 민주주의 투표로 국회의원들을 뽑았고, 민주주의공화국을 설립하였다. 감리교인인 이승만은 7월 20일에 국회의원들에 의해 민주주의공화국의 첫 대통령으로 선출됐다.[22]

남한에서 일어나고 있는 상황을 지켜본 북한도 1948년 8월 25일에 대의원 선거를 실시하고 9월 9일에 사회주의헌법을 채택하여 그들만의 정부를 세웠다. 북한 사학가는 다음과 같이 말한다. "북한 유권자의 99.97%가 투표에 참여했으며, 남한에서는 미 제국주의자들과 그들 앞잡

---

20) 고태우,『북녁의 남은 자들을 위한 기도』(서울: 은석, 1990), 49.

21) Sok Hun Om, *The Glorious Career*.(Pyongyang: Foreign Languages Publishing House. 1990), 56.

22) 한국기독교역사연구소, 북한교회사집필위원회『북한교회사』(서울: 한국기독교역사연구소, 1996), 96.

이들의 유혈탄압에 저항하여 유권자의 77.52%가 민족의 대표자들을 선출하기 위한 투표에 참여했다."[23] 역사적 기록에 의하면, 평양 모란봉극장에 참석한 총 572명의 국회의원들이 김일성을 의장으로 선출하였다.[24] 이로써 남과 북이 공식적으로 분열된 것이다.

공산주의를 반대하는 그리스도인들의 움직임

남한 교회는 북한의 공산주의자들이 공산주의의 무신론적 교리에 근거하여 특별한 이유 없이 그리스도인들을 핍박한다고 생각한다. 또한 남한은 반공산주의 역사의 영향을 받아 북한에서 김일성 정권 초기부터 교회를 붕괴시키려는 움직임이 활발하게 진행되었다고 생각한다. 잔인한 고문과 그리스도인들의 순교를 통해 공산주의를 향한 적대감을 일으키는 것은 그리 어려운 일이 아니다. 그러나 처음부터 공산주의자들이 자신의 입지를 다지기 위해 기독교인들을 핍박한 것으로 보기 어려운 사건들이 몇 가지 있었다.

공산주의에 대한 남한의 적대감은 남한이 친미와 보수파의 관점에서 북한의 역사를 기록했기 때문이기도 하다. 남한 사람들은 공산주의자들에 의해 핍박받았던 끔찍한 기억을 통해서만 북한을 보는 경향이 있다. 그래서 북한 교회 역사 안에 일어났던 경험은 일반적인 것으로 여겨지고 있다. 또한 교회사학자들은 한국의 자유를 지키기 위해 죽은 미국인들에 대한 일종의 책임감 때문인지 몰라도 미국인의 관점에서 역사를 해석하는 경향이 있다. 그래서 남한의 그리스도인들은 핍박의 원인을 밝히는

23) Sok Hun Om, op. citi., 65.

24) 고태우, 『북녘의 남은 자들을 위한 기도』(서울: 은석, 1990), 96-98.

것보다는 공산주의 아래 교회가 받았던 핍박을 더 강조한다.[25] 이에 대해 김흥수 박사는 다음과 같이 말했다.

> 우리 사회에서는 북한의 교회가 사회주의 또는 기독교 사회주의에 반대하는 사람들에 의해 몰락되었다는 사실을 자주 거론하곤 한다. 그 결과, 사회주의에 투쟁하거나 도전한 사람들은 교회로서의 기능을 유지하면서 사회주의 정부에 순응하려 노력했던 교회보다 더 칭송받고 있다. 이러한 교회의 노력의 증거들은 이와 관련된 기독교인들이 기록한 다음의 책들을 통해 확인할 수 있다.[26]

조사에 의하면 북한의 공산주의자들과 김일성이 교회에 강경한 자세를 취하게 된 계기가 된 몇 가지 사건들이 있었다. 이러한 사건 이후, 공산주의자들은 가능하면 빨리 기독교인들을 와해시켜야 한다는 부담감을 가지기 시작했다. 다시 말해서 북한 기독교인들의 행동은 공산주의자들의 핍박에 한 몫을 했다.[27] 기록에 따르면 처음 소련 군대가 북한에 들어왔을 때, 북한의 어떠한 종교 활동에도 개입하지 말 것이며 교회를 파괴하는 행위를 하지 말라는 명령을 받았다.[28] 김병로 박사의 책 『기독교를 무서워한 공산주의』에서도 "북한은 정책상으로 한국전쟁까지 종교의 자유를 인정했다"[29] 고 기록하고 있다.

김일성이 처음부터 그리스도인들에게 강경한 자세를 취한 것은 아니었

---

25) 김흥수, 『조선기독교도연맹과 국가: 북한에서의 정교관계연구』(서울:한국기독교역사연구소, 1997), 52.

26) 김양선, 『한국 기독교 해방후 10년사』(대한예수교장로총회 종교교육부, 1956); 장병욱, 『6 .25 남침과 교회』(1983); 김흥수,(1992), 3.

27) 박용규, 『한국기독교회사』(한국기독교회사 연구원, 2003), 952; 사와 마사히코, 김숙자·강문규 역, 『남북한기독교사론』(;도서출판 민중사, 1997), 17.

28) 김흥수, 『조선기독교도연맹과 국가: 북한에서의 정교관계연구』(서울:한국기독교역사연구소, 1997), 75-78.

29) 김병로, 『북한종교정책의 변화와 종교실태』(통일연구원, 2002), 31.

다. 그는 기독교 집안에서 자랐고, 소련 공산주의가 러시아 정교회와 협력했기 때문에 그들만의 정권을 설립할 수 있었다는 사실을 알고 있었다. 홍만춘 목사가 말했듯이, 사실 김일성은 그의 권력 기반을 쌓기 위해 기독교의 지원을 받고 싶어 했다.[30] 더군다나 북한에는 독실한 기독교인 조만식으로 인한 기독교의 영향력이 강력했기 때문에 그 지원을 받기 원했다.[31]

김일성은 공산주의를 이용해 자신을 스탈린의 화신이라고 말하면서, 소련이 스탈린주의를 폐기한 후에 그것을 주체사상, 곧 김일성주의로 알려진 북한적인 종교로 바꿨다. 이것은 김일성이 공산주의를 권력을 얻는 방편으로 이용하면서 민족주의적 패권을 얻기 위한 임시적인 싸움을 하는 동안 한국을 지배하려고 했다는 것을 암시한다. 김일성은 한반도 전체를 지배하려는 야욕을 가지고 있었다. 그는 한반도 전체를 지배하려는 그의 탐욕을 채울 수만 있다면 수단과 방법을 가리지 않았다.

1930년에 400,000명의 그리스도인들이 한국에 있었고 250,000명의 그리스도인들이 북한에 있었다. 일본으로부터 해방된 직후에 평양에만 대략 30,000명의 장로교 그리스도인들이 있었다.[32] 이렇게 많은 그리스도인들이 있고, 또한 이들 중 많은 그리스도인들이 최고의 교육을 받아 북한에서 영향력을 행사할 수 있다는 것을 의식한 김일성은 강양욱 목사를 통해 이러한 기독교인들이 김일성과 공산주의를 위해 함께 일하도록 유도하려 하였다.

하지만, 강양욱 목사가 김일성과 함께 일하게 된 후에 발생한 일련의 사건들로 인해 공산주의와 그리스도인들 사이에 돌이킬 수 없는 분열이

30) 홍만춘, 『북한정권초기의 기독교와 강양욱』(서울: 다산글방, 1990), 81-82.

31) 김광수, 『북한 기독교 탐구사』(서울: 한국교회사 연구원, 1994), 210-211.

32) 홍만춘, op. cit., 81.

생겼다. 그리스도인들로부터 협력을 얻어내지 못할 것이라고 판단한 김일성은 스탈린식의 학살을 자행하며 핍박을 통해 협력을 강요했다. 이에 저항한 사람들은 순교하였다. 한편 신앙을 타협하고 김일성을 지지한 사람들은 배교하도록 압력을 받았다. 다음은 공산주의자들이 상냥함의 탈을 벗고 강경 정책으로 돌아서게 하며 결국 교회에 대한 인내심을 잃어버리게 했던 사건들이다.[33]

민족주의 그리스도인들의 저항

일제 강점기에 조선 교회는 일본 정부를 지지하는 말과 행동을 하도록 끊임없이 압력을 받았다. 해방 이후, 조선의 그리스도인들은 독립국가 설립을 적극적으로 추진하였다. 광복 후에 정치가들은 북한과 남한 모두에서 권력을 얻기 위해 분투했다. 이만열은 일제 강점기에 교회가 정치적으로 큰 자극을 받았으며, 그들의 기독교 신앙을 지키는 것과 일본에 저항하는 것이 관련되어 있었다고 말했다.[34] 일본 사학가 마사히코는 이에 동의했다.

> 해방 후 누구나 새롭게 독립한 조선을 꿈꾸고 있을 때, 기독교계도 자의든 타의든 그 꿈을 실현시키는 데 앞장섰다. 북한의 교회가 일치된 결의를 가지고 정당 활동을 한 것은 아니지만 공산주의라는 장막 속으로 북한 전체가 들어가려 했을 때, 기독교 지도자들은 북한의 기독교인의 관심과 참여를 불러일으키지 않을 수 없었다.[35]

33) 김흥수, 『해방 후 북한교회사』(다산글방, 1992), 17.

34) 한국기독교역사연구소, 북한교회사집필위원회 『북한교회사』(서울: 한국기독교역사연구소, 1996), 380.

35) 사와 마사히코, 김숙자·강문규 역, 『남북한기독교사론』(도서출판 민중사, 1997), 36.

기독교사회민주당 설립(1945년 9월)

1945년 초 미국에서 교육받은 한경직 목사와 윤하영 목사는 빠르게 확산되는 공산주의를 막기 위해 평안북도 신의주에 정치적인 조직인 기독교사회민주당을 세웠다. 이는 일본으로부터 해방된 지 한 달 반밖에 되지 않았을 때의 일이다. 그들은 더 많은 사람들의 참여를 유도하기 위해 '기독교'라는 단어를 없애고 '사회민주당'으로 개칭했다. 이것은 공산당이 세워지기 전에 북한에 최초로 설립된 정당이었다.[36] 이 정당은 대다수가 그리스도인들로 이루어졌으며, 민주주의 정책을 따르고 미국인과 그리스도인으로서의 가치를 기반에 둔 사회적 개혁을 시행했다.[37]

사회민주당은 지역사무소를 세우면서 확장되기 시작했다. 1945년 11월 16일, 평안북도 용암포에 사무소를 세우면서 공산주의자들과 충돌이 있었다. 공산주의 공장 노동자들은 사회민주당 집회에 침입하여 회장을 비롯한 관련자들을 습격했다. 이 일로 장로 한 명이 죽임을 당했고, 교회 건물은 붕괴되었다.

이 사건이 알려지자, 1945년 11월 23일 신의주에서 학생들이 발발하여 반소·반공시위 즉 신의주 반공학생사건이 일어났다.[38] 소련 군대는 5,000명의 학생에게 경기관총을 발포했고, 곧 피바다가 되었다. 그날 23명의 학생이 죽었고, 700명이 중상을 입었다. 소련은 계엄을 선포하여 1,000명 이상의 학생들을 체포하고, 그 중 200명을 시베리아로 보냈다.[39] 소련은 사회민주당과 이 학생 반란을 주동했던 지도자들의 배경을 조사

36) 박용규, 『한국기독교회사』(한국기독교회사 연구원, 2003), 950.

37) 한국기독교역사연구소, 북한교회사집필위원회 『북한교회사』(서울: 한국기독교역사연구소, 1996), 388; 김양선, 『한국 기독교 해방후 10년사』(대한예수교장로총회 종교교육부, 1956) 62.

38) 김광수, 『북한 기독교 탐구사』(서울: 한국교회사 연구원, 1994), 213.

39) 1994년에 남한으로 탈북한 조창호가 이 사실을 증언했다. 조창호,『돌아온 사자』(지호, 1995), 213.

하기 시작했다.[40)]

이 과정에서 한경직 목사는 위험을 감지하고 학생 학살이 일어나기 한 달 전인 1945년 10월에 남한으로 피난했다. 그러한 그의 모습은 정치화된 목사 집단의 결정으로 인해 고통받는 평신도들과 교회를 버린 것 같은 인상을 주었다. 지도자의 부재와 함께 소련 비밀경찰의 감시까지 받아야 했던 사회민주당은 그 기세가 꺾여 버렸다.[41)] 그러나 사회민주당은 아직도 북한에 존재하고 있으며, 북한의 선전 매체로 아주 용이하게 사용되고 있다. 이 정당은 지금의 기독교와는 아무 상관이 없다.

조선민주당의 설립(1945년 11월)

앞에서 언급했듯이, 해방 후 그리스도인들의 정치적 행보는 눈에 띄게 증가하였다. 그리스도인들은 그들의 훈련과 신학, 세계관 등으로 인해 극단적인 민족주의적 성향을 띠고 있었고, 자유 독립국가를 세우고자 하는 열망으로 인해 많은 조직들이 형성되었다. 조만식 장로가 평안남도에 세운 조직도 영향력 있는 조직 중 하나였다. 1945년 11월 3일, 조만식 장로가 발족시킨 조선민주당에는 많은 그리스도인들이 가입했다. 김광수는 당시 그리스도인들의 참여에 대해 다음과 같이 말했다.

> 1945년 11월 3일, 조만식은 조선민주당을 창당하였다. 여기에는 장로인 조만식을 중심으로 목사인 이윤영과 한근도, 김병연, 김익진, 우제순, 조명식, 이종헌 등 우익 민족주의자들이 집결했으며, 대다수가 기독교인이었다. 평양에 본부를

---

40) 김광수, 『북한 기독교 탐구사』(서울: 한국교회사 연구원, 1994), 214.

41) 김양선, 『한국 기독교 해방후 10년사』(대한예수교장로총회 종교교육부, 1956), 62; 김흥수, 『해방 후 북한 교회사』(다산글방, 1992), 54.

두고 지방마다 지부 조직에 착수하였는데, 조만식 장로의 명성과 덕망에 힘입어 절대 다수의 기독교인들이 정당에 가담하여 조선민주당은 마치 기독교 정당과 같은 느낌을 강하게 풍겼다.[42]

김병로는 이렇게 기록했다. "정치적인 억압을 두려워하던 북한 교회의 지도자들과 그리스도인들은 정치 정당을 만들면서 그들의 세력을 규합하는 일에 집중했다."[43] 주요 당원들은 일본 정권에 대항하여 싸우기 위해 공산주의자들과 협력했다. 일본이 패배한 시점에서 공산주의자들을 대항하기로 한 것은 어렵지 않은 일이었다.

1945년 말, 조선민주당의 총 당원 수는 3개월 만에 500,000명으로 증가하였다. 이는 당시 4,530명에 불과했던 공산당원 수를 훨씬 웃도는 숫자였다.[44] 대부분의 당 지도자들과 지지자들은 기독교 목사들이었다. 예를 들어 김진수 목사는 선천 지역의 회장이었고, 안봉진 목사도 함경장로교의 회장으로 북청 지역을 담당했다. 1945년 12월까지 그리스도인들은 조선민주당과 함께 주도권을 쥐고 있었다.

기독교자유당의 설립(1945년 11월)

1945년 11월 초, 평양신학교의 학장이자 이북5도연합노회의 부회장이었던 김화식은 다른 장로교 목사 몇 명을 불렀다. 그들은 비밀리에 만나 '기독교자유당'을 조직하기로 결정했다. 이 정당의 목적은 통일을 준비

---

42) 김광수, 『북한 기독교 탐구사』(서울: 한국교회사 연구원, 1994), 210-211.

43) 김병로, 『북한종교정책의 변화와 종교실태』(통일연구원, 2002), 36.

44) 한국기독교역사연구소 북한교회사집필위원회, 『북한교회사』(서울: 한국기독교역사연구소, 1996), 383-385.

하는 가운데 복음을 전파하는 정당을 그리스도인들에게 제공하는 것이었다.[45] 그러나 이유는 알려지지 않았으나 창당을 위한 첫 번째 시도는 실패로 돌아갔고, 1947년의 두 번째 시도도 실패로 끝났다.

감리교인들이 기독교민주당을 조직한 것을 본 장로교인들은 기독교자유당을 설립하기 위해 노력했다. 이 두 교단은 기독교자유당의 창당을 계기로 연합하기로 합의했다. 조직위원회는 합법적인 정당을 만들기 위해 서둘렀는데, 이는 그 해 7월에 미국과 소련 사이에 있을 정상회담에 기독교의 입장을 대변하는 대표자를 파견하기 위함이었다.

3개 조직의 모임이 있은 후인 1947년 5월, 평양신학교 지하에서 120명의 임원들이 만났다. 그들은 이때 오영진에게 조선민주당의 조만식에 대한 기소장을 쓰도록 하는 등 공산당에 의해 북한 내에 발생한 종교적 탄압에 대한 기독교의 입장을 전했다. 그들은 남한에 있는 조만식에게 도움을 구하기 위해 김화식 장로를 파견했다. 또한 초교파적인 예배와 집회를 열기로 동의하고, 북한의 종교적 탄압에 항의했다.

이 조직의 활동을 지켜본 공산당 관리들은 미국과 소련의 정상회담을 방해하려는 목적으로 당을 조직하고 설립한 사람들을 체포·감금했다. 1947년 6월 15일, 북한 정부는 조직 관계자들과 기독교자유당의 창당 멤버, 이북5도연합노회의 회장인 김진수 목사를 포함해 감리교 서부지역의 연회장인 송정근 목사 등을 체포하기 시작했다.

이북5도연합노회의 설립(1945년 12월)

교회 내 지도자들은 공동의 정치적 행동을 취할 수 있는 연합체를

45) Ibid., 390.

형성하기 원했다. 지도자들은 북한과 남한 간의 통행 제한이 점점 심해지고 있음을 알았다. 목사와 교회 지도자들은 공산당의 감시를 계속 받아야 했고, 그리스도인들과 교회는 소련군의 압제에 시달려야 했다. 이를 지켜본 목사들은 1945년 12월 1일, 이북5도연합노회를 결성했다. 노회 대표단들은 공산주의의 억압에 대항하기 위해 총회를 조직하는 대신 이북5도연합노회를 설립한 것이다. 첫 모임에서 김진수 목사가 초대 회장으로 뽑혔다.

비록 이북5도연합노회가 총회가 아닌 지방의 정치적 모임이었지만, 그들은 일본의 억압 속에서 채택한 동일한 조례들에 동의했다. 이것은 남북이 통일될 때까지 지방노회로서 공산주의의 공격에 맞서기 위한 것이었다. 1947년에 노회는 남한 교회와 대화하기 위해 대표단을 파견하고, 남한 대통령 이승만과 국가적 지도자인 김구를 방문하기로 결정했다.[46)]

노회는 연합 초기부터 정치적으로 굉장히 활발했으며, 남한의 친미 사상과 동일한 태도를 취했다. 그 결과, 노회는 이만열 박사가 말한 바와 같이 분열을 가져왔다. "노회의 관점에서, 이북5도연합노회는 총회를 대표하는 태도를 취했고 여기서부터 '첫 번째 분열 단계'가 이미 시작되었다."[47)]

이북5도연합노회는 평양신학교 재개 추진 작업을 김인준 목사에게 위임하기로 결정했다. 미국에서 교육을 받은 김인준 목사에게는 분명한 정치적 노선이 있었다. 공산주의 정부와 함께 신학교에 등록하라는 요청을 받은 김인준 목사는 다음과 같이 대답했다. "신학교는 하나님의 나라에 이미 등록되어 있기 때문에 어떤 나라에도 등록할 필요가 없다."[48)] 또

46) 김양선, 『한국 기독교 해방후 10년사』(대한예수교장로총회 종교교육부, 1956), 49.

47) 한국기독교역사연구소, 북한교회사집필위원회 『북한교회사』(서울: 한국기독교역사연구소, 1996), 357.

48) 김광수, 『북한 기독교 탐구사』(서울: 한국교회사 연구원, 1994), 190.

한 그는 공산당과의 연합에 강경하게 대응하였다.[49]

이로 인해 1947년 1월 17일, 소련군은 김인준 목사를 체포하여 시베리아로 보냈다. 그 후로 어느 누구도 그를 보지 못했으며, 그에 대한 소식을 듣지 못했다. 정치적 기반을 둔 연합노회는 공산주의 국가 설립에 대한 대응으로 시작된 것이었다. 노회 지도자들은 결국 체포되었고, 후에 기독교인이라는 이유가 아닌 공산주의에 반대한다는 이유로 처형되었다.

공산주의에 대항한 기독교 모임

그리스도인들은 북한 전역에서 공산주의에 항거하기 위해 스스로 조직화하였다. 기독교자유당을 만들었던 장로교와 감리교의 지도자들뿐만 아니라 젊은 그리스도인들도 반공산주의적인 생각을 공개적으로 표현했다. 많은 청년들이 자신의 교회 내에 반공산주의 집단을 조직하여 북한 공산당 정부에 강력하게 저항하기 시작했다. 이들 청년들은 하나님의 존재를 부정하는 사람들을 벌하고, 사회에서 완전히 제거해야 한다고 생각했다. 또한, 하나님에 대한 믿음이 곧 반공산주의를 의미하며 공산주의를 뿌리 뽑는 것이 신앙의 목표라고 여겼다.

이에 대한 한 예로 1947년 4월 3일, 젊은 성도들은 황해도 재령에 있는 노회로 이동하여 청년 면려회에 참가했다. 이것이 영적 회복의 기회가 될 수 있었으나 김진수와 몇몇 기독교자유당의 지도자들이 이 자문회에 연설을 하러 오는 바람에 반공산주의 집회가 되어 버렸다.[50]

1947년 5월에 서부 지역의 두 번째 대회를 이용해서 남본정감리교회

49) Ibid., 223.

50) 한국기독교역사연구소 북한교회사집필위원회, 『북한교회사』(서울: 한국기독교역사연구소, 1996), 413.

의 장로인 최창수는 조만식이 만든 정치 정당을 위해 그리스도인들을 모집했다. 이 집회의 정치적 계획이 드러나자 마경일 목사는 체포되었다. 1948년 6월 김약성 집사는 '국가 구제를 위한 젊은 그리스도인들의 모임'이라는 또 다른 반공산주의 모임을 만들었다.

조선민주당은 1949년 초기에 반공산주의 지지자들로 구성된 그룹을 조직했는데, 그들은 대부분 그리스도인들이었다. 그들은 후에 반공산주의 활동으로 체포되었다. 1948년 장성철 목사와 황해도 사리원교회 성도들은 반공산주의 집회를 선전하는 데 가담하였다. 이때 그들의 활동이 발각되자 목사와 많은 성도들이 체포되었다.

그 외에도 한국전쟁까지 더 많은 반공산주의 집회와 운동이 있었다. 대표적인 예로 함흥 학생운동(1946년 3월 13일), 장련중학교 찬송가 제창 사건(1946년 4월 15일), 철산 국회의원 투표 참여 거부(1946년 12월 5일), 오산학교 시위(1947년 5월 23일), 공산주의에 항거하는 신록대표단 설립(1947년 가을), 반공산주의적 전단지를 뿌렸던 신한청년모임 조직(1949년)[51] 등이 있다.

기독교인을 반대하는 움직임

위에 열거된 활동들은 영적이거나 신앙적인 활동이 아니라, 공산주의 정부 설립을 노골적으로 저해하기 위한 반공산주의 운동이었을 뿐이다. 일제 강점기 동안 공산당원들과 그리스도인들은 서로 협력하였다. 양쪽 모임의 대표는 같은 인물이었고, 일본 식민 체제에 대항했다. 그러나 한국을 지배하던 외부 세력과의 싸움이 끝나자 교회는 영적 세력으로서의 변화를 추구하기보다는 자신들의 정치적인 입장을 내세웠다.

51) 김광수, 1Ibid., 227-232.

김일성은 기독교 단체에 지성인들이 많다는 것을 알았고, 새로운 나라를 세우기 위해 그들을 이용하길 원했다.[52] 그래서 김흥수가 제시한 대로 김일성은 초기에 민족주의자들 중 기독교인들을 자신의 진영으로 데려오고 싶어 했다.[53] 김일성은 먼저 소련군의 참모로부터 한국의 공산당을 이끌기에 적절한 인물이라 지목받았던 그리스도인 후보 조만식과 가까이에서 일했던 김일성의 친척 김현석[54] 장로에게 접근했다.[55] 그러나 김현석은 그것이 공산당을 돕는 일이라면서 김일성을 돕는 것을 단호하게 거절했다.

김일성은 진보 기독교인인 강양욱에게 부탁하여 북한의 그리스도인들을 포섭하는 데 도움을 받기로 했다. 당시 강양욱은 평양 고종장로교회의 목사로 부임했는데, 일제 강점기에 신사참배를 한 인물이기도 했다.[56] 강양욱이 창덕학교에서 김일성을 가르쳤을 때, 김일성은 그를 매우 존경했다. 강양욱은 북한에서 김일성이 유일하게 '선생'이라 칭하는 자였고, 강양욱이 죽을 때까지 그에게 스승에 대한 예우를 갖추었다. 강양욱은 김일성과 협력하기 전에 대형교회 목회자는 아니었지만 순회 복음전도자였고, 여러 목회자들과 두루 좋은 관계를 맺고 있었다.[57]

김일성은 강양욱에게 그리스도인으로서 새로운 북한을 건설하는 일에 협력할 것을 요청했다. 1946년 2월 8일 강양욱은 북조선임시인민위원

52) 한국기독교역사연구소 북한교회사집필위원회, 『북한교회사』(서울: 한국기독교역사연구소, 1996), 379.

53) 김흥수, 『해방 후 북한교회사』(다산글방, 1992), 17.

54) 김현석은 김일성과 친척관계였으며 김일성의 할아버지는 김현석의 외조부모의 산지기였다(홍만춘 1990:81).

55) Ibid., 76-85.

56) 최훈, 『한국교회박해사』(서울: 예수교문서선교회, 1979), 107.

57) 홍만춘, 『북한정권초기의 기독교와 강양욱』(서울: 다산글방, 1990), 361-366; 김일성, 『세기와 더불어』(평양: 조선로동당출판사, 1992), 1편 19면.

회의 서기장 자리를 수용했고, 김일성은 그 위원회의 위원장이었다. 김일성은 강양욱에게 국가 건설 계획에 기독교 모임들이 가담하도록 설득해 달라고 요청했다. 강양욱은 평양의 동료 목사들이 공산당에 입당하도록 독려하기 위한 행사를 마련하기 시작했다. 그러나 그는 대부분의 반공산주의적 그리스도인들에게 질타를 받고 거절당했다.

교회의 삼일운동에 대한 관찰(1946년 3월 1일)

조선임시인민위원회는 대규모 삼일운동 기념집회에 모든 시민들을 동원하기 위한 계획을 세웠다. 위원회는 북한의 공산주의 운동 세력을 강화시키기 위해 최대한 많은 사람들이 참여하기를 바랐다. 그러나 교회는 정치적인 이유를 들어 이 집회에 참여하지 않기로 결정했다. 교회는 공산주의와 협력하는 것처럼 보이기를 원치 않았다. 장대현교회는 삼일운동 기념집회를 자체적으로 대규모 기독교 집회로 개최하기로 결정했다.

교회가 위원회의 명령에 불복한다는 소식을 들은 김일성은 교회의 집회 조직원들을 체포하라고 명령했다. 1946년 2월 26일 새벽, 김일성은 박대선 목사를 비롯한 60여 명의 목사들과 조직원들을 체포하였고, 예배를 중지시켰다. 이 조직원들은 40일 동안 투옥되었다.[58]

공산주의자들이 박대선 목사를 체포했다는 소식을 들은 황은규 목사는 비밀집회를 계획하여 3월 1일 장대현교회에 5,000명[59]이 넘는 사람들을 동원했다. 그날 교회는 북한 공안들과 소련군으로 둘러싸였다. 이북 5도연합노회의 초대 회장이었던 김진수 목사의 사회로 예배가 시작되었

58) 박용규, 『한국기독교회사』(한국기독교회사 연구원, 2003), 954.

59) 김광수는 그때 10,000명이 넘는 사람들이 교회에 있었다고 말했다(김광수 1994:219). 박용규는 3,000명이라고 기록했다(박용규 2003:954). 옛날 작가인 김양선은 5,000명이라고 기록했다(1956:66).

다. 이 예배의 비밀 조직원이었던 황은규 목사는 회중들에게 한국은 절대 다른 나라의 신탁 통치를 허용하지 않을 것이며, 그렇게 한다면 완전한 자유와 독립이 사라질 것이라고 설교했다. 삼일운동을 이끌었던 민족주의적 정신에 영감을 받은 황은규 목사는 오로지 정치적이고 민족주의적인 메시지만 전했다.

예배가 끝나고 난 뒤 3,000명의 참석자들은 태극기와 기독교 깃발, 십자가 등을 들고 거리로 행진했다. 그들은 찬송가 '믿는 사람들은 군병 같으니'를 부르며 행진했고, '대한 독립 만세'를 외치기 시작했다.[60] 하나님께 영광을 돌려야 하는 예배가 한국의 민족주의적 정신의 영향으로 인해 정치적 집회로 둔갑해 버린 것이다. 1919년 독립운동 당시 일본에 대항하여 외쳤던 구호를 기억해낸 그리스도인들은 소련을 향해 외치기 시작했다. "소련은 한국을 떠나라! 우리에게 예배의 자유를 달라! 우리는 소련의 신탁 통치를 반대한다!"

집회가 더욱 격렬해지면서 소련군은 행진하는 무리들에게 교회로 조용히 돌아갈 것을 종용했다. 이에 대다수의 그리스도인들은 교회로 돌아가 조선 땅에서 소련군이 물러나기를 기도하기 시작했다. 한편 여전히 구호를 외치는 사람들도 있었다. 기도가 계속되는 동안, 소련군 보안 간부는 황은규 목사를 교회에서 끌고 나가 군사 기지로 데리고 갔다.[61] 박용규는 이 상황을 다음과 같이 기록했다.

> 평양 창동교회 황은규 목사의 설교가 끝나고 기도하는 도중, 성도로 가장하고 들어온 20명의 적위대가 갑자기 뛰어들어 책임자인 황 목사를 총검으로 위협

60) 김양선, Ibid., 66.
61) 김광수, Ibid., 219.

하고 강제로 끌어다 트럭에 태우고 송치하려고 했다. 그러자 그곳에 모인 수만 교도들이 주동자를 둘러싸고 목사를 끌어내리고서는 찬송을 높이 부르며 데모 행진을 했다.[62]

이것은 강양욱 목사가 교회를 핍박했다고 기록한 첫 번째 사건이었다. 홍만춘은 임시인민위원회의 서기장인 강양욱이 임시인민위원회의 단결을 보여주기 위해 교회의 모임이 다른 장소가 아닌 평양 철도역 집회에서 이루어지기를 원했다고 말했다. 강양욱은 이 행사와 관련해 위원회에 협력하도록 설득하기 위해 평양의 교회 지도자 중 한 명인 박대선 목사를 방문했다. 김홍수는 이 행사에 대한 교회의 행동과 사고방식이 "교회가 사람들을 돕는 데 관심 있는 단체라기보다 공산주의에 대항하기 위해 만들어진 단체라는 인상을 주었다"[63]고 말했다. 이때를 기점으로 김일성과 강양욱, 소련, 그리고 북한 정부는 교회를 공산주의의 잠재적인 대항세력으로 보기 시작했다.

이 일의 영향으로 황은규 목사는 집회가 끝난 뒤 공산당원들의 밀착 감시로 위협감을 느끼자 남한으로 피난하였다.[64] 북한의 한 목사가 또다시 민족주의적 목사들의 단체가 내린 결정으로 인해 고난받는 평신도들을 내버려두고 떠난 것이다.

공산주의자들은 일본이 남긴 잔해 속에서 나라를 세우기 위해 노력했다. 소련의 감시 아래 지도자의 자리를 위임받은 사람들은 공산주의 사상 외에 그들의 정부 형태를 모방할 수 있는 어떠한 구조도 가지고 있지 않았다.

62) 박용규, 『한국기독교회사』(한국기독교회사 연구원, 2003), 954.

63) 김홍수, Ibid., 57.

64) 박완신, 『통일의 그날』(서울: 엠마오, 1989), 44.

소련이 그들의 감독 아래 다른 어떤 형태의 정부도 허용하지 않았기 때문이다. 또한 조선인들은 다른 형태의 정부를 어떻게 만드는지조차 알지 못했다.

여기에서도 그리스도인들은 성령 안에서 기도하며 하나님의 뜻을 찾기보다는 다시 한 번 그들의 인간적인 지식과 능력을 발휘하여 이 상황을 극복하려고 했다. 그들의 말과 행동 때문에 그리스도인들, 특별히 목사들과 교회 지도자들은 임시인민위원회에 협력하는 것을 거부하고 정부의 명령에 불복할 뿐만 아니라, 다른 사람들도 불복하도록 이끌 위험이 있는 반체제주의자들로 여겨졌다.

김일성과 강양욱의 암살 시도(1946년 3월)

김일성이 평양 철도역 광장에서 열린 삼일운동 기념집회에서 연설을 하는 도중, 한 젊은 청년이 단상을 향해 수류탄을 던졌다. 김일성은 서둘러 아내와 도망쳤다. 누가 수류탄을 던졌는지에 대한 여러 가지 기록들이 있지만, 같은 날 장대현교회에서 일어난 소란 때문에 그 책임이 그리스도인들에게 돌아갔다.

유사한 일이 한 주 뒤에 다시 일어났는데, 누군가 3월 11일과 13일에 강양욱 목사의 집에 폭탄을 던진 것이다. 폭탄을 던진 사람이 정확히 밝혀지지는 않았지만, 공산당은 기독교 청년들이 던졌다고 말한다. 이 청년들은 강양욱이 김일성에 대한 영향력을 가지고 있음에도 불구하고, 3월 1일 교회에서 반공산주의 목사들을 체포하는 것을 방치한 것에 대해 화가 난 상태였다. 그들이 보복성으로 던진 이 폭탄으로 인해 강양욱 목사는 두 명의 자녀를 잃었다고 한다.[65)]

65) 박용규, 『한국기독교회사』(한국기독교회사 연구원, 2003), 955.

정치적으로 자극을 받은 그리스도인들의 행동으로 인해 김일성과 스승과 제자 관계였던 한 그리스도인은 교회로부터 영원히 귀를 닫아버렸다. 그 시점부터 적개심을 품은 강양욱은 공산주의 운동에 협력하는 것을 거부하는 그의 동료 목사들을 무자비하게 공격했다.[66] 그 이후부터 교회는 공산당의 적으로 여겨지기 시작하였다.

토지개혁(1946년 3월 5일)

1946년 3월 5일 정부의 공산주의 체제로의 변화의 일환으로 공산당은 토지개혁을 시행하였다. 그 이유는 다음과 같다.

> 토지개혁은 그 당시의 주요 과제였다. 당시 북한 전체 가구 수의 4%를 차지했던 지주들이 농지의 58.2%를 소유하고 있었다. 당시 농부들은 자기 소유의 토지가 전혀 없었으며 지주들로부터 가혹한 착취를 당했다 … 이러한 상황에서 토지개혁만이 농부들을 봉건주의의 족쇄에서 해방시킬 수 있었으며, 농업 생산량을 급격하게 증가시키고, 시골지역에 기반을 둔 반동세력의 경제적 발판을 제거하며 민주적 독립주권국가 건립을 성공적으로 추진할 수 있었다.[67]

토지개혁 제정에 따르면, 5헥타르를 초과한 토지는 정부로 옮겨가도록 되어 있다. 그러나 그리스도인의 반정부 활동 때문에 그들에게는 이것이 다르게 적용되었다. 당시 일어난 소란의 결과로 그리스도인들은 반혁명자, 반인민자 그리고 반민족주의자로 낙인찍혔고, 공산주의자들은 종교 단체가 소유한 모든 토지와 재산을 몰수했다. 26일 만에 14,555헥타

66) 사와 마사히코, 김숙자·강문규 역, 『남북한기독교사론』(도서출판 민중사, 1997), 42.

67) Om, Sok Hun, *The Glorious Career*.(Pyongyang: Foreign Languages Publishing House. 1990), 57.

르의 토지가 종교 단체로부터 몰수되었다. 궁극적으로 그리스도인들이 빼앗긴 총 재산은 1,049,738헥타르가 넘었다.[68)]

교회가 빼앗긴 토지는 몰수한 전체 토지의 1.4%밖에 되지 않았다. 그러나 상류층과 중산층 토지 소유자의 대부분이 그리스도인들이었기에 그들이 소유한 토지는 그들을 제외한 다른 북한 주민들의 것보다 훨씬 많았다. 이러한 이유로 모든 종교 가운데 개신교 교회는 토지개혁을 가장 반대하는 세력으로 비춰졌고, 이것은 또 한 번 공산주의자들의 주목을 끌게 되었다.

주일 선거(1946년 11월 3일)

1946년 9월 5일, 김일성은 공산주의 체제를 위해 선거를 실시하려 했다. 이 선거는 1946년 11월 3일 주일 아침 11시에 시행되기로 했다. 이북5도연합노회는 회의를 거쳐 김일성에게 보낼 7명의 대표단을 뽑았다. 연합노회는 일요일에 투표를 하는 것에 반대했고, 김일성에게 선거일을 바꾸어 줄 것을 정중하게 요구했다.[69)]

그러나 그들의 태도를 이해할 수 없었던 김일성은 그들을 비웃었다. 김일성은 일본의 천황을 숭배했던 자리에 그들의 교회를 허용했던 그리스도인들이 새로운 국가를 만들기 위한 선거 장소로 그 교회를 사용하도록 허용하는 것에는 관심이 없다는 사실을 받아들이기 힘들었던 것이다.[70)] 결국 선거일을 바꾸어 달라는 그들의 요청은 거절되었다.

기독교 유권자들을 움직이게 하기 위해 강양욱 목사와 기독교 목사 단체는 일요일 선거에 모든 그리스도인들이 참여하도록 독려하는 공식적

---

68) 고태우, 『북녘의 남은 자들을 위한 기도』(서울: 은석, 1990), 57.

69) 김광수, 1Ibid., 197.

70) 최훈, 『한국교회박해사』(서울: 예수교문서선교회, 1979), 104

인 발표를 했다.

1. 우리는 김일성 정부를 절대 지지한다.
2. 우리는 남한 정부를 인정하지 않는다.
3. 교회는 민중의 지도자가 될 것을 공약한다.
4. 그러므로, 교회는 선거에 솔선 참가한다.[71)]

11월 3일 평서노회에 소속된 교회를 비롯하여 평양의 대부분의 교회는 일반 선거에 대한 반대 입장을 표하기로 결정했고, 투표가 끝날 때까지 성도들에게 교회에 남아 있을 것을 부탁했다. 교회 지도자들의 반공산주의적 입장과 입맛에 맞게 말씀을 선택적으로 적용하려는 태도 때문에, 북한의 많은 그리스도인들은 투표에 대한 그들의 민주주의적 권리를 포기하기로 결정했다.

장대현교회에서 그와 같은 결집된 의지를 보이자 소련은 조선기독교도연맹을 앞세워 북한의 기독교도들을 완전히 제거시킬 계획을 세웠던 것이다. 이 일은 김일성의 외척 강양욱이 주축이 되었다.[72)]

투표에 대한 그리스도인들의 저항은 후에 국가법에 의거하여 불복종으로 해석되었다. 그리하여 투표하지 않은 많은 성도들이 체포되어 심문을 받았다.[73)] 대부분의 남한 교회 사학가들은 일요일에 선거를 시행하기

71) 김양선, 『한국 기독교 해방후 10년사』(대한예수교장로총회 종교교육부, 1956), 69.
72) 박용규, 『한국기독교회사』(한국기독교회사 연구원, 2003), 955.
73) 박완신, 『통일의 그날』(서울: 엠마오, 1989), 45.

로 한 결정이 공산당들이 그리스도인들의 투표를 금지하려는 계획이거나 그들의 주일 예배를 방해하기 위한 시도라고 믿었다.[74] 이는 한국 그리스도인들이 일요일을 성수 주일로 간주하여 매매 행위를 하지 않는 사실에 근거한 것이다.

그러나 공산주의자들이 정말로 그리스도인들을 핍박하기 위해서 선거 날짜를 일요일로 결정한 것인지는 의문이다. 또한 그리스도인들이 일요일 선거를 반대한 이유가 신학적 근거를 토대로 한 것인지, 아니면 단지 난폭해진 반공산주의적 심리 때문인지에 대한 의문이 제기된다. 어떤 기록들은 공산주의자들이 일요일을 선거일로 선택한 이유가 유권자들의 참여를 확보하기 위한 것이었다고 말한다.[75]

당시 북한의 총 그리스도인의 수는 많지 않았기 때문에 그들의 투표를 막는 것은 공산주의자들에게 그리 중요한 일이 아니었다. 투표로 드러난 공산주의자들의 관심은 그들 집권 정부의 지명도를 높이려는 의도로 보인다. 선거 과정 자체가 공산주의 질서에 반대한 자들을 밝히기 위한 기회가 되었다기보다 선거 자체가 어떻게 그리스도인들에게 핍박의 원인이 되었는지를 알게 하였다.

더 심각한 문제는 선거 문제로 교회 안에서 투표를 한 사람과 하지 않은 사람들 사이에 갈등이 일어났다는 것이다. 이북5도연합노회의 반정부 정치 활동과 함께 이 분열은 친정부 파벌, 곧 조선기독교도연맹 발족을 위한 무대를 마련해 주었다.[76]

---

74) 홍성현, 『맑스주의자들의 종교비판』(서울: 제3세계신학연구소, 1988), 71.

75) 한국기독교역사연구소 북한교회사집필위원회, 『북한교회사』(한국기독교역사연구소, 1996), 399.

76) 박용규, 『한국기독교회사』(한국기독교회사 연구원, 2003), 344.

조선기독교도연맹(1946년 11월 28일)

김일성이 북한에 처음 도착했을 때, 그는 주민들의 지지를 크게 얻지 못했다. 그래서 그는 소련의 감시 아래 한국에 정부를 설립하고자 했던 유엔의 결의안을 시행하기 위해 그와 함께 협력할 그리스도인들을 동원하려고 했다.[77] 김일성은 1946년 2월 8일, 홍기주를 임시인민위원회의 부위원장으로, 강양욱을 서기장으로 임명했다. 그 후 강양욱은 지속적으로 기독교인들을 회유하여 지지자들을 끌어모으려 했으나 알려진 바와 같이 대부분의 기독교 지도자들이 참여를 거부했다.[78]

장로교의 저항을 의식한 강양욱은 공식적으로 정부를 지지할 상부 단체인 교회들의 연맹을 설립하기로 결심했다. 강양욱은 장대현교회의 김화식 목사, 산정현교회의 김철훈 목사, 신현교회의 이유택 목사, 신암교회의 김길수 목사 등 많은 평양 교회의 지도자들을 기독교도연맹에 가입하도록 설득할 수 있을 것이라고 생각했다. 이 목사들은 민족주의자들로 여겨졌기 때문이다. 그러나 이들은 비신앙인들과 함께할 수 없다는 이유로 강양욱 목사의 제의를 거절했다.

비록 평양의 주요 목사들의 지지를 받지 못했지만, 강양욱은 그가 회유한 일부 교회 지도자들과 함께 김일성의 허가를 받아 1946년 11월 28일 조선기독교도연맹을 설립했다. 조선기독교도연맹은 교회들에게 정부와 함께 일을 할 것인지, 아니면 대항할 것인지에 대해 공식적으로 선택할 것을 강요했다. 김광수는 이렇게 설명했다.

77) 고태우, 『북녘의 남은 자들을 위한 기도』(서울: 은석, 1990), 38.

78) 고태우는 북한의 종교 정책에 쓰여진 김윤찬의 개인 간증을 인용했다(Ibid., 190-191).

> 어지간한 탄압의 방법으로는 교회를 휘어잡기 어려울 것이라고 판단한 공산당 당국은, 측면 공작으로 교회의 내부 괴멸을 꾀하기로 마음먹었다. 그러면서도 단시일 안에 대의원 선거를 시행해야 할 입장이었기에 대책의 수립을 지연시킬 사정이 되지 못하였다. 그리하여 급조된 것이 기독교도연맹이란 기구였다.[79]

조선기독교도연맹은 개신교와 가톨릭을 포함한 교단 없는 독립체로 조직되었다. 1946년 11월 28일까지 이 단체는 조선기독교연맹으로 알려졌다. 이 독립체는 조직과 교단, 그리고 교회들만 포함시켰다. 그 후 그리스도인 개인도 포함시키기 위해 이름을 조선기독교도연맹으로 바꾸었다.[80] 강양욱은 잘 알려진 장로교 복음 부흥사인 김익두를 이 연맹의 회장으로 위임하기 위해 그를 초대했다.[81] 일본 강점기에 교단의 전 서기장이었던 김응순은 참여하지 않는 목사들을 교단에 가입시키는 일을 맡았다.

1947년 북한 개신교의 3분의 1이 조선기독교도연맹에 가입했다. 김광수는 많은 민족주의 목사들이 김구가 만든 한독당을 지지했고, 당에 가입하거나 참여했다고 기록했다. 이 당은 북한의 국가 설립 활동을 약화시키는 일에 활발하게 활동했다. 만약 목사들이 공산주의자들에 의해 한독당의 일원이라는 것이 발각되면, 그들은 투옥되거나 처형되는 등 가혹한 처벌을 받았다. 한독당의 전 당원들이 신 정부에게 그들의 충성을 증명하는 한 가지 방법은 조선기독교도연맹에 가입하는 것이었다.[82]

함경북도에서는 공산주의자들에 대한 찬성 여론이 매우 강했으며, 그

79) 김광수, Ibid., 198.

80) Ibid., 200.

81) 한국기독교역사연구소 북한교회사집필위원회, 『북한교회사』(한국기독교역사연구소, 1996), 396-397.

82) 김광수, Ibid., 205-206.

지역의 모든 성직자들이 조선기독교도연맹에 가입했다. 마사히코는 함경북도에서의 조선기독교도연맹의 성공 요인을 이 지역을 선교했던 캐나다 장로교인들의 진보적인 신학적 가르침 때문이라고 보고 있다.[83)]

캐나다 장로교인들은 일본의 천황을 숭배하는 것을 신앙적인 문제로 여기지 않았기 때문에 일제 강점기 동안 기독교 학교를 계속 운영할 수 있었다.[84)] 사회적 복음 안에서의 진보적 신학과 관심으로 인해 그들은 정치적 운동에 더욱 활발하게 참여할 수 있었다. 그들은 이것을 새로운 한국을 건국하는 기회로 받아들였다. 이만열도 이 부분에 동의하며 "강양욱을 따르던 사람들은 대부분 일본 신사에 절하는 것에 대해 아무 부담이 없었던 사람들이었다"고 했다.[85)]

처음에 조선기독교도연맹은 목사들만 가입을 허용했지만 곧 평신도들에게까지 회원 범위를 확장시켰다. 1948년 9월 1일까지 총 85,118명의 그리스도인들이 이 연맹에 가입했다.[86)] 이 시점에서 이북5도연합노회의 회장과 지방 노회의 서기장을 포함한 조선기독교도연맹의 정책을 따르지 않는 사람들은 그들의 자리를 빼앗겼다.[87)]

조선기독교도연맹이 더욱 강해질수록 많은 무리의 목사들이 연맹에서 강제 탈퇴되었다. 조선기독교도연맹의 회장으로 부임했던 김익두[88)] 역시 후에 연맹에서 강제 탈퇴되었고, 한국전쟁 직전에 살해되었다. 연맹은

83) 사와 마사히코, 김숙자·강문규 역, 『남북한기독교사론』(;도서출판 민중사, 1997), 33.

84) 박용규, 『한국기독교회사』(한국기독교회사 연구원, 2003), 905.

85) 한국기독교역사연구소 북한교회사집필위원회, 『북한교회사』(한국기독교역사연구소, 1996), 398.

86) 김흥수·류대영, 『북한종교의 새로운 이해』(서울: 다산글방, 2002). 63.

87) 한국기독교역사연구소 북한교회사집필위원회, 『북한교회사』(한국기독교역사연구소, 1996), 15.

88) 북한 신천박물관에서 김익두 목사를 역적이라고 표현하였다. 모퉁이돌선교회, 〈카타콤소식〉(1999.2), 2-3.

1959년까지 활발하게 활동하였다.[89)]

서문밖교회에서의 또 다른 결정(1950년)

1950년 3월 30일 강양욱은 조선기독교도연맹의 첫 번째 총회를 계획했다. 이 총회는 33번째 한국장로교총회를 대신하였고, 평양에 있는 서문밖교회에서 소집되었다. 이 총회에서 이북5도연합노회의 모든 회원들은 조선기독교도연맹의 회원이 되어야 한다고 표결하였다. 이 총회는 연맹에 가입하기를 거부하는 노회 회원들을 노회에서 제명시키고 회원 명부에서 삭제해야 한다고 결정했다. 1938년 27번째 총회 당시 일본 신사참배를 허용하기로 투표했던 교회의 타협의 역사가 다시 한 번 되풀이된 것이다.[90)]

기독교 신학교의 폐쇄(1950년)

평양신학교는 이북5도연합노회에 의해 운영되고 있었다. 김인준이 처형되고 난 후, 1947년 1월 20일에 이성휘가 이 신학교의 학장으로 부임하였다. 이성휘는 미국 샌프란시스코 신학교에서 공부했다. 후에, 그는 사회안전부의 고문을 받았다.[91)] 이 신학교에서 가르치던 교수진은 최지화, 이학봉, 박경구, 김진수, 강무구, 김영준 등이었다.[92)]

성화신학교는 감리교 대학으로 광복 후에 지어진 학교였다. 배덕영 목사는 여자 지도자들을 길러내기 위해 요한신학교와 고등학교를 통합하여 성화신학교라 명명하였다.

---

89) 박완신, 『통일의 그날』(서울: 엠마오, 1989), 62.

90) 박용규, 『한국기독교회사』(한국기독교회사 연구원, 2003), 392.

91) Ibid., 59.

92) 김광수, 『북한 기독교 탐구사』(서울: 한국교회사 연구원, 1994), 235.

1947년 4월, 모든 신학교는 교실마다 김일성의 사진을 붙이고, 공산주의 이론을 매주 2시간씩 가르치도록 지시받았다. 학부는 조선기독교도연맹 회원들에게만 제한되어 있었고, 학생들이 입학하려면 조선기독교도연맹 간부들의 추천서를 받아야 했다.[93]

1950년 4월, 공산주의자들은 장로교와 감리교 신학교를 통합하고, 학생 수를 강제적으로 1,200명에서 120명으로 줄였다. 그렇게 통합된 신학교의 이름은 조선기독신학교였다. 이 신학교는 한국전쟁으로 폐교되기 전인 1950년 7월 5일까지 운영되었다.

반공산주의자들로 인식된 그리스도인들

북한 헌법 제14조에는 "인민공화국은 종교와 종교 활동의 자유를 가지고 있다"고 명시되어 있다.

> 또 이 시기에 이르면 정교분리의 원칙이 확립되고 … 북한에서의 정교분리의 원칙은 … '종교를 장려하지도 핍박하지도 않는다'는 주장에 함축적으로 표현되어 있다. 이같은 국가의 비종교적 내지 종교적 중립성 주장은 종교 활동을 '사적'(私的) 행위로 분류하는 것과 맞물려 있다.[94]

1947년 2월 북한 인민의회의 설립 후, 공산주의자들은 교회의 말과 행동으로 인해 교회 활동을 제재하기 시작했다. 교회들은 반공산주의 단체로 알려졌고, 공산주의자들은 소련의 감독 아래 한국 지역에 맞는 지배

---

93) 한국기독교역사연구소 북한교회사집필위원회, 『북한교회사』(한국기독교역사연구소, 1996), 406.

94) Ibid., 406-407.

를 하도록 규정했다. 이 일을 완수하기 위해 그들은 공산주의에 반대하는 사람들에 대항하여 싸워야 했고, 공산주의 혁명을 방해하는 외압을 차단시켜야 했다.[95]

두 번째 노동당 집회 후, 김일성은 공산주의 정부의 명예를 훼손한 사람들에 대해 환멸감을 느끼기 시작했다. 이에 미국을 찬양하고 북한의 활동에 저항하는 모든 목사들과 장로들뿐만 아니라 정부의 토지개혁에 반대하는 사람들을 제거하라고 명령했다.

그 후 공산주의 지도자들은 모든 북한 사람들이 공산주의 아래 연합했다는 것을 보여주기 위해 그리스도인들에게 노동당에 가입하라고 요구했다. 그리고 이 요구에 응하지 않은 그리스도인들과 기독교 관련 단체들을 제거하기 시작했다. 소련 군대가 이들을 체포했고, 저항하는 사람들은 시베리아로 유배시켰다.

반공산주의자들에 대한 학살

한국전쟁이 일어나기 전, 공산주의에 반대하는 20명의 목사들이 학살되었다. 이 목사들은 사회 지도자들로, 가장 영향력 있는 사람이 표적이 되었다. 한국전쟁이 일어나기 며칠 전, 북한군은 폭동이 일어나는 것을 방지하기 위해 북한에 있는 모든 반공 단체의 일원들을 암살했다. 여기에는 그들이 감시하던 목사들과 사역자들, 그리고 장로들과 조선기독교도연맹[96]의 회원들까지 포함되었다. 이때에 암살된 목사들은 적어도 14

95) 박용규, 『한국기독교회사』(한국기독교회사 연구원, 2003), 952.

96) 김익두 목사는 이 기간에 죽임 당했다(박용규 2003:968-973). 유엔이 평양을 탈환하기 전, 공산주의자들은 조선기독교도연맹의 지지자이자 일원이었던 김치근, 이구태, 곽희정을 사살했다(김광수 1994:207).

명이었다.[97] 그 중 유정길은 1950년 6월 23일 남포수용소에서 죽었고,[98] 김영은 목사는 1950년 6월 24일에 해주에서 사형당했으며,[99] 강용직은 황해도 금천군 서천면 시변리에서 6월 24일에 제거되었고,[100] 김낙현은 1950년 6월 24일 경찰에 의해 사살되었다.[101]

공산주의자들이 그들을 처형한 이유는 그들이 그리스도인이기 때문이 아니라 반공산주의자들로 여겨졌기 때문이다. 김광수는 이 결론에 대해 다음과 같이 언급했다. "공산주의자들이 남한에 침입하기 며칠 전, 그들은 전쟁에 방해가 될 수 있는 목사들을 제거했다. 어림잡아 60명의 목사들이 순교되었다."[102] 이 외에 더 많은 학살이 있었겠지만, 북한 정부가 순교자들의 명단을 언급하지 않아 포함시킬 수 없었다.

민족주의적 이유

이 시대에 순교자로 기록된 과반수의 사람들, 곧 123명 중 70명(57%)이 공산주의에 대항하기 위해 정치적 투쟁에 가담했다. 그들의 죽음은 정치적인 성향의 민족주의적 주도권 싸움에 참여한 직접적인 결과였다. 그 중 몇 가지 대표적인 사건들을 소개하겠다.

기독교자유당의 설립 멤버들은 모두 목사들이었다. 그들은 송정

97) 김양선, 『한국 기독교 해방후 10년사』(대한예수교장로총회 종교교육부, 1956), 255.

98) 김광수, Ibid., 255

99) 진순종, 『사진으로 보는 한국기독교선교사 면모』(한가람출판사, 1984), 31.

100) 이덕주, 『한국 그리스도인들의 개종 이야기』(한국기독교역사연구소, 2003), 32.

101) Ibid., 33

102) 김광수, 『북한 기독교 탐구사』(서울: 한국교회사 연구원, 1994), 247.

근,[103] 김길수,[104] 김현식, 이학봉,[105] 허정기, 강문규 등이었는데, 기독교자유당을 설립하는 과정에서 모두 체포되었다. 임시 이북5도연합노회의 주요 조직원들인 김진수,[106] 김화식,[107] 지형순[108]도 기독교자유당에 연루되어 있었다. 그들은 정당을 설립하기 위해 노력하였으나 공산주의자들에 의해 죽임을 당했다.

그 중 임시 이북5도연합노회의 설립자인 김진수는 1947년 초에 체포되어 평양수감소에 수감되었다. 그리고 1948년 4월 흥남수감소와 진남포수감소로 옮겨졌다. 전쟁이 시작될 때, 공산주의자들은 그를 감옥에서 강제적으로 끌고 나와 언덕 위에서 사살했다. 지형준, 이유택, 한의원, 한덕규도 김진수와 함께 죽었다.[109]

임영섭은 그의 저서 『한국 기독교 순교자』에서 최택규[110]에 대해 "일요일 투표에 대항했던 민족주의적 기안자"라고 묘사했다. 공산당원들은 1949년 12월 19일, 최택규 목사를 체포했고 그 후로 다시는 그를 볼 수 없었다.[111]

김철훈 목사는 1905년 10월 7일에 태어났다. 해방 이후 그는 재건준비위원회에 가입했고, 조만식으로부터 받은 비밀 편지를 이승만에게 배달했다. 1948년, 그는 산정현교회의 원로 목사가 되었다. 조선기독교도연맹은 연맹에 가입하도록 그를 압박했지만, 그는 거절한 후 이북5도연합노회의 김진수 목

---

103) 임영섭, 『한국기독교 순교자』(양문출판사, 1991), 199-202.

104) Ibid., 29-31.

105) 김성준, 『한국기독교 순교사』(기독교문화사, 1993), 174.

106) 임영섭, 『한국기독교 순교자』(양문출판사, 1991), 109-112.

107) Ibid., 117.

108) Ibid., 365-368.

109) 김광수, Ibid., 93-194.

110) 임영섭, 『한국기독교 순교자』(양문출판사, 1991), 399-400.

111) Ibid., 399-400.

사와 함께 공산주의에 대항하여 싸웠다. 1949년 6월 25일, 심문을 받기 위해 공산당원들에게 끌려간 김철훈 목사[112]는 다시 돌아오지 않았다.[113]

이원일 목사[114]는 1948년 조만식과 함께 체포되었다. 그는 기독교자유당 당원으로, 김화식 목사와 조만식 장로와 함께 사역했다. 안주노회 소속이었던 그는 공산당원들과 논쟁을 하기도 했으며, 그의 동료들도 공산주의에 대항하여 싸우도록 설득했다. 그러한 이유로 공산당원들은 그를 뒤쫓기 시작했고, 그의 사역을 방해했다. 결국 공산당원들은 그를 간첩 혐의로 체포했고, 그는 고문을 당해 죽었다.[115]

〈표 17〉을 보면 반공산주의적(민족주의적) 입장으로 인해 체포된 목사가 62명으로 나온다. 기록에 의하면, 59명은 장로교 목사이고 3명은 감리교 목사들이다. 그 중 황해도 장로교에 속해 있었던 46명의 목사들이 원춘도 목사와 함께 반정부 활동으로 인해 사살되었다.[116] 이 목사들은 민족주의적 이유로 처형된 사람들을 대표한다. 이들은 그들의 의견을 거침없이 말했고, 당시 그들의 소리에 귀를 기울이는 사람들도 있었다.

남한에서 미국인 감독관들에 대항하여 폭동을 일으켰던 것처럼, 북한 주민들은 소련 군인들에게 대항하였다. 결국 두 점령 세력은 50년 동안 한국을 지배했던 일본과 똑같이 인식되었다. 독립 국가를 간절히 요구했던 이 목사들은 시위를 주도했고 혼란을 조장하였다. 심지어 김일성을 암살하려는 자도 있었다.[117]

---

112) Ibid., 113-115.

113) Ibid.

114) 이형근, 『한국교회 순교자』(세신문화사, 1992), 72.

115) Ibid.

116) 진순종, 『사진으로 보는 한국기독교선교사 면모』(한가람출판사, 1984), 80.

117) Ibid.

예배당을 지키기 위한 순교

다른 유형의 순교에 관한 문제도 있었다. 5명의 그리스도인들이 그들의 교회를 지키려다가 죽임을 당한 사건이 있었는데, 필자는 이것을 분리된 영역인 '교회 건물 보호'로 표시하였다. 그들은 이 건물들을 하나님을 예배하는 장소로 보았다. 만약 그들이 주님을 사랑하지 않았다면, 교회 건물을 보호하는 데 큰 관심을 기울이지 않았을 것이다. 다른 이들은 도망치라고 권유했지만, 이들은 교회에 남아 있기로 선택했고 자신들이 교회 건물을 보호할 수 있으리라고 생각했다. 그들은 믿음의 물리적 상징물인 교회를 지키다가 순교한 것이다.

그 예로, 김철훈[118]은 교회를 지키다가 공산당원들에게 죽임을 당했다. 교회를 구하려다가 죽임을 당한 것이다.[119] 평양신학교의 교수였던 김태복[120]은 신학교를 지키기 위해 공산당원들에 대항하여 싸웠다. 1949년 12월 19일, 공산당원들은 그를 심문하기 위해 끌고 갔고, 그는 다시 돌아오지 못했다.[121] 배덕영,[122] 김태복[123] 목사와 홍석황,[124] 이경선[125] 장로는 교회 건물과 그 조직을 지키려다가 죽임을 당하였다.

또한 목사 사모들이 죽임을 당했다. 한필례[126]는 잘 알려진 교회사학

118) 임영섭, 『한국기독교 순교자』(양문출판사, 1991), 113-115

119) 김광수, Ibid., 195.

120) Ibid.

121) 이형근, 『한국교회 순교자』(세신문화사, 1992), 63.

122) 김춘배, 『한국기독교 수난사화』(성문학사, 1969), 300-301

123) 이찬영, 『한국기독교회사 총람』(소망사, 1994).

124) 이형근, 『한국교회 순교자』(세신문화사, 1992), 79

125) 진순종, 『사진으로 보는 한국기독교선교사 면모』(한가람출판사, 1984), 79

126) 김성준, 『한국기독교 순교사』(기독교문화사, 1993), 226

가 김양선의 부인이었다. 김양선 목사는 한국으로 피난을 오면서, 북한에 중요한 교회 문서와 서적들을 두고 내려왔는데, 그의 아내 한필례 사모는 남편의 부탁으로 이것들을 가지러 몇 번이나 38선 비무장 지대를 넘나들다가 발각되어 체포되었다. 그녀는 결국 간첩으로 몰려 처형되었다.

이들은 교회를 사랑했고 자신의 목숨보다 교회건물을 더 소중히 여겼다. 이 기간 동안 죽임 당한 총 91명의 목사와 부목사들, 그리고 몇몇 장로들은 모두 공산주의에 대항하여 싸웠다. 그러나 이들의 죽음은 정말로 기독교 순교자로서의 자격이 있는지에 대한 의문이 들게 한다.

사실 그들은 예수 그리스도 안에서 그들의 믿음 때문에 죽임을 당한 것이 아니었다. 그들은 정치적 소신 때문에 죽임을 당했다. 목사들과 그리스도인들은 정치적 패권 싸움에 휘말려 공산당원들에 의해 살해되었다. 공산주의적 관점에서 볼 때, 이들은 북한의 국가 설립 계획을 적극적으로 반대했기 때문에 제거되었다. 그러나 살해되었던 사람들의 가족들은 그들을 기독교 순교자들로 인식했다. 그들의 죽음이 '순교인가? 아니면 순국인가?'는 굉장히 민감한 문제가 아닐 수 없다.

한국기독교 100주년 기념사업협의회 역시 이것을 규정하는 데 어려움을 겪었다. 결국 협의회는 한국기독교 100주년 기념행사에서 순교자들의 명단을 발표할 때, 이들이 순교당한 원인을 '반공'으로 표기하기로 결정했다.[127)]

필자는 개인적으로 그들이 국가의 유익을 위해 그들의 목숨을 내어주었으므로 애국자적 순교의 자격, 곧 '순국'이라는 명칭을 주어야 하지 않을까 하는 생각이 든다. 그들은 그리스도인들이었고, 국가에서 자유롭

127) 한국기독교 100주년 기념사업 협의회,『한국기독교 순교자 기념관』(한국기독교 100주년 기념사업협의회, 2001), 37-41.

게 하나님을 예배하기 위해 맞서 싸웠다. 그러므로 그들의 정치적 가담은 존재하는 세력들을 약화시키고 그들만의 세력을 얻어 기독교의 영향력을 허용하는 국가를 만들기 위한 것이었다. 이런 형태의 순국을 허용하는 순교의 유형이 있어야 하지 않을까?

예배에 대한 제한적 자유

급격한 변화가 일어난 이 시기에 기독교에 대한 제재가 시작되기는 했지만, 아직 몇몇 교회가 남아 있었다. 비록 몇 사람들의 행동 때문에 그들의 자유가 제한되어 있긴 했지만, 성도들은 여전히 공개적으로 예배를 드리기 위해 모일 수 있었다. 또한 기독교 조직과 단체들이 만들어졌다는 사실은 공산주의 배경 속에서도 활동을 할 수 있었다는 사실을 내포한다. 김병로는 다음과 같이 말한다. "한국전쟁이 시작되기 전까지 예배를 드리는 자유는 완전히 금지된 것이 아니었다."[128)]

이에 대한 한 예로, 1947년 2월 15일 김화식, 전준삼, 이근영, 유경천, 김병섭, 김두용 등의 교회 지도자들은 기독교자유당 설립을 논의하기 위해 장대현교회에서 모임을 가졌다.[129)] 1947년 3월 1일, 장대현교회에서는 1,000명 이상이 모여 삼일운동을 기념하는 예배를 드렸고,[130)] 1947년 4월 황해도에서는 3,000명이 넘는 젊은 청년들이 모였다.[131)] 1947년 4월 블레어 선교사가 평양을 방문했을 때에는 20,000명이 넘는 그리스도인

128) 김병로, 『북한종교정책의 변화와 종교실태』(통일연구원, 2002), 22.

129) 김광수, Ibid., 215.

130) 한국기독교역사연구소 북한교회사집필위원회, 『북한교회사』(한국기독교역사연구소, 1996), 400.

131) Ibid., 413.

들이 참여했으며, 감리교와 장로교는 '평양대부흥 40주년 기념행사'를 준비하고 있었다.[132)]

이 기간에 공산주의자들은 그리스도인들을 교묘하게 핍박하기 시작했다.[133)] 공산주의자들은 존재하는 모든 교회들을 전부 조사했다. 그리스도인들의 활동을 보다 효과적으로 감시하기 위해, 그들은 소규모 회중들을 연합시키고 작은 교회들을 폐쇄시켰다. 또한 아이들이 주일학교에 참석하지 못하도록 하기 위해 일요일에도 공립학교의 문을 열어 수업을 하도록 하고, 대신 주중에 쉬도록 명령했다. 1947년 6월 이후에는 시민 불복종 운동을 미연에 방지하기 위해 저녁 6시 이후에는 통행 금지령을 내렸다. 이 금지령은 그리스도인들이 수요일과 금요일, 주일 저녁 예배에 참석하지 못하게 하기 위한 목적도 있었다.[134)] 그러나 사람들은 제한된 상황에서도 여전히 예배를 드리기 위해 모였다.

종교 활동의 자유가 점진적으로 제한된 것에 대한 몇몇 사건들이 기록으로 남아 있다. 1949년 12월 1일, 성화신학교 교정에서 부흥회가 있었는데, 공산주의자들은 김일성의 사진을 강당에 배치하라고 명령했다. 배덕영은 이 요구를 다음과 같이 대답하며 교묘하게 거절했다. "이 신학교는 특별한 종교 훈련 학교다. 우리는 예수님 말고는 다른 어떤 사진도 붙일 수 없다. 내가 김일성 사진 옆에 예수님의 사진을 붙이라고 요구하면 당신들은 그렇게 하겠는가?" 결국 배덕영 목사는 1949년 12월 16일 경찰서로 출두하라는 명령을 받았다. 그는 투옥되어 고문당했고, 1950년 10월에 처형되었다.[135)]

---

132) Ibid., 359.

133) 김병로, Ibid., 20.

134) 한국기독교역사연구소 북한교회사집필위원회, 『북한교회사』(한국기독교역사연구소, 1996), 406.

135) 김광수, Ibid., 239.

북한의 초기 순교자들

한국전쟁 전인 이 기간 동안 수많은 그리스도인들이 순교하거나 투옥되었고, 자취도 없이 사라졌다. 이 연구의 한 부분으로, 이 기간 동안 순교당한 123명의 그리스도인들에 대한 구체적인 정보를 확인하였다. 〈표 16〉은 1949년부터 1950년까지 그들의 순교 원인을 분석해서 기록한 것이다.

순교의 원인	성도 수
공개적인 신앙고백	28
반공산주의자로서의 죽음	20
민족주의적 이유	70
교회 건물 사수	5
합계	123

〈표 16〉 그들은 왜 순교당했는가?(1945-1950)

공개적으로 예수 그리스도를 고백한 까닭에 붙잡힌 사람은 28명이며, 그들의 대부분은 평신도였다. 그 중 평양재건교회 성도들도 있었는데, 그들은 자신들이 배운 대로 행하는 자들이었다.[136] 임시정부는 사람들의 통행을 통제하기 위해 공민권을 발행하기 시작했다. 이 그리스도인들은 이 공민권을 요한계시록 13장 16-18절에 언급된 짐승의 표로 인식하고 정부에 협력하지 않기로 결정했다. 이 일로 인해 이의실 집사와 23명의 성도들이 투옥되었다. 그들이 계속해서 협력하기를 거부하자 공산당은 그들을 고문한 후 강제수용소로 보냈다. 공산당은 결국 그들을 평양 묘지에서 사살했다.[137]

---

136) 최훈, 『한국교회박해사』(서울: 예수교문서선교회, 1979), 109.

137) Ibid., 108-109.

	공개적인 신앙 고백	전쟁 준비 중 학살	민족주의적 이유	교회 건물 사수	총계
목사	3	14	62	2	81
부목사	1	1	3		5
장로	1	2	1	2	6
권사	–	–	1	–	1
집사	1	–	–	–	1
평신도	23	3	3	–	29
사모	–	–	–	1	1
총계	28	20	70	5	123

〈표 17〉 교회 직분별 체포 원인

이 기간에 순교를 당한 교회 직분자는 목사 81명, 부목사 5명, 장로 6명, 권사 1명, 집사 1명, 평신도 29명, 그리고 1명의 목사 사모였다. 대부분의 교회가 목사와 부목사의 이름만 기록하고 평신도들의 이름을 기록하지 않았기 때문에, 이 기간 동안 핍박받은 집사들과 평신도들의 숫자는 훨씬 많았을 것이다. 그러나 81명의 목사들과 5명의 부목사들에 대해서는 정확성을 기하기 위해 다른 출처들과 대조하여 재조사하였다. 그 결과 123명의 순교자들의 교단 소속을 분류하면 장로교 74명, 감리교 14명, 성결교 4명, 침례교 1명이며 나머지 30명의 소속은 알려지지 않았다.

시베리아 유배

이 시기에는 소련에 의해 사라진 그리스도인도 있었다. 소련은 북한에 있는 수감자들을 시베리아로 보냈다.[138] 그 예로, 1945년 11월 23일 신

138) 이찬영, 『한국기독교회사 총람』(소망사, 1994), 213-216.

의주에서 시위를 벌였던 200명의 기독교 학생들은 시베리아로 이감됐다. 1947년 1월 17일 소련군은 평양신학교를 운영하는 김인준이 공산주의 방식에 따르지 않았다는 이유로 그를 시베리아로 유배시켰다.[139] 그 외에 몇 명의 한국인들이 시베리아와 그 밖의 지역으로 유배되었는지에 대한 정확한 역사적 기록은 존재하지 않는다. 다만 1948년 북한에서 소련군이 철수할 때까지 이것은 주기적인 현상이었다고 알려져 있다.

이 수감자들의 경험을 보여주는 한 이야기가 있다. 1946년 3월 2일, 사회안전부의 비밀경찰은 김윤찬 목사[140]를 강서에 위치한 지방 경찰서로 데리고 갔다. 그들은 그에게 가혹한 심문을 가한 후 김윤찬 목사를 평양으로 보냈다. 비밀경찰은 꼬박 3일 동안 그를 구타했고, 음식도 주지 않았다. 심문의 이유는 김 목사가 다른 목사들에게 조선기독교도연맹에 가입하지 말라고 적극적으로 권하고, 자신도 연맹에 가입하지 않았기 때문이었다.

비밀경찰은 1946년 3월 5일 새벽 1시에 그를 깨운 뒤 차에 태워 며칠을 달렸다. 감옥에 도착한 그는 그곳이 소련인 것을 알게 되었다. 소련은 그를 7일 동안 독방에 감금했고, 음식과 물을 주지 않았다. 그 방은 60평방센티미터에 2미터 높이의 겨우 앉을 수 있을 정도의 좁은 방이었다. 일곱째 날 그는 일어서서 기도했다. 그는 러시아어로 "오, 주님!"이라고 외쳤다. 그때 그의 독방 문이 열렸고, 한 간수가 그를 바라보고 있었다. 간수는 수감자가 아직도 살아 있다는 사실에 큰 충격을 받았다.

그 독방에 며칠씩 갇힌 수감자들은 대부분 기아와 탈수증으로 죽었다. 간수는 하나님께서 김윤찬 목사를 살리셨다고 생각했는지 그의 손으로 십자가 모양을 만들며 "당신은 그리스도인인가?"라고 러시아어로 물었

139) 김광수, Ibid., 190.

140) 모퉁이돌선교회, 〈카타콤소식〉(1994.9).

다. 거짓말을 할 수 없었던 김 목사는 서툰 러시아어로 그 젊은 간수에게 자신이 '목사'라고 고백했다. 간수는 크게 놀라며 김윤찬 목사를 마치 오래된 친구인 양 끌어안았다. 김윤찬 목사는 간수의 행동에 매우 놀랐다. 서툰 러시아어와 몸짓으로 간수와 대화를 나누고 난 후, 김윤찬 목사는 이 간수의 어머니가 교회의 지도자임을 알게 되었다.

간수는 그날 저녁 그에게 빵과 물을 가져다주었다. 간수는 그의 목을 긋는 시늉을 하며 만약 누군가에게 음식을 가져다준 것을 들킨다면, 자신이 사형될 것이라고 말했다. 김윤찬 목사는 1946년 5월 5일까지 29일 동안 그 독방에 있었다. 그 시간 동안 하나님께서는 20살의 어린 간수를 통해 그에게 은혜를 베푸셨다. 김윤찬 목사는 얼마 후에 강제수용소에서 일반 시민으로 풀려났고, 석방되기까지 소련에 몇 년을 더 있었다.[141)]

그리스도인의 수가 줄어듦

"이 기간 동안 그리스도인들의 수는 3분의 1로 감소했다"고 기록되어 있다.[142)] 김흥수는 그의 세미나에서 1981년 조선기독교도연맹의 서기장 고기준이 한인 관중들에게 연설하던 도중, 한국전쟁 직전 북한에는 117,000명의 그리스도인들이 있었다고 보고했다고 말했다.[143)] 일반적으로 1949년 북한에는 200,000명의 그리스도인들이 있었다고 알려져 있다.[144)] 이북5도연합노회는 1945년에 300,000명의 성도들이 있었다고 보고했

141) Ibid., 10-11.

142) 한국기독교역사연구소 북한교회사집필위원회, 『북한교회사』(한국기독교역사연구소, 1996), 397.

143) 김흥수, Ibid., 5.

144) 김병로, Ibid., 19.

다.[145] 이 보고들에 의하면, 이 기간 동안 그리스도인의 수가 총 100,000 내지 200,000명이나 감소한 것으로 볼 수 있다.

남한으로의 도주

북한에 있는 그리스도인의 수가 큰 폭으로 감소한 이유는 그리스도인이 남한으로 도주했기 때문이다.[146] 한국전쟁 전에 남한으로 간 그리스도인의 정확한 수는 알려진 바 없다. 이만열은 다수의 그리스도인이 이 기간 동안 북한에서 남한으로 이동했다고 추정한다. 해방이 될 때까지만 해도 북한에 더 많은 그리스도인들이 있었다. 그러나 남쪽으로 도주하면서, 이 기간 동안 남한의 그리스도인들의 수가 눈에 띄게 증가했다.[147]

이 시기에 남한으로 도주한 목사, 교회 지도자, 신학교 교수, 그리고 병원 관계자들의 정확한 숫자는 알려지지 않았다. 다만 한경직 목사를 비롯한 많은 목사들이 자신의 성도들을 버려두고 도주했고, 북한의 많은 교회들은 평신도들의 손에 남겨졌다. 도주라는 표현을 사용하기는 했지만, 하나님께서 그의 백성들을 남한으로 가도록 길을 열어주신 모습으로 볼 수도 있다.

지금까지 우리는 1945년 이후 공산주의자들이 그들의 권력을 어떻게 형성했고, 북한이라는 국가를 어떻게 세웠으며, 교회들이 이 새로운 정치 세력에 어떻게 반응했는지 살펴보았다. 해방 직후, 공산주의자들과 그리스도인들 간에 정치적 주도권을 선점하기 위한 다툼이 있었다. 그리하여

145) 김양선, 『한국 기독교 해방후 10년사』(대한예수교장로총회 종교교육부, 1956), 68.

146) 한국기독교역사연구소 북한교회사집필위원회, 『북한교회사』(한국기독교역사연구소, 1996), 401.

147) Ibid., 348.

나라가 남한과 북한으로, 공산주의자와 반공산주의자로, 친미와 반미파로, 그리고 그리스도인과 비그리스도인으로 나뉘었다.

이러한 상황 속에서 북한의 교회는 복잡한 다면적인 입장을 취했는데, 그로 인해 교회는 새롭게 세워진 공산주의 국가의 원수로 인식되었다. 다음 장에서는 그들의 행위로 인한 영향과 결과를 살펴볼 것이다. 결론부터 말하면, 북한의 교회는 한국전쟁으로 결국 붕괴를 맞고 만다.

4장

한국전쟁과 교회의 파괴

(1950년 6월 25일 - 1953년 7월 26일)

4장_ 한국전쟁과 교회의 파괴
(1950년 6월 25일 – 1953년 7월 26일)

소련군은 1948년에 공식적으로 북한에서 철수했고, 미군도 남한에서 철수할 것을 요청했다. 미국은 그 해 12월에 철수하기 시작했고, 그 다음 해 7월 30일까지 계속해서 미군을 감소했다.[1)]

미군 철수 후 군사적 우위를 차지한 북한군은 1950년 6월 25일 일요일 새벽 4시에 서울로 진군했고, 26일에 서울을 점령했다. 7월 20일에는 대전을 포함한 남한의 반을 정복했다. 8월 초에 공산당은 포항과 김천으로 이동하여 8월 말에 유엔 세력을 부산 주변까지 밀어붙였다. 이 시점에서 90%이상의 토지와 92%이상의 한국 사람들이 공산주의 통치 아래에 놓였다.[2)]

소련 대표의 부재 가운데 유엔 안전보장이사회는 6월 27일에 한국으로의 유엔군 파병을 결정했다.[3)] 1950년 9월 15일 맥아더 장군이 인천에 상륙했고, 9월 28일에 서울을 탈환했다. 유엔군은 10월 17일에 평양을 점령하였고, 11월 25일에 압록강과 함흥 북부지역에 도착했다. 11월 26

1) 김학준, 『한국전쟁』(서울: 박영사, 2003).

2) 김영재, 『한국교회사』(개혁주의 신행협회, 1998), 246.

3) 이찬영, Ibid., 613.

일 중국은 김일성 군대를 지원하기 위해 파병했다. 그리하여 북한군과 중공군은 1951년 3월 18일에 서울을 재탈환했다. 결국 몇 년간의 전쟁 끝에 1953년 7월 27일에 북한과 유엔 간에 정전협정이 이루어졌다.[4)]

전쟁 기간 동안 북한의 교회는 크게 파괴되었고, 그리스도인들은 반공산주의자, 친미, 혹은 남한을 지지한다는 이유로 학살되었다. 그리스도인들과 공산주의자들 사이에 더 이상의 공통분모는 존재하지 않았다.

전쟁 피해와 사망자 수

전쟁 기간 동안 100만 명의 남한 사람들과 200만 명 이상의 북한 주민들이 목숨을 잃었다.[5)] 이 수치는 예상 민간인 사상자이다. 1952년에 59,994명의 사람들이 죽었고 82,959명이 납치되었다는 통계도 있다.[6)] 미션매거진 웹사이트에 의하면 전쟁 피해자는 다음과 같다.

	사망	고문	중상	납치	실종	총계
남한	244,463	128,936	229,625	84,532	303,212	990,768
북한	406,000	미확인	1,594,000	미확인	680,000	2,680,000
총계	650,463	128,936	1,823,625	84,532	983,212	3,670,768

〈표 18〉 한국전쟁의 피해[7)]

이만열은 전쟁 전 북한의 인구가 대략 1000만 명으로 알려져 있고, 이들 가운데 전쟁으로 사망한 사람이 전체 인구의 4분의 1가량이라고 주

4) 김학준, 『한국전쟁』(서울: 박영사, 2003)7.

5) 김홍수, Ibid., 24.

6) "6.25 납북자 82,959명", 〈월간조선〉(2003).

7) www.missionmagazine.com, 2006년 3월 23일 게재

장했다.[8] 전쟁 전에 201,383명의 그리스도인들이 있었기 때문에,[9] 전쟁 중에 적어도 50,000명의 북한 그리스도인들이 죽은 것이다. 그러나 그리스도인들이 학살의 주요 대상이었기 때문에 사상자는 추정 자료보다 훨씬 많았을 것이다.

전쟁 기간 중 학살

한국전쟁 기간 동안 정확히 얼마나 많은 사람들이 죽었는지 파악할 수는 없다. 그러나 필자는 한국전쟁 기간 동안 극심한 핍박을 받았던 북한 교회에 대해 비교적 자세히 정리할 수 있었다.

	공개적인 신앙고백	전쟁 중 학살	민족주의적 이유	교회 건물 사수	은신 중 발각	총계
목사	4	216	16	20	5	261
부목사	5	22	2	6	–	35
장로	1	9	7	1	–	18
권사	–	3	–	–	–	3
집사	1	2	1	–	–	4
평신도	457	399	8		16	880
목사 사모	1	2	–	–	–	3
총계	469	653	34	27	21	1,204

〈표 19〉 교회 직분별 체포 원인

〈표 19〉에서 알 수 있듯 총 1,204명의 그리스도인들 중 전쟁 기간 동안 체포된 목사가 적어도 261명이다. 이 그리스도인들 중 과반수(653명)가

8) 한국기독교역사연구소 북한교회사집필위원회, 『북한교회사』(한국기독교역사연구소, 1996), 419.

9) 강인철, 『한국의 개신교와 반공주의』(서울: 중심사, 2007), 417.

한국전쟁의 희생자로 알려져 있다. 이들 중 3분의 1(469명)가량이 그리스도를 주라고 시인한 것 때문에 체포되었다. 또한 34명이 민족주의적 활동으로 체포되었고, 다른 27명은 적극적으로 교회 건물을 사수했다는 이유로 체포되었다.

알려지지 않은 처형 통계

우리는 앞장에서 전쟁이 시작되기 전 어떻게 공산당원들이 반공산주의자들로 의심되는 자들을 제거했는지 살펴보았다. 정확한 처형 통계는 알려지지 않았지만, 다수의 그리스도인들이 이 수치에 포함되어 있다. 고태우는 평양교회의 전임 목사였던 김윤찬의 말을 인용하여 한국전쟁 초반에 북한에서 목사들이 어떻게 죽임을 당했는지 아래와 같이 기록하고 있다.

> 6.25 전쟁이 일어나고 사태가 급박해지자 북한 정권은 기독교도연맹에 가입한 목회자들을 하루 저녁에 모두 처형해 버렸다. 이들에 대한 이용가치가 없어지자 목사들을 창고에 몰아넣고 불을 지르는 등 끔찍한 살육을 자행했다. 목사 53명이 대동강에서 떼죽음을 당하기도 했다.[10)]

일부 학자들은 이 기간 동안 처형된 그리스도인들의 수가 훨씬 많을 것이라고 주장했지만, 희생자에 관한 세부 내용은 알려지지 않았다. 따라서 이 논문에는 포함시키지 않았다.

---

10) 고태우, Ibid., 191.

교회의 파괴

전쟁의 결과로 인한 교회와 국가의 총 재산 피해는 계산하기 어렵다. 폭격으로 인해 평양 전체가 완전히 파괴되어 거친 돌들 외에는 남은 것이 아무것도 없었다.

북한에 몇 개의 교회가 있었는가?

박용규 교수는 오스트레일리아 선교위원회의 1970년도 기록을 인용하여 한국전쟁 전에 존재했던 1,373개의 교회는 완전히 파괴되었고, 666개의 교회는 전쟁 중에 부분적으로 피해를 입었다고 언급했다.[11] 이 수치는 1956년 김양선이 기록한 것과 일치한다.[12] 김병로는 전쟁 전 북한 방문이 허용되었던 조동진 목사의 말을 인용하여 '3,000개의 교회 건물 중 500개가 파괴되었고, 나머지는 전쟁 전에 다른 용도로 변경되었다'고 주장했다.[13] 전쟁 전에 북한에 존재했던 교회의 정확한 숫자를 추정하기는 어렵다.

모퉁이돌선교회의 이삭 목사는 1988년에 열린 '북한도 복음화하라'는 국제심포지엄에서 '전쟁 전 북한에 있었던 1,530개의 교회가 재건되어야 한다'고 주장했다.[14] 이 심포지엄을 개최할 당시만 해도 남한 교회는 자신들의 교회를 재건하는 일에 바빴고, 파괴된 북한 교회에 대한 연구는 매우 미미했다. 한국 교회는 1940년의 공식적인 교회 수에 대한 통계만 있

11) 박용규는 에디스 커와 조지 앤더슨의 책 한국에서의 오스트레일리아 장로교 선교의 보고, 1889-1941을 참고했다(오스트레일리아 장로교 선교 위원회, 1970: 127).

12) 김양선, 『한국 기독교 해방후 10년사』(대한예수교장로총회 종교교육부, 1956), 90.

13) 김병로, Ibid., 25.

14) 이삭, 『북한도 복음화하라』(은석논장, 1990), 189.

었다. 그날 공개된 이삭 목사의 보고는 전쟁 전의 교회 상태와 숫자 등에 대한 앞으로의 연구에 큰 자극제가 되었다.

1991년 부산 소재 신평로교회는 『북녘의 하늘과 그 땅』이란 책에서 북한 교회가 파괴되기 전에 적어도 2,000개의 교회가 있었다고 밝히고 있다.[15] 그러나 당시 존재했던 교회 목록은 제시되지 않았다. 1995년 한국기독교총연합회는 북한 교회 재건을 계획하면서 『무너진 제단을 세운다』는 책을 출판했는데, 이 책에 2,069개의 교회 명단이 기록되었다.[16] 반면, 장로교 통합측 총회는 해방 전 북한에 총 2,289개의 교회가 있었다고 결론을 내렸다.[17] 1996년에 발간된 『북한교회사』에는 2,350개 교회 전체 명단이 부록으로 첨가되어 있다.[18]

이 수치는 1947년 북한의 조선그리스도교연맹(당시 조선기독교도연맹)이 대외적으로 보고한 것과 일치한다.[19] 그리고 1997년에 한국기독교총연합회가 출간한 북한 교회 재건백서에는 2,850개의 교회가 포함되어 있다. 이찬영 목사는 또 다른 90개의 교회를 추가하여 총 2,940개의 교회가 있었다고 주장하기도 했다. 2000년 장로교 통합측의 북한교회 재건위원회는 이찬영 목사의 도움으로 『북한교회 사진명감』을 출판했다. 하지만 그들이 발견했다고 발표한 3,022개 교회의 실제 리스트를 제공하진 않았다. 그러므로 이 논문의 한 부분으로서, 필자는 1945년에서 1950년 사이에 북한에 존재했던 교회들의 정확한 수를 추산하기 위해 많은 기록들을

15) 신평로교회선교부, 『북녘의 하늘과 그 땅』(미진, 1991), 15.

16) 북한교회재건위원회, 『무너진 제단을 세운다』(서울: 진리와자유, 1995).

17) 내외통신사 부설 북한문제연구소 편, 『북한실상』(서울: 내외통신사 부설 북한문제연구소, 1995), 119.

18) 한국기독교역사연구소 북한교회사집필위원회, 『북한교회사』(한국기독교역사연구소, 1996), 517-604.

19) Ibid., 349.

2007년도 연구 자료로 표시하면서 하나로 정리했다. 〈표 20〉은 1945년부터 1950년까지 존재했던 교회의 전체 숫자를 나타낸다.

지역	북한 교회 사진명감 – 교회 수 (2000년)	2006년도 연구 자료
강원도	160	104
경기도	59	69
남포시	88	–
양강도	62	–
자강도	225	–
평안남도	439	767
평안북도	452	695
평양시	278	–
함경남도	230	328
함경북도	168	185
황해도	861	917
모름	–	23
총계	**3,022**	**3,088**

〈표 20〉 한국전쟁 전의 북한 교회

*교회 원본 주소는 한국전쟁 전 교회의 전체 숫자를 확인하고 도표화하려고 사용했다. 따라서 새롭게 나뉘어졌거나 명명된 지역과 관련 자료는 지역의 옛 이름을 사용하였다.

이 논문의 연구 기간 동안 66개의 교회가 추가로 발견되었다. 2006년도 연구 자료에 표기한 것처럼, 한국전쟁 전에 북한에는 총 3,088개의 교회가 있었다. 완성된 리스트는 이 논문의 부록에 첨부하였다. 교단별로 구분된 교회들은 〈표 21〉에 나타나 있다.

교단	교회	비율
감리교	607	19.7%
구세군	91	2.9%
성결교	106	3.4%
장로교	2,042	66.1%
침례교	42	1.4%
하나님의 교회	1	0.0%
성공회	3	2.7%
일본 교회	278	0.1%
조선 기독	14	0.5%
하나님의 교회(구성결)	1	0.0%
일본 장로	11	0.4%
신의 교회	3	0.1%
모름	85	2.8%
합계	3,088	100%

〈표 21〉 한국전쟁 전 교단별 북한 교회

누가 교회를 무너뜨렸는가?

많은 교회 건물들이 북한에 의해 파괴되었으나 북한 사람들은 대부분의 교회가 유엔군의 폭격으로 무너졌다고 교육받았다. 유엔군은 교회를 타격 대상으로 삼지 않았다. 그러나 북한에서는 반미 선전을 위해 신의주 지역에서 일어난 사건을 여전히 거론한다. 김흥수는 박일석의 저서 『종교와 사회』를 다음과 같이 인용했다. "1950년 11월 8일 일요일, 미군은 신의주에 있는 제일 큰 두 교회 위에 폭탄을 떨어뜨렸고 예배드리고 있던 수백 명의 그리스도인들이 죽었다"고 언급했다.[20] 유엔이 발견한 몇 가지 사건들도 있었다.

20) 김흥수, Ibid., 179.

공산주의자들은 종교 관련 건물을 군사적인 목적으로 사용했다. 유엔군이 교회들을 폭파하지 않고 남겨 두었기 때문에 교회 건물은 군사물품을 저장하는 창고로 사용되었다. 사건 기록에 의하면, 북한은 교회 건물 옆에 대공포를 설치하여 유엔군이 교회 건물을 폭파하도록 유도했다. 당시 그들은 사람들에게 유엔군이 교회나 병원은 폭파하지 않을 것이라고 말했다. 이 말을 들은 사람들은 공습 사이렌이 울릴 때마다 교회 건물로 피신했다. 이로 인해 대공포 공격을 받은 몇몇 교회들이 파괴되었으며 교회 내로 피신한 많은 사람들이 목숨을 잃었다.

오늘날 북한 공산당은 북한 사람들에게 미군이 무고한 사람들을 죽이기 위해 의도적으로 교회 위에 폭탄을 떨어뜨렸다고 가르친다. 그러나 많은 교회 건물들이 북한군이 후퇴하는 도중에 파괴되었고 불에 타서 없어졌다.[21]

그리스도인들에게 무슨 일이 일어났는가?

전쟁 끝에 교회건물은 파괴되었고 그리스도인들은 핍박받았다. 그리스도인들은 그들의 믿음 때문에 순교하거나 투옥 또는 고문을 당하거나 실종되었다. 또한 그들의 신앙을 지키기 위해 숨기 시작했고 북한에서 탈출하기도 했다. 그들은 신앙을 은밀히 지키면서도 공산주의 사회의 일원이 되라는 압력을 받기도 하였고, 기독교 신앙을 포기하고 배교할 것을 강요당하기도 했다.

---

21) 박완신, 『통일의 그날』(서울: 엠마오, 1989), 53.

친미로 낙인찍힌 그리스도인들

북한에서 그리스도인들은 말과 행동으로 공산주의자들이 모든 성도들을 친미 또는 미제의 간첩으로 인식하는 빌미를 제공하였다. 앞 장에 표기한 것처럼 몇 가지 사건들로 인해 이러한 인식이 굳어졌고, 결국 공산주의자들은 전쟁 전후 복구시기를 지나 그들의 국가를 건립하면서 그리스도인을 제거하기에 이르렀다.

1950년 9월 28일 유엔과 국군이 서울을 탈환하자, 사람들은 유엔의 공적에 감사를 표하기 위해 거리를 가득 메웠다. 그들의 자축은 여기서 끝나지 않았다. 교회는 유엔군에 감사의 마음을 표하기 위해 수많은 예배와 축하 행사를 마련했다. 그러나 유엔군에 대한 교회의 열렬한 환영과 자축 행사는 그리스도인들과 북한 공산당의 관계를 더욱 악화시켰다.[22]

유엔의 역습의 결과로 1950년 10월 19일에 평양이 점령되었다. 서울과 마찬가지로 평양의 교회들은 크게 기뻐하였고, 그리스도인들은 자발적으로 환영 예배를 준비했다. 교회의 반공산주의적 입장이 표출된 셈이었다. 1950년 10월 25일, 유엔과 국군은 남한 정부의 고위 관부들과 함께 공산주의자들로부터 평양을 해방시키기 위해 유엔을 보내주신 하나님께 감사하는 특별 예배에 초대되었다.

이 예배에는 한경직, 이인식, 윤하영, 김양선, 고한규, 이대영, 장로선교위원회의 총서기장이었던 에드워드 아담스, 해방 전에 평양에서 사역했던 선교사 해리 힐, 프랜시스 킨슬러, 그리고 다른 두 명의 선교사들이 참석했다. 그들은 모두 평양에서 열린 축하 행사에 참여하기 위해 남한에서 북한으로 갔다. 북한에서 남한으로 피난을 갔던 황은균과 조향록도 예배

22) 김홍수, Ibid., 234.

에 참석하기 위해 평양으로 돌아왔다.[23)]

평양을 탈환한 후 맞은 첫 주일에 평양의 모든 교회들이 문을 열고 예배를 드렸다. 그날 오후 2시 서문밖교회에 모인 3,000명의 그리스도인들이 유엔과 국군 대표단, 남한 간부들, 그리고 남한에서 온 목사들과 선교사들을 환영했다. 이 예배에서 미8군 연대장 먼키는 통역관을 통해 연설했고, 회중들은 환영하는 마음을 가득 담아 크게 박수를 쳤다. 함흥 지역에서도 비슷한 축하 예배가 드려졌다. 그리스도인들은 군목이었던 해럴드 볼켈 목사를 초청하여 특별 추수감사예배를 드렸다.[24)]

그러나 이러한 축하 예배와 부흥회는 중국 군대가 역습하기 전까지 불과 한 달밖에 지속되지 못했다. 평양으로 중국 군대가 진군하고 있다는 소식에 남한에서 온 모든 목사들과 선교사들은 남한으로 가버렸고, 남겨진 북한의 성도들은 또 다시 상처를 받아야 했다.[25)]

또한 이 모든 과정을 지켜본 공산주의자들은 후에 북한 정부가 다시 건립되자 이 집회에 참석한 자들을 당에 자세히 보고했다. 이 사건들로 인해 모든 그리스도인들은 반공산주의자이자 친미라는 인식이 굳어졌다. 이 예배에 출석했지만 남한으로 가지 못했거나 가기를 원치 않아 남아 있었던 많은 그리스도인들은 원수와 연합했었다는 이유로 죽음으로 그 대가를 치러야 했다. 그 후 그리스도인들을 향한 핍박은 더욱 격렬해졌다.

전쟁 후에 모든 북한 사람들이 반미파가 되었다고 한 김병로의 평가는 옳았다. "전쟁 후에 반미파가 북한 사회의 핵심으로 공산주의 사상을 이끌어가면서 비그리스도인들의 입지가 넓어졌다."[26)]

23) 김광수, Ibid., 262.

24) 한국기독교역사연구소 북한교회사집필위원회, 『북한교회사』(한국기독교역사연구소, 1996), 421.

25) 김흥수, Ibid., 234.

26) 김병로, Ibid., 24.

수많은 순교자

이 기간 동안 많은 그리스도인들이 죽임을 당했다. 일본 사학가 마사히코는 김양선이 목사 위임을 받았던 사람들에 대해 말했던 것을 인용하며 "한국전쟁 동안 350명의 순교자들이 있었다"고 하였다.[27] 이 숫자는 에디스 커와 조지 앤더슨이 제공했던 수치에 비하면 매우 적은 것이다.

박용규의 말을 인용하면, 전쟁 중에 남한에서 목사 위임을 받은 사람의 과반수가 사라졌으며, 508명의 목사들이 죽거나 실종되었고,[28] 500-800명가량의 목사들이 순교하였다. 목사들이 남한으로 피난한 동안 북한 당국은 212명의 성직자들을 죽였고, 100명이 넘는 목사들을 포로로 사로잡아 북송시켰다.[29] 재조사 결과 이 기간 동안 공산주의자들에 의해 순교당한 남한과 북한 성직자들의 총수는 569명이었다. 〈표 22〉는 이러한 상황을 자세히 나타낸다.

	목사	부목사	사역자	성공회 사제	총계
처형	184	60	4	–	248
투옥	7	–	–	–	7
실종	58	18	59	–	135
납치	132	12	23	2	169
고문 후에 석방	3	–	–	–	3
신앙 부인 후 처형	7	–	–	–	7
총계	391	90	86	2	569

〈표 22〉 한국전쟁 당시 성직자들의 처벌

27) 김양선, 『한국 기독교 해방후 10년사』(대한예수교장로총회 종교교육부, 1956), 90; 김흥수, Ibid., 34; 강인철, Ibid., 429.

28) 박용규, 『한국기독교회사』(한국기독교회사 연구원, 2003), 974.

29) 고태우; Ibid., 111.

이 표에서 필자는 성직자를 목사, 부목사, 사역자, 사제로 세분화시켰다. 사역자 영역은 성직자로서의 상태를 확인할 수 없는 사람들을 반영하고 있다. 부목사 영역에는 안수받지 않은 강도사가 포함되었고, 전도사는 사역자로 구분하였다. 당시 총 479명의 목사, 사역자, 그리고 2명의 성공회 사제들과 90명의 부목사들이 순교하였다.

〈표 22〉에서 보듯 성직자 중 248명이 처형되었고, 7명이 투옥, 135명이 실종되었으며, 169명이 납치되었다. 투옥 및 실종되었거나 북한으로 납치된 사람들은 사망했을 것으로 추정된다. 전쟁 후에 그들을 보았다는 기록은 없다. 100명의 성직자가 북한으로 납치되었다는 추정이 있지만,[30] 필자는 총 169명이 납치되었음을 확인하였다.

장성칠, 박찬목, 조병하 이 세 명의 기독교자유당 소속 목사들은 고문을 받았지만 극적으로 생존했다.[31] 그들은 고문을 받은 뒤에 풀려났으므로, 필자는 그들을 다르게 구별하였다. 앞에서 제시한 대로 조선기독교도연맹의 회원이었던 7명의 목사들이 있었지만, 그들은 전쟁이 시작되자마자 바로 죽임을 당했다.

150명의 가톨릭 사제들도 이 시기에 순교하였다고 기록되어 있다. 여기에는 52명의 한국인, 4명의 미국인, 15명의 프랑스인, 66명의 독일인, 1명의 오스트리아인, 5명의 벨기에인, 6명의 네덜란드인, 그리고 1명의 호주인 사제들이 명단에 포함되어 있다.[32] 그러나 그들을 순교자의 숫자에 포함시키지는 않았다.

30) Ibid., 112.

31) 김광수, Ibid., 205.

32) 고태우, Ibid., 112.

목사와 기독교 지도자의 죽음

전쟁 중 북한에 있는 목사들만 처형당한 것이 아니었다. 북한이 남한을 침략했을 때, 다수의 남한 목사들을 처형했다. 당시 남한에서 총 186명의 목사, 55명의 부목사, 25명의 성직자, 2명의 성공회 사제, 70명의 장로, 8명의 권사, 그리고 70명의 집사가 순교했다. 공산당원들은 기독교 신앙 외에 반공 분자로 의심된다는 이유에서 수많은 그리스도인들을 죽였다.

북한이 남한에서 후퇴할 때, 남북한의 많은 시민들과 함께 목사와 그리스도인들이 처형 대상이 되었다.[33]

> 9.28 수복의 여세를 몰아 대한민국 국군과 연합군이 북한을 향해 진주를 개시하자, 인민군과 공산당, 정치보위부의 기관원들은 후퇴하면서 교회당을 전부 파괴하였고 기독교 인사들을 보이는 대로 살해했다. 그 살해 방법에 있어서는 총살, 자살 혹은 생매장 등으로 그 잔학상은 무어라 형언할 수 없으리만큼 참혹하였다.[34]

국군과 유엔군이 북한 지역을 점령하던 시기에는 공산주의자들과 공산주의 지지자들이 학살당했다. 1950년 10월부터 12월까지 짧은 기간 동안에 이웃과 친구들 간에도 좌익과 우익 사이의 '갈등과 피의 보복'이 일어났다. 일부 그리스도인들은 그들이 받은 고통을 다른 사람들에게 보복할 수 있는 기회를 갖게 되었다. 그러나 이 기회는 그들 스스로 만들어낸 것이었다. 그들은 친구와 친척, 원수를 밀고했다. 그리고 상황은 또 다시

33) 김홍수, Ibid., 234.

34) 김광수, Ibid., 248.

바뀌었다.

1950년 10월 19일, 중국이 북한을 돕기 위해 압록강을 건너 전쟁에 참여하면서 유엔 세력은 남쪽으로 후퇴했다. 이때 공산당원들을 핍박하는 데 가담했던 사람들은 모두 순식간에 몰살되었다. 남아 있던 목사들은 사역을 중단하거나 공산당에 가입하지 않을 경우 모두 처형되었다. 한 예로, 조선기독교도연맹은 문준희에게 조선기독교도연맹의 함경북도 지부 지도자가 될 것을 요구했다.[35] 그러나 조선기독교도연맹이 공산당 조직이었음에도 불구하고, 문준희는 유엔이 북한에서 후퇴한 후인 1951년 1월 4일에 살해되었다.[36]

	목사	부목사	장로	권사	집사	평신도	목사 사모	총계
사형	131	27	12	2	4	872	3	1,051
수감	4	–	1	–	–	–	–	5
석방	–	–	–	–	–	2	–	2
실종	103	7	4	1	–	5	–	120
납치	13	1	1	–	–	1	–	16
고문 후 석방	3	–	–	–	–	–	–	3
신앙 부인 후 처형	7	–	–	–	–	–	–	7
총계	261	35	18	3	4	880	3	1,204

〈표 23〉 교회 직분별 체포 결과

35) 김성준, 『한국기독교 순교사』(기독교문화사, 1993), 225.

36) 김광수, Ibid., 206.

〈표 23〉은 적어도 1,051명의 북한 성도들이 한국전쟁 기간 동안 처형되었음을 보여 준다. 또한 120명이 실종되었다.

믿음을 버린 사람들

핍박은 심각했다. 공산주의의 선전활동은 북한 주민들이 그리스도인들을 색출하도록 부추겼고, 이 일은 전쟁 내내 지속되었다. 이로 인해 많은 그리스도인들이 신앙을 공개적으로 버리기도 했다. 김병로는 이 핍박 기간 동안 50%가 넘는 북한의 성도들이 그들의 신앙을 부인하고 공산주의를 포용하여 생존을 택했다고 말했다.[37]

믿음을 숨긴 사람들

국군과 유엔이 북한에서 후퇴하면서 남겨진 많은 그리스도인들은 남쪽으로 피난했다. 한국전쟁 후 북한에 남은 그리스도인들의 수를 정확히 알기는 어렵다. 김병로 교수는 1945년에 300,000명의 성도들이 있었다고 예상했다. 그러나 이것도 전쟁 전의 핍박으로 인해 200,000명으로 감소했다. 전쟁 후에는 100,000명으로 줄었다. 김병로는 이 중 절반의 성도들이 생존을 위해 그들의 믿음을 버렸으며, 총 50,000명의[38] 성도들이 전쟁 후에 북한에 남았다고 예상했다. 북한은 공식적으로 전쟁 후에 북한에 남은 그리스도인들의 수가 10,000-12,000명이라고 발표했다.[39] 이 보고에

---

37) 김병로, Ibid., 83.

38) 강인철은 한국전쟁 전에 201,383명의 그리스도인들이 있었다고 추정했다. 그 중 50%(100,692명)는 믿음을 부인했고 49,540명은 한국으로 피난했다. 이것은 51,551명의 그리스도인들이 남았다는 것을 말해 준다(강인철 2007:417).

39) 김병로, Ibid., 83-84.

의하면 많게는 40,000명(80%)의 그리스도인들이 숨어서 비밀리에 예배를 드렸음을 알 수 있다.

그리스도인들이 예배드리기 위해 비공식적으로 모임을 가졌다는 것은 확실하지만, 이 지하교회들에 대한 공식적인 기록은 없다. 대신에 그리스도인들은 그들 자신이 익숙한 형태의 예배를 드렸다. 날이 갈수록 혼란이 가중되자, 목사들은 다른 건물이나 가정집에서 더욱 비밀스럽게 모임을 가졌다.

요약하면, 공산주의자들은 전쟁 기간 동안 반공산주의자들을 제거 목표로 삼고 반대파들은 무조건 제거했다. 전쟁 중에 교회들은 조직적으로 파괴되었으며, 그리스도인들은 북한과 남한 모두에서 죽임을 당했다. 유엔군을 환영한 북한 교회는 공산주의자들과의 분열을 초래했다. 김일성은 분단된 국가를 통일시키려는 목적으로 소련 공산주의를 적극적으로 이용했다.

남한으로 피난

하나님은 많은 그리스도인들에게 공산주의자들의 핍박을 피하기 위해 다른 방법을 허락하셨다. 그들은 북한을 떠나 남한으로 피난을 갔다. 성도들은 그들의 목사와 교회 지도자에게 당분간 핍박을 피해 몸을 숨기라고 요구하기도 했다. 그렇게 해서 많은 목사들이 전쟁이 끝나면 다시 돌아오겠다고 약속하고 교회와 집을 떠났다. 그러나 그 중 누구도 지금까지 돌아갈 수 없었다.

남한으로 탈북한 그리스도인의 수에 대한 가장 최근의 기록을 제공한 강인철은 전쟁 전 북한에 9,620,000명의 인구가 있었다고 추정하였다. 남한으로 이주한 민간인의 예상 총수는 다음과 같다. 1945년에서 1949

녀까지 456,000-740,000명, 전쟁 기간에는 558,000-646,000명의 이주민이 있었다. 이 기록은 총 1,014,000-1,386,000명의 북한 주민들이 남한으로 이주했다는 것을 보여 준다.[40] 북한 인구의 11-15%에 해당하는 사람이 남한으로 이주한 셈이다. 이 통계는 전에 보고되었던 통계보다 적은 수치다.

또한 강인철은 북한에 201,383명의 그리스도인들이 있었으며, 이 중 49,540명(24.6%)이 남한으로 피난했다고 주장했다.[41] 이만열은 70,000-80,000명,[42] 많게는 100,000명이 남한으로 내려왔다고 주장했다.[43]

그리스도인들은 남한으로 피난하거나 믿음을 부인하거나 순교하지 않으면, 공산주의자들에게 그들의 믿음을 숨겨야 했다. 다음 장에서는 지하교회 설립의 근원과 북한의 사회주의 체제 수립, 그리고 남북 분단 후 교회의 상황에 대해 살펴볼 것이다.

---

40) 강인철, Ibid., 410.

41) Ibid., 417.

42) 한국기독교역사연구소 북한교회사집필위원회, 『북한교회사』(한국기독교역사연구소, 1996), 419.

43) 류성민, 『북한 주민의 종교생활』(서울: 공보처, 1994), 131.

5장

지하교회의 형성

(1953년 7월 28일 – 1972년 4월 14일)

5장_ 지하교회의 형성
(1953년 7월 28일 – 1972년 4월 14일)

전쟁이 발발한 지 1년이 지나서야 유엔과 북한 사이에 정전 협정이 시작됐다. 협정이 25개월 이상 진행되는 동안 전쟁은 계속되었다. 1953년 7월 27일 마침내 휴전협정이 체결되었고, 남북한은 지금까지 휴전 중이다. 휴전 이후, 김일성을 수령으로 하는 새로운 체제가 형성되기까지 북한의 교회는 가장 고통스러운 시대 즉, 지하교회가 형성되는 시기를 겪게 된다.

사회주의 국가로의 진보

전쟁 후에 북한은 그들이 바라던 공산주의 체제를 형성했고, 사회주의 비전을 추진하였다. 1950년 중반 모든 사상은 사회주의화되었다. 북한 정부는 모든 시민들에게 사회주의를 가르쳤으며, 모든 주민들을 그들이 구상한 새로운 사회주의를 형성하는 데 참여시켰다. 전 노동당 간부로서 1980년 중반 한국으로 귀순한 신평길은 이에 대해 다음과 같이 말한다.

이 시기는 일부 남아 있던 종교인들로 하여금 그들의 종교 신앙을 포기하고 이탈하도록 하기 위한 사상교양과 사상투쟁을 병행한 교양개조, 지하교회 활동

색출, 억압, 제재, 탄압, 말살 정책을 시행했다.[1]

북한 정부는 반공산주의 활동, 특별히 그리스도인들의 활동을 금지시키기 위한 여러 가지 조치들을 취했다. 플리처는 소련에서도 이와 비슷한 운동이 1929년에 일어났다고 밝혔다. "소련 정권은 가능한 한 짧은 시간 내에 사회로부터 조직화된 종교를 뿌리 뽑기 위해 매우 엄격하고 강력한 반종교적 운동에 착수했다. 이 운동은 사실상 10년이 넘도록 강도 높게 계속되었다."[2] 고태우 역시 이 기간 동안 북한의 공산주의자들이 종교를 어떻게 억압했는지에 대한 방법을 다음과 같이 열거했다.

첫째, 종교인과 비종교인의 차별 정책이었다. 모든 주민은 신분증명서에 종교를 명기해야 했고, 공직에서 추방되거나 차별대우를 받아야 했다.

둘째, 소위 사상교양 사업의 하나로 어디에서나 반종교 선전을 전개하는 한편, 일요일 종교의식 시간을 이용하여 회의나 강습회를 열었다.

셋째, 종교인들을 색출하기 위해 어린이를 중심으로 신고 체계를 만들어 성직자들을 감시하며 활동을 제한하였다.

넷째, 일요일에 작업 노르마(기준량)를 정해주어 노동을 강요하는 방법으로 종교의식을 거행하지 못하도록 만들었다. 그 대표적인 예로 일요일을 선거일로 정한 것을 들 수 있다.[3]

---

1) 신평길, 『노동당의 반종교정책 전개과정』(북한연구소, 1995), 50-63.

2) Fletcher, 2.

3) 고태우, 『북녘의 남은 자들을 위한 기도』(서울: 은석, 1990), 55-56.

북한 교회 역사상 한국전쟁 이후부터 1972년까지가 핍박이 가장 심한 시기였다. 남한 기독교 사학가들은 1953년부터 1958년까지의 북한 교회에 대한 어떤 기록도 갖고 있지 않다. 대부분의 문서가 정치적 또는 경제적인 부분에만 초점을 맞추고 있어 최근까지도 그 시기의 기독교 관련 내용은 외부에 알려진 바가 없다.

이 시기에는 시대 상황상 지금처럼 누구나 쉽게 북한의 정보를 접할 수 없었고, 매우 제한적으로 북한에 관한 뉴스와 정보를 접할 수 있었다. 이처럼 제한적인 정보들은 북한의 초기 20년 동안 그리스도인들이 받은 핍박의 강도를 암시한다. 이 시기의 순교 이야기 대부분은 귀순자들(탈북자)의 증언에서 비롯된 것이다.

처음으로 알려진 이야기는 1969년에 공개된 이만화의 이야기이다.[4] 귀순자 강대진은 이만화의 이야기를 전한 사람으로 알려져 있다.[5]

이만화 목사는 평안북도 용천군 양시에 있는 농장에서 일하고 있었다. 그는 표면적으로는 공산주의자들의 정책에 동의하여 그들에게 협조하는 것처럼 보였다. 그러나 실제 그는 10개의 협력 농장에서 500개 이상의 모임을 형성했고, 그 모임의 전체 성도 수는 2,000명이 넘었다. 그룹당 3-5명 정도의 성도들이 산이나 동굴 혹은 쉽게 눈에 띄지 않는 곳에서 비밀리에 만나 모임을 가졌다.

1957년 8월 27일에 최고인민회의 제2기 대의원 선거가 있었다. 이만화 목사는 그의 성도들에게 투표에 참가하지 말라고 하였다. 그들은 투표

4) 김성준, 『한국기독교 순교사』(기독교문화사, 1993), 227; 김춘배, 『한국기독교 수난사화』(성문학사, 1969), 81; 멸공의거단(반공계몽부), 『자유를 찾아서: 북괴의 만행을 폭로한다』(서울: 성청사,1969), 81.

5) 강대진, 『나는 북의 반탐정원이다』(시광생활사, 1970), 106

용지를 흰색 혹은 검은색 투표[6] 상자에 넣지 않고, 상자 밖으로 떨어뜨렸다. 그것은 침묵의 항의였다. 2,000명이 넘는 투표가 기권처리된 것을 발견한 보안사무국은 조사에 착수했다.

조사를 진행하는 가운데 그들은 이만화 목사와 다른 두 명의 성도들이 함께 기도하고 있던 한 성도의 집을 급습했다. 그 성도는 잡혀가 고문을 받았다. 이때 이만화 목사는 그 성도를 구하기 위해 그의 행동에 대한 모든 책임을 지겠다고 했지만, 1958년 그는 36명의 다른 기독교 지도자들과 함께 공개처형되고 말았다.[7] 거의 2,000여 명의 남겨진 그리스도인들이 다른 곳으로 유배되었고, 대부분의 사람들은 사람이 살기에 부적합한 북한 최북단의 강제수용소로 보내졌다.[8]

출신성분 구분 작업(1958년)

1958년 5월 노동당은 어떤 형태의 반혁명주의자들과도 대항하여 싸울 것이라고 선언했고, 1958년 8월에는 소위 지식인 제거라고 하는 '인텔리 개조 운동'을 시작했다.[9] 이때가 가장 많은 기독교인들이 인텔리로 노출된 시기였다. 북한은 그들이 말하는 소위 '공산주의 낙원'을 거부하거나 이에 동조하지 않는 지식인들을 제거했으며, 그들이 달갑지 않게 생각하는 사람들은 누구나 인텔리라는 이름하에 제거하였다. 또한 1958년 11월, 노동당은 그리스도인들을 표적으로 삼기로 결정하고 그들을 억압하기 시

6) 공산주의자들은 반대자를 색출하기 위해 찬반의 표를 한 투표함에 넣지 못하게 하고 찬성은 흰색, 반대는 검은색 투표함에 넣도록 하였다.

7) 김춘배, 『한국기독교 수난사화』(성문학사, 1969), 83.

8) 한국기독교역사연구소 북한교회사집필위원회, 『북한교회사』(한국기독교역사연구소, 1996), 424; 박완신, 『통일의 그날』(서울: 엠마오, 1989), 59.

9) Ibid., 427.

작했다.[10] 이 기간 동안 공산주의에 반대하는 조직이나 사람들은 모두 제거되었고, 모든 종교 활동이 제약을 받았다.

핍박이 점점 거세지면서 그리스도인들은 체포와 동시에 간단한 인민재판만 받고 대부분 공개처형되었다. 한 가지 예로, 1960년 8월 17일 8명의 그리스도인들이 해주에서 재판 없이 공개처형되었다.[11] 고태우는 이에 대해 다음과 같이 말했다. "북한 당국자들은 1970년대 초 수많은 사람들을 강제로 집합시키고 지하에서 비밀리에 종교 활동을 하다가 체포된 한 교인을 공개처형하는 것과 같은 만행도 서슴지 않았다."[12]

북한 공산주의자들은 그들만의 독특한 사회주의를 발전시키고 세력을 키워가면서 사람들의 삶을 지배하기 시작했다. 1958년 12월부터 1960년 12월까지 전체 인구를 혁명적 요소, 중간층, 반혁명분자의 3개 성분으로 구분하였다. 조선시대에 백성을 양반, 평민, 천민으로 구별한 것과 마찬가지로, 공산주의자들은 북한 주민들을 혁명에 찬성하는 사람, 중립, 그리고 반혁명주의자들로 구분하였다. 이 구분은 누가 정부의 정책에 반대하는지 밝혀내는 데 일조하였다.[13]

노동당 중앙위원회는 성분 구분을 통하여 100,000개의 가구에 450,000명의 사람들이 종교활동을 하고 있다는 사실을 추가로 발견하였다.[14] 이 사람들의 대부분은 1859년에 형성된 천도교의 일원이었다. 천도교는 북한에서 가장 큰 종교 단체였는데, 전쟁 전에 약 150만 명의 천

10) 신평길, 『노동당의 반종교정책 전개과정』(북한연구소, 1995), 57.

11) 사와 마사히코, 김숙자·강문규 역, 『남북한기독교사론』(;도서출판 민중사, 1997), 298-299.

12) 고태우, Ibid., 206.

13) 한국기독교역사연구소 북한교회사집필위원회, 『북한교회사』(한국기독교역사연구소, 1996), 427.

14) 김병로, Ibid., 14.

도교 성도들이 있었다.[15] 그러나 전체 종교인의 숫자에는 그리스도인들도 포함되어 있었다. 그래서 1966년 북한은 51개의 사회적 분류로 세분화하여 주민들을 구분하였다.

1966년 4월부터 1967년 3월까지, 정부는 모든 주민들의 거주지 등록을 완료하고, 모든 사람을 51개의 분류 중 하나로 분류하였다.[16] 미신을 믿는 사람들은 29번으로 분류되었으며, 일반 감시 대상으로 지정되었다. 그리스도인들은 37번[17]으로 분류되었으며, 특별 감시 대상으로 지정되었다. 불교인들은 38번으로 분류되었으며, 그들 역시 특별 감시 대상으로 지정되었다. 개인의 분류 번호는 당사자에게 노출하지 않았고, 가족별로 기록이 영구적으로 보존되었다.[18]

기본 군중, 복잡한 군중, 적대계급 군중

2007년 7월, 〈월간조선〉에는 북한에 존재하는 성분 분류표가 기재되었다. 표에 의하면, 북한은 전 주민을 크게 세 계층 즉, 기본 군중, 복잡한 군중, 적대계급 잔여분자로 분류했고, 그 세 계층을 51개로 세분화하였다. 종교인들은 복잡한 군중 계층에서 13번으로 분류되었다. '종교인'이란 특정 종교에 관련되어 있으며, 그 종교적 행위에서 완전히 떠나지 못한 사람들을 가리킨다. 그리고 종교인에 '가르치는 자들'이란 분류가 있는데, 기독교 목사들이 이 분류에 속해 있다. 종교인들에 대한 또 한 가지 분류는 '악질 종교인'이다. 이들은 북한 외부의 제국주의자들과 협력하여

15) 류성민, 『북한 주민의 종교생활』(서울: 공보처, 1994), 133.

16) 고태우, Ibid., 113.

17) 어떤 기록들은 그리스도인들이 42번으로 분류되었다고도 한다(북한 통일원 연구소 북한용어해설 : 126).

18) 강인철, Ibid., 189.

반역을 꾀했던 사람들을 가리킨다.[19]

북한은 전 주민을 분류하면서 모든 사람들은 평등하다는 공산주의 사상과 대조되는 인도의 카스트제도와 유사한 체계를 세웠다. 이에 따라 북한 주민들의 삶은 그들이 속해 있는 계층과 부류에 의해 결정되었다. 이 성분은 가족에게 영향을 끼쳤으며 대물림되었다. 더 낮은 계층으로 하락하는 것은 상대적으로 쉽지만, 한 단계 상승하는 것은 거의 불가능하다. 북한 정부는 분류 제도를 발전시킴으로써 북한 전 주민의 충성을 유도할 수 있는 권력을 얻게 되었다.

반종교 선전 도서(1959년)

공산당은 종교가 지닌 약점의 먹이가 되지 않도록 북한 주민들을 재교육시키기 시작했다. 1959년 노동당은 정하철에게 『우리가 왜 종교를 반대하는가?』라는 소책자를 만들라고 명령했다. 같은 해, 주민들을 재교육시키기 위한 5권의 책이 더 출판되었다.

김희일은 『인민의 아편』을 썼고, 노재선은 『종교는 인민의 아편이다』와 『미제는 남조선에서 종교를 침략의 도구로 이용하고 있다』를 썼다. 백원계는 『종교도덕의 반동성』과 『삶과 미신』이라는 책을 각각 썼다. 1963년에 임훈은 『사회주의와 종교』를 썼고, 신영하는 『종교: 남한 침략을 위한 제국주의자 미국의 도구』를 썼다. 이 책들은 모두 전체 종교인, 특히 그리스도인들을 제거하기 위한 그들의 계획을 위해 북한 전국에 무료로 배포되었다.[20]

---

19) 박승민·배진영, "전 주민을 기본군중·복잡한 군중·적대세력잔여자로 분류," 〈월간조선〉(2007.7), 120-133, (http://monthly.chosun.com/client/news/viw.asp?nNewsNumb=200707100015&ctcd=&cpage=1)

20) 길성철, 『공산당의 종교실태』(국토통일원, 1981), 67.

비활동 조선기독교도연맹(1959년)

1946년 공산주의 정부가 설립한 조선기독교도연맹마저 활동이 정지 상태에 놓이게 되었다. 연맹의 위원장인 강양욱 목사는 1959년 그의 정치 세력과 당내 지위를 모두 잃어버렸다. 사회안전부와 사회주의 정부체제가 모든 종교인과 종교 조직들을 제거하기 위해 통합적으로 움직이면서, 조직화된 기독교를 지배하기 위한 강양욱의 도움이 더 이상 필요 없어졌기 때문이다.

작은 문화혁명(1967년)

김일성 추종자들 간에 사상 논쟁이 일어난 후, 1967년 5월 25일 김일성은 국내에 있는 모든 책들을 불태워버리든지, 아니면 북한 도서관에 기부하라고 명령했다. 김일성은 그의 공산주의 혁명에 반박하거나 그의 정권의 향방을 놓고 싸울 가능성이 있는 지식인들의 형성을 반대하였다. 이러한 조치는 1966년에 일어났던 중국의 문화혁명을 북한식으로 반영한 것이다.[21)]

이 기간 동안 셰익스피어와 톨스토이, 도스토예프스키의 작품, 그리스 신화와 고전, 중국과 독일 철학 등의 셀 수 없이 많은 책들이 불태워졌다. 이와 비슷한 시기에 칼 마르크스가 쓴 모든 책들도 참고 서적으로 분류되어 도서관으로 옮겨졌다. 일반 주민들은 이 책들 중 어느 것도 대출할 수 없었고, 서명한 후에 도서관 안에서만 참고할 수 있었다. 그러나 사서들에게 자신의 신분을 공개해야 하는 불편을 감수하는 사람들은 거의 없었다.

---

21) 손광주, 『김정일 리포트』(바다출판사, 2003), 63-66.

공산주의 정권은 마르크스의 변증법적 유물론을 도서관 안에 숨기고, 김일성의 사상을 쓴 것들만 공공연히 남겨 두었다. 이 시기에 성경을 비밀리에 소유하고 있었던 성도들은 성경책을 불태우거나 보이지 않도록 숨겼다. 그 후 몇 년 동안 많은 그리스도인들은 그들이 숨어 있던 장소에서 성경책을 소지하고 있었다는 이유만으로 체포되고 처형되었다.[22]

북한에 종교가 없음을 선포(1971년)

1971년 일본의 미노베 씨가 평양을 방문하여 김일성을 만났을 당시, 김일성은 다음과 같이 말했다. "북한에는 종교인들을 위한 교회가 없다. 우리가 그 교회들을 파괴시킨 것이 아니다. 그들은 제국주의 미국의 폭격에 의해 모두 파괴되었다."[23] 김일성은 북한에서 종교가 사라졌음을 선포했다.

북한 교회의 형성(1953-1972년)

1953년 7월 27일 휴전 협정 후, 북한 공산당원들은 위에서 묘사했듯이 사회주의 국가의 완성을 위해 다양한 캠페인을 벌이기 시작했다. 그들은 반사회주의 성향을 띠는 모든 조직들과 사람들을 제거하기 시작했다. 그 중에서도 반공산주의이면서 친미분자로 증명된 기독교인들은 공산당원들의 제거 대상 0순위였다.

1953년부터 1972년까지 북한 그리스도인들은 가장 극심한 핍박을 받았다. 1958년에는 핍박이 절정에 달하여 그리스도인이라는 것이 발각되면 교회 활동의 참여도에 따라 처형되거나 투옥되었다. 풀려나서 집으로

22) Ibid., 63-66.

23) 고태우, Ibid., 107-108.

돌아가는 일은 극히 드물었다. 이들 중 하나님을 부정하거나 사무국의 밀고자가 된 자들도 있었다. 아주 심하게 고문을 당한 후에 풀려난 뒤 죽게 되는 경우도 있었는데, 이런 경우 북한 정부는 죽음에 대한 책임을 지지 않았다. 그러나 많은 성도들이 신앙을 버리지 않고 끝까지 믿음을 지켰다.

지하교회의 형성

이 시점에서 교회는 지하로 들어가기 시작했다. 이 기간 동안 발견된 그리스도인들은 즉각 처형되거나 재판 없이 감옥으로 보내졌다. 많은 이들이 인생의 남은 기간을 사회의 완전한 외면 속에서 괴로워하며 탄광이나 외진 재교육 수용소에서 보냈다. 그리스도인들은 지금까지도 존재하는 개천 탄광 강제수용소, 승효리 콘크리트 강제수용소, 아오지 탄광 강제수용소, 북창 탄광 강제수용소, 요덕 농장 복지센터, 가마 복지센터, 그리고 기타 강제수용소 등으로 보내졌다.[24)]

점점 심해지는 핍박

1953년부터 1972년까지 공식적인 그리스도인들의 활동도 허락되지 않았고, 이미 앞에서 지적한 대로 강양욱 목사가 설립한 조선기독교도연맹조차 운영되지 못했다. 1955년 4월, 남아 있던 종교인들은 사회의 생산적인 구성원이 되기 위한 재교육을 위해 재배치되었다. 그리하여 공식적인 교회는 사라지고 진실된 교회는 지하로 내려가야 했다. 사학가 이만열은 핍박이 아주 극심할 때에 북한 그리스도인이 선택할 수 있었던 3가지 선택안을 다음과 같이 열거했다.

---

24) 김성태, 『북방 선교의 실상』, (서울:생명의말씀사, 1994), 175.

첫째, 이 시기에 조성된 적대적인 사회 분위기로 인해 많은 기독교인들은 신자라는 사실을 감추고 개인수준에서 내면적으로만 신앙을 유지하였다. 많은 이들이 교리서나 성경, 찬송가집 등을 은밀한 곳에 숨겨야 했다. 또한 반종교 선전이 상급학교 진학이나 취직·군입대 등에서 차별을 강요하는 다양한 행정적인 압력을 동반할 가능성이 높았던 상황에서, 부모가 기독교인이라 하더라도 자식의 장래를 위해 신앙생활을 적극적으로 권유하지 않았을 가능성이 높다. 오늘날 북한 기독교인의 자녀들이 대부분 기독교인이 아니라는 사실은 이 같은 추론을 뒷받침한다.

둘째, 일부 기독교인들은 자신의 직장이나 거주지에서 좀 더 적극적으로 신앙생활을 하거나 전도를 시도하였던 것으로 보인다. 이 유형은 이른바 '박천찬송가 사건'에 잘 나타난다. 이는 평북 박천군의 한 인민학교 여교사가 학생들에게 찬송가를 가르치다 1959년 봄 중앙당 집중지도사업 지도원들에게 발각되어 체포된 사건으로, 이를 계기로 박천군 내의 비밀 지하종교조직 몇몇이 발각되어 희생되었다는 것이다. 아마도 이 같은 사건들을 몇 차례 거치면서 기독교인들은 공공연하게 기독교를 전파하려는 노력을 거의 포기하게 되었을 가능성이 높다.

셋째, 상당수의 기독교인들은 사회주의 건설 과정에 적극적으로 참여하는 길을 택하였다. 1968년 사회주의 건설에 기여한 공로로 공화국 창건 20주년 훈장, 국기훈장, 공로메달 등을 받은 한동규(감리교 목사), 이태영(용천군 백마교회 목사), 이순남(여전도사) 등을 바로 이 같은 유형으로 구분할 수 있을 것이다. 강양욱 목사나 김창준 목사 역시 이 범주에 속한다고 말할 수 있다. 강양욱 목사는 1959년부터 1972년에 국가 부주석으로 선출되기까지 최고인민회의 상임위원회 부위원장으로 재임하였으며, 김창준 목사는 1948년에 월북하여 1957년부터 최고인민회의 부의장으로 재직하다가

1959년 9월에 사망한 후 '애국열사'로 추대되어 애국열사릉에 묻히기도 하였다.[25)]

1955년 후, 문화적·역사적 가치가 있다고 느껴지는 60개의 불교 사원을 제외하고 모든 종교적 건물, 교회, 성당, 사원이 파괴되거나 다른 목적으로 사용되었다.[26)] 고태우는 공산주의자들이 그 사회에 존재하고 있었던 종교적 장소의 모든 기억들을 지워 버리고 싶어 했다고 지적했다.[27)] 김일성이 1962년에 내린 교시는 이러한 고태우의 평가를 뒷받침한다.

> 우리 북반부 종교인들은 모두 착취계급의 대변자로서 거의 다 우리를 반대하여 왔으며 우리 공산주의자들을 마귀라고 욕하고 빨리 망하라고 저주하고 있다 … 그러므로 우리는 기독교, 천주교에서 집사 이상의 종교 간부들을 모두 재판으로 처단해 버렸고 … 일반 종교인들은 본인이 개심하면 일을 시켰고, 개심하지 않으면 수용소에 가두었다 … 우리는 그 일당을 1958년에 모조리 잡아들여 처단해 버렸다. 그래서 종교인들은 죽여야 그 버릇을 고친다는 것을 알게 되었다.[28)]

김일성이 명백하게 밝혔듯이, 반공산주의자들로 지명되어 분리된 그리스도인들을 처단했다.

1962년 김일성의 교시를 묘사하는 두 번째 이야기가 있다. 1995년 12월에 남한으로 들어온 탈북인 이순옥의 말에 의하면, 1956년에서

---

25) 한국기독교역사연구소, 북한교회사집필위원회 『북한교회사』(서울: 한국기독교역사연구소, 1996), 435.

26) 박완신, 『통일의 그날』(서울: 엠마오, 1989), 57.

27) 고태우, Ibid., 106.

28) Ibid., 80.

1958년까지 그리스도인들이 처벌을 받지 않고 신앙을 부인할 수 있는 기회가 주어졌다. 일부 그리스도인들은 가지고 있던 성경책과 다른 종교 물품들을 반납하고 공식적으로 그들의 신앙을 부인했지만, 많은 그리스도인들은 신앙을 지키기로 선택했다.

그 후 안전부 요원들은 성도들의 집에 사전 통보 없이 들이닥쳐 그들을 강제적으로 끌어내어 다른 지역으로 재배치하거나 정치범수용소로 보내기도 하였다. 안전부 요원들이 성도들의 물품을 조사하다가 성경책이나 기독교 관련 용품들이 발견되면 해당 성도들은 훨씬 가혹한 처벌을 받았다.[29] 애석하게도 많은 사람들이 무자비한 고문과 협박 아래 배교하기도 하였다.

체포된 자들

〈표 24〉는 한국전쟁 후 20년 동안 가장 심각했던 핍박 기간에 최소 10,897명의 그리스도인들이 북한 정부에 의해 체포되어 핍박받았음을 보여 준다.

	공개적인 신앙고백	비밀리에 믿음 생활	은신 중 발각	민족주의적 이유	자료 없음	총계
목사	–	1	6	–	–	7
부목사	–	–	–	–	–	–
장로	–	–	–	–	–	–
권사	–	–	–	–	–	–
집사	–	–	–	–	–	–
평신도	5,005	102	3,655	31	16	8,809

29) 이순옥, 『증언』(크리스찬저널사, 2003), 300.

모름	–	–	2,081	–	–	2,081
총계	5,005	103	5,742	31	16	10,897

〈표 24〉 교회 직분별 체포 원인

전쟁 후 20년 동안 10,897명의 과반수(5,005명)에 가까운 사람들이 그들이 받은 증거에 대해 침묵할 수 없어 예수 그리스도 안에 있는 믿음을 적극적으로 전파하다가 체포되었다. 필자는 비밀리에 다른 사람들과 믿음을 나누다가 체포되었던 소수의 사람들(103명)에 대한 기록을 발견했다. 그들은 밀고자들이나 겁에 질린 사람들에 의해 북한 정부의 손에 넘겨졌다. 핍박의 가혹함은 은신하고 있는 그리스도인들을 찾아내고 체포하는 일에 정부가 얼마나 적극적으로 개입하는지에 따라 결정되었다. 기록된 그리스도인들 중 53%(5,742명)는 정부로부터 그들의 신앙을 철저하게 숨기는 도중 체포되었다. 이는 계속되는 북한 정부의 수색과 함께 적극적인 밀고, 그리고 숨어 있는 그리스도인들을 찾아내기 위한 다방면에 걸친 노력이 있었음을 암시한다.

이 기간 동안 체포되었던 53%(5,742명)에 달하는 그리스도인들은 적극적이고 공개적으로 그들의 믿음을 나누었다. 대한변호사협회의 보고서에는 1970년경 함경북도 경성 부화골에 살았던 목사들이 등장한다.[30] 이 목사들은 그들의 믿음을 부인하지 않았다는 이유로 이 지역에서 추방되었다.[31] 임영선은 1958년부터 1970년대 초까지 지하 군사 기지의 한 건물에서 5,000명 이상의 그리스도인들이 강제노동을 하고 있는 것을 목격했다고 증언했다.[32] 이 기간 동안 하나님 안에서 그들의 믿음을 부인하지 않았

30) 대한변호사협회, 〈2006년 인권보고서〉(대한변호사협회, 2006), 147.

31) Ibid.

32) 〈탈북난민〉(2002년 여름호), 44.

던 그리스도인들은 가혹한 강제노동수용소로 격리·수용되었다.[33]

1979년에 귀순한 강형순은 중학교 2학년 때 그가 목격했던 것을 다음과 같이 증언했다.[34]

> 평안북도 영변군 영변읍 공설운동장에서 종교인 2명이 공개 총살당하는 것을 직접 목격한 사실이 있었다. 수백 명의 영변군내 주민들이 모인 곳에서 이들에 대한 공개 재판이 열리게 되었고, 그 자리에서 총살형이 내려져 사형이 집행되었다. 당시 이들은 심한 통제와 감시 속에서도 종교 전파를 위하여 주민들을 찾아다니면서 전도 사업을 하다가 신고 당한 사람들이었다.[35]

이렇게 가혹한 핍박을 받은 그리스도인들은 비밀리에 신앙생활을 지속했다.

혜옥이의 할아버지[36]는 100명의 성도들에게 비밀리에 성경을 가르치는 도중에 체포되었다.[37] 1957년 2,000명이 관련된 이만화 사건이 보여주듯이[38] 기독교 단체 중 큰 조직들이 노출되어 해산되었으며 1,500명 이상의 그리스도인 광부들이 주일 예배를 위해 소그룹으로 모였다가 발각되었다.[39] 1960년대 초에는 십자가 목걸이를 하고 다니던 청년이 심문을 받은 뒤 죽임을 당했다.[40] 이 청년이 체포된 후 4명의 그리스도인들이 추가

33) 김상철, "북한의 종교의 자유", 〈탈북난민〉(2002년 여름호), 44-46.

34) 국방부, 『대병동 평양성에 정치적 생명줄』(국방부, 1983), 279.

35) Ibid., 79.

36) 모퉁이돌선교회, 〈카타콤소식〉(2004.10).

37) Ibid.

38) 〈탈북난민〉(2002년 여름호), 83

39) 사와 마사히코, 김숙자·강문규 역, 『남북한기독교사론』(도서출판 민중사, 1997), 299-300.

40) 김광수, Ibid., 271-272.

적으로 순교당했다. 군대에서 봉사하던 그리스도인들[41]도 있었다. 1964년 나진 해군항에 정박하고 있던 경지함 501호 선내에서 한 해군이 성경책을 소유하고 있다가 발각되어 처형되었다.[42]

그리스도인들에 대한 처벌

한국전쟁 후, 조직화된 교회가 파괴되는 동안 직접적인 처형에 관한 기록들은 많지 않다. 북한 정부 설립 후 첫 20년 동안 최소 148명의 그리스도인들이 사형당했다. 122명은 죽기 직전까지 고문당한 후에 풀려났다. 다음 도표는 그리스도인들이 공산당원들에 의해 발각된 후에 어떤 처벌을 받았는지를 보여 준다.

	목사	부목사	장로	권사	집사	평신도	모름	총계
사형	6	–	–	–	–	61	81	148
수감	–	–	–	–	–	5,012	2,000	7,012
석방	–	–	–	–	–	3,597	–	3,597
실종	1	–	–	–	–	1	–	2
고문 후 석방	–	–	–	–	–	122	–	122
모름	–	–	–	–	–	16	–	16
총계	7	–	–	–	–	8,809	2,081	10,897

〈표 25〉 교회 직분별 체포 결과

한국전쟁으로 북한 전역이 대부분 파괴된 후 전후 복구 사업이 진행

41) 국방부, 『대병동 평양성에 정치적 생명줄』(국방부, 1983), 108-109.

42) Ibid.

되는 가운데, 북한 정부는 처형을 줄이고 정치범수용소 등에 수감하여 강제노동을 통한 생산력 증대를 꾀하기로 결정했다. 이 사실은 위 표에서 보듯, 종전 후 20년 동안 적어도 7,012명의 그리스도인들이 수용소로 보내졌다는 사실에서 증명된다. 이 분류에는 강제노동수용소로 보내진 사람들과 외딴 지방으로 추방된 사람들이 포함되어 있다.

임영선은 1970년대 초 비밀 군사기지에서 강제노동을 하거나 시베리아로 추방되었던 5,000명이 넘는 그리스도인들을 직접 목격했다고 증언[43]하면서 같은 기간 동안 아마 200,000명 정도의 종교인들이 강제노동 처벌을 받았거나 추방[44]되었을 것이라고 하였다. 1950년경 그는 2,000명이 넘는 그리스도인들의 집단에 대해서도 증언했는데, 이들 가운데는 몇 명의 목사들이 포함되어 있었고 무인도에서 강제노동을 하였다고 한다. 이들 목사들의 정확한 숫자와 내용이 부족하여 총계에 포함시키지 않았다.

그리스도인들은 섬처럼 외딴 곳에서 제한된 자유를 누렸지만, 그곳은 강제노동수용소 중 하나였고 다른 많은 정치범수용소의 환경과 다를 바가 없었다. 그들은 주는 것만 먹어야 했고, 삶은 철저하게 통제되었다. 그들에게는 하나님을 예배할 수 있는 자유가 존재하지 않았다.

귀순자 임영선에 의하면, 1950년대 초경에 이 섬에 도착했던 노동자들 중 다수가 1980년에 죽었다. 1980년 8월 이곳에 남아 있었던 사람들은 모두 50-60세의 연령대로 늙고 노쇠했다. 이들이 1950년 초에 처음 억류되었을 때는 20살 또는 30살 정도였다. 이들이 얼마간의 노동 기간을 채우고 풀려났는지 아니면 평생 노동수용소에서 보내도록 선고받았는지에 대한 기록은 없다.

43) 〈탈북난민〉(2002년 여름호), 44.

44) Ibid.

이 기간에 벌어진 중요한 현상 중 하나는 그리스도인들을 북한의 오지로 분산시켰다는 점이다. 기록된 5개의 사건 중에서 3,716명의 사람들을 일반 사회로부터 격리시키기 위해 오지로 보냈다고 기록되어 있다. 이만화 사건[45]에서 보듯이, 공산당원들은 그리스도인 중 중요 인물들을 제거했으나 나머지 2,000명을 거주하기 힘든 지역으로 보냈다. 보내진 사람들은 반혁명주의자로 알려진 채 소규모로 분산·배치되었다. 그들의 삶은 가혹하고 어려워졌지만, 그들은 비밀리에 신앙을 지키며 살았다. 소규모로 연결된 성도들은 서로 도와가며 고난 속에서 함께 생존해 나갔다.

정은혜[46]는 2005년 중국을 통해 남한으로 탈북한 어린 여대생이다. 그녀는 기독교 집안에서 교육을 받았다. 그녀의 아버지는 식사 전에 항상 기도를 했고, 집에서 몰래 성경을 읽었다. 그녀의 할머니는 성경책을 비밀 장소에 숨기는 역할을 담당했다. 그녀의 가족은 전쟁 전에 그리스도인들이 집중 분포되어 있던 황해도에서 살았다. 그러다가 1958년 공산당원들이 그리스도인들의 집단 재배치 명령을 내렸을 때, 그녀의 가족은 다른 그리스도인 가족들과 함께 평안북도의 외딴 지방에 강제로 보내졌다. 그녀는 그 신앙공동체의 전체 크기를 짐작할 수 없었지만, 하나님을 예배하기 위해 모였던 지하교회 집단을 직접 목격했다. 정은혜가 있었던 지역을 공개하지 못하는 것은 지금도 그곳에 믿음을 지키는 자들이 있기 때문이다.

오지로 보내진 성도들에게는 비밀리에 모일 수 있는 기회가 더 많이 주어졌고, 이러한 지하교회 활동은 성장을 위한 토대가 되었다. 이들 공동체의 친밀하고 은밀한 성격 때문에 심지어 이웃들조차도 이 비밀모임을 알지 못했다.

---

45) 〈탈북난민〉(2002년 여름호), 83.

46) 〈월간조선〉, Ibid., 444-450.

핍박 지역과 환경적 위치

〈표 26〉은 핍박받은 성도들의 지역 분포를 나타내는데, 이를 통해 핍박받은 그리스도인들의 통계를 확인할 수 있다. 아래의 통계 수치 중 핍박받은 그리스도인의 숫자가 가장 많은 지역은 전쟁 전에 교회가 가장 활성화 되었던 지역이다. 이 정보 역시 북한 내부의 정보를 기반으로 한다. 그러나 실제 희생자는 더 많을 것으로 예상된다.

한국전쟁 전에 북한에는 3,088개의 교회가 있었고 201,383명의 그리스도인들이 있었던 것으로 추정된다.[47] 그러나 이 교회들은 모두 폐쇄되었고, 전쟁 전후 핍박 가운데 뿔뿔이 흩어졌다. 전쟁 전에 교회가 가장 많았던 평안북도에서 핍박받은 성도가 가장 많은 것으로 확인되는데, 알려진 전체 성도 중 98%(9,185명)에 해당되므로 결코 적은 인원이 아니다.

지역	사람 수
함경북도	8
양강도	–
자강도	10
평안북도	9,185
평안남도	3
평양	4
함경남도	3
황해도	131
강원도	5
국경	31
알려지지 않은 지역	1,548
총계	10,897

〈표 26〉 지역별 핍박받은 성도들

47) 강인철, Ibid., 417.

이 표에서 보듯, 그리스도인들의 핍박은 북한의 전 지역에 걸쳐서 광범위하게 일어났다.

한 북한군 탈북자가 평양에서 일어났던 사건을 다음과 같이 기록했다. "1967년 평양 대동강이 수위를 넘어 제방에 흘러넘쳤다. 홍수는 근접 지역을 덮쳤고 근처 아파트 지하가 범람했다. 그때 수십 명의 사람들이 한꺼번에 지하에서 나왔다. 그들의 얼굴은 창백했으며 머리는 자르지 않아 매우 긴 상태였다. 강을 살피던 경비원이 그들의 평범하지 않은 행색을 주목했고 그들을 붙들었다. 보위부 요원들은 그들이 탈옥한 죄수나 숨어 있던 종교인들이라고 생각했다. 그들은 공개처형을 선고받았다. 그들이 공개처형되는 동안, 얼굴에는 평화가 가득했다. 그들은 죽음에 대한 어떤 두려움도 없었고 살기 위해 빌지도 않았다. 그들 중 누구도 하나님을 부인하거나 저주하지 않았다. 그들 모두는 하늘을 향해 고개를 들고 죽었다. 평안북도에 있는 그리스도인들 사이에 이 사건에 대한 소식이 퍼지자 기독교의 회복을 호소하기 위한 시위 요청이 일어났다. 그러나 이 시위 계획에 가담했던 한 사람이 배신하는 바람에 그들은 사회안전부에 의해 모두 체포되었다.[48]

성경을 숨겨온 개성 사람 박 목사와 120명

1968년 6월 6일, 이른 바 '박 목사 사건'이 발생했다.[49] 이 사건은 북한에서 신앙생활이 건재하고 있음을 증명하고 종교말살 정책이 목적을 달성하지 못했음을 드러낸 사건이다. 평안남도 온천군 운하리에는 개성에

48) 국방부, 『대병동 평양성에 정치적 생명줄』(국방부, 1983), 278-279.

49) 사와 마사히코, 김숙자·강문규 역, 『남북한기독교사론』(;도서출판 민중사, 1997), 299-300.

서 강제 이동된 사람들이 모여 사는 부락이 있었다. 그 부락에서 김일성을 비방하는 소문이 돌기도 하고, 협동농장의 공공재산이 감쪽같이 파괴되기도 하며, 가축들이 떼죽음을 당하는 사건들이 자주 일어났다. 공산당원들과 사회안전부 요원들은 이와 같이 김일성의 명예를 훼손하는 소문의 진원지를 찾기 위해 행동을 개시했다.

안전부는 개성으로부터 강제 이동된 사람들을 먼저 의심했다. 그러나 그들을 아무리 조사해도 이들과 사건을 연관시킬 만한 증거를 찾을 수 없었다. 그들이 뒷조사를 하는 중에 이들 무리 중에 박모 씨라고 하는 목사 출신이 있음을 발견했다. 그들은 그 목사를 조사하기 시작했고, 접촉과 활동사항을 파악하기 위해 미행했다. 그러나 문제가 될 만한 것을 발견하지 못한 당은 박 목사와 그의 가족을 함경북도의 한 특수지역으로 이주시키기로 결정했다.

사회안전부 요원들이 불시에 박 목사의 집에 들이닥쳐 감시하는 동안 박 목사 가족들에게 모든 짐을 쌀 것을 명령했다. 박 목사와 그의 가족들은 이삿짐을 급히 싸다가 성경을 제대로 숨기지 못해 결국 발각되고 말았다. 사회안전부 요원들은 박 목사에게 자신들이 보는 앞에서 성경책을 태워버리라고 명령했지만 그는 거부했다. 그들은 결국 박 목사를 감옥으로 끌고 갔다.

그러자 개성에서 온 부락민들이 안전사무국에 찾아가 박 목사를 풀어 달라고 요청했다. 이들은 박 목사는 무죄하며 마을에 꼭 필요한 사람이라고 항의했다. 그러나 사회안전부는 그들의 요구를 받아들이는 대신 120명의 개성 사람들을 모두 잡아 함흥북도의 제일 구석진 특수 지역으로 추방시켰다. 그 이후 박 목사는 비밀리에 처형되었다.[50]

---

50) 최광석, 『북한에서의 신앙생활』(북한연구소, 1972), 305-306.

평양에서만 일어난 핍박이 아니다

그리스도인들의 박해는 북한 전역에서 광범위하게 일어났다. 핍박은 탈북인 하림이 1967년 평양에서 목격한 숙청 사건[51]을 비롯하여 국경 지역인 황해도에서 이 기간 동안 131건의 핍박이 일어났다. 혜옥이의 할아버지는 황해도에서 그리스도인들을 가르쳤다.[52] 황해도 백천에서 23살의 어린 나이에 남편을 잃은 후에 예수 그리스도를 영접한 72세의 여인도 이 지역에 살고 있었다. 그녀는 하나님을 섬기는 일을 절대 멈추지 않았다.

임영선은 5,000명의 성도들[53]과 2,000명의 성도들[54]에 대한 목격담을 제공했다. 이 모든 사건들은 이 기간 동안 평안북도에서 보고되었다. 알려지지 않은 사건 중에는 1959년에 일본에서 북한으로 돌아왔던 재일교포 그리스도인들이 연루된 사건들도 있다. 그들 중 다수가 함경도 지방에 거주했다. 그러나 재일 교포 교인들의 거주를 모두 확인할 수 없어 알려지지 않은 지역으로 기록하였다. 양강도에서 보고된 사건은 없었는데, 그 이유는 이 지역이 개발이 덜 된 외진 곳이며, 대부분의 성도들이 비밀리에 신앙생활을 했기 때문이다.[55]

또한 핍박은 이만화 사건처럼 작은 농장에서도 일어났고 1,500명의 그리스도인들이 발견되었던 광산에서도 일어났다. 핍박은 학교[56]와 병원[57]에

51) 탈북난민보호운동본부, 『북한기독교 박해사례 증언집』(탈북난민보호운동본부, 2006), 7.

52) 모퉁이돌선교회, 〈카타콤소식〉(2004.10).

53) 〈탈북난민〉(2002년 여름호), 44.

54) Ibid.

55) 고태우, 『북녘의 남은 자들을 위한 기도』(서울: 은석, 1990), 79, 81, 170.

56) 한국기독교연구회, Ibid., 11, 김광수 Ibid., 270.

57) 사와 마사히코, 김숙자·강문규 역, 『남북한기독교사론』(;도서출판 민중사, 1997), 298-299.

서도 일어났다. 공장[58]과 군부대[59]에서도 일어났다. 지하에 숨어 있던 수십 명의 그리스도인들이 붙잡혔던 사건도 있었다.[60] 핍박, 투옥, 추방, 처형과 관련된 광범위한 기록들은 지하교회가 평양은 물론 북한 전역에 존재하고 있음을 보여 준다.

눈에 보이지 않는 교회를 무너뜨리는 것은 불가능하다

1955년에는 가시적인 교회의 흔적이 남아 있지 않았다. 교회 건물은 모두 파괴되었거나 다른 목적으로 사용되고 있었다. 남아 있는 기독교 조직이나 공개적인 단체도 없었다. 제도화된 교회도 없어졌다. 표면적으로 모든 사람들이 공산주의 사상에 적응한 것처럼 보였으나 보이지 않는 하나님의 교회는 결코 무너질 수 없었다. 순전한 그리스도인들은 사회 속에 숨거나 오지나 지하에서 비밀리에 신앙생활을 이어갔다.

이렇게 지하교회의 시대가 시작되었다. 이만열은 다음과 같이 지하교회의 형성을 확증했다.

> 이 시기를 통해 조성된 적대적인 사회 분위기로 인해 많은 기독교인들은 신자라는 사실을 감추고 개인 수준에서 내면적으로만 신앙을 유지하였다 … 이같은 복합적인 상황 속에서 이른바 '가정교회'라는 새로운 교회 형태가 점차 정형화된 신앙실천 양식으로 자리잡게 된 것으로 보인다. 당시 이 교회 형태는 가시적인 교회 시설이 전무하고 성직자가 거의 없는 상황에 적응하기 위한 어

58) 김광수, Ibid., 271-272.

59) 국방부, 『대병동 평양성에 정치적 생명줄』(국방부, 1983), 108-109.

60) 모퉁이돌선교회, 〈카타콤소식〉(1991.3).

쩔 수 없는 선택이었을 것이다.[61)]

영국의 케네스 밀스가 1984년에 투고한 한 기사는 이 기간 동안 북한에 교회가 존재했음을 인정하는 초기 기록에 해당한다. 그 기사는 영국의 케스톤대학의 잡지인 〈공산주의 국가들의 종교〉에 "북한에는 200개의 지하교회가 있다"라는 제목으로 게재되었다. 밀스는 소련군과 함께 북한으로 돌아온 3,000-30,000명의 한국인들이 군인이었다고 언급했다. 그들의 주 임무는 국가의 적인 그리스도인들을 체포하는 일로, 그는 북한 공산주의자들이 어떻게 숨어 있는 그리스도인들을 발견했는지 서술했다.

한 장교는 사병들에게 위생 검열을 하면서 성경이나 종교 서적 같은 기독교 물품들을 찾아내도록 했다. 공산주의자들은 신앙을 나타낼 수 있는 어떤 종류의 행위라도 발견하기 위해 장례식 같은 가족행사들까지 참여했다. 그리고 중국 동북지방의 재중 교포 교회는 1965년까지 공개적으로 예배드리는 것이 허락되었다고 말하였고, 이러한 재중 교포들이 북한에 적극적으로 성경을 배달했다는 것을 확인했다. 재중 교회 가운데 한 교회가 대략 200곳의 북한 지하교회와 접촉했다는 사실이 밀스에 의해 소개된 바 있다.[62)]

지하교회가 형성되다

이 기간 동안 투옥되거나 처형된 그리스도인의 정확한 숫자는 알려지지 않았다. 그러나 이 이야기들과 다른 자료들을 통해 우리는 이 시기에

---

61) 한국기독교역사연구소 북한교회사집필위원회, 『북한교회사』(한국기독교역사연구소, 1996), 435-436.

62) 이 이야기는 북한 월간지에 기록되어 있다. 이 북한 월간지는 북한연구소 발행으로 1988년부터 발간되었다.

교회 모임의 새로운 형태가 형성되었음을 알 수 있다. 북한에 '지하교회'가 생겨난 것이다. 당연히 이 교회에는 정식 예배, 교회 건물, 혹은 공식적으로 임명받은 목사가 존재하지 않았다. 목사의 부재로 인해 성직자와 평신도 사이의 구분은 없어졌다. 집, 동굴, 산, 숲 등과 같은 은밀한 곳은 그리스도인들의 예배장소가 되었고, 이 장소들은 과거 그리스도인들이 한번은 사용했던 곳이었다.[63]

예배는 종종 아주 친밀한 친척들과 친구들로 이루어진 가족 모임으로 위장되어 진행되었다. 정기적인 모임이 있었지만, 노출될 가능성을 방지하기 위해 공개적으로 전도하지 않았다. 다른 사람들과의 교제도 대부분 성령의 인도하심에 따르든지, 혹은 아예 이루어지지 않았다. 성도들은 북한 사회에서 그들의 시민권을 유지하면서 하나님을 믿는 신앙을 비밀리에 지켜가는 법을 터득했다.

이 시기에 북한에서는 조직화된 교단에 속한 교회들이 사라졌다. 전쟁을 거치면서 파괴되기 전에 존재했던 교회를 제외하고는 교회로서의 명목을 유지하고 있는 교회에 대한 기록이 없어졌다. 교단의 허가 없이는 새로운 목사와 교직원들을 임명할 수 없었기에 비공식적인 지하교회 방식만이 북한 성도들에게 남은 유일한 선택이었다. 그러나 북한 정부는 이러한 새로운 형태의 교회의 발전을 막고 있었다.

어둠 속에서도 하나님의 빛을 지키기 위해 다른 이들과 담대하게 신앙을 나누는 그리스도인들도 몇몇 있었다. 그 중 한 명은 초등학교 선생[64]이었다. 그녀는 교회에서 부르던 찬송가를 부르고 싶어 공산주의를 찬양

---

63) 이상규, "초기 기독교인은 어디서 모였을까?" 〈헤르메네이아 투데이〉제23호, (2006), 1.

64) 한국기독교연구회, Ibid., 111.

하는 노래를 찬양 가사로 개사했다. 하나님을 찬양하는 일에 목말라 있었던 그녀는 담대하게 아이들에게 그 찬양을 가르쳤다. 많은 학생들이 찬양을 노래로 알고 부르기 시작하자 조사가 시작되었다. 결국 그녀가 발각되었고, 사회안전부는 엉성한 조직망 속에 연결되어 있던 몇몇 가정모임들도 발견했다.[65]

이러한 심각한 핍박과 순교가 이어지는 중에도 교회는 여전히 남아 있었다. 다음에 소개하는 이야기들은 이 핍박의 시기를 견뎌낸 교회에 대한 생생한 기록을 담고 있다.

동굴에 살던 13명의 그리스도인(1961년)

귀순자 강대진은 그의 책 『나는 북계 반탐원』에서 그가 북한에서 목격했던 일을 증언했다. 그 중에는 지하교회 성도들에 대한 내용도 포함되었다. 1961년 여름, 사회안전부는 평안북도 백천군 상추리의 뒷산 동굴에 살던 13명의 그리스도인들을 발견했다.

이 동굴에서 5년 동안 거주한 그들의 행색은 특이했고, 근처 마을 사람들과 다른 모습이었다. 이발도 하지 못하여 머리와 수염은 길었고, 5년 동안 해를 보지 못한 탓에 얼굴이 창백했다. 중앙 공산당은 그들을 처형하라는 명령을 내렸다.[66] 마지막으로 하늘을 바라보던 그들은 두려움도, 공포도 없이 영원한 하늘나라에 대한 소망이 이루어지는 순간을 기쁘게 맞이하였다고 증인들은 전하였다.

65) 북한연구소, 『북한총람』(북한연구소, 1983), 235.

66) 강대진, 『나는 북의 반탐정원이다』(시광생활사, 1970), 106-107.

숨어서 믿음을 지킨 자들

1958년 신의주 사범전문학교 안에 백마회라는 조직이 있었다.[67] 백마회 회원들이 주로 하는 일은 학교 내의 청소와 미화작업 그리고 성적이 뒤떨어진 급우들을 개별 지도하는 것이었다. 그러나 이 백마회는 기독교 비밀단체였다. 이 학생들은 과거 조선 사람들의 애도 관습을 모방해서 얼굴과 몸을 흰색 물감으로 칠했다. 그들은 식물 채집을 한다는 명목으로 산과 들로 나가 비밀리에 예배를 드렸다. 이 조직이 확대되면서 마침내 수사 당국의 검열망에 걸리게 되었다. 그리하여 배후의 기독교인 주동자를 비롯하여 수많은 학생들이 희생을 당했다.[68]

1960년 초, 개성 지방의 소아과 의사인 이정옥[69]은 매일 아침과 밤에 그녀의 집 골방에서 기도한 것이 발각되어 체포되었다. 의사로서 그녀의 출세를 질투했던 이가 그녀의 기독교 활동을 밀고한 것이다. 그녀가 처형당하던 장소에는 평소에 무료로 치료받던 동네 사람들과 이웃들이 갑자기 폭도로 변하여 "반공산주의자를 죽여라", "종교는 아편이다", "간첩 이정옥을 죽여라"라고 외치는 가운데 공개처형되었다.[70]

아이들을 가르치는 부모들

최영주(가명)는 평안북도 피현군에서 태어나서 자랐다. 이 지역은 전쟁 전에 많은 그리스도인들이 살고 있었던 마을로 유명했는데, 거의 대부분

67) 김광수, Ibid., 270.

68) Ibid.

69) Ibid., 298-299.

70) Ibid.

의 거주민들이 그리스도인들이었다. 최영주의 아버지는 나라가 일본으로부터 해방된 후 즉시 남한으로 도피했다. 그는 다시 집으로 돌아올 것이라고 가족들에게 약속했지만 38선이 생기고 나라가 분단되면서 다시는 돌아갈 수 없게 되었다.

최영주의 어머니는 1971년에 그녀가 죽을 때까지 믿음을 지켰다. 최영주는 매일 새벽마다 그녀의 어머니가 일어나서 이불 밑에서 기도하는 것을 보았다. 그녀의 어머니는 최영주에게 찬송가와 성경을 가르쳤다. 공산당원들이 1947년에 성경을 몰수한 뒤로, 그녀의 어머니는 말로 성경을 옮겼다. 1997년에 탈북한 최영주는 숨어서 믿음을 지킨 자들에 대해 증언하였다. 최영주와 같이 북한에는 부모로부터 영향을 받아 하나님을 예배했던 사람들이 많았다.

'악의가 없는 사람들'에 대한 증언

1970년대 초 남한에서 활발하게 활동하다가 체포되었던 북한 간첩은 북한의 기독교 신자들에 대해 증언하였다. 그가 채벌 노동자로 생활했던 양강도 운흥군은 고작 145가구가 거주하고 있었다. 이 마을에는 10가구의 불교신자들과 5가구의 기독교 신자들이 있었으며, 온 마을이 이것을 알고 있었다. 마을 사람들은 같은 마을 사람이고 그들이 악의가 없고 마을 사람들과 잘 알고 지냈기 때문에 이웃의 종교 활동에 대해 보고하지 않기로 결정했다. 그렇게 그리스도인들[71]은 아무 방해 없이 외딴 지방에서 계속 신앙생활을 할 수 있었다.[72]

71) 고태우, Ibid., 119-120.

72) Ibid., 119.

살아남은 자들

북한 건국 초기, 한국전쟁 전에 믿음을 지키던 사람들 중에 목사와 지도자, 성도 중 50명 혹은 그 이상의 그리스도인들이 발각되었지만, 지방에 숨어 있어야 했다. 국가가 설립되자 핍박은 점점 격렬해졌다. 발각된 모든 그리스도인들이 처형되지는 않았지만, 생존자들은 대체로 오지에 있는 노동수용소로 추방되었다.

생존자들은 이 가혹한 상황에도 불구하고 모임을 가졌지만, 핍박이 계속되자 교제가 제한될 수밖에 없었다. 비록 지하교회에 대한 공식적인 견해는 없었지만, 사람들은 그들만의 방법으로 모이기 시작했다. 공식적인 교회가 붕괴된 후, 그들은 가까운 친구 혹은 가족들과 함께 하나님을 예배하며 믿음의 불꽃을 꺼뜨리지 않았다.

이 기간 동안 남은 자들의 강력한 활동에 대한 명백한 기록이 있는데 이 핍박 기간 동안 교회가 어떻게 핍박받았고 무너졌는지 보여주는 내용이다. 이 이야기들과 순교자들의 기록은 신실한 남은 자들이 어떻게 신앙생활을 했는지와 지하교회의 크기를 말해 준다.

남기로 결심한 목사들

전쟁 전이나 전쟁 기간 동안 북한을 떠나지 않고 믿는 무리를 계속 돌보았던 목사들이 있었다. 한 예로, 혜옥이의 할아버지는 남한으로 피난할 수 있는 기회가 있었음에도 불구하고, 그의 가족들과 함께 북한에 남기로 결정하였다. 전쟁 전에 의학과 신학을 공부한 그는 병원을 운영하면서 황해도 사리원에서 비밀리에 모임을 가졌다.

1958년에 노동당 중앙위원회가 '국가의 모든 인민 가운데 숨어 있는 반혁명주의자들에 대항하는 규정'을 시행하며 그리스도인들을 핍박하기 시작했다. 그리스도인들은 고발당하거나 발각되면 처형되거나 추방 혹은 투옥되었다. 혜옥이의 할아버지는 그 시기에 100명이 넘는 사람들에게 비밀리에 성경을 가르치고 있었다. 그러나 그들이 아무리 은밀하게 모임을 가져도 많은 사람들이 모임 장소를 왕래하면서 발각될 수밖에 없었다. 그들은 심문과 고문을 당하였고, 대부분 동북쪽에 위치한 외딴 노동수용소로 추방되었다.

혜옥이의 할아버지는 거의 죽기 직전까지 고문당했다. 그의 죽음을 책임지고 싶지 않았던 사회안전부는 그를 풀어주었다. 집에 도착한 그는 딸에게 복음의 불을 계속 이어갈 것을 부탁했다. 그는 "내가 미처 끝내지 못한 하나님의 일을 네가 반드시 계속해야 한다"고 말했다. 비록 그녀는 아버지가 죽기 전까지 했던 것처럼 다수의 사람들을 모아 가르칠 수는 없었지만, 계속 비밀리에 소규모 모임을 인도했다. 혜옥이가 나중에 탈북 계획에 합류하기를 부탁했을 때, 혜옥이의 어머니는 "나는 늙었고 너의 할아버지가 내게 부탁한 일을 해야만 한다. 나는 여기 남아서 사람들과 복음을 나눌 것이다"라며 탈북하기를 거절했다.[73]

신평길은 1959년 황해도에서 그가 보았던 또 다른 목사에 대해 증언했다. 이 목사는 황해도 재령, 안악, 신천 지방에서 5,000명 이상의 성도들이 속해 있는 200여 개의 집단을 운영하고 있었다. 그는 추수한 곡식을 공산당원에게 넘겨주는 것에 대항하다가 체포되었다. 공산당원들은 그를 취조하는 과정에서 그가 여러 모임을 이끌고 있던 지도자였음을 밝혀냈다.[74]

73) 모퉁이돌선교회, 〈카타콤소식〉(2004.10).

74) 신평길, 『노동당의 반종교정책 전개과정』(북한연구소, 1995), 57.

믿음을 유지하기 위한 조직

아래 〈표 27〉에서 이 기간 동안 믿음을 유지했던 그리스도인들의 형태를 확인할 수 있다. 그 중 믿음을 위해 순교당한 총 14명의 기독교 가정의 사건이 2건 있었다. 소그룹(5,324명) 모임이거나 훨씬 큰 조직망(5,508명)과 연계된 그리스도인들이 핍박의 주요 대상이었다.

	개인	가족	집단	조직
사람 수	51	14	5,324	5,508

〈표 27〉 각 모임의 형태와 성도들

사와 마사히코는 1,500명이 넘는 광부들이 매주 주일마다 외딴 곳에서 4-5명 혹은 7-8명씩 모여 예배를 드렸음을 기록하고 있다.[75] 그들은 들로 나가 소그룹으로 모여 성경공부를 하고 예배를 드렸다. 각 그룹마다 평균 6명의 사람들이 있었다고 본다면, 적어도 250개의 그룹들이 느슨하게 연결되어 있었을 것이다. 각 모임은 보안을 유지하기 위해 소규모로 모일 수밖에 없었다. 후에 사회안전부가 그들을 찾아낸 후 45명의 지도자들이 처형당한 것으로 알려져 있다.

이 기간 동안 지하교회들을 이끌어갈 평신도 선구자들은 조직화된 모임에서 만났다. 박 목사에게는 120명의 제자들이 있었다.[76] 탈북인 하림은 1967년 선천, 정주, 평양에 존재했던 50명 혹은 그 이상의 사람들로 구성된 3개의 모임[77]을 개인적으로 알고 있다고 증언했다. 백마회에는

75) 사와 마사히코, 김숙자·강문규 역, 『남북한기독교사론』(;도서출판 민중사, 1997), 299-300.

76) Ibid.

77) 탈북난민보호운동본부, 『북한기독교 박해사례 증언집』(탈북난민보호운동본부, 2006), 7.

적어도 25명의 그리스도인들이 있었던 것으로 보인다.[78] 교회는 20년간의 핍박 기간 동안에도 정기적으로 예배와 가르침, 교제를 위해 계속 비밀 모임을 진행했다. 필자는 적어도 5,324명의 그리스도인들이 주기적인 모임을 가진 것에 대한 확실한 기록을 발견했다.

공산당원들은 1958년부터 종교를 부정하는 격렬한 선전선동 운동과 함께 사회주의 교육 프로그램을 선전하기 시작했다. 1960년대 후반에 짧은 기간 동안 핍박이 다소 완화되었다는 보고가 있다. 1980년대 중반 남한으로 탈북한 공산당 고위 간부 신평길[79]에 의하면, 핍박에 대한 불만의 목소리가 높아지자 1968년 4월 한 달 동안 종교 핍박이 수그러들었던 시기가 있었다.[80] 심지어 북한 정부가 60세 이상의 노인들은 가정에서 모임을 가질 수 있도록 허용했으며, 이 기간에 가정교회가 200개 정도까지 증가했다고 한다.

다음의 도표는 북한의 특정 지역의 경우 핍박이 다소 완화되었지만, 전국적으로는 수그러들지 않았다는 사실을 보여 준다. 〈표 28〉은 심지어 북한이 외부 국가들에 대부분 문을 닫고 있었을 때조차, 그리스도인들에 대한 핍박이 계속되었음을 보여 준다. 신평길의 증언처럼 다소나마 핍박이 줄어들었다면 그 시기를 1960년대 초·중반으로 추론할 수 있다.

연도	사람 수	연도	사람 수	연도	사람 수
1953	1	1960	21	1967	6
1954	1	1961	17	1968	2

78) 김광수, Ibid., 270.

79) 신평길의 본명은 박병엽이고 1922년에 태어났다. 신평길은 그의 필명으로 북한에서 신분을 위장할 때 자주 쓰던 이름이다(http://jbookstory.history.com/65 accessed March 23, 2002).

80) 신평길, 『노동당의 반종교정책 전개과정』(북한연구소, 1995), 59.

1955	2,000	1962	–	1969	1,545
1956	2	1963	–	1970	5,034
1957	2,131	1964	1	1971	4
1958	127	1965	–	1972	–
1959	3	1966	–		

〈표 28〉 시대별 핍박 건수(1953-1972)

1960년대에 그리스도인들에 대한 핍박 건수가 줄어든 것에 대해 몇 가지 설명이 가능하다. 공식적인 예배의 중단과 목사의 부재가 지하교회가 노출되거나 발각되는 일이 현저하게 줄어든 원인이 될 수 있다. 더군다나 그리스도인들이 오랜 시간 반혁명주의자로 간주되었고 반정부 활동에 대한 내부 협의와 직접적으로 연관되어 있을 가능성도 있다.

외부 사람들을 보내어 성령의 불을 지피시다

외부 세계에서는 북한에 있는 모든 교회가 파괴되었고 "20명의 목사들과 50,000명이 채 안 되는 성도들만이 남아 있다"고 믿고 있었다.[81] 하지만 하나님은 지하교회 성도들을 보호하시고 위로하시기 위해 해외의 그리스도인들을 북한으로 보내셨다. 많은 사람들이 북한 공산주의 정권의 핍박으로 북한에 그리스도인들이 한 명도 없다고 믿고 있지만, 이는 사실이 아니다. 하나님은 그분의 백성들에게 복음을 전하시고, 그들을 위로하시기 위해 멈추지 않으셨다.

81) 한국기독교역사연구소 북한교회사집필위원회, 『북한교회사』(한국기독교역사연구소, 1996), 422.

동독의 기술자들(1956년)

필자는 모퉁이돌선교회 회장인 이삭 목사로부터 1950년대에 몇 명의 동독인들이 선교를 목적으로 북한에 갔었다는 말을 여러 번 들었다. 그러나 그의 말을 증빙할 자료들이 부족하였다. 그런데 1999년 필자가 베를린의 한 교회를 방문하였을 때, 한 동독 사람이 자신의 삼촌이 북한에 엔지니어로 자원하여 갔었다고 들려 주었다. 그와의 대화 과정에서 몇 명의 동독인들이 그리스도인들이었다는 것과 그의 삼촌 역시 북한에 복음을 전하기 위해 엔지니어로 자원하였다는 것을 알게 되었다.

자료를 찾던 중 동독의 건축가이자 디자이너인 에리히 로베르토 레셀이 1956년 12월 중반에 동독 공산당의 명령으로 '북한건설단'에 배속되어 북한으로 갔던 것을 확인하였다. 동독은 함흥을 복구하는 '함흥 프로젝트'를 위해 기술자들을 파견했다. 그는 함흥과 흥남시의 도시계획 팀장으로서 30-40명에 이르는 동독 엔지니어들과 기술자들을 감독하면서 1958년 3월까지 북한에 머물렀다.[82]

남한의 학자 백성종은 독일에서 레셀을 방문한 뒤 250개의 사진을 담은 『동독 도편수 레셀의 북한 추억 1956-1958』이라는 책을 썼다. 그 책의 232쪽에는 동독 노동자들이 오토바이 위에 크리스마스 트리를 올려놓은 사진이 있다. 이 사진에 대한 설명은 다음과 같다.

> 1956년 크리스마스를 북한에서 맞게 된 레셀 일행. 그들은 크리스마스 트리로 쓸 나무를 구하려고 산으로 들어갔다. 소담하게 내린 눈으로 뒤덮인 길이 참 아름답기는 하지만, 오토바이를 몰고 가기에는 좀 위험하다. 그래도 마침내

---

82) 백승종, 『동독 도편수 레셀의 북한추억』(효형출판사, 2000), 13-14.

는 눈 덮인 산속에서 전나무 몇 그루를 발견, 밑동을 썩둑 잘라 귀가를 서두른다. 비록 유물론이 지배하는 세상에 살고는 있더라도, 동독 기술자들에게는 크리스마스가 명절 중의 명절이었다. 그러면 한때는 동양의 예루살렘이라 불렸던 평양의 사정은 어떠했나. 한마디로 그것은 살풍경. 교회도, 목회자도, 신자도 모두 숨을 죽이고 땅 밑으로 숨었다. 북녘의 기독교 신자치고 누가 감히 크리스마스 트리를 버젓이 장식해 볼 수 있단 말인가.[83]

백성종은 책을 저술하기 위한 정보를 얻기 위해 레셀과 면담을 가졌다. 레셀은 1956년부터 1958년까지 찍은 3,500장이 넘는 북한 사진을 가지고 있었다. 그것은 필자가 동독에서 만난 그 동독의 그리스도인과 일치하는 시간대와 장소였다. 레셀과의 면담과 사진을 통해 볼 때, 동독의 기술자들 가운데 북한에 복음을 가지고 갔던 그리스도인들이 있었다고 추론할 수 있다. 그렇다면 필자가 베를린에서 만난 그 사람의 삼촌이 복음을 전하기 위해 북한에 갔다는 말이 확인되는 것이다.

재일 동포의 북송(1959년)

김일성은 그의 정권 10주년(1958년) 기념행사를 시작으로 재일 동포들을 대상으로 귀국 사업을 펼쳤다. 김일성은 재일 동포들에게 북한에 정착할 때에 필요한 모든 것을 제공할 것을 약속했다. 1959년 12월 16일, 첫 번째로 975명의 재일 동포들이 배를 타고 청진에 도착했다. 그들은 일본의 니가타를 떠나 북한에서의 새로운 삶을 기대하며 설레는 마음으로 북한 땅을 밟았다. 같은 해에 총 2,942명의 역이민자들이 2번에 걸쳐 북한

83) Ibid., 232.

에 들어왔다. 북한으로 귀향하는 재일 교포의 물결은 1981년까지 계속되었다. 이 시기에 총 93,314명의 재일 교포들이 6,000명의 일본인 아내와 함께 북한으로 돌아왔다.[84)]

재일 교포 중에 예수 믿는 사람들이 있었는데, 그들은 계속 모임을 가졌고 비밀리에 예배를 드렸다. 그러나 1971년 사회안전부가 재일 동포 그리스인들의 모임을 알게 되자 93명을 투옥하였고 많은 사람들을 오지로 추방하였다. 그러나 일부는 감옥에서 풀려났고, 다수의 그리스도인들이 단 한 번도 노출되지 않았다. 그리고 그 지하교회는 성장했다.[85)] 한편 1971년의 북송 교포는 1,318명인데, 이 가운데 기독교인들이 복음을 전파하여 김일성에까지 보고되었다. 그 문제에 대해 김일성은 다음과 같이 언급하였다.

> 함경북도 안전국장 동무가 토론에서 일본으로부터 들어온 귀국동포들로부터 무서운 종교가 사회에 퍼져서 겁이 난다고 하는데 겁낼 필요가 없습니다. 우리 당의 사회안정 정책에는 종교인들에게 대한 처리 방침이 명확히 제시되어 있습니다. 그대로 하면 됩니다. 나이 많은 늙다리 종교쟁이들은 죽어야 그 버릇을 고칩니다. 그러니 그들은 무자비하게 없애야 합니다. 그 중에서도 악질은 제거하고 피동 분자들 특히 적대 계급 출신자들인 경우에는 모두 수용소에 가두도록 하면 됩니다. 그렇게 걱정하지 말고 머리를 쓰시오.[86)]

이 기록은 재일 동포들 사이에 꽤 많은 숫자의 그리스도인들이 있었

84) 고태우, Ibid., 183-184.

85) Ibid., 79, 81, 170

86) Ibid., 119.

다는 것을 보여 준다. 그 후 김일성은 재일 교포들에게 주어진 특별대우에도 불구하고 그들을 찾아내서 제거하라는 명령을 내렸다. 그 결과, 46명의 그리스도인이 발각되어 순교당했다. 840명 이상의 재일 교포 그리스도인들이 심문을 받고 풀려난 뒤 계속 그 지방에 흩어져 살았다.[87]

이 재일 교포들의 증언으로 김일성이 일본 기자들 앞에서 북한에서 모든 교회가 사라지고 예수 믿는 사람들이 사라졌다고 말한 것을 뒤집는 상황이 되었다. 결국에는 하나님의 백성들을 위로하기 위해 일본에 있던 그리스도인들을 북한 땅으로 데리고 오신 하나님의 섭리인 것이다.

문화대혁명 기간에 귀국한 재중 동포(1966년)

정확한 숫자가 알려지지는 않았지만, 많은 조선인들이 중국에 살고 있었다. 1988년도 소수민족에 대한 중국의 기록을 보면 1,760,000명의 한국 혈통을 가진 사람들이 중국에 살고 있었다.[88] 조선이 극심한 기아에 시달리던 1869년, 다수의 사람들이 압록강과 두만강을 건너 중국으로 갔는데, 이러한 이주는 17세기 말부터 시작되었다. 또한 일제 강점기에는 50만 명이 넘는 사람들이 만주로 이주했다. 1961년과 1962년에 북한이 극심한 어려움을 겪는 동안 더 많은 사람들이 중국으로 이주했다.[89] 그 중에 중국 국적을 취득하여 재중 교포가 되기도 하고, 북한의 공민권을 유지하며 산 사람들이 있었다.

중국의 문화대혁명(1966-1976) 당시, 혁명으로 인한 고통을 피하기 위해 많은 재중 동포들이 북한으로 돌아왔다. 돌아온 교포 가운데는 다수의

87) Ibid., 79, 81, 170

88) 허휘훈, 『중국 소수민족 종교 신앙』(서울: 태학사, 1997), 33.

89) 윤대일, 『악의 축 집행부 – 국가안전보위부의 내막』(월간조선사, 2002), 92.

그리스도인들이 포함되어 있었다. 1986년 중국에 간 모퉁이돌선교회의 이삭 목사는 친척을 방문하기 위해 북한에서 중국으로 온 한 여인을 만났다. 그리고 그녀와의 대화를 통해 그녀가 1967년 문화대혁명 시기에 북으로 가서 1986년까지 북한의 용천에서 살았다는 것을 알게 되었다.

> "예, 사실은 제가 어릴 때부터 예수를 믿었습니다. 67년도인가, 문화대혁명 당시 무척 살기가 어려웠는데, 그때 북조선에서 하두 살기 좋다고 선전을 해서 그만 들어갔습니다. 들어가서 제가 얼마나 원망을 했는지 모릅니다"라고 말했다. 나는 할머니에게 몇 가지 물어보았다. "할머니, 북한에서 신앙생활하실 때 어떻게 기도하셨습니까?"하고 물었더니 그 할머니가 하시는 말이 "다락 알지요? 거기서 기도하였지요"라고 하였다. 제가 "얼마나 기도했는데요?"하니까 "27년을 그 다락에서 기도했습니다. 아마 그 자리가 패였을 겁니다"라고 하였다. 그래서 어떻게 패일 수 있느냐고 물었더니, 기도할 때 소리를 내지 못해 몸을 비틀면서 기도를 했답니다.[90)]

비록 북한이 하나님을 버렸을지라도 하나님은 한 번도 북한을 버리지 않으셨다. 하나님은 그분의 사람들을 북한에 보내셔서 성령의 불을 계속 지피셨다. 중국의 문화대혁명은 북한에서의 하나님의 선교 사역에 중요한 역할을 했다. 동독의 그리스도인들은 북한으로 와서 지하교회의 그리스도인들을 위로했다. 재일 동포 그리스도인들은 그들이 왜 북한으로 보내졌는지 알지 못했지만, 하나님께는 북한에 지하교회가 있음을 증언해 줄 증인이 필요하셨다.

---

90) 이삭, 『북한도 복음화하라』(은석논장, 1990), 24.

이 시기에 심한 핍박으로 인하여 지하교회가 형성되었다. 북한 정부는 사회주의를 형성하기 위해 반공산주의자들을 제거하였고, 그 대상 중 그리스도인들이 표적이 되어 교회는 모두 붕괴되었다. 공산당은 그리스도인들을 공산주의자들로 만들기 위하여 설립했던 조선기독교도연맹까지 폐맹할 정도로 국가적인 차원에서 기독교의 존재를 완전히 제거하려 하였다. 그로 인해 교회는 지하로 숨었고, 그리스도인들은 지방으로 흩어져 외딴 곳에서 믿음을 지켰다. 핍박과 순교로 인해 복음의 빛이 점점 꺼져가는 듯했지만, 하나님은 외부로부터 믿음의 불씨를 보내셨다. 교회가 지하로 내려간 뒤, 하나님은 다음 시대의 믿음의 역사를 준비해 놓으신 것이다.

6장

새로운 종교와 종교 핍박

(1972년 4월 15일 - 1988년 9월 13일)

6장_ 새로운 종교와 종교 핍박

(1972년 4월 15일 – 1988년 9월 13일)

조선기독교도연맹은 1959년에 비활성화되었다. 그 당시 북한 정부는 교회가 사회 기관의 일부가 아니었으므로 연맹을 계속 활성화하는 것이 중요하지 않다고 느꼈다. 북한 정부는 교회가 모두 무너졌으며, 북한 주민들의 정신은 다 공산주의 사상으로 재정비되었다고 생각했다.

일단 공산당은 사회주의 원칙을 이용하여 국가 건설의 목표를 달성한 뒤, 북한 주민들이 사회주의를 보다 잘 이해할 수 있는 방식으로 변형시켰다. 북한은 1972년에 새로운 헌법을 재정했다.[1] 이 헌법은 전통적인 마르크스 사회주의를 반영하지 않는 대신 '수령'이라는 새로운 개념과 주체사상을 반영했다. 이러한 새로운 사회 기준이 설립되면서 수령을 그들의 신으로 세운 후 종교 박해라는 다른 유형의 핍박을 하였다.

김일성 숭배를 위한 주체사상의 형성(1972년)

1955년에 정립된 주체사상은 마르크스레닌주의를 북한의 방식으로 적용하기 위한 시도에서 비롯되었다. 소련에서 스탈린 격하 운동이 벌어

1) 한국기독교역사연구소 북한교회사집필위원회, 『북한교회사』(한국기독교역사연구소, 1996), 439.

지고 소련과 중국의 관계가 점점 소원해지는 가운데, 북한은 소련과 중국에 대한 의존에서 탈피하기로 결정하면서 주체사상을 차츰 발전시켰다. 마르크스레닌주의의 억제와 균형이 그의 민족주의적 목표를 이룰 만큼 충분한 권력을 주지 않는다는 사실을 발견하게 된 김일성은 주체사상을 계속 발전시켜 나갔다.[2] 주체사상은 1960년대 초 중국과 소련 간의 논쟁이 있었던 시기에 이상적인 형태의 초기 단계에서 완전하게 독립된 사상으로 발전되었다.[3] 김정일은 이 새 사상을 다음과 같이 설명하였다.

> 이전에 수령의 개혁적인 사상은 현대판 마르크스레닌주의라고 불렸다. 물론 일면 옳은 말이기는 하나, 이는 주로 마르크스레닌주의의 유산을 가리키는 말이므로 정확한 정의라고 볼 수 없다. 현재 어느 누구도 수령의 개혁주의 사상을 그렇게 생각하지 않는다. 그러나 수령의 개혁주의 사상을 마르크스레닌주의의 토대 위에서 해석하려는 경향이 아직까지 남아 있다.[4]

주체사상은 유교의 방법론과 마르크스 공산주의 사상을 통합한 김일성 민족주의 위에 세운 사상이다. 유교 사상의 세 가지 주요 구성요소는 인본주의에 대한 인식, 새로운 것을 시행하기에 앞서 과거를 돌아보는 것, 그리고 조상 숭배 사상이다.[5] 조상을 섬기는 전통적인 유교 사상 때문에 김일성이 죽은 후에도 북한 사람들의 마음속에는 여전히 김일성이 살아 있다. 또한 새로운 것을 시행하기 전에 과거를 먼저 돌아봐야 한다는 유교 사상 때문에 북한

---

2) Belke, Tom, Juche: A Christian Study of North Korea's State Religion. (Bartlesville, OK: Living Sacrifice Book Company. 1999), 14.

3) 오가와 하루히사, 황용성 역, 『실사구시의 눈으로 시대를 밝힌다』(서울: 강, 1999), 5.

4) Foreign Languages Publishing House, "KIM JONG IL ON THE JUCHE PHILOSOPHY"(2002), 9.

5) 김경일, 『공자가 죽어야 나라가 산다』(서울:바다출판사, 2000), 41.

사회는 아직도 과거 김일성의 가르침을 계속 고수하고 있다. 일반 대중은 변화에 대해 안정성을 추구하고, 지도자들이 말한 것을 맹목적으로 믿는 경향이 있다. 유교의 인본주의는 동양적 사고방식으로서 황제 아래 인간을 세상의 주인이라고 인식한다. 신성한 존재는 존재하지 않고, 황제를 대신하는 인간의 역할만이 있다는 것이다. 오랜 역사의 엄격한 유교 사상과 결합한 공산주의 사상은 북한 주민들을 관리·통제하는 데 탁월한 도구로 증명되었다.

김정일은 유교 사상과 마찬가지로 주체사상도 인간을 우주의 중심이자 주관자로 인식한다고 말하였다.

> 주체철학은 수령이 고안해 낸 새로운 철학으로, 인간에 초점을 맞춘 정교하고 체계적인 철학이다. 인간 중심의 주체철학이라고 해서, 반드시 인간에 관한 질문들만을 다루고 설명하는 것은 아니다. 대신에 주체철학은 인간을 핵심 요소로 상정하여 철학에 관한 근본적인 질문들을 제기하며, 인간에 초점을 두고 국제 관점과 세상을 보는 견해와 태도를 상술한다.[6]

혁명이 계속되는 가운데 김일성의 후임자 자리를 놓고 격렬한 경쟁이 이어졌다. 김일성의 아들 김정일과 동생 김영주, 이 두 사람은 최고 지도자의 자리를 얻기 위해 경쟁했다. 김일성의 60번째 생일이었던 1972년 김정일은 김일성을 사상과 혁명의 원작자이며, 현존하는 사람 중 가장 위대한 마음을 가진 가장 강력한 사람이라고 선언했다. 김정일은 김일성을 살아 있는 신으로 만들기 위해 주체사상을 수정했다.[7]

6) 모퉁이돌선교회, 『김정일 이후의 북한 선교: 김정일 시대와 김정일 이후의 북한 종교정책의 변화와 선교전망』(서울: 예영커뮤니케이션, 2008)

7) 황장엽, 『개인의 생명보다 귀중한 민족의 생명』(시대정신, 1999), 91.

오가와는 그 결과에 대해 다음과 같이 서술했다. "북한은 이와 같이 독립된 영혼을 추구하는 주체 국가로부터 김일성을 숭배하는 주체 국가로 변화되었다."[8] 그의 아버지의 지위를 신성으로 격상시킨 후 김정일은 최고 지도자의 자리를 얻게 된다. "김정일은 1974년 2월 조선과 조선인들의 노동자 당 지도자로서의 김일성의 성공을 호평했다."[9]

김정일은 주체사상을 다음과 같이 재정리하였다.

> 수령이 말씀하셨듯, 주체사상은 인간이 모든 것의 주인이며 모든 것을 결정한다는 철학적인 원리에 기반을 두고 있다. 주체사상은 인간을 핵심 요소로 간주하고, 철학의 근본적인 문제를 제기하며 인간이 모든 것의 주인이며 모든 것을 결정한다는 철학적인 원리를 상술한다. 인간이 모든 것의 주인이라는 의미는 인간이 세상과 그의 운명의 주인이라는 의미이다. 또한 인간이 모든 것을 결정한다는 것은 인간이 세상을 바꾸고, 그의 운명을 결정하는 데 결정적인 역할을 한다는 것을 의미한다.[10]

그는 성공을 위한 지침을 제공해 준 지도자가 그들을 이끌어 주는 이상, 자발적으로 혁명을 시작할 수 없다고 북한 주민들을 세뇌시켰다. 그 결과, 사람들은 지도자가 주는 모든 지시를 따르게 되었다.

또한 김정일은 노동당 강령에 주체사상의 이념을 교묘히 끼워 넣었다. "노동당은 위대한 지도자 김일성에 의해 만들어진 주체 혁명의 마르크

8) 오가와 하루히사, 황용성 역, 『실사구시의 눈으로 시대를 밝힌다』(서울: 강, 1999)

9) FLPH(Foreign Language Publishing House) "Kim Jong-Il Short Biography". Pyongyang, Korea:(Foreign Language Publishing House, 2001), 58.

10) 모퉁이돌선교회, 『김정일 이후의 북한 선교: 김정일 시대와 김정일 이후의 북한 종교정책의 변화와 선교전망』(서울: 예영커뮤니케이션, 2008), 26-27.

스레닌주의 당이다."[11] 북한 정부는 헌법 64-79조에 인민들은 특정한 정치적·경제적·사회적 권리를 가지고 있다고 규정하고 있지만, 11조에 근거해 조선민주주의인민공화국은 북한 노동당의 권력 아래 모든 활동들을 이행해야 한다는 법 규정으로 인민들의 모든 활동을 제한시켰다.

6조에 규정되어 있듯이, 법원은 노동자 계급의 입장에서 주체사상 제도를 기반으로 법을 해석하고 적용해야 했다. 그러므로 헌법 64조에서 규정하듯, 법원은 사회주의 체제와 무산 계급의 독재에 기여하는 정치·사회적 권리에 초점을 맞추어야 했다. 결국 법원은 당의 정책을 해석하고 강요하는 기관일 뿐이다.

덧붙여서 개인은 혁명 집단의 한 부분으로서의 가치에 지나지 않기 때문에 북한에는 개인주의가 존재하지 않는다. 이 집단주의는 82조에 서술되어 있다.

> 집단주의는 사회주의 사회생활의 기초이다 … 수령과 당과 인민대중은 사회·정치적 생명체로서 영생한다 … 사회·정치적 생명체의 중심에는 수령이 있으며, 인민대중은 수령의 뜻에 무조건적으로 복종해야 한다.

김일성의 논리로 주체사상을 정리하고, 김일성을 조선노동당의 원작자이자 위대한 지도자로 추앙하면서 김정일은 김일성을 북한 정부의 지주로 만들었다. 이와 같은 주체사상의 전개와 집단주의로 북한 주민들의 인권은 잠식되었다. 남한에서는 이승만 대통령 정권 아래 민주주의로 성장해 나가는 동안 김일성은 유일체제에서 신적인 존재로 강력한 왕국을 건설했다.

---

11) 모퉁이돌선교회, 『김정일 이후의 북한 선교: 김정일 시대와 김정일 이후의 북한 종교정책의 변화와 선교전망』(서울: 예영커뮤니케이션, 2008)26-27.

'수령교'를 통한 김일성 숭배

'수령'[12] 사상은 김일성에 대한 광신적 숭배를 묘사하는 또 다른 단어로, 엄격한 전제주의를 암시한다. 김일성은 국가의 형상이 되었다. 국가가 사람들을 위해 존재하는 것이 아니라, 사람들이 김일성을 위해 존재하게 되었다. 결과적으로 모든 사람들은 집단의 더 큰 이익을 위하여 개인의 권리를 포기하도록 요구받았다. 집단이 국가를 위해 존재하고 김일성이 국가의 가장 중요한 대표가 되어 버린 순간부터 사람들은 김일성을 섬기기 위한 존재가 되었다.[13]

마르크스주의 지배 하에는 "당은 인민들 때문에 존재하고, 지도자는 당이 존재할 때에만 나타날 수 있다"고 하였다. 공산당의 보편성은 지도자와 정당, 이 두 가지가 국민을 위해 존재하는 것을 표명한다. 그러나 김정일은 이를 김일성을 수령으로 숭배하는 것으로 교묘하게 왜곡시켰다.

> 우리는 수령의 혁명적인 사상을 '김일성주의'라고 칭한다. 김일성주의가 '주체'라는 사상과 이론, 방법에 기반을 둔 체계라는 의미는 곧, 김일성주의가 내용 면에서 주체사상과 맥을 같이 하며, 그 구성에서도 주체 이론과 방법에 기반을 둔 체계를 형성했다는 것이다. 김일성주의는 내용과 구성 모든 면에서 마르크스레닌주의 체제로 설명될 수 없는 독창적인 사상이다.[14]

그리고 "당은 수령이 존재할 때 나타나고, 당은 반드시 먼저 존재해야

12) 이 '머리 중의 머리'라는 뜻의 용어는 모임이나 패거리의 리더를 지칭할 때 쓰인다. 한국적 배경에서 수령은 모임을 이끄는 최고 권력이자 권한을 가지고 있다.

13) 황장엽, 『나는 역사의 진리를 보았다』(한울: 1999), 372.

14) 모퉁이돌선교회, 『김정일 이후의 북한 선교: 김정일 시대와 김정일 이후의 북한 종교정책의 변화와 선교전망』(서울: 예영커뮤니케이션, 2008), 9-10.

하며, 그 다음이 인민이다. 당과 인민은 온 마음으로 수령님께 복종해야 한다"[15]라고 하였다.

수령사상은 오래된 한국의 봉건제도와 스탈린주의자의 전제주의가 병합되어 발전된 것이다. 전제주의에서 지도자는 모든 사람들의 사회·정치적 삶의 중심에 있어야 한다고 말한다. 지도자는 사회·정치적 제도에 생명을 제공한다. 지도자는 자식에게 생명을 주는 아버지와 같은 존재라는 것이다. 사람들은 사회의 생산적인 일원으로서 지도자와 함께 살아간다. 수령사상은 다음의 내용을 내포하고 있다.

> 수령이 없었다면 사회주의 인민대중도 존재하지 않았을 것이다. 사회주의 국가의 인민대중은 수령으로부터 생명을 부여 받은 아들이요 딸이다. 때문에, 수령에 대한 완전하고 철저한 복종과 신뢰가 있어야만 한다. 수령에게 변함없는 복종을 함으로써 수령의 아들과 딸들은 영광스런 삶의 이유를 발견하게 될 것이다.[16]

한국의 유교적 봉건제도는 부모와 스승, 임금을 향한 맹목적인 복종을 요구한다. 김정일은 유교 사상을 수령 개념에 도입해, 수령인 김일성에게 친부모에게 하듯 맹목적으로 복종해야 한다고 주장했다. 집단을 위한 위임 통치인 수령 체제 하에, 김정일은 사회·정치적 제도에 생명을 준 '어버이'에게 복종해야 한다고 북한 인민들에게 명령했다.

김정일은 "집단은 혁명의 대가들이지만, 그들에게 필요한 지침을 제공하는 지도자에 의해 인도되는 이상 혁명은 자발적으로 일어나선 안 된

15) 황장엽, 『나는 역사의 진리를 보았다』(한울: 1999), 117.

16) Ibid., 92.

다"[17]고 하였다. 그는 인민들은 개인이든 집단이든 수령에 대한 맹목적인 충성에 집단의 영원한 생존이 달려 있다고 교육했다. 최성철은 이에 대해 다음과 같이 말한다. "이 이론에 따라 북한 지배층은 주민들로 하여금 지도자의 가르침에 무조건 복종하도록 했다."[18]

한 가지 실례를 소개하면, 북한 간부인 김현희는 수령과 김정일에게 그녀의 인생을 헌납하도록 훈련받았다. 그녀는 1987년 대한항공 858편에 폭탄을 설치하는 것으로 그녀의 혁명주의 의무를 다했으며, 세계적으로 남한에 대한 부정적인 시각을 만들어 주었다고 생각했다. 모든 북한 주민들은 김정일이 가르치는 일이라면 무엇이든 하도록 훈련받았고, 목숨을 요구하는 과업이라도 수행하도록 훈련받았다. 그러므로 주체사상의 지배하에 인민은 당 기관을 통해 수령의 뜻을 이행했다.[19]

주체주의는 지배와 권력이 유지되도록 하는 사상적 제도이다. 김일성이 최고 지도자가 되면서부터 그는 다른 이름으로 불렸다. 그를 '위대한 수령님', '어버이 수령'이라 부르게 했다. 여기서 수령은 지도자를 의미한다. 김일성을 숭배하기 위해 만들어진 주체사상처럼, 이 유일 사상이 영원히 지속되도록 '수령 교리'를 만들었다. 북한 사람들은 북한 방식의 사회주의 국가를 유지하기 위해 수령 교리를 경외해야 한다는 논리를 폈지만, 사실상 이는 수령 교리를 완성함으로써 유일사상 체제를 확립하기 위한 것이었다.

결과적으로 김일성은 북한의 신(神)이 되었다. 아이들은 유아시절부터

---

17) 모퉁이돌선교회,『김정일 이후의 북한 선교: 김정일 시대와 김정일 이후의 북한 종교정책의 변화와 선교전망』(서울: 예영커뮤니케이션, 2008), 8.

18) 최성철,『북한의 인권』(남북문제연구소, 1995), 23.

19) Belke *Tom, Juche: A Christian Study of North Korea's State Religion*.(Bartlesville, OK: Living Sacrifice Book Company., 1999), 31.

김일성은 비범한 존재라는 세뇌교육을 받았다. 모든 연령의 북한 주민들은 일용할 양식을 공급해 준 김일성 수령에게 감사해야 했다. 김일성 숭배는 세상에 김일성 외에 다른 종교가 없는 것처럼 맹신적인 형태를 띠기 시작했다. 아이들이 읽는 책에서도 김일성을 신격화하는 내용이 다음과 같이 포함되어 있다. "김일성은 1,000km 밖까지도 볼 수 있다." "김일성은 종이 한 장으로도 강을 건널 수 있다." "김일성은 잣 하나로 폭탄을 만들 수 있으며 모래로 밥을 만들 수 있다."[20)]

그러므로 북한 사람의 주장에는 수령은 단 한 명이며, 단 한 명밖에 존재할 수 없다. 그 수령은 김일성이었다. 그가 죽은 후에도 북한 사람들은 김일성을 '영원하신 수령님'이라고 부른다. 유교 사상의 조상 숭배는 이에 대한 근거를 제공한다.

예술을 통한 사상 전파

공산주의자들은 주민들이 종교 활동을 하지 못하도록 사상 교육을 하면서, 종교를 소재로 한 문학과 예술작품을 통해 반종교 선전을 지속했다. 이 기간 동안 그들은 이전 시대의 인쇄물이 아닌 다양한 형태의 예술을 개척했다. '종치기 노인의 생애'와 '김 목사의 일기'는 종교 활동을 반대하기 위해 이 시기에 만들어진 대표적인 반기독교적 영화이다.

영화 '종치기 노인의 생애'는 교회에서 선교목회를 하던 한 미국인 선교사가 전쟁 때문에 남한으로 도망가는 데서 이야기가 시작된다. 그는 종을 치던 한 노인에게 그들이 돌아올 때까지 교회를 지켜 달라고 요청한다. 그러나 전쟁 중 미군이 교회 건물과 그 주변을 폭격하여 노인의 가족

20) 고태우, Ibid., 91.

들이 죽고, 유엔군의 반격으로 교회가 있는 지역이 탈환되자 미군은 그 노인을 북한의 간첩으로 기소한다. 노인은 처형되기 직전에 북한 게릴라에 의해 구출을 받는다. 이 영화는 노인과 그의 가족들을 버리고 자신의 목숨을 부지하기 위해 도망친 미국 선교사의 못난 인성을 묘사하였다.

'김 목사의 일기'는 김 목사의 두 아들에 대한 이야기이다. 첫째 아들은 어린 소녀를 강간하고 경찰에 고발되자 처벌을 피하기 위해 남한으로 도망친다. 그는 후에 남한군의 장교가 되고, 둘째 아들은 북한군의 장교가 된다. 전쟁 중에 유엔군이 북한을 탈환하자 자신의 집을 찾아간 첫째 아들은 미군의 공격으로 목숨을 잃은 그의 아버지 김 목사를 발견하게 된다. 첫째 아들은 둘째 아들에게 남한으로 같이 가서 자유를 얻자고 설득한다. 그러나 둘째 아들이 그 요구를 거부하자 첫째 아들은 동생을 총으로 사살한다.[21)]

이 두 편의 영화는 한국전쟁을 배경으로 한 영화다. 두 영화 모두 교회 건물이 미군에 의해 폭격 당했다는 사실을 강조한다. 이것은 반미 감정과 교회 성도들에 대한 동정심을 유발하기 위한 것이다.

두 영화 모두 반미 감정을 유발하기 위해 전통적인 한국의 유교 사상을 이용했다. 노인을 혹사시키고 연장자에게 무례하게 구는 것은 유교 사회에서 가장 큰 죄 중 하나이다. 첫째 아들이 그의 가족을 욕보이고 동생을 지켜야 한다는 책임감을 내버리고 죽이는 것은 전통적인 한국인의 정서에 반하는 폭력 행위라는 사실을 강조한다. 또한 이 영화들은 반종교 감정을 조장하는 데 꽤 효과적인 것으로 증명되었다. 모든 공산주의 선전처럼 이 영화들도 종교는 자본가 계급이 무산 계급을 억압하기 위한 도구

21) Ibid., 37-142.

일 뿐이라는 점을 보여 준다.

정치적 목적을 위한 기독교의 재활성화

1972년에 남북한 회담을 시도하기까지, 북한에 공개적인 종교 활동은 전혀 없었다. 김일성은 종교를 남북한 회담에서 협상을 위한 도구로 사용하기 위해 조선기독교도연맹을 재활성화시켰고, 공식적인 기독교 활동을 허용했다. 1975년까지 대화가 계속되자 김일성은 다음과 같이 말했다.

> 종교를 반대하면서도 왜 우리가 중앙에 종교단체를 조직해 놓고 있는가에 대한 이야기들이 많다. 우리는 조국을 통일시키지 못하고 있으며 국제적으로 많은 종교인들이 있으므로 우리가 종교를 인정하지 않는다고 하면 우리를 반대하는 적이 많아지기 때문이다. 우리나라(북한)를 방문하는 많은 외국인들과 해외동포들은 "왜 종교를 믿지 못하게 하는가"하고 묻곤 한다. 그래서 우리는 종교는 허용하지만 인민들이 각성되어 믿지를 않는다고 말하고 있으며, 우리 조국 남반부(남한)에 수많은 종교인들이 살고 있는데 그들(남한 사람들)이 우리가 종교인들을 다 죽인다고 생각을 하면 그들도 우리를 반대하는 데 합세할 것이 아닌가? 그래서 우리는 불필요한 중앙 종교조직을 만들어 놓고 있는 것이다.[22)]

김일성은 한국을 통일시키는 과정에서 1,000만 명의 남한 그리스도인들이 그의 편으로 포섭되기를 원했다. 그는 남한에 있는 그리스도인들 중에 통일에 대한 북한의 접근을 지지할 사람들이 있다고 생각했다. 따라

---

22) 하종필, 『북한의 종교문화』(선인사, 2003), 8.

서 그때부터 반기독교적 선전을 제거하기 시작했다. 그러나 북한은 대부분의 남한 그리스도인들이 공산주의에 굴복하지 않는다는 사실을 알지 못했다. 김일성은 마치 남한의 모든 그리스도인들을 대표한다는 듯 북한에게 말을 건넸던 일부 진보 성향의 그리스도인들에 의해 잘못된 길로 인도되었다. 이 잘못된 개념과 외국 그리스도인들의 원조는 북한에 제도화된 교회를 탄생시키는 결과를 낳았다.

공식적인 신학교 재개(1972년)

1972년에 22년간 폐쇄되었던 평양신학교가 재개되어 10명의 학생들이 3년 동안 공부할 수 있었다. 신학교 교수들은 해방 전 조선기독교도연맹의 회원이었던 목사들이었다. 신학교는 강양욱 목사의 계획으로 외국의 원조를 받기 위해 재등장시킨 것이다.[23] 미국 기독교교회협의회는 1985년에 방북하여 '가정교회'에서 예배를 드렸다.[24]

1987년 김일성은 결국 주체사상 아래서 그리스도인들이 신학 교육을 받도록 승인했다. 신학교 학부는 평양에 있는 김일성대학에 편입되었다.

조선기독교도연맹의 재등장(1973년)

1973년 8월, 조선기독교도연맹(KCF)이 재등장했다. 또한 1년 뒤인 1974년 8월과 1981년 11월, 조선기독교도연맹이 세계교회협의회(WCC)의 회원 가입을 두 차례 시도했던 것으로 알려졌다. 세계교회협의회는 북한의 회원 신청을 거절했는데, 그 이유는 당시 북한에 그리스도인들의 존재

---

23) 이찬영, Ibid., 311.

24) 한국기독교역사연구소 북한교회사집필위원회, 『북한교회사』(한국기독교역사연구소, 1996), 445.

를 입증할 수 있는 증거가 없었기 때문이라는 설도 있다.

그러나 북한의 세계교회협의회 회원 신청 여부에 대한 상반된 주장이 있다. 김흥수는 2002년 4월에 있었던 한국기독교역사연구소의 202번째 모임에서, 조선기독교도연맹이 세계교회협의회에 가입 신청을 한 적이 없다고 주장했다. 김흥수는 북한의 유엔대표가 세계교회협의회에 가입 신청서를 제출했을 때의 결과에 대한 알랜 브래쉬의 언급을 유호준 목사가 잘못 들은 것이라고 말했다.

조선기독교도연맹의 세계교회협의회 회원 가입 여부와 관계없이 조선기독교도연맹은 재등장하였고, 대표단들은 국제연대활동을 강화하였다. 그들은 평양에 교회를 세웠고, 인민들을 성도인 척 가장하도록 훈련시켰다. 그러나 그리스도인들을 향한 공산주의자들의 태도는 변하지 않았다. 인식할 수 있는 변화는 단지 국제연대 활동 강화로 교류가 증대되었다는 것이다.

가정교회의 활성화(1978년)

1978년 평양에서 열린 세계탁구대회에 재미 교포들이 참석하자, 조선기독교도연맹은 그들에게 가정교회를 공개했다. 이것은 전쟁 후 북한 내부 기독교 단체의 첫 공개였다.

새 종교와 지하교회 핍박

이 기간 동안 핍박과 관련되어 보고된 사건들은 고작 299건에 지나지 않는다. 총 51명이 처형되고, 34명이 투옥되었으며, 211명이 체포되었는데 처벌 결과는 알려진 바 없다. 20년 이상 지속된 가혹한 핍박 속에 살아남았던 그리스도인들은 믿음을 숨겨야만 했다. 김일성이 모든 그리스도인들이 확실하게 제거되었다고 선언했음에도 불구하고,[25] 이 기간 동안 붙잡힌 그리스도인들에 대한 기록이 여전히 존재한다는 것은 주목할 만하다.

계속되는 핍박

이 기간 동안의 핍박에 관한 대부분의 이야기들은 수용소 출신 탈북인들의 증언에서 비롯된 것이다. 한 예로, 전 조선일보 기자 강철환은 1980년대에 함경남도 요덕의 정치범수용소 수감 중에 다수의 그리스도인들을 보았다.[26] 강철환은 자신이 목격한 성도들에 대하여 다음과 같이 증언하였다.

> 내가 있던 함경남도 요덕 정치범수용소에도 몇 명의 기독교인들이 있었다. 그들은 '미친 사람'으로 불려지는 모욕과 다른 정치범들보다 더 혹독한 강제노동을 받아야 했다. 기독교인으로 낙인 찍혀서 수용소에 끌려오면 다시 살아나갈 수 없는데도 그들은 신앙을 버리지 않는다. 보이지 않는 하나님을 단 한 번만 부인해도 집으로 돌아갈 수 있음에도 불구하고 왜 자신들을 끔직한 수용소 생활에 맡기는지 이해할 수 없었다. 하지만 남한에 와서 기독교인이 된 후로 그들을 완전히 이해할 수 있었다[27]

탈북자 안혁은 정치범수용소에서의 그의 삶을 기록했다. 그곳에서 그

25) 고태우, Ibid., 80.

26) 북한인권시민연합 〈생명과 인권〉(1999년 여름호), 19.

27) Ibid.

는 감옥에 아이 둘과 함께 들어온 한 여인을 보았다.[28]

> 그 부인은 다른 사람들에게 진리의 말씀을 알게 해 주고 싶다는 열망에서 이웃 사람들에게 성경에 나오는 이야기를 들려 주다가 반동분자로 몰려 요덕수용소까지 온 사람이었다. 그는 남편과 강제 이혼을 당하고 딸 둘과 함께 가족 세대에 수용되어 있었다. 그러나 수용소 사람으로는 보기 드물게 언제나 웃음 띤 평안한 얼굴로 사람들이 알지 못하는(찬송가로 보이는) 노래를 혼자서 흥얼거리곤 했다.[29]

간수는 매일 그녀에게 하나님을 부인하라고 강요했고 기도를 중지하라고 요구했다. 생활총화를 할 때마다 그녀는 자신이 기도했다는 사실을 절대 부인하지 않았고, 그들 앞에서 그녀의 신앙을 고백했다. 그로 인해 그녀는 수용소에서 가장 힘든 일을 맡아야 했다. 안혁은 모든 수감자들 중 그녀의 얼굴이 가장 평화로웠다고 기억했다. 김태진은 그가 요덕 수용소에 있었을 때 목격했던 5가지 사건들[30]에 대해 증언했다. 믿음을 지키기 위해 핍박받았던 그리스도인들에 대한 이 사건들은 『잊혀진 이름들』이라는 책에 북한에서 일어나고 있는 인권 침해에 대한 사례 중 일부로 기록되어 있다.[31]

임영선은 평양 대동강 맞은편에 위치한 18번째 수용소에서 50-60명의 사람들을 목격한 사건을 증언했다. 이 그리스도인들은 1950년대부터

28) 안혁, 『요덕리스트』(천지미디어, 1995), 68-71.

29) Ibid.

30) 북한민주화운동본부 편찬위원회, 『잊혀진 이름들』(서울: 시대정신, 2004), 233, 235, 238

31) Ibid.

투옥되어 강제노동을 했던 수천 명 중에서 생존한 사람들이었다. 그들은 지하 군부대를 건설했던 강제노동자들이었다.[32)]

잔인한 형태로 자행된 순교

탈북인 김현식 교수는 1970년대 중반에 이뤄진 지하교회 성도들의 처형에 관해 증언하였다.[33)] 당시 지하교회 성도들 중 소수가 발각되어 원산 광장에서 공개처형되었는데, 사회안전부는 이들을 핸드 드릴로 죽이면서 이렇게 소리쳤다. "우리의 마음속엔 위대한 김일성 수령님께서 계신다. 너희들의 머릿속에 뭐가 들었길래 예수를 믿는다고 고집하는가?"[34)]

1975년에 공개처형된 김○○ 목사는 평양 주변에서 은신하며 지하교회 성도들을 목회하다가 발각되었다. 공산당원들은 그를 사람들 앞으로 끌고 나와 나무 장작더미 위에 올리고 그의 발밑에 불을 지폈다. 그들은 불로부터 보호해 줄 수 없는 하나님을 믿을 정도로 그가 어리석고 비과학적이라고 조롱하면서 그의 고통을 연장시킴으로써 무슨 일이 일어날지 볼 수 있게 했다.[35)] 서서히 타오르는 불길 속에서 그는 입을 물고 고통을 참으며 순교하였다.

야생 개의 먹이가 된 그리스도인들

1970년대 중반, 함경북도 온성군 산성리 주변에서 부패된 채로 남겨

32) 〈탈북난민〉(2002년 여름호), 44.

33) 유석렬, 『김정일 시대의 북한선교』(모퉁이돌선교회 연구원, 2004), 96.

34) 손광주, Ibid., 99.

35) 모퉁이돌선교회, 〈카타콤소식〉(1992.8).

진 5명 이상의 그리스도인들이 발견되었다.[36] "그들은 꽁꽁 언 생선처럼 함께 묶여 있었는데, 산으로 끌려가 총에 맞아 죽은 것이다. 공산주의 가해자들은 나무판에 다음과 같은 선언을 썼다. '만약 누구라도 이 반공산주의자들을 묻어 준다면, 그들은 죽임을 당할 것이다.' 결국 야생개들이 그들의 살을 뜯어 먹었다."[37]

체포 원인

다음 도표는 1972년부터 1988년까지의 그리스도인들의 체포 원인을 나타낸다.

체포 원인	성도 수
공개적 신앙 고백	14
비밀리에 복음 전파	4
은신 중 잡힘	67
성경책 소지	3
모름	211
총계	**299**

〈표 29〉 체포 원인

지하교회 그리스도인들은 지난 20년간 극심한 핍박을 겪으면서도 믿음을 지켰다. 결국, 1970년-1980년대에 최소한 18명의 그리스도인들이 공개적으로 신앙을 고백하거나 은밀하게 복음을 나누는 중에 체포되었다. 이뿐 아니라 이 기간에 총 299명의 그리스도인들이 체포되고, 믿음을 지키기 위해 고군분투했던 사실이 기록되어 있다. 그들은 여전히 믿음을

36) 류성민, 『북한 주민의 종교생활』(서울: 공보처, 1994), 42

37) Ibid., 41-42.

굳게 붙잡고 있었다.

서병림[38]은 3년간 요덕수용소에 수감되었다. 그는 1986년 6월경 일부 간수들에게 괴롭힘을 당하던 나이 많은 여자 수감자를 목격했다고 증언했다. 그녀는 풀이 죽은 채 고개를 숙이고 있었고, 간수들 중 한 명이 그녀에게 이렇게 소리쳤다. "이 나라에는 오직 수령님(위대한 지도자 김일성)과 우리의 친애하는 지도자 김정일 장군님만 존재한다. 이 외에 누구를 믿어야 한다고 생각하는가?" 다른 간수는 그녀에게 "그냥 하나님을 믿지 않는다고 말하라"고 부추기고 있었다. 그러나 그녀는 아무 말도 하지 않았고, 간수들은 그녀를 계속 구타했다.

옆에 서 있던 그녀의 아들도 잔인하게 구타를 당했다. 아들은 구타를 당해 쓰러지면서도 다시 일어나 똑바로 서 있으려고 애쓰고 있었다. 이 행동이 간수들을 더 화나게 만들었고, 그들은 마치 태권도를 연습하듯 그를 발로 차기 시작했다. 결국 그는 다시 일어나지 못할 때까지 구타를 당했다. 불쾌해진 간수 한 명이 "너희들이 너희의 하나님을 믿지 않는다고 말하면 내가 둘 다 풀어줄 수 있다고 말하지 않았냐"며 소리를 질렀다. 그러나 젊은 청년이나 나이 많은 여인 중 그 누구도 간수의 외침에 대답하지 않았다.

이 그리스도인들의 가족은 7명이었고, 그들 모두가 이 수용소에 붙잡혀 있었다. 그 해 여름 그들 모두 종신형을 선고받고 훨씬 가혹한 제한구역으로 보내졌다. 서병림은 그 후 형량을 마친 후 북한을 탈출하여 남한으로 피신했다.

이 기간 동안 복음을 나누다가 붙잡혔던 4명의 그리스도인들에 대한

38) 〈월간조선〉(1996.10), 140-150.

3건의 사건들이 보고되었다. 한 사건은 만약 체포되면 가차 없이 형량을 받게 될 것을 알고 있으면서도 여전히 복음을 나누던 사람들에 대한 이야기이다. 어떤 목사의 딸이 황해도 사리원 지역에서 복음을 나누었다.[39] 또한 김흥남은 성도들로 구성된 한 비밀모임에서 복음을 나누다가 발각되었다. 그와 모임의 모든 일원들은 요덕수용소에 수감되었다.[40]

1974년 10월에는 한 지하교회가 발각되었다.[41] 이 모임의 일원들은 한국전쟁 시 붕괴된 오래된 건물 속에 숨어 있었다. 건물의 입구가 막혀 있고 부분적으로 파괴되어 있었기 때문에 어느 누구도 그 건물을 주목하지 않았다. 김태용 목사는 그 건물 안에 비밀 방을 만들었다. 이 방은 그들이 비밀스럽게 예배를 드리는 공간이었다.

그 당시 김일성은 남한과의 회담을 위해 미화 계획을 시작했고, 그 계획의 일환으로 6.25 때 폐쇄된 건물을 파괴하는 작업을 진행했다. 그 과정에서 사회안전부는 18-78세에 이르는 36명의 사람들을 발견하였다. 심문을 받는 동안 그들은 자신들이 20년 이상 숨어 있던 그리스도인들이라고 고백했다. 사회안전부가 잔해를 뒤졌을 때, 오래되고 낡은 성경책이 발견되었다. 36명의 성도는 모두 유죄 선고를 받고 순교했다.[42] 이 이야기는 북한 탈북 군인이 1984년에 증언한 것이다. 이 기록은 북한의 교회들이 완전히 파괴되었다는 일반적인 사실과 상반되는 내용이다.[43]

---

39) 이민복, Ibid.,

40) 북한민주화운동본부 Ibid., 233

41) 카타콤 11월호 1994

42) 이영선, 『자유냐 죽음이냐?』(신원문화사, 1984), 275.

43) 고태우, Ibid., 116-117.

믿음의 출처

이 시기에 핍박받았던 그리스도인들의 믿음의 출처를 보면, 대다수(193명, 65%)가 전쟁 전에 이미 신앙을 가지고 있었음을 볼 수 있다. 시간적으로 보면 지하성도들이 다 사라졌을 때인데도 전쟁 전부터 이어온 신앙을 가진 자들이 순교를 당하였다. 또한 기록에 의하면 68명(23%)이 라디오 방송을 듣거나 성경을 통해 예수를 믿게 되었다.

한편 부모들이 자녀에게 신앙을 전수하기도 했다. 이 기간 동안 핍박으로 고통받았던 사람들 중 34명(11%)이 부모의 증언을 통해 그리스도 앞에 나오게 되었다. 다른 사람들로부터 예수 그리스도에 대해 듣게 되었다고 말했던 사람들은 4명(1%)이다. 비록 이 4명의 성도들이 신앙적으로는 비교적 어린 편이었지만, 핍박을 견디고자 했다는 것은 주목할 만한 부분이다. 4명은 모두 정치범수용소에 수감되었다.

이 연구 결과들은 발견된 사건들에 제한되어 있으므로, 이 기간 동안 핍박을 견뎠던 전체 그리스도인 중 일부만을 나타낼 뿐이다. 그러나 분명한 사실은 교회가 존속되고 있었다는 것이다.

교제를 위한 조직

이 시기에 목사 3명, 사모 1명, 장로 1명, 평신도 1,258명, 그리고 36명의 신원이 확인되지 않은 성도들이 핍박을 받았다. 이 시기를 기점으로 지하교회에서 직분은 더 이상 중요한 요인으로 작용하지 않았다. 그러나 여전히 떠나지 않고 양떼를 지키는 목사들이 있었다. 안혁이 정치범수용소에서 목격한 사람 가운데 목사가 있었다.[44] 안혁이 본 황해도 사리원의

44) 안혁, 『요덕리스트』(천지미디어, 1995), 68-71.

목사는 체포되었고, 그의 가족들과 함께 수용소로 보내졌다.[45] 그러나 그들은 어려운 수용소 환경 속에서도 그들의 믿음을 부인하지 않았다. 믿음의 작은 불꽃은 남아 있었고, 〈표 32〉에서 볼 수 있듯이 그 불꽃은 홀로 피어오른 것이 아니었다.

	개인	가족	집단	조직	총계
성도 수	22	15	93	169	299

〈표 30〉 체포된 성도들의 유형

위의 표는 이 기간 동안 체포되었던 사람들의 교제 유형을 보여 준다. 순교당한 22명의 그리스도인들은 홀로 예배를 드렸고, 15명은 그들의 가족과 함께, 93명의 사람들은 소규모 모임으로, 그리고 169명이 연계된 그룹들과 조직적으로 예배를 드렸음을 볼 수 있다. 이와 관련된 지하교회에는 비록 안수받은 목사들은 없었지만 평신도들이 그 빈자리를 채웠음을 보여 준다. 이 기간 동안 지하교회가 늘어날수록 홀로 드리는 예배보다 그룹이나 조직적으로 드리는 예배가 더 일반화되었음을 보여 주고 있다.

'새 종교'로 핍박

이 기간 동안 김일성은 숭배의 대상이 되었고, 주체사상(김일성 수령주의)은 북한의 종교가 되었다. 오늘날의 주체사상은 세계의 큰 종교들 중 하나로 인식된다. 미국의 한 종교 관련 통계 사이트(http://adherents.com)가 전 세계 10대 종교를 발표했다. 발표에 따르면 세계 최대 종교는 21억 명의 지지자들이 있는 기독교이며, 이슬람(15억 명)은 두 번째로 큰 종교로 집계되

45) 이민복, Ibid.

었다. 주목할 만한 것은 북한의 주체사상이 추종자 규모(1900만 명)에 있어서 10번째로 큰 종교로 집계되었다는 점이다.[46)]

이 기간까지 그리스도인들은 공산주의자들의 정치적·사회적 원수로서 위협적인 존재로 인식되었다. 여기에 북한이 김일성을 그들의 신으로 숭배하기 시작하면서 또 다른 차원의 종교적 핍박이 시작되었다. 핍박의 강도는 더욱 거세졌고, 지하교회를 수색하는 일은 계속되었다. 이전에는 주로 지하교회의 지도자들은 처형하고, 일반 성도들은 투옥시키거나 오지로 추방했는데, 기독교인 전반에 대한 핍박은 점점 더 잔인해졌다.

25톤 소형 프레스에 순교당한 성도들(1973년)

이영선은 1973년 11월 30일 함경남도 신흥군에서 일어난 일을 기록하였다.[47)] 3명의 성도가 인민재판 후 25톤 소형 프레스에 압축되어 사망한 사건인데, 당시 이 사건을 목격한 이영선은 17살이었다.

> 오전 11시경에 신흥군 안전부로부터 갑자기 공설운동장에 집합하라는 지시가 내려졌다 … 오후 2시쯤 되자 짐칸을 포장으로 둘러친 트럭 한 대가 군중 앞으로 달려와서 멈췄다. 이어서 안전원들이 달려와 트럭에서 세 명의 노인들을 끌어 내렸다 … 세 명의 노인들은 심한 고문을 당했는지 걸음을 옮겨 놓을 때마다 몸을 제대로 가누질 못하고 비틀거리고 있었다 … 그런데 세 명의 노인들 가운데 한 노인이 하늘을 우러렀다. 그리고 뭐라고 간절한 기도를 시작했다. 기력이 모자라 그런지 아니면 목이 쉰 탓인지는 알 수 없지만 노인의 기도하는

46) 해당 정보는 아래의 사이트를 참고하라. http://adherents.com/Religions_By_Adherents.html(2002년 3월 23일에 게재).

47) 이영선, 『자유냐 죽음이냐?』(신원문화사, 1984), 271-275.

음성은 옆 사람에게도 거의 들리지 않을 정도였다. 그 노인의 그런 기도가 끝나자 다른 두 명의 노인들도 "아멘"하고 입을 모았다. 그런데 참으로 이상하게도 죽음을 목전에 둔 그 노인들의 표정이 너무도 평화스러웠다 … 분명히 그들은 죽음을 초월하고 있었던 것이다.

노인들의 기도가 끝나자 군중들 가운데 선동대원으로 보이는 몇 명의 청년들이 "처단하라", "처단하라" 라고 소리쳤고 … 이윽고 중앙재판소에서 내려왔다는 지도원이 군중을 향해 소리쳤다. "동무들! 어버이 수령 김일성 동지의 유일사상으로 튼튼히 무장하기 위해 전체 인민이 하나같이 단결해 나가고 있는 이 시점에서 종교를 믿는 악독한 자들이 우리 공화국에 존재한다는 것은 믿을 수 없는 사실이오. 그럼에도 불구하고 놀라웁게도 아직 저런 반동 종교인들이 남아서 지하활동을 펴 왔다고 하니 저자들은 어버이 수령 김일성 동지의 교시를 귀담아 듣기보다는 종교라는 아편에 중독이 되어 저들만의 쾌감을 즐겨왔던 게 분명하오! 그렇다면 저들의 꼴통 속에 과연 뭣이 들어 있는지 이제부터 우리 다 같이 관찰해봅시다."

마침내 안전원들이 달려들어 세 명의 노인들을 끌어다 프레스 철판 위에 눕히고 머리를 압축판 쪽으로 밀어 넣는 것이었다 … 그 같은 참상을 목격한 주민들은 비명을 지르며 고개를 돌렸다 … 그런데 처형의 마무리 단계에서 중앙재판소로부터 내려왔다는 그 지도원은 이렇게 말했다. "종교의식을 가진 자 또 그러한 자와 결탁한 자는 이유를 불문하고 무조건 이자들과 똑같이 처벌받게 될 것이오."[48]

이 사람들은 비밀장소에서 기도를 하고 성경책을 소유하고 있었다는

48) Ibid.

이유로 혐의가 인정되어 순교당했다.

지하에서의 생존

지난 20년 동안 지하교회는 혹독한 핍박 속에 성장했다. 이 시기의 지하교회의 특징은 가족 중심의 저항으로 설명할 수 있다. 표면적으로 이 기간은 김일성이 추앙받고 조선기독교도연맹이 정치적 목적을 달성하기 위해 재설립된 기간이었다. 한편 함경도 외딴 지방으로 재배치되어 추방되었던 그리스도인들의 핍박에 대한 입증된 기록들 속에서 지하교회 성도들의 끊임없는 활동을 보여주었다.

많은 순교자들이 생겨나는 동안 핍박 가운데서도 생존했던 지하의 그리스도인들도 있었다. 1975년 여름에 한 모녀가 평안남도 용강군 용강읍 협동농장에서 일을 하고 있었다.[49] 이 집에는 과거에 남편이 쓰던 성경책이 한 권 남아 있었다. 위생 검열단이 그들의 방을 급습했고 성경책을 찾아내었다. 그 후 이 사실이 고발되자 두 모녀는 정치보위부에 연행되어 심문을 받고 성경책 한 권을 소지한 죄로 함경북도 두메산골로 추방되었다.[50]

다음은 이 시기의 지하교회에서 공통적으로 나타나는 행위 형태이다.

저항

1973년 25톤 소형 프레스에 순교당한 성도들에 대해 소개한 바 있는 탈북인 이영선은 1984년에 함경남도의 함흥시에 있었던 그리스도인들의

49) 모퉁이돌선교회, 〈카타콤소식〉(1990.4).

50) 김용규, 『시효인간』(나라기획, 1978), 194-196.

활동을 몇 개 더 기록했다. 이 사건은 1974년 많은 그리스도인들이 핍박을 받아 순교하였던 시기에 일어났다. 다음과 같은 내용이 쓰여 있던 전단지들이 며칠에 걸쳐 함흥시에 뿌려졌다. "종교를 무너뜨리는 사람들을 하나님께서 심판하실 것이다", "당신이 용서받고 싶다면 종교인들을 압제하지 말라" 그리고 "우리에게 종교의 자유를 달라"와 같은 내용들이었다. 이영선은 함흥시에 살고 있던 그리스도인들이 이 전단지를 유포했다고 확신했다. 북한에서는 종교라는 단어가 대부분 기독교를 지칭하기 때문에, 은신하고 있는 그리스도인들이 많을 것이라고 믿고 있었다.[51]

가족 중심

북한의 한 젊은 전문인(과학자, 기술자 출신의 고급 공무원)이 결핵에 걸려 몇 달밖에 살지 못할 것이라는 시한부 선고를 듣게 되었다. 더 이상 잃을 것이 없다고 생각한 젊은이는 1984년에 중국에 있는 친척들을 방문했다.

그곳에 있는 동안 그는 남한에서 방송되는 기독교 라디오 방송을 듣게 되었다. 이 라디오 내용을 듣는 중에 그의 병이 치유되었다. 집으로 다시 돌아온 그는 어머니에게 자신의 병이 치유된 것과 새롭게 가지게 된 신앙에 대해 말씀 드렸다. 그의 어머니는 눈물을 흘리며 그녀가 집사였다는 사실을 비로소 털어 놓았다. 그 뒤로 청년과 그의 어머니와 권사였던 할머니는 집에서 비밀리에 기도모임을 갖기 시작했다. 1988년에 그 가족의 기도모임은 그들이 살고 있던 도시에 68명으로 구성된 10개의 모임으로 확산되었다.[52]

---

51) 이영선, 『자유냐 죽음이냐?』(신원문화사, 1984), 275-277.

52) 모퉁이돌선교회, 〈카타콤소식〉(1991.7).

빈들에서의 만남

모퉁이돌선교회의 이삭 목사는 1985년에 중국의 동북지방을 방문했다가 그곳에서 만난 재중 교포로부터 100권의 작은 한글 성경책을 배달해 달라는 요청을 받았다. 이 성경책의 용도를 묻자, 이 나이 많은 여인은 북한 성도에게 부탁을 받은 것이라고 대답했다. 그들은 지하교회 성도들에게 100권의 성경책을 주고 싶었던 것이다.[53]

그 여인은 북한에 있는 지하교회와의 관계를 설명해 주었다. 매주 주일, 이 성도들은 3-4시간을 걸어서 산에 숨겨진 비밀 장소에서 예배를 드리고 있다고 하며, 그들은 크게 찬양을 부를 수 없었지만 집에서보다는 조금이라도 더 크게 부를 수 있다는 사실에 행복해했다고 한다. 그들은 비밀 장소가 발각될 것을 우려하여 조금 떨어진 곳에 보초를 세워 두었고, 인기척이 들리면 신호를 주어 성도들이 급히 피신할 수 있도록 하였다.[54]

그녀는 백두산 근처에서 만난 27명의 성도 명단을 이삭 목사에게 주었다. 이 명단에는 11명의 남자 성도들과 16명의 여자 성도들의 이름이 쓰여 있었다. 가장 어린 성도는 29살의 남자 성도였으며, 가장 나이 많은 성도는 81세의 할머니였다. 평균 나이는 55살이었고, 중간 나이는 58살이었다. 이 명단에는 아이들은 없었다. 그녀는 이삭 목사에게 "수년 동안 하나님께서 신실한 종들인 남은 자들을 보호하셨다"고 말했다. 이것이 바로 1987년 북한에 존재하던 북한 지하교회의 모습이다.[55]

53) 모퉁이돌선교회, 〈카타콤소식〉(1993.9).

54) 모퉁이돌선교회, 〈카타콤소식〉(1991.3).

55) Ibid.

석방된 사람들

김○○ 목사의 사모는 남편이 순교를 당한 후 채광 노동수용소에 수감되었다. 그녀는 해가 뜨기 전에 광산에 들어갔고, 별이 뜰 때쯤 나왔다. 그녀는 8년 동안 해를 볼 수 없었다. 그러나 그녀는 탄광 노동의 고역 가운데 살아남았는데, 그 이유는 하나님께서 그곳에서 다른 그리스도인 노동자들과의 교제를 허락하셨기 때문이었다. 다른 노동자들은 그녀가 목사 사모라는 것을 알고 있었다. 탄광에서는 서로 대화를 할 수 없었지만, 그녀는 다른 성도들과 몸짓과 눈빛을 교환하며 서로를 격려했다. 그녀가 형기를 마치고 1983년에 텅빈 집으로 돌아갈 수 있게 된 것은 기적이었다.[56]

풀려난 김 사모는 집으로 돌아갔다. 그녀가 돌아온 것을 알게 된 동료 성도들은 멀리서 그녀를 돕기 시작했다. 그들은 쌀과 보리를 보내었다. 심지어 편지 봉투 크기만 한 우편물도 있었고, 가까운 곳에 살고 있던 성도들은 조금 더 보내기도 했다. 그녀는 그렇게 첫 겨울을 지날 수 있었다. 그리고 지하교회 성도들과 연락하기 시작했다. 현재 그녀는 200명이 넘는 지도자들과 함께 북한에서 지하교회 조직의 한 부분을 담당하고 있다.[57]

해외 이민자들과의 접촉

김일성은 그의 신격화 과정이 완료된 후, 북한 정권을 전 세계적으로 합법화시키기 위해 조선기독교도연맹이 여러 종교 활동에 참여하도록 승인했다. 1970년 후반, 북한은 해외에 거주하는 한인들을 북한에 초대하기 시작했다. 이 변화는 미국의 정책 변화와 동시에 일어났다. 미국은 1976

56) 모퉁이돌선교회, 〈카타콤소식〉(1992.8).

57) 모퉁이돌선교회, 〈카타콤소식〉(1990.5).

년 쿠바, 알바니아, 베트남, 북한 등의 방문 제한을 완화하였다.[58] 이로 인해 재미 교포들이 북한에 있는 친족들을 방문할 수 있는 기회가 생겼다. 고려연구소의 양은식과 중앙미네소타대학의 선우학원 교수는 1976년에 북한에 있는 그들의 가족을 방문했다.[59]

하나님께서 해외에 거주하는 한국인들을 사용하셔서 핍박 가운데 있는 북한 교회에 영적인 파장을 일으키셨고, 다른 사람들로 북한을 방문할 수 있도록 길을 열어주신 것이다. 이 방문들을 통하여 하나님은 이 기간에도 북한 지하교회에 숨통을 트여 주시면서 그분의 사랑을 보여 주셨다.

목회자들의 방문

1978년 미국 장로교의 극동선교부 총서기장인 이승만 목사는 강양욱 목사의 초대로 북한을 방문했다. 그는 전쟁 후 처음으로 북한을 공식 방문한 목사였다.[60] 강양욱과 이승만 목사의 만남이 이루어진 뒤, 미국에서 북한선교 모임이 속속 생기기 시작했다. 이승만 목사는 재미 교포 성도들에게 북한을 개방하는 일에 앞장섰다.

그 후, 훨씬 많은 해외의 목사들이 북한을 방문하였다.[61] 예를 들면, 나성한인목사협회의 노의선 목사는 1979년에 북한을 방문했다. 1981년 6월 독일에 있던 이화선과 이영빈이 평양에 있는 조선기독교도연맹 사무소를 방문하도록 허가를 받았다. 그들은 원산에서 조작된 가정교회에서 북

---

58) 한국기독교역사연구소 북한교회사집필위원회, 『북한교회사』(한국기독교역사연구소, 1996), 453.

59) Ibid., 454.

60) 박용진, 『화해꾼 이승만목사』(한국장로교출판부, 2007), 128.

61) 한국기독교역사연구소 북한교회사집필위원회, 『북한교회사』(한국기독교역사연구소, 1996), 453.

한과 해외 성도와 함께 예배를 드렸다.[62] 그 여행의 결과 1981년 11월 오스트리아 빈에서 '북한 그리스도인들과 해외 거주 한인 그리스도인들의 만남'이라는 모임이 열렸다. 5명의 북한 조선기독교도연맹 대표단과 13명의 해외 거주 한인들이 참석하여 남북통일에 대한 그들의 생각을 나누었다. 이 모임 후에 두 번의 모임이 더 있었다. 한 번은 1982년 12월 핀란드 헬싱키에서 열렸고, 다음에는 1984년 12월 오스트리아 빈에서 열렸다.[63]

1981년 9월, 홍동근은 그의 어머니를 만나기 위해 북한으로 갔다. 1986년 이승만 목사는 두 명의 재미 교포 목사들과 미국기독교교회협의회를 대표하는 네 명의 미국인들과 함께 북한을 방문했다. 한국내지선교회(KIM)의 창시자인 조동진 목사는 1988년 2월에 평양을 방문했다.[64]

북한 교회에 성경책 전달(1981년)

1981년 6월, 서울에 있는 숭실대학교[65] 전 총장이었던 김성락 목사가 미국에 거주하고 있을 때 김일성의 초대를 받고 북한을 방문했다. 김성락 목사는 김일성의 오랜 친구였다.[66] 1981년 김성락 목사가 북한을 방문하면서 그는 남한어로 인쇄된 150권의 성경책과 100권의 한국말 찬송가를 선물로 가지고 갔다.[67] 방북 후, 김성락 목사는 북한이 성경을 발행할 것이라는 소식을 세계 교회에 알렸다.

---

62) 김병로, Ibid., 247.

63) 한국기독교역사연구소 북한교회사집필위원회, 『북한교회사』(한국기독교역사연구소, 1996), 452.

64) Ibid., 503.

65) 숭실대학교는 평양에 있는 숭실학교와 동일하게 모펫이 설립했다. 이 학교는 한국전쟁 기간에 서울로 이전되었고, 4년제 대학으로 전환하였다.

66) Ibid., 453.

67) Ibid., 455. 653.

조선기독교도연맹은 1983년 10월 5일, 신약성경과 찬송가를 평양종합 인쇄공장에서 인쇄했다.[68] 구약성경은 1984년에 인쇄되었다.[69] 북한 사람들은 원본에서 직접 번역하였다고 주장했지만, 그러한 역량을 가진 지식인들이 북한에 없는 것으로 알려졌다. 일부 단어를 수정하긴 했지만, 이것은 남한에서 쓰는 공동번역의 모조품이었다.[70]

김성락 목사의 공식 방북으로 인해 해외 목사들과 사역자들이 북한을 방문할 수 있는 기회의 폭이 넓어졌다.[71]

해외 교포의 북한 친척 방문

교포들이 북한의 친척들을 방문하기 시작했다. 북한 정부는 교포들이 친척들이 살고 있는 동네와 집을 방문하도록 허용했다. 북한은 방북 교포들을 의식하여 친척들이 방문할 주민들의 집을 수리했다. 그리고 집 상태가 열악할 경우, 좋은 집에 살고 있는 이웃집을 대신 방문하도록 했다.

이순옥은 그녀의 저서 『꼬리 없는 짐승들의 눈빛』에서 "1984년, 조일성의 엄마에게 자신의 집을 조일성의 엄마와 방문한 교포가 사용하도록 허락했다"고 썼다.[72] 이 시기 방북한 교포 가운데 그리스도인들의 경우 친척집에 머무르며 복음을 제시하거나 신앙생활을 하고 있는지 확인하기도 했다.

1990년 이후 북한은 방북한 교포들의 가정집 방문을 금지시켰다. 대

---

68) 하종필, 『북한의 종교문화』(선인사, 2003), 170; 박완신, 『통일의 그날』(서울: 엠마오, 1989), 64. 94.

69) 한국기독교역사연구소 북한교회사집필위원회, 『북한교회사』(한국기독교역사연구소, 1996), 446.

70) 이찬영, Ibid., 350.

71) 한국기독교역사연구소 북한교회사집필위원회, 『북한교회사』(한국기독교역사연구소, 1996), 453.

72) Lee, Soon. Ok, *Eyes of Tail-less Animals*.(Bartlesville, OK: Living Sacrifice Book Company, 1996), 214.

신 평양 소재 호텔에서 가족을 만나도록 했다. 그 이유 중 하나는 방문자의 수가 많아질수록 접수리 비용이 늘었기 때문이었다. 또한 방북 교포들과 북한 주민들의 대화를 통해 외부 소식이 알려지고 복음이 전해지기도 했기 때문에 만남의 장소를 호텔로 변경한 것이다. 평양 소재 호텔들은 감시와 도청이 용이했고, 외부 소식을 전할 수 있는 가능성이 적었다.

하나님은 해외에 있는 교포들을 통해서 북한에 있는 자기 백성들을 위로 하셨다. 다음 장에서 우리는 어떻게 지하교회가 서서히 영적 세력을 회복하고, 남한 교회에 북한을 사랑하도록 도전을 주었는지 살펴볼 것이다.

7장

지하교회의 영적 회복

(1988년 9월 14일 - 1995년 8월 14일)

7장_ 지하교회의 영적 회복

(1988년 9월 14일 - 1995년 8월 14일)

이 기간은 한국 역사상 매우 중요한 시기로 남과 북 모두 변화를 향해 진일보했다. 이 시기 한국은 1988년 제24회 서울올림픽대회로 주목을 받았고, 공산주의 국가들이 반공산주의 국가인 한국에 처음으로 방문하게 되었다. 특히, 동서 세력의 대치 상황이 계속되는 상태에서 분단국가인 대한민국에 세계 여러 나라가 모이게 되었다.

1980년 모스크바에서 열렸던 올림픽대회는 소련의 아프가니스탄 침공을 이유로 미국을 비롯한 서방 국가들이 불참했고, 그 후 공산권은 1984년 로스앤젤레스에서 열린 올림픽 참여를 거부했다. 이러한 긴장 상황에서 1988년 서울올림픽대회가 열렸다. 세계는 스포츠를 통한 전 세계의 화합이라는 목적 아래 그들의 정치적 이념의 차이를 덮어두고, 총 202개국의 선수들이 참여하여 스포츠를 통한 대화합을 도모했다.

이를 계기로 세계관의 확장을 경험한 남한 정부도 독재 권력의 고삐를 풀기 시작했다. 사상 처음으로 남한의 일반인들도 여권을 소지할 수 있도록 허용했으며, 비자를 취득한 모든 나라로의 여행을 허가했다. 북한도 그들의 국경을 넘어 외부로 시선을 돌리기 시작했고, 북한의 공식 교회는 해외 기독교 관련 모임에 참석하기 시작하였다.

이 기간 동안 북한의 지하교회에도 영적 변화가 일어났다. 극심한 핍박에서 생존한 일부 지하교회 성도들이 친척을 방문하기 위해 중국을 드나들면서 중국의 성도들을 만나게 된다. 그리고 중국에 있는 재중 교포 기독교인 모임을 통해 세계 곳곳으로 북한 성도들의 이야기가 전해지면서 북한 지하교회 성도들의 존재가 확인되었다.

탈북인 오영순(가명)은 다음과 같이 전했다. "1988년 올림픽 후에 북한은 봉수교회와 칠골교회를 세웠다. 정부는 북한에 종교의 자유가 있다는 것을 보여주기 위해 제한을 완화시켰다. 이 자유의 틈을 이용해 지하교회 성도들이 꿈틀거리기 시작했고, 지하에서 표면으로 올라오기 시작했다."[1]

오영순은 북한의 기독교 가정에서 태어났다. 한국전쟁 동안 그녀의 아버지는 전쟁이 끝나면 온 가족을 데리러 다시 오겠다는 약속과 함께 남한으로 내려갔다. 그러나 오영순의 아버지는 끝내 돌아오지 못했다. 그녀는 어머니와 함께 살았는데 어머니는 신앙을 지키면서 오영순에게 찬송가를 부르도록 가르쳤다. 그녀는 지금도 '예수 사랑하심은'을 부를 수 있었다. 그녀는 기독교 친구들과 은밀하게 주기적으로 만났고, 함께 주기도문을 속삭였다. 그녀는 친구들이 남한에서 방송되는 기독교 라디오 방송을 몰래 듣고 있는 것도 목격했다.[2]

이 시기에 지하교회 성도들에 대한 핍박이 완화되었다는 확실한 증거는 없지만, 평양에 정부를 대표하는 봉수교회와 칠골교회가 세워지고, 이들 교회를 방문하는 사람들이 생겼다. 김일성은 해외의 한인 목사들과 사역자들의 조선기독교도연맹 방문을 허락했다. 그들의 방문을 허락한 목적은 정치적인 이유가 컸지만, 하나님은 그것을 영적으로 돌려 놓으셨다.

---

1) 오영순, 『내가 체험한 김일성, 김정일 시대의 하나님』(모퉁이돌선교회, 2004), 163.

2) Ibid., 166-170.

올림픽 후에 남북한 정부는 관계를 개선하기 위한 외교적 노력을 기울였고, 그 결과 북한과 남한의 그리스도인들이 서로 만날 수 있었다.

러브 노스 코리아(Love North Korea)

1988년 이전 남한 교회는 한국전쟁의 잔혹함, 반공 교육, 북한 교회 소식의 부재로 인해 북한에 매우 적대적이었다. 남한 교회 성도들에게는 북한에 대한 관심과 정보가 부족했으며, 북한의 소식을 접할 수 있는 기회도 많지 않았다.

서울올림픽대회 개막을 불과 며칠 앞둔 1988년 9월 14-17일에 모퉁이돌선교회 주관으로 '러브 노스 코리아'(Love North Korea)라는 심포지엄이 열렸다. 여기서 모퉁이돌선교회 대표 이삭 목사는 남한 교회들에게 북한 선교에 관심을 가져야 함을 주장했다.[3]

'러브 노스 코리아'라는 심포지엄은 국제선교단체인 오픈도어선교회의 앤드류 형제와 데이비드 형제의 도움으로 계획되었다. 이것은 1975년 9월 7-11일, 23개국에서 온 430명의 대표단들이 참석한 가운데 마닐라에서 열렸던 '러브 차이나'(Love China)와 비슷한 유형이었다.[4] 레이 프레임 목사는 '러브 차이나'의 목적을 다음과 같이 말했다.

> 기도는 매우 필요한 행위이다 … 그리고 올바른 형태의 기도 없이는 중국 국경 내에 자유로운 복음전파를 금지하는 인위적인 제재들은 사라지지 않을 것이며, 더욱 심해질 것이다. 우리가 중국 본토를 머지않아 복음화시켜야 한다고 작정

---

3) 이삭, 『북한도 복음화하라』(은석논장, 1990)

4) Aikman, D. *Love China Today*. Holland, MI: (Open Doors International, 1977).

> 했다면, 우리가 해야 할 올바른 기도는 어떤 것인가? 구브로 왕으로 하여금 그 유명한 칙령을 내려 바벨론과 다른 지역의 포로들을 본국으로 돌아오게 하고, 성전을 재건하여 포로생활 70년 동안 꺼졌던 여호와의 불을 예루살렘에서 다시 밝히게 한 다니엘 선지자의 기도가 아닐까?[5)]

러브 차이나 참가자들은 뜨거운 기도 속에서 하나님을 찾았다. 그로부터 1년 후인 1976년에 모택동이 죽으면서 중국은 변화되기 시작했다. 외국인들이 들어가는 것이 허용되었고, 조금씩 문이 열리기 시작했다.

'북한도 복음화하라'라고 불리기도 한 이 심포지엄은 남한이 감당하여야 할 북한선교에 대한 첫 국제대회였다. 이 역사적인 순간에 '러브 노스 코리아'의 선포는 친공산주의자로 여겨져 국가보안법 위반으로 처벌받을 수 있었다. 그러나 심포지엄은 하나님께 드리는 기도와 올림픽 분위기에 의해 허용되어 서울의 영락교회에서 열렸다.

그곳에서 모퉁이돌선교회의 이삭 목사와 오픈도어선교회의 앤드류 형제와 데이비드 형제, 옛 한국 선교사 사무엘 모펫의 아들인 하워드 모펫, 소망교회의 곽선희 목사, 북한 전문가 고태우, 그리고 북한을 방문했던 몇몇 미국인들과 호주인들의 북한 상황 보고와 전 세계에서 가장 폐쇄된 국가 중 하나인 북한선교 전략에 관하여 나누었다. 총 1,400명이 넘는 한국인들과 여러 나라의 사람들은 4일 동안 모여 북한에 대해 배워가며 기도했다. 이것은 수많은 남한 사람들이 북한을 방문했던 사람들을 통해 북한의 실제적인 교회 상황에 대해 처음으로 들을 수 있었던 귀중한 시간이었다. 그들은 북한의 형제자매들을 향한 선교에 부담감을 느끼고 도전

---

5) Ibid., 175.

을 받았다.

오랫동안 반공 교육을 받아온 남한 사람들 대부분이 '북한을 사랑하라'는 'Love North Korea'라는 구호를 외치는 것을 망설였다. 그러나 오직 그리스도인들만이 북한을 향한 하나님의 사랑을 말할 수 있다는 사실을 깨닫게 되자, 참석자들은 이것이 주님께서 주신 선포라는 것을 알게 되었다. 그들은 크게 구호를 외쳤다. "북한을 사랑하라! 북한도 복음화하라!"[6] 여기에서 선포된 것은 '북한을 복음화하라'가 아니라 '북한도 복음화하라'였다.

한 가지 흥미로운 점은, 이 행사가 한경직 목사가 설립한 영락교회에서 열렸다는 점이다. 영락교회는 1945년에 사회민주당을 창당했던 한경직 목사가 설립한 교회이다. 당시 교인의 대다수는 피난민이었다. 또한 이 대회가 1938년 신사참배를 결정했던 9월에 열렸다는 것과 이 땅을 밟은 첫 선교사로 인정받아야 할 호레이스 알렌이 1884년 9월 14일에 한국에 도착한 날로부터 104년이 지난 후의 일이었다는 것 역시 주목할 만한 점이다.

선포 후의 변화

'러브 노스 코리아'라는 하나님의 선포 뒤에 몇 가지 역사적 사건들이 뒤따랐다. 이 심포지엄에 대해 알지 못했던 북한 전문가 김병로 박사는 "1988년에 반환점이 있었다. 북한의 정책은 과감하게 변화되었다"라고 하였다.[7] 그것은 해외 한인 기독교인 교포들이 자주 북한을 방문하게 되면서 내부

6) 이삭, 『북한도 복음화하라』(은석논장, 1990)

7) 김병로, Ibid., 2.

구조 변화의 필요성을 느낀 북한 관리들이 일으킨 변화였다.[8] 김흥수 박사도 그의 논문 『평양 봉수교회의 교회사적 의의』에서 북한의 변화에 주목했다.

> 1988년은 북한의 종교역사에 있어서 전환점을 맞는 해이다 … 바로 이 시점부터 예배 형태에 있어 일대 변화가 일어났다. 북한 종교인들은 한국전쟁 이후 일반적이던 비공식적인 가정교회 형태에서 서구 형태의 예배를 드릴 수 있게 되었다.[9]

북한의 공식 교회와 지하교회에서 일어난 이러한 변화들을 비롯하여 "북한을 사랑하라!"는 선포에 대한 하나님의 즉각적인 응답이 일어나기 시작하였다.[10]

종교 정책의 변화

종교활동의 변화는 극단적이었다. 북한 정부는 평양에 두 개의 개신교 교회와 한 개의 가톨릭 교회 건물을 건축하였고, 마르크스주의와 일반적인 공산주의로부터 주체사상을 구별하여 주체사상의 종교적인 측면을 강조하기 시작했다. 그들은 주체사상이 인간의 독창성과 자립심을 가져온다고 믿고, 인간의 필수조건으로서 종교의 중요성을 인정하기 시작했다. 1991년 8월 1일, 남한과의 두 번째 통일 집회에서의 김일성의 담화 내용에도 그 점이 잘 나타나 있다.

---

8) Ibid., 3.

9) 김흥수, Ibid., 4-6.

10) 오승환, 『한국교회의 북한선교역사』(서울신학대학교, 2001), 9.

종교에 대한 올바른 이해를 가지고 종교를 믿는 사람들과의 사업을 잘 하는 것이 매우 중요하다. 사람들이 종교를 믿게 되는 것은 대체로 현실생활에서의 고통과 불행을 숙명적인 것으로 받아들이고 내세에 가서라도 행복한 생활을 누려보자는 염원으로부터 출발한 것이다. 그러므로 종교를 믿는 사람을 나쁘다고 할 수 없다.[11]

위의 담화는 북한 종교 정책의 극적인 변화를 반영한다. 김일성의 80번째 생일에 북한 정부는 김일성의 전 생애를 『세기와 더불어』라는 8권의 책으로 묶어 출판했다. 이 책에는 김일성 가족의 기독교적 배경과 관련된 중요한 내용들이 포함되어 있다.

이러한 종교 정책의 변화들을 반영하기 위해 1992년에 특별헌법이 제정되었다. 이 조치는 해외의 그리스도인들과 더불어 북한 정권을 경제적으로 지원하고 그들의 통일 정책을 지지해 줄 수 있는 남한 그리스도인들과의 관계를 형성하기 위한 것이었다. 이러한 실리를 바탕으로 북한의 정책이 변화되었고, 북한 기독교 지도자들과 국내외 기독교 지도자들과의 만남도 허용되었다.

1992년에는 이러한 종교 정책의 변화들을 반영하기 위해 공식적인 사전도 개정되었다. '종교'의 사전적 의미는 "인간들의 사회주의적 사고방식과 욕구를 반영하는 초자연적이고 초인간적인 존재에 대한 증명된 교리 안에서의 절대적인 믿음 혹은 신념을 기반으로 한 세계관이다"[12]라고 개정되었다. 이는 "종교는 인민의 아편이다"라는 이전의 정의와는 크게 달라진 것이었다.

---

11) 한국기독교역사연구소 북한교회사집필위원회, 『북한교회사』(한국기독교역사연구소, 1996), 472.

12) Ibid., 264.

공식적인 교회 개방(1988년)

1988년 9월에 북한의 첫 공식 교회인 평양 봉수교회가 완공되었고, 1988년 11월 6일에 봉헌 예배가 드려졌다. 이 교회는 원산 출신 목수인 이성봉이 지었는데, 건물이 완공된 후 김일성은 그에게 이 교회의 목사가 될 것을 지시했다. 장로 아들로 자란 이성봉에게는 그 요청을 거부할 자유가 없었다. 조선기독교도연맹 소속 목사들은 이성봉을 봉수교회의 담임목사로 안수했다.[13] 그리고 1988년부터 외국 방문객들이 올 때마다 이 교회에서 예배가 드려졌다.

이어서 칠골교회가 평양의 두 번째 교회로 세워졌다. 이 교회는 1989년에 건축을 한 후 1992년에 증축한 것으로 알려졌다. 이곳은 어린 시절 김일성과 그의 외가 식구들이 다닌 교회로, 김일성의 지시에 의해 건축되었으나 봉수교회에 비해 규모나 장식들이 협소하여 개관을 늦췄다.[14]

북한은 공식적인 교회의 활동을 공개하기 시작하였다. 1986년 스위스에서 열린 회의에서 조선기독교도연맹은 북한에 18명의 목사, 3년제 신학교, 500개의 가정교회, 그리고 가톨릭 신자를 포함한 10,000명의 성도들이 있다고 보고했다.[15] 또한 1990년경, 조선기독교도연맹은 한 방문객 모임에서 북한에 부목사를 포함한 20명의 안수 목사와 130명의 교회 사역자들이 있다고 보고했다. 북한의 공식 교회가 진짜 교회인지의 여부와 상관없이, 이러한 숫자의 변화는 북한에 매우 눈에 띄는 변화들이 일어나고 있음을 증명하는 것이었다.

또한 북한은 1988년에 가톨릭 신자들을 중심으로 조선천주교인협의

---

13) 고태우, Ibid., 326.

14) "북한 평양 칠골교회 개축 개관 기념예배" 『연합뉴스』, 1992.12.09.

15) 고태우, Ibid., 31.

회를 구성하도록 허용했다. 그리고 1999년에 그 명칭을 조선가톨릭협회로 바꾸었으며, 방문객들의 요청이 있을 때마다 장재운 신부가 미사를 집례했다. 1995년, 가톨릭협회는 북한의 가톨릭 신도수를 3,000명으로 보고했다.[16] 그러나 로마 가톨릭교회는 북한의 신부가 로마 가톨릭의 허가 하에 서품을 받은 신부가 아니라는 이유로 이 교구를 합법적인 가톨릭 조직으로 인정하지 않았다. 이때 조선기독교도연맹도 조선그리스도교연맹으로 이름을 바꿨다.

남한 목사들의 방문(1989년)

문익환 목사는 1989년 3월 26일에 남한의 목사로서는 처음으로 김일성을 방문했다. 그의 방문 소식은 그날 노동신문에 "남조선 문익환 목사 평양에 도착"이라고 게재되었다. 많은 북한 사람들은 기사의 제목에 사용된 경어의 의미에 대해 궁금해했다. '목사'의 정의는 알려진 바 없었고, 그들의 사전에도 없었기 때문이다. 대학생들은 그 의미를 알려고 노력했다. 그 뒤로 빌리 그래함 목사가 1992년에 김일성대학에서 연설을 하면서 정식으로 '목사'라는 이름으로 소개되었다.

조선기독교도연맹의 서기장 고기준 목사는 서울에 있는 소망교회의 곽선희 목사를 초대했다. 곽선희 목사는 1991년 9월에 북한을 처음으로 방문했다. 이 방문 후 더 많은 남한 목사들의 북한 방문이 허용되었다. 그 예로 한국기독교총연합회의 권호경 목사도 1992년 1월 7일에 북한을 방문했다.[17]

---

16) 김병로, Ibid., 8.

17) 통일부 교류협력국 『사회문화 분야 남북교류 협력 실무안내』(통일부, 2001), 99.

성경 인쇄(1990년)

1990년 4월, 조선기독교도연맹은 세계성서공회연합회의 협력으로 10,000권의 찬송가와 함께[18] 성경 10,000부를 홍콩에서 인쇄·발행하였다.[19] 성경책과 찬송가는 개인 사용 목적이 아니라 공적 집회를 위한 목적으로 사용되었다. 성경과 찬송은 정규 참석자들로 훈련받은 북한 사람들이 외부인들에게 북한에 종교가 존재한다는 사실을 보여주기 위한 전시용으로 사용돼 교회 밖으로 가지고 나갈 수 없었으며, 개인적으로 소유할 수도 없었다.

헌법의 변화(1992년)

1992년 4월에 종교 활동에 관한 헌법이 개정되었다. 개정 내용에는 종교 선전을 불법화시켰던 조항을 삭제하고 '종교 선전의 자유'를 허용할 것과 '종교적 목적을 위한 건축'을 허락하며 '종교 활동을 허용할 것'을 추가했다.[20] 이 헌법 개정은 김일성에 의해 이루어진 종교 정책의 변화를 정당화시키기 위해 필요한 것이었다. 또 다른 목적은 북한에 종교의 자유를 합법화하는 조항이 있음을 보여줌으로써 북한 인권과 관련된 국제적 비판을 묵살시키려는 것이었다.

김일성의 죽음(1994년)

1994년 7월 8일, 김일성은 82세의 나이로 사망했다. 사망 전 그는 사

18) 한국기독교역사연구소 북한교회사집필위원회, 『북한교회사』(한국기독교역사연구소, 1996), 481.

19) 하종필, 『북한의 종교문화』(선인사, 2003), 170.

20) Ibid., 75.

망일로부터 20일 후에 당시 기독교인 남한 대통령 김영삼과 회담을 가질 예정이었다. 평양에서 이루어졌을 그 회담이 성사되었다면, 남한 대통령의 첫 북한 방문이 되었을지도 모른다.

북한 주민 전체가 17일 동안 애도하며 김일성의 사망에 조의를 표했다. 북한은 깊은 슬픔에 빠진 주민들의 모습을 다음과 같이 묘사했다.

> 평양 시민들은 빗속에서 늦은 밤까지 청동 동상 앞으로 몰려들어 애도를 표했다. 젊은 학생들은 자신이 비 때문에 젖는 것은 아랑곳하지 않고 자신의 겉옷으로 화환을 덮어주기까지 했다.[21]

김일성의 사망 소식을 듣고 기절하는 주민들도 있었다. 이 시기의 공식적인 북한 보도는 다음과 같았다.

> 애도의 기간 동안 남녀노소를 불문하고, 모든 사람들이 밤낮 없이 조문행렬에 동참했다. 그들은 동상과 기념관 등 각종 조문 장소를 방문하여 장례의식에 참여하였으며, 뜨거운 눈물을 흘리며 깊은 슬픔을 표했다.[22]

그렇게 북한에서 신처럼 숭배되었던 사람이 죽었다. 몇 개월 지나지 않아 공산주의자들은 북한 주민들을 진정시키고자 다음의 내용을 포함한 포스터와 간판, 벽보 등을 북한 전역에 붙였다. "김일성 동지는 우리와 영원히 함께한다."[23] 이 선전물은 마르크스주의와 유교 사상이 혼합된 북

21) FLPH, 175.

22) Ibid., 175-176.

23) 고태우, Ibid., 415-418.

한식 사회주의와 완벽하게 일치하는 것이었다. 유교 사상에 입각해 조상에 대한 제사를 당연시했던 북한 주민들은 쉽게 김일성의 영이 현세에 남아 있을 것이라고 믿었다.

김일성의 아들 김정일은 1972년에 김일성의 후계자로 임명되어 자연스럽게 권력을 승계받았다. 김일성의 사망 전에 이미 그는 국정 전반을 운영해왔다.[24] 그러나 아직 지도자로서 북한 주민들의 존경을 받지 못했던 김정일은 아버지 김일성의 사망 후 3년간의 애도기간을 지켜야 한다고 공식 발표했다. 이것은 전통적인 유교적 관습에 따라 아버지의 죽음을 기리는 효자들의 풍습이었다. 친북 성향의 일본인 기자 다카시는 이 상황을 다른 시각으로 정리하였다.

> 김정일은 주민들이 어떠한 반감도 없이 슬픔을 극복할 때까지 기다렸다. 나는 공화국의 영도력이 어떠한 정치적 공백 또는 동요나 혼란 없이 확실히 유지될 것이라고 믿는다. 김정일 총비서와 인민 대중 간의 유대 관계가 상호 신뢰를 바탕으로 견고하게 유지되어 왔기 때문이다.[25]

김정일은 이 기간을 활용하여 국민들을 진정시키면서 모든 정부활동을 중단했다. 국내외의 모든 종교활동도 마찬가지였다. 김정일은 이 3년간의 애도기간을 국내 정치 실권을 장악하여 북한 공산주의를 재건하는 데 활용했다.

---

24) Andrea Natsios, *The Great North Korean Famine:Famine, Politics and Foreign Policy*.(Seoul, Korea: Da-Hal Media, 2003), 225.

25) Takashi, N. *Korea in Kim Joing Il's Era*.(Pyongyang, Korea: Foreign Languages Publishing House., 2000), 14.

지하교회를 위한 영적 세력의 회복

이제 북한에서 일어난 지하교회의 활동을 살펴보고자 한다. 북한은 종교의 자유가 있다는 사실을 전 세계에 알리기 위해 몇 가지 조치로 헌법 개정, 교회 신축 및 조선기독교도연맹의 국제 교류와 해외 교포들의 방문 등의 표면적인 종교활동을 취했으나 지하교회에 대한 핍박을 멈추지 않았다. 북한은 표현방식을 일부 바꾸었지만, 기독교 신앙에 대한 기본적인 입장은 바꾸지 않았다.

반면 지하교회는 해외에 거주하는 가족들의 방문으로 영적인 충전을 받았다. 해외 교포들이 전한 외부 소식을 들은 지하교회 성도들은 많은 위로와 도전을 받았다. 해외 교포들은 지하교회의 존재를 확인했고, 핍박에도 불구하고 믿음을 지키는 그들의 모습을 보고 들었다. 지하교회의 존재에 대한 소식은 각종 선교 모임과 뉴스를 통해 외부에 알려졌다.

영적 세력의 회복

이 기간 동안 핍박받은 그리스도인들에 대해 기록은 매우 많다. 〈표 31〉에서 볼 수 있듯이 최소 741명의 그리스도인들이 체포되었는데, 이는 지난 시기의 299명에 비해 크게 증가한 것이다. 탈북인 이순옥은 개천교화소 출신으로 그곳에서 목격한 성도들의 고문과 순교를 증언했다.[26] 그리스도인 수감자들이 모여서 말씀을 나누는 도중 간수에게 발각되었는데, 간수들은 즉시 그들에게 믿음을 부인하라고 요구했다. 그러나 누구 하나 하나님을 배신하지 않고 입을 닫았고, 간수는 1,200도의 쇳물을 그

26) 이순옥, 『증언』(크리스찬저널사, 2003), 364.

들의 몸에 부으라고 명령했다. 그들은 몸이 녹아내리는 고통 속에서도 "주여"라고 외칠 뿐 믿음을 부인하지 않았다.

황해도 은율교회의 최모 장로는 몰래 예수를 믿다가 화천교화소에 수감되었다.[27] 모퉁이돌선교회가 보고한 평안북도 운산에 있었던 170명의 그리스도인들은 비밀리에 신앙을 유지하다가 사회안전부에 의해 체포되기도 했다.[28] 또한 비밀리에 신앙생활을 하던 정은혜의 가족도 이 때 발각되어 체포되었다.[29]

이처럼 체포된 성도의 숫자가 증가한 것은 핍박이 심해진 것을 나타내는 동시에 그만큼 지하교회가 성장하였고 영적 세력이 회복되었음을 암시한다.

체포 원인	성도 수
공개적 신앙 고백	110
비밀리에 복음 전파	3
은신 중 발각	264
모름	364
총계	**741**

〈표 31〉 성도들의 체포 원인

지속되는 순교자들

이 순교자들의 처벌에 대한 상세한 정보는 〈표 32〉에서 확인할 수 있다. 이 기간 동안 97명의 성도들의 처형과 관련된 4건의 사건이 있다.

27) Ibid., 350

28) 모퉁이돌선교회, 〈카타콤소식〉(2001.2).

29) 〈월간조선〉(2007.1), 444-450.

체포 원인	성도 수
처형	97
수감	273
석방	6
실종	1
모름	364
총계	741

〈표 32〉 체포된 성도들의 처벌

그리스도인들의 처벌에 관한 대표적 사건 중 하나는 1995년 국가보위부 요원 류인덕과 관계된 사건이다. 그의 임무는 그리스도인들을 체포하는 것이었는데, 그는 평안북도 운산에 있는 지하교회와 연결된 한 사람을 발견했다. 그는 2년에 한 번 중국에 가서 돈을 벌어서 돌아왔다. 집중적인 조사 결과, 이 사람은 한 나이 많은 여인에게 집을 빌려서 그 집을 개인 주택으로 사용하고 있었다. 류인덕은 그가 늙은 여인을 경제적으로 도와주려는 것으로 생각했고, 동네 사람들도 그를 매우 호의적인 사람으로 평가했다.

그런데 이 사람은 동네 주민들의 신임을 얻은 후에, 그의 집으로 사람들을 초대하기 시작했다. 그는 사람들에게 살림에 도움이 될 만한 것을 줄 것이라고 약속했다. 사람들이 모여들자 그는 3-5분 정도 하나님에 대해 이야기를 나눴고, 그 후 사람들에게 집기와 돈을 나눠주었다. 그의 친절함 때문에 사람들은 계속해서 그의 집으로 모여들었고 후에 성도가 되었다. 류인덕은 정해진 시간에 이 집으로 13명 정도의 사람들이 함께 들어가는 것을 보았다고 증언했다. 그러나 그는 그 즉시 그들을 체포하지 않고 3년을 더 기다린 후에 170명의 그리스도인들을 찾아내어 체포했다. 류

인덕은 이 그리스도인들이 모두 처형되었다고 증언했다.[30)]

사람들은 한 사람을 통해 하나님을 알게 되고 그리스도인이 되었다. 그리고 교회가 세워졌지만 잔인하게 뿌리 뽑혀 버렸다. 170명의 그리스도인 중 그 누구도 믿음을 부인하지 않아 모두 순교당했다.

류인덕은 필자에게 이 이야기를 하는 동안 눈물을 쏟으며 그의 행동을 회개했고, 우리는 함께 기도했다. 그는 탈북하는 과정에서 강을 건널 때 어려움에 처하자, 하나님께 부르짖었다. "하나님, 정말 살아 계시면 날 살려 주시오." 하나님은 즉시 그를 도우셨고, 그는 예수 그리스도를 믿게 되었다. 그는 남한에 무사히 당도하기까지 그를 보호하시고 인도하시는 하나님의 손길을 계속 경험했다.

탈북자 홍철남과 관련된 사건도 있다. 홍철남의 아버지는 북한 간부였는데, 그는 1990년에 러시아에서 돌아오면서 성경책을 가지고 왔다. 그는 가까운 친구들과 복음을 나누었다. 그러나 그 친구들 중 한 명이 무심코 그의 신앙에 대해 다른 사람들에게 이야기했다. 그 말은 결국 사회안전부에 알려졌고 그들은 홍철남의 아버지를 찾아가 기독교에 대해 무엇을 알고 있는지 물었다. 그는 자신이 다른 사람들과 예수 그리스도를 나누고 있었음을 시인했고 하나님을 부인하지 않았다. 그와 그의 아내는 1992년에 처형되었다.[31)]

수년간 집을 떠나 남파 간첩 훈련을 받고 있었던 홍철남은 부모의 사망의 소식을 듣고 탈북을 감행했다. 그는 외진 중국에서 방황하다가 허기진 배를 채우기 위해 한 조선족 교회를 찾았다. 그곳에서 그는 예수님을 믿고 남한으로 오게 되었다.

---

30) 모퉁이돌선교회, 〈카타콤소식〉(2001.2).

31) 모퉁이돌선교회, 〈카타콤소식〉(1996.6).

같은 시기에 남한 선교사 안승운은 중국의 동북지역에서 납북되었다. 그는 당시 중국에서 북한 지하교회 지도자들을 훈련시키는 일을 하고 있었다.[32] 몇몇 남한 방문자들은 1998년경 북한에서 안승운 목사를 보았다고 증언했지만, 현재 그의 정확한 소재를 파악하기는 힘들다.

손주복 씨는 북한의 엘리트였다. 중국 지린성(吉林省) 태생의 손주복 씨는 베이징(北京)대를 졸업한 엘리트로 중국어뿐만 아니라 영어와 일본어에도 능통해 1980년대 말부터 조·중(朝中) 국경 무역 사업에 종사했다. 손주복 씨가 안승운 목사를 처음 만난 건 1991년. 손주복 씨는 안 목사를 통해 중국에서 돌아올 때마다 성경과 달러를 들여와 자강도 일대에서 몰래 선교활동을 했다. 그러나 그의 활동은 국가보위부에 의해 발각되었고, 결국 1996년 3월에 잡혀 순교했다.

지하교회의 성장

1985년부터 1998년까지는 지하교회의 성장 기간이다. 핍박받은 그리스도인들의 수는 이전 기간의 299명에서 741명(148%)으로 증가했다. 집단 조직망에 연계된 핍박받은 그리스도인들의 수도 이전 기간의 169명에서 이 기간에 427명(153%)으로 증가했다.

이순옥이 1986년 개천 정치범수용소에 수감되었을 당시, 그곳에는 그리스도인 수감자가 40명밖에 없었다. 그러나 그녀가 1992년에 수용소에서 풀려났을 때, 4,000명의 수감자들 중 적어도 120명의 그리스도인들

32) 조선일보 2006. 6. 13.

이 있었다.[33] 여기에서 질문은 6년간 증가한 그리스도인 수감자 비율이 북한의 지하교회 성도들이 증가했음을 보여주는가 아니면 잡혀온 성도들이 많아졌는가이다.

1990년 초, 86명의 지하교회 집단이 황해남도 안악군에서 발견되었다.[34] 사회안전부는 남한에서 중국을 경유하여 북한으로 성경을 밀수하는 경로를 파악하기 원했다. 그들은 출처와 수취인을 색출하기 시작했다. 그러나 수개월에 걸친 조사에도 불구하고 관련자들을 색출하기 위한 확실한 증거를 찾지 못했다. 그리하여 사회안전부의 한 여성 요원이 그녀의 27세 딸을 비밀요원으로 지하교회에 침투시켰다.

보위부원의 딸은 병을 앓고 있었는데, 그리스도인들이 긍휼한 마음을 가진 것을 알고 의도적으로 몇 사람들에게 접근했다. 그녀는 오랜 기간 공을 들인 끝에 지하 교인들의 예배장소에 들어가는 데 성공했다. 교인들은 어두운 지하실에서 서로 얼굴을 쳐다보지 않고 예배 전에 차례로 자기소개를 했다. 비밀 보위부원은 이 이야기를 모두 머릿속에 담았다. 86명의 신상명세를 전부 외울 만큼 그녀의 기억력은 비상했다. 그녀의 보고로 비밀 교회는 무너졌다. 전 사회안전부 출신 탈북인 이민수의 증언에 의하면, 이 사건은 '황해도 사건'으로 알려졌다. 이때는 교회가 이전과 같이 4–5명 정도의 소규모가 아닌 86명의 규모로 성장했음이 드러났다.

정은혜가 남한에 도착했을 때 그녀는 23세였다. 그녀는 자신이 다녔던 실제 지하교회에 대한 경험담을 제공했다. 그녀는 가족과 함께 5–6명의 사람들이 모이는 예배에 참석했다. 때론 마을 밖에 사는 사람들이 참석하거나 7–10명의 사람들을 데리고 올 때도 있었다. 교회 구성원의 대부분은

33) 이순옥, 『증언』(크리스찬저널사, 2003), 91

34) 조선일보 2001. 6. 18.

50-60대 후반이었으며, 자녀와 함께 예배에 참석하는 성도도 있었다.

모임은 80세 할머니가 인도했다. 당시 정은혜는 나이가 어렸으므로, 집 밖에서 놀면서 낯선 사람들을 감시하는 일을 맡았다. 이 지하교회 모임은 1993년 가을 사회안전부에 발각될 때까지 이어졌다.[35] 정은혜는 교회의 크기에 대해 총 10명 정도의 사람들과 연계된 100명 이상의 그리스도인들이 있었을 것이라고 추측했다. 그녀는 자신의 가족이 여전히 그 지역에서 예배를 드리고 있다는 이유로 보안상 더 상세한 정보를 공개하는 것을 꺼렸다.

김○○ 목사의 사모에 대한 기록은 200명이 넘는 성도들의 교회 조직에 대해 서술해 놓았다.[36] 이것은 조직과 연계된 그리스도인들을 보여 준다.[37]

> 어느 날 북한의 한 노동자가 사무실에 와서 보고하였다. 그는 북한에 새로운 달력을 인쇄하여 보급할 것을 요청하였다. 그의 요청은 새로울 것이 없었으나, 그는 특히 달력에 부활절 날짜를 기재할 것을 요청했다. 부활절을 표시하는 것이 왜 중요하냐는 물음에 그는 함경북도 지역의 40명 이상의 기독교인이 속한 한 조직의 대표들을 만났는데, 그들 중 누구도 그 해의 부활절 날짜를 알지 못했다는 것이다. 북한의 달력이 유대인의 달력에 기초하고 있기 때문에 성탄절 날짜를 기억하는 데는 문제가 없지만, 부활절 날짜는 매해 변하더라는 것이다.[38]

---

35) 〈월간조선〉(2007.1), 444-450.

36) 모퉁이돌선교회, 〈카타콤소식〉(1992.8).

37) 모퉁이돌선교회, 〈카타콤소식〉(1993.4).

38) Ibid.

그리스도인들은 부활절을 기념하는 것을 기억하고 있던 나이 많은 성도로부터 전통적인 교회 명절에 관한 정보는 입수할 수 있었지만, 그들이 가지고 있는 달력에는 명시되지 않았기 때문에 죽음에서 부활하신 예수님을 기념하는 부활절 날짜를 몰라 매우 안타까워했다. 이 기록은 40명으로 구성된 그리스도인 조직에 대해 언급하고 있다.

신실한 남은 자들

이 연구에서 수집된 자료를 기반으로 봤을 때, 지하교회는 주로 전쟁 전에 믿었던 남은 자들의 결과이다. 이 최초의 성도들은 계속적인 지하교회 성장의 조력자들이었다. 정은혜는 1993년 당시 핍박 생존자들이 인도하던 교회가 한 개 이상이었다고 2006년이 지나서 증언했다.[39] 그녀는 적어도 26명의 사람들이 이 교회들에서 비공식적으로 모였다고 보고했다.

최영주는 총 8명의 그리스도인들이 1988년 크리스마스에 함께 모여 은밀하게 캐롤과 찬송을 불렀던 두 건의 사건들을 보고했다.[40] 또한 1993년 10월에 80세의 할아버지가 회령에서 한 교회를 인도하고 있다고 기록되어 있다. 그 교회의 실제 성도들의 숫자는 기록되지 않았다. 남은 자들은 적극적으로 교회를 설립했고 성장시켰다.[41]

믿는 부모들의 영향력

믿음의 부모들이 그들의 자녀들에게 신앙적인 영향을 끼치면서 북한

---

39) 〈월간조선〉(2007.1), 444-450.

40) 모퉁이돌선교회, 〈카타콤소식〉(2003.12).

41) 〈월간조선〉(2007.1), 446.

지하교회는 다음 세대의 그리스도인 지도자들을 세워가기 시작했다. 한 재미 교포가 북한에 있는 그녀의 자매를 방문했을 때, 그녀는 자매의 남편이 순교당했다는 것과 조카들이 여전히 신앙을 지키고 있다는 사실을 알게 되었다.[42] 이 아이들은 그리스도인으로서 발각되었을 경우 일어날 상황에 대해 잘 알고 있었지만 식사 전에 항상 기도를 했고, 성경 구절을 외우고 있었으며, 또한 가족끼리 함께 모여 기도를 했다.

1991년, 한 젊은 남자 청년이 비밀 성도로서의 자신의 고충을 토로하는 편지를 현지 사역자를 통하여 모퉁이돌선교회에 보내왔다. 그는 기독교 집안에서 태어난 것이 싫어 신앙을 버리고 싶었다. 그러던 어느 날, 이 청년은 기차를 타고 가는 도중 가방을 잃어버렸다. 가방에는 그의 신분 서류들과 함께 라디오에서 들었던 설교를 적어둔 메모도 들어 있었다. 만약 사회안전부가 그의 가방을 발견한다면, 그와 그의 가족은 모두 심각한 문제에 빠질 수도 있었다.

기차를 샅샅이 뒤졌지만 가방을 찾지 못한 그는 기도했다. 그가 동원할 수 있는 마지막 수단이라고 생각한 그는 하나님께 그의 잘못된 생각에 대해 회개했다. 하나님은 그 기도에 즉각 응답하셨고, 그는 가방을 찾을 수 있었다. 그는 집으로 돌아와서 가족과 친구들에게 살아 계신 하나님에 대해 간증했다. 그는 죄의 결과를 알고 있었기 때문에 세상으로 나가서 죄를 지을 수도 없었다고 고백했다. 그가 어머니에게 자신의 마음을 털어 놓자 어머니는 다음과 같이 대답했다. "너는 마치 직접 보고 만지기 전에는 예수님을 믿지 못했던 도마와 같구나." 지하 성도들 사이에서 자라난 이 젊은 청년은 복음전도자가 되어 비밀스럽게 사역을 담당하고 있다.[43]

---

42) 모퉁이돌선교회, 〈카타콤소식〉(1990.5).

43) 모퉁이돌선교회, 〈카타콤소식〉(1992.4).

개인 전도를 통한 성장

이순옥의 아들 최동철은 평양대학에서 공부하는 동안 공동 농장에서 봉사활동을 했다. 그곳에 있는 동안 그는 5명의 학생들이 손으로 쓰여진 몇 장의 종이를 읽고 있는 것을 보았다. 그들은 밤에 이 낯설고 생소한 내용을 비밀리에 서로 속삭였다. 최동철이 그 종이를 읽어봐도 되겠느냐고 물었지만 그들은 거절했다. 그 학생들은 그의 어머니가 정치범수용소에 수감되었다가 풀려났다는 소식을 듣고 난 후에야 찢어진 종이들을 그에게 건네주었다. 그는 그것을 읽어 보았지만 무슨 내용인지 전혀 알지 못했다. 훗날에 이르러서야 그는 자신이 출애굽기의 한 부분을 읽었다는 것을 알게 되었다. 비록 성경은 국가에서 금지하는 불온문서였지만, 이 대학생들은 성경을 읽고 함께 나누고 있었다. 그들은 하나님에 대해 배우고 예배드리기 위해 비밀리에 모였다. 이때가 1992년이었다.

최동철은 평양대학에 이들과 같은 관심사를 가지고 있는 학생이 적어도 100명이 있다는 사실을 알게 되었다. 그들은 다른 학생들에게 복음을 전했고, 그들만의 조직망을 구축해갔다. 학생들은 발각되었을 때의 결과를 잘 알고 있었지만, 성경책은 이 학생들이 가장 읽고 싶어 하는 불온서적 중 하나였다.[44]

외국인의 북한 여행 개방

북한은 이전까지 외국인들의 북한 방문을 허락하지 않았다. 북한 방문이 가능했던 외국인들은 대부분 동구권 출신의 고문단이나 방문객들

44) 모퉁이돌선교회, 〈카타콤소식〉(1998.3).

이었다. 그 후 시범적으로 아주 제한된 숫자의 서방 방문객들을 허용한 뒤, 방문객들이 국가의 안전성을 크게 해치지 않는다고 판단한 김일성은 외국인들의 북한 방문을 허용하기 시작했다.

이 변화는 북한에 많은 영적인 영향을 끼쳤다. 이를 통해 해외로부터 영적인 바람이 불어오도록 허락하시는 하나님의 모습을 볼 수 있다.

빌리 그래함 목사의 첫 방북(1992년)

김일성은 세계적으로 유명한 미국의 복음전도자인 빌리 그래함 목사를 평양으로 초청했다. 빌리 그래함 목사는 1992년 3월 평양에서 김일성을 만났다. 김일성은 빌리 그래함에게 식사 기도를 해 줄 것을 요청했다. 그는 김일성과 짧게 복음을 나누었으며, 김일성대학에서 미국인으로서는 처음으로 설교했다. 당시 400명의 북한 학생들이 그의 설교를 들었다.[45)]

해외 한인 목사들의 방북

해외 한인 목사들이 평양을 방문했다. 홍동근은 미국에서 5명의 한인 목사들과 함께 1988년 9월에 북한을 방문했다. 그는 북한에 어머니가 살아 계셨기 때문에 북한을 자주 드나들었다. 모퉁이돌선교회의 이삭 목사는 1989년 1월에 처음으로 북한을 방문했고, 같은 해에 두 번 더 방문할 수 있었다. 미국에서 온 이승만 목사는 1989년 3월에 봉수교회의 부활절 예배에 참석했다. 재일 교포를 대표하는 이대경 목사는 1989년 7월에 방문했다. 로스앤젤레스의 한인 교회 목사인 김의환 목사도 북한을 방문했고, 평양에서 남북연합 기독교 복음집회를 갖자는 데 동의했다. 1989

45) 하종필, 『북한의 종교문화』(선인사, 2003), 418

년 12월에 평양을 방문한 이정근 목사도 김의환 목사의 뜻에 동의했다. 그러나 이 집회는 정치적 이유로 무산되었다.

1990년 8월 로스앤젤레스 영락교회의 김계용 목사는 가족을 만나러 북한에 갔다. 그는 전쟁 중 아내를 두고 남한으로 피신한 뒤 결혼을 하지 않은 채 통일을 기다리던 중 북한을 방문한 것이다. 아내는 탈북한 남편이 있다는 이유로 불이익을 당할 것이 염려되었는지 결혼을 한 상태였다. 그는 아내와 아들을 만나고 며칠 지나지 않아 소천하여 북한에 묻혔다.

홍동근 목사는 1990년에 김일성대학 종교학과에서 신학을 가르치기 위해 재방북했다.[46] 홍동근은 다른 어떤 사람들보다 자주 북한을 방문하여 평양신학교에서 김일성대학의 교수들과 정부의 관리들에게[47] 여러 과목을 가르쳤다.

북한을 수차례 방문한 후 그는 1990년에 『주체사상과 기독교』라는 책을 썼다. 이 책의 중심 주제는 주체사상이 성경적 원리를 거스르지 않을 뿐 아니라, 오히려 하나님은 인간들이 우주의 중심이 되기를 원하시고 인간 스스로의 욕구를 따라 세상을 지배하도록 만드셨다는 것이다. 그러나 이것은 주체사상을 지지한다는 변명에 불과했다. 그의 책 내용 때문에 홍동근은 공산주의자라는 비난을 면치 못했다. 그는 2004년 그가 죽기 직전까지도 공개적으로 회개하지 않았다.

해외 한인 그리스도인들과의 만남

이 시기에 해외 한인 그리스도인들과 조선기독교도연맹 대표단 사이

46) 통일부 교류협력국 『사회문화 분야 남북교류 협력 실무안내』(통일부, 2001), 99-100.

47) "북한교회 예배 우리와 흡사"(경향신문, 1991.1.12), 8.

에 많은 접촉이 이루어졌다. 조선기독교도연맹은 해외 한인 그리스도인들의 북한 방문을 허가할 뿐 아니라, 공산주의자와 친하게 지내는 것에 대한 두려움을 없애고 다수의 방문객들을 끌어모으기 위해 제3국에서 지속적으로 만남을 유지했다. 이 만남은 남북한의 그리스도인들이 평양에서 직접 만날 때까지 계속되었다.

남북한 기독교 대표들의 첫 공식 회의는 1986년 9월 5일 스위스 글리온에서 이루어졌다. 당시 정치적 차이와 입장을 고려하여 공동성명서는 발표하지 않았는데, 이는 남한 대표들이 친북 또는 공산주의자로 불리는 것이 두려워 이를 공개하기 꺼렸기 때문이다. 이들은 남북한이 분단된 이래 최초로 연합예배를 드렸다.

남북한 기독교 대표들의 두 번째 회의는 1988년 11월 23-25일에 스위스 글리온에서 이루어졌다. 이 회의의 공식 명칭은 '한반도 평화와 통일을 위한 국제기독교회의'(The International Consultation for Peace and Unification in Korean Peninsula)였고, '글리온 회의'로도 알려져 있다. 북한에서는 7명의 조선기독교도연맹 대표단이 참석했으며, 남한에서는 남한의 기독교 연합회 대표단 11명이 참석했다.

이 두 번째 회의에서 그들은 연합예배를 드렸으며, 성경공부와 교제를 함께 나누었다. 처음으로 함께 성찬을 나누면서 동질감을 느낀 남북한의 목사들은 1945년 일본으로부터 해방된 지 50년째인 1995년을 국가적 희년으로 선포했다. 그들은 다음과 같은 선언문을 발표했다.

> 평화와 통일을 위해, 우리는 1995년을 통일 기념의 해로 선언한다. 우리는 매년 8월 15일이 되기 전 주일에 이 기념일을 지킬 것이며, 통일을 위해 기도하고

이 날에 동일한 공동 기도문을 사용할 것이다.[48]

그리고 그들은 다음과 같은 공동 결의문을 채택했다.[49]

1. 1995년을 통일희년으로 선포
2. 평화통일 5대 원칙 채택
3. 분단고착정책 배제
4. 상호신뢰 회복을 위한 우선순위 채택
5. 불가침선언, 군축 및 비핵화, 외국군 철수 요구
6. 이산가족 재회를 포함한 교류와 군사정치 대결 해소를 위한 동시적 접근 추진
7. 기독교도연맹과 NCC의 에큐메니칼 교류 통로 개설

또한 평화로운 통일을 위해 1995년부터 매년 8월 15일 전 주일에 연례로 주일 기도회를 갖기로 동의했다. 이에 따라 1990년 12월에 세 번째 회의를 가졌고, 5년 뒤 1995년 초에 네 번째 회의를 가졌다. 그러나 1995년 8월 15일에 예정되었던 예배는 취소되었다. 북한의 부적절한 정치적 행동을 문제 삼은 남한 정부가 비무장 지대의 판문점에서 남북한 대표들이 함께 만나는 것을 허가하지 않았기 때문이다.

국경에서 만난 북한 사람들(1992년)

1988년 서울올림픽이 끝난 뒤인 1989년부터 실시된 국민 해외여행

48) 한국기독교역사연구소 북한교회사집필위원회, 『북한교회사』(한국기독교역사연구소, 1996), 507.
49) Ibid., 507.

전면 자유화 조치 후, 홍콩을 경유하 중국으로 여행을 떠나는 한국 사람들이 생기기 시작했다. 1992년 8월 24일 한중 수교 후에는 중국을 여행하는 남한 관광객들이 증가했다. 중국 동북지방을 여행한 그리스도인들은 재중 교포(조선족) 그리스도인들을 만나 북한의 상황에 대해 듣기도 했으며, 중국을 방문하는 북한 사람들을 만나기도 했다. 여러 경로로 북한 지하교회 성도들의 소식을 듣게 되면서 북한에 지하교회가 없다는 그들의 편견이 부분적으로 사라지기 시작했다.

재중 교포들은 북한을 방문하여 10명의 지하교회 성도들과 함께 예배를 드리기도 했다.[50] 땅속에 숨겨 놓았던 성경책이 썩은 것을 발견한 지하교회 성도들이 재중 그리스도인들에게 성경책을 요청하기도 했다. 한 재중 교포 그리스도인은 정기적으로 북한 국경을 넘어 지하교회 성도들을 방문하기도 했다. 그가 가족을 방문하기 위해 도착할 때면 이웃들도 복음을 듣기 위해 함께 모였다.[51]

핍박으로 힘든 이 기간을 지나면서 교회는 사라지지 않았고, 오히려 성장했다. 공식적인 조직도 없었지만, 교회는 성령에 의해 유지되었다. 또한 복음은 지하교회를 통해 은밀한 방법으로 활발하게 선포되었다. 하나님은 천천히 타오르는 이 지하교회를 홀로 두지 않으시고 성령의 바람을 불어넣으셨다.

북한 정부는 그들이 할 수 있는 모든 수단을 동원했지만, 지하교회를 완전히 뿌리 뽑을 수 없었다. 핍박이 거셀수록 교회는 더욱 비밀리에 그들의 신앙을 나눌 수 있는 길을 모색했다. 지하교회의 구성원은 가족이나 친척들에게만 한정되지 않았으며, 성도 간의 격려와 훈련을 위해 느슨한

50) 모퉁이돌선교회, 〈카타콤소식〉(1996.11).

51) 모퉁이돌선교회, 〈카타콤소식〉(1995.3).

조직망으로 서로 연결된 교회들로 성장했다.

다음 장에서는 1995년 북한의 기근 속에서 확장된 지하교회와 1998년 남북한 기독교 대표 회의, 그리고 2003년 남한을 방문한 북한 그리스도인들에 대해 살펴볼 것이다.

8장

지하교회의 확장

(1995년 8월 15일 - 2006년 12월)

8장_ 지하교회의 확장
(1995년 8월 15일 – 2006년 12월)

은둔의 나라 북한은 소수의 특권을 가진 사람들을 제외하고는 여전히 폐쇄적인 기조를 유지했다. 북한 주민들은 국내 여행이 제한되어 있었고, 허가 없이 북한을 떠날 수 없었다. 그러나 1995년 홍수를 비롯한 계속되는 가뭄과 기근 등의 재해로 인해 주민들은 식량을 얻기 위해 비밀리에 국경을 넘기 시작했다. 그들은 생존을 위해 중국에 갔다.

북한 주민들은 처음으로 북한 선전 매체의 여과 없이 직접 중국인들의 삶을 보고 또 경험하게 되었다. 그들은 낯선 이들에게서 냉정함을 느끼기도 했지만, 동시에 친절도 경험했다. 특히 조선족 교회와 남한 교회, 외국인 선교사들은 탈북인들의 육적 필요를 채워줄 뿐만 아니라 그들에게 복음을 전하며 하나님의 사랑을 나누었다.

1995년부터 중국에 온 많은 북한 주민들이 복음을 접한 뒤 북한으로 돌아가 신앙생활을 시작하기도 했다. 그 중 일부는 오랫동안 흑암에 덮여 있던 나라에서 가족, 친척, 그리고 친구들에게 복음을 활발하게 전하기 시작했다. 이 시기에는 빈번하게 국경을 넘었던 북한 성도들에 의해 지하교회가 새롭게 세워졌다.

북한의 기근과 그 영향

1991년 소련의 해체와 과거 동구권 국가들의 지원 감소로 북한은 경제 공황을 겪게 되었다.[1] 이 경제적 혼돈은 심각한 기근으로 악화되었다. 1990년 초에 처음으로 북한에 식량 부족이 나타났다. 이것이 1990년 중반 곡물 파동으로 발전했고, 1997년과 1998년에는 기근이 북한 전역에 퍼져 극에 달했다.[2]

당시 국정 전반을 운영하고 있던 김정일은 이 부정적인 정보가 김일성의 귀에 들어가지 않도록 차단시켰다. 후에 김일성이 이 사실을 알게 되었을 때는 이미 아무것도 할 수 없는 지경에 이르렀다. 국제 개발을 위한 미국 기관의 관료 앤드류 나초스는 이를 다음과 같이 묘사했다.

> 1930년대 김일성의 만주 항일유격대의 동료 아들이자 정무원 총리를 지낸 강성산은 1992년 초 당 책임비서 재직 중, 함경북도 주민들의 고통과 그들이 겪는 빈곤에 대해 김일성에게 보고하였다. 강성산의 보고는 김일성이 아들 김정일에게 그동안 받아오던 '빛나는 경제보고서들'과는 아주 다른 내용이었다. 김일성은 경제 분야의 심각한 침체를 인식한 후 국정을 다시 스스로 챙기기로 마음먹었다. 강 총리의 보고가 경제악화에 관한 마지막 보고가 아니었으며, 그 이후 2년 동안 김일성은 계속적으로 경제보고를 따로 받게 된다. 북한이 공식적으로 인정하지 않고 실재하지 않는다고 했던 식량 위기는 1991년부터 1994년 사이에 더욱 심각해졌다 … 1995년에 이미 특권층을 제외한 모든 북한 주

---

1) Andrea Natsios, *The Great North Korean Famine:Famine, Politics and Foreign Policy*, Seoul, Korea: Da-Hal Media, 2003, 36.

2) 임순희, 『식량난과 북한 여성의 역할 및 의식 변화』(통일연구원, 2004), 14.

민의 식량배급체계는 완전히 붕괴되어가고 있었다.

1993년 김일성은 동북지역의 기아로 인한 주민의 사망보고를 받고 큰 충격을 받았다고 한다. 사망 사실을 직접 눈으로 확인하기 위해 김일성은 함경북도를 방문하였다. 김일성은 주민들이 들판에서 식량을 찾아 헤매는 것을 목격하고, 그들에게 무엇을 하고 있는지 물었다. 그들은 "지금 우리는 먹을 것이 없어 굶주리고 있기 때문에 식량을 찾아 들판을 헤매고 있다"고 대답하였다. 평양으로 돌아온 김일성은 지도부를 불러 주민들이 굶고 있는 사실에 대해 얼마나 알고 있는지를 물어보았다. 그 당시 서울에서 회자되었던 정보(출처가 확실하지 않은 정보)에 의하면 아버지와 아들 사이에 격한 논쟁이 야기되었는데, 김일성은 김정일에게 경제 분야의 관리 부족과 즉각적이고 정확한 정보를 자신에게 전달하지 않은 과실을 엄중 문책하였다고 한다.[3]

김일성은 1994년 7월 8일에 죽었고, 김정일은 그의 후계자가 되어 권력을 승계받았다. 그는 강경파에게 환심을 얻기 위해 유교 사상 아래 3년간의 애도기간을 선포했다. 이 결정으로 인해 정부는 마비되었고, 곡물파동은 더욱 악화되었다.

1994년 말 북한은 심각한 경제 문제와 식량 부족에 봉착했다. 1995년에는 홍수로 인해 전 국가의 벼 수확량의 4분의 1이 손실되었다. 남한과 일본은 긴급 식량을 원조했다. 그러나 지원 식량은 1995년 겨울에 모두 바닥났다.

해외 원조

1995년 홍수로 인해 급해진 김정일은 해외 식량 지원을 허용했다. 먼

3) Andrea Natsios, *The Great North Korean Famine:Famine, Politics and Foreign Policy*, Seoul, Korea: Da-Hal Media, 2003, 227-228.

저 세계식량계획(WFP)이 지원을 위해 북한에 들어갔다. 또한 국제연합아동기금(UNICEF)과 국제연합개발계획(UNDP)에서 경제 위기의 심각성을 파악하기 위해 대표단을 파견했다. 월드비전(World Vision), 자비재단(Mercy Corp), 기아대책기구(Food for the Hungry), 국경없는의사회(MSF), 국제구호개발기구(ADRA), 국제의료지원(MAP International), IMA, MCI, 세계교회협의회(WCC), 유진벨재단, 굿네이버스(GNS International) 등과 같은 수많은 비정부 기관들은 식량뿐 아니라 경제 조직 정비, 도로와 다리 등의 인프라 구축, 의약품, 생산기술, 영농법 개선 등 다양한 지원을 아끼지 않았다.

재해 기간 동안 해외 기관들이 처음으로 북한에 들어갈 수 있는 특별한 기회를 얻었다. 이것은 식량과 의약품 등 경제적 지원이 필요할 정도로 북한의 상황이 절망적이지 않았다면 불가능했을 것이다. 한국전쟁 이후 처음으로 미국인들을 비롯한 서방의 구호단체들이 북한 주민들과 협력했다. 이 일을 통해 북한 주민들은 그들이 어렸을 때부터 배웠던 반미 선전이 모든 미국인들에게 적용되는 것이 아니라는 사실을 깨달았다. 또한 인도주의적 구호단체의 직원들 중에 그리스도인들이 많이 있어 북한 주민들은 다시 한 번 그리스도의 사랑을 접하게 되었다.

남한의 대북 지원

1995년 9월, 남한 정부도 대북 지원을 결정했다. 모든 기부금은 적십자를 통해 모아졌다. 1998년 3월 18일 이후, 남한 정부는 경계를 완화하여 구호단체들이 북한과 직접 접촉하여 인도주의적 지원을 펼 수 있도록 공식적으로 허가했다. 1991년부터 2004년까지 남한 정부는 남한 단체와 북한 정부 간에 추진되었던 65개 이상의 계획을 승인했다. 2004년까지

23개의 남한의 비정부기구들이 북한에 총 98억 원을 지원했다.[4]

연도	1999	2000	2001	2002	2003	2004 (5월까지)	총계
방북 인원	49	144	384	1,715	1,320	476	2,926
지원 건수	15	39	76	119	111	81	297

〈표 33〉 남한 비정부기구 방북 인원 및 지원 건수(1999-2004)[5]

많은 비정부기구의 대표단들은 북한 정부의 허가로 북한을 방문했다. 〈표 33〉은 이 시기에 북한을 방문한 남한의 비정부기구의 방북 인원이 얼마나 증가했는지를 보여 준다. 이것은 공식적으로 알려지고 기록된 남한 구호단체 관계자들에만 해당되는 것이다. 이 외에도 훨씬 많은 해외 거주 한인들과 외국인들이 비공식적으로 북한을 방문했다.

북한의 공식적인 교회

1995년 이전 북한의 공식적인 교회의 활동은 미미했다. 조선기독교도연맹은 국제적인 종교 모임, 해외 거주 한인들 또는 남한 기독교 지도자들과의 모임이나 교류에 제약을 받았다. 그러나 1995년부터 2006년까지는 북한의 공식적인 교회에 큰 변화가 일어났던 시기다.

자연재해 이후 조선기독교도연맹은 전 세계 기독교 자선단체와 기타 비정부기구들로부터 받는 인도주의적 지원의 채널 역할을 했다. 수백만 달러의 해외 원조가 조선기독교도연맹을 통해 들어왔다. 조선기독교도연맹은 이 기간 동안 다양하고 긴밀한 관계들을 새롭게 형성했고, 북한 정

4) 이금순, 『대북지원민간단체의 남북교류협력 연구』 통일연구원 연구총서 04-18 (서울: 통일연구원, 2004), 17-19.

5) Ibid., 23.

부로부터 필요한 물품들과 재정적인 보조를 얻어냈다. 인도주의적 지원을 제공했던 기관들과 교단들은 그들이 전달한 구호품 등이 적절하게 배분되고 있는지 확인하기 위한 방문을 전제로 기부금을 마련했다.

교류가 점차 빈번해질수록 공식적인 하부조직들과 방문자들을 위한 활동의 자유가 보다 크게 요구되었다. 북한 정부는 공식적인 교회의 존재로 인한 직접적인 이익들을 누리기 시작했다. 동시에 북한의 상태와 교회의 상황에 대한 정보들이 급속도로 외부에 노출되기 시작했다.

남북한 기독교 지도자들의 만남

1995년 홍수 이후 인도주의적 지원으로 인해 남한 사람들의 북한 방문 횟수가 증가했다. 1997년까지 남한 그리스도인들의 방문은 1년에 두 번에 지나지 않았으나 1998년 남한 목사들의 북한 방문 횟수는 10건이나 되었다. 한편 개신교의 경우, 1990년 7월부터는 남북기독인들의 모임인 '조국의 평화통일과 선교에 관한 기독자 회의'(동경)가 정례적으로 이루어졌다. 이 모임은 2000년 12월에 있었던 일곱 번째 모임까지 정기적으로 소집되었으며, 남북한 간 기독교 교류방안과 평화통일운동 및 선교에 대해 논의했다.[6]

남한을 방문한 북한 성도들(2002년)

조선기독교도연맹 위원장 강영섭은 2002년 8월 15일에 남한을 방문했다. 뒤이어 2003년 3월 1일에 15명의 북한 기독교 대표단이 평화와 통일을 위한 3·1민족대회 참석 차 서울을 방문했다. 이것은 한국전쟁 후 북

6) 김병로, Ibid., 54.

한 기독교 단체의 첫 방문이었다.[7)]

남북정상회담(2000년)

남북의 역사적인 정상회담은 2000년 7월 15일에 이루어졌다. 김정일은 당시 남한의 김대중 대통령을 평양 공항에서 만났다. 그들의 악수는 분단 역사 속에서 남북한 지도자가 처음으로 만났다는 사실을 상징적으로 보여 주었으며, 남한 대통령의 최초 북한 방문이기도 했다. 정상회담은 3일 동안 계속되었다. 회담 후 북한을 방문할 수 있는 기회는 훨씬 많아졌으며, 남한 사람과 재중 교포가 합법적으로 북한에 기업을 설립할 수 있게 되었다.

대규모 탈북

기근이 주로 인재였음에도 불구하고, 북한 정부는 1995년 홍수로 인해 국내 농작물의 28%가 피해를 입고 식량 부족으로 이어지자 자연재해로 책임을 돌렸다. 또한 김정일 정권은 주민들에게 '고난의 행군'을 선언했다. 극심한 기근으로 절망적인 기아 상태에 빠진 사람들은 삼엄한 경비에도 불구하고 식량을 구하기 위해 강을 건너 중국으로 갔다.

1995년부터 현재까지 얼마나 많은 북한 주민들이 중국으로 탈북했는지에 대한 정보와 탈북인들의 전체 숫자를 정확하게 파악할 수 있는 방법은 없다. 그러나 다음의 기록을 통해 대략의 수치를 예상할 수 있다. "1997년에 탈북인의 수는 기하급수적으로 증가했다 … 1997년 탈북자의 수는 1996년보다 10배가 증가했고, 한 조선족 농부의 말에 의하

---

7) Ibid., 14.

면 1998년엔 1997년보다 10배가 증가한 것으로 보인다.[8] 한편 윤대일은 2002년엔 100,000명의 탈북자가 있었다는 다소 낮은 수치를 내놓았다.[9]

아시아태평양인권위원회의 유천용 목사는 '2005년도 탈북인 실태보고서'에서 다음과 같이 제시했다. "현재까지 많은 비정부기구들은 탈북인의 수에 대해 200,000-300,000명으로 보고했다. 남한 정부는 30,000-50,000명이라고 보고했다." 그러나 유천용은 100만 명이 넘는 탈북인들이 있을 것이라고 예상했다.[10] 모퉁이돌선교회는 현지 선교사들의 보고에 의거하여, 1995년부터 2005년 사이에 약 200-400만 정도의 북한 주민들이 중국을 방문했을 것이라고 말했다. 이 중에 85%는 식량과 경제 지원을 받은 뒤 북한으로 돌아갔다. 중국에 남아 있는 탈북인들은 대략 100,000-300,000명일 것으로 추정된다.[11]

북한으로 돌아간 탈북인의 수와 중국에 남아 거주하고 있는 탈북인에 대한 정확한 통계는 없다. 그러나 2005년 2월 28일까지 남한에 입국한 탈북인은 총 6,468명으로 알려져 있다.[12]

김영수는 탈북하는 이유를 아래와 같이 여섯 가지로 설명한다.

1. 배가 고파 북한을 탈출하는 것이 탈북의 가장 큰 원인이다.
2. 증가하는 외부 정보의 유입이 탈북 현상을 점점 부추겼다.
3. 악화되는 경제난 속에서 야기된 사회기강의 해이가 탈북을 가속화시켰다.
4. 이미 탈북한 가족이 다른 가족의 탈북을 조장하는 사례가 점차 늘어났다.

---

8) 김영수, 『탈북자 문제의 이해』(KBS남북교류 협력기획단, 2003), 13.

9) 윤대일, Ibid., 1.

10) 유천용, 『탈북자 실태보고』(아시아태평양 인권위원회, 2005), 1-3.

11) 모퉁이돌선교회 주간보고서(2004), 04-24.

12) 통일부 교류협력국 『사회문화 분야 남북교류 협력 실무안내』(통일부, 2001), 97.

5. 경제난과 같은 환경적 요인이 작용했다(중국과 다른 나라에서 돈을 벌 수 있는 방법을 찾은 일부 북한 주민들이 해당 나라에 체류하기로 했기 때문이다 - 저자 추가).
6. 최근 들어서는 단순한 생존을 위해 탈북하는 사례와 함께 보다 나은 삶을 위해 탈북하는 경우도 눈에 띄게 늘고 있다.[13]

윤여상은 여기에 일곱 번째 이유를 덧붙였다. 아이들에게 더 나은 교육을 제공하기 위해 북한을 떠나는 가족들도 있다는 것이다.[14] 처음으로 국경을 넘었던 북한 사람들에겐 오직 생존을 위한 절실한 필요가 동기가 되었다. 그 후 중국에 더 많은 기회가 있다는 사실을 깨닫고 친척들과 친구들에게 그 사실을 전해 주면서 탈북인들이 급증하는 결과를 낳았다. 대부분의 탈북인들이 북한으로 돌아갈 때는 외부 세계에 대한 새로운 관점을 가지고 있었다.

지하교회의 확장(1995-2006)

홍수와 기근으로 인해 생명을 위협받는 상황에서 중국 국경을 넘는 북한 주민들이 많아지면서 핍박도 가중되었다. 실례로 북중 접경지역에서 사역하는 선교사 중 한 명은 다음과 같이 말했다. "남한의 대통령이 김정일을 만났던 2000년도 후에 1,000명 이상의 그리스도인들이 순교당했다고 보고되었다."[15] 이 시기의 지하교회의 모습은 축소가 아닌 성장의 모습을 띄었다.

---

13) 김영수, 『탈북자 문제의 이해』(KBS남북교류 협력기획단, 2003), 11.
14) 윤여상, "탈북자의 발생원인과 규모 그리고 전망" http://www.iloveminority.com. (2002.8.23), 1.
15) 남재중, 『북한의 기독교인 탄압실태』(조선일보: 2001)

중국에서 복음을 접하는 북한 성도들

북한의 위기는 남한의 많은 기독교인들과 기독교 모임을 자극했고,[16] 남한 기독교인들은 중국의 동북지역에 은신 중인 탈북인들에게 식량과 거처를 제공하였다. 그들은 이미 탈북인들을 섬기고 있던 조선족 그리스도인들과 협력했다. 탈북인들은 이들을 통하여 그리스도의 사랑을 경험하면서 복음을 접하기 시작했다. 조사 결과, 80%가 넘는 탈북인들이 남한 개신교 선교사들에게 도움을 받았다고 대답했다.[17]

자료에 의하면 1995년부터 1998년까지 중국에서 사역한 총 413명 이상의 남한 선교사들 중 80%가 북한 국경에서 사역했으며, 북한 사람들을 복음 전도의 대상으로 삼았다고 말했다.[18] 많은 탈북인들이 예수님을 구원자와 주님으로 영접하기로 결단했고, 그 중 많은 사람들이 북한으로 돌아가 그들의 친척과 가족에게 복음을 전했다. 그들은 여러 형태의 신앙 훈련을 받고 북한에 복음을 전하기 위해 파송되었다. 그 결과는 명백하게 나타났다.

> 식량난으로 변화된 여러 현상들 가운데 하나로 종교 활동이 조금씩 활발해졌고, 종교 활동의 공간도 확대되고 있다는 사실은 주목해볼 만한 현상이다. 식량을 구하기 위해 중국으로 건너간 탈북인들이 생존을 위해 기독교, 불교 등 종교모임의 지원을 제공받는 과정에서 신앙을 갖게 되는 경우가 많아졌다.[19]

16) 이금순, 『북한주민의 국경이동 실태』(통일연구원: 2005), 30.

17) 김병로, Ibid., 1, 28.

18) 한국선교연구협회, Ibid., 25.

19) 김병로, Ibid., 1.

중국에서 그리스도인으로 거듭난 탈북인들의 정확한 숫자는 알려진 바가 없다. 그러나 하나원[20]은 2004년 8월 31일까지 남한에 입국한 5,809명의 탈북자 중 61.9%가 중국에서 그리스도를 영접했다는 사실[21]을 분명하게 제시했다.

지하교회의 확장

심각한 핍박과는 별개로 지난 10년 동안 북한 내에 그리스도인들의 숫자는 점점 증가해왔다. 이는 많은 선교사들이 접경지역에서 기근에 노출된 탈북인들에게 복음을 전한 결과로 보인다.

『1994-2000년 북한 기근: 발생, 충격 그리고 특징』의 저자인 전 통일연구원 이석 박사는 북한에 일어났던 기근은 이제까지 인류에게 알려진 그 어떤 기근과도 매우 다른 고유한 특징을 갖고 있었다고 설명한다.[22] 그는 기근으로 가장 큰 영향을 받은 사람들이 농부들이 아닌 도시에 살던 사람들이었다고 설명했다. 이석은 '도시와 농촌 중 식량부족이 더욱 심각한 곳'이라는 도표를 예로 들어 "총 응답자의 75.6%가 도시의 식량상황이 더욱 어려웠다고 대답했다"[23]고 하면서 다음과 같이 말했다.

> 이상의 논의를 종합해 보면, 1995/96년의 일부 예외도 존재하지만 전반적으로 볼 때, 북한 기근이 중소도시를 중심으로 한 도시 기근이었다는 사실을 알 수 있다. 이런 의미에서 북한 기근은 20세기 기근 역사상 독특한 기근으로 기

---

20) 하나원은 탈북인들의 남한 사회 정착 지원을 위한 교육을 제공하는 통일부 소속기관이다.

21) 한국인 사이의 교환과 협동 사무국, 통합 사역 2004.

22) 이석, 『1994-2000 북한 기근 발생 충격 그리고 특징』(통일연구원: 2004), 87.

23) Ibid., 95.

록될 전망이다. 왜냐하면 이제까지 기근은 대부분 농촌에서 발생했기 때문이다. 기근이 발생한 대부분의 국가에서는 농촌이 도시보다 가난했고, 추가적인 고용기회 역시 농촌에서 더욱 적었으며, 경우에 따라서는 농민들이 정치적으로 홀대받기까지 하였다. 기근의 피해가 농촌에 집중될 수밖에 없었다는 의미이다. 사회주의 기근의 경우에도 예외가 아니어서 1932-33년 소비에트 기근이나 1958-61년 중국 기근도 모두 농촌 지역이 주된 피해자였다. 특히 사회주의 국가의 경우에는 정부가 국가의 식량배급을 통해 도시민을 보호했던 반면, 농민들에게는 식량의 자급자족을 강요함으로써 사실상 기근의 피해자가 될 것을 강요한 측면이 역시 있었다.[24)]

이금순은 "식량 부족의 첫 단계 동안 가장 큰 영향을 받은 곳은 함경남도 지방의 큰 도시들이었다"고 분명하게 말했다.[25)] 기근으로 도시에 있던 사람들이 가장 큰 영향을 받았다. 농부들에게는 연명할 양식이 있었다. 반면 도시 거주 주민들은 배급이 중지되자 도시를 떠나 농촌에 살고 있는 친척을 찾아가거나 식량을 구하기 위해 중국으로 가기도 했다.

기근으로 인한 종교 활동의 증가에 대한 김병로의 견해와 북한 기근에서 가장 큰 피해를 본 지역이 도시였다는 이석의 분석을 종합해 보면, 이 기간에 지하교회 성도가 급증한 이유를 보다 쉽게 파악할 수 있다. 기근으로 인한 종교 활동 증가가 (인구가 많고, 인구 밀도가 높으며, 주민들 간 왕래가 농촌보다 상대적으로 빈번한) 도시에서 활발하여 복음의 수용성이 높아지고, 지하교회 확산이 농촌보다 수월했던 것이다. 이것은 중국이 겪었던 것과 대조된다. 중국의 교회 성장에 대해 보고한 『중국 교회의 부활』에서 토니 램

24) Ibid., 97.

25) 이금순, 『북한주민의 국경이동 실태』(통일연구원: 2005), 21.

버트는 문화대혁명 후 첫 20년 동안 교회는 농촌에서 급격하게 성장했다고 말했다.26)

희년

1995년 북한은 심각한 기근을 맞았다. 북한 사람들은 식량을 찾아 국경을 넘어 중국으로 갔다. 많은 탈북인들이 식량과 옷 등 필요한 물건들을 구한 후 다시 북한으로 돌아갔다. 그들이 중국에 있는 동안 대다수가 예수 그리스도의 사랑을 경험했고, 예수님을 그들의 구원자이자 주님으로 영접했다. 무엇이 이 대량 탈출의 도화선이 되었는가? 그리고 대량 탈출의 선교적 목적은 무엇인가?

한국의 영적 역사는 반복을 거듭했다. 비록 강력한 영적 장벽이 있었지만, 하나님께서는 조선 사람들이 조국을 떠나 복음을 접하게 하셨다. 선교사가 조선에 오기 전 이미 복음을 자신의 조국으로 가지고 간 사람들은 조선 사람들이었다. 역사적으로 한국인들은 네스토리우스교도들, 가톨릭교인들 그리고 첫 스코틀랜드 개신교 선교사들을 만나서 복음을 접한 후에 복음을 가지고 조선 땅으로 돌아왔다.27)

1995년 이후에 북한 사람들은 선교사들이 복음을 가지고 북한에 들어가기 전, 그들의 조국을 떠나 복음을 접하게 되었고 생명의 빛을 가지고 다시 조국으로 돌아가는 임무를 맡았다. 만약 우리가 김병로와 이석의 주장대로 식량 분배의 결과로 기독교 활동이 급증한 것이라고 간주한다

26) 램버트, 22.

27) 전택부, 『한국교회발전사』(서울: 대한기독교출판사, 1987), 18; 민경배, 『한국기독교회사』(서울: 대한기독교서회, 1993), 53; 이원순, 『한국천주교회사 연구』(한국교회사연구소, 2004), 98; 김양선, 『한국 기독교 해방후 10년사』(대한예수교장로총회 종교교육부, 1956), 93.

면,[28] 우리는 비록 사탄이 빼앗고 파괴하고 죽이기 위해 이 기근을 조장했다고 해도 하나님께서 이 상황을 북한 사람들이 복음을 접하고 그리스도의 빛을 조국으로 다시 가지고 올 수 있는 기회로 뒤집으셨던 것이라고 말할 수 있다.

그러나 한편으로, 우리는 북한에 복음전파 활동이 급증한 이유가 1988년 11월 23-25일 스위스 글리온에서 남북의 교회가 함께 모여 1995년을 희년으로 선포했기 때문이라고 할 수 있다. 이런 유형의 협의는 분명 영적·선교적 효과를 가지고 있다. 예수님께서 말씀하시기를 "너희 중에 두 사람이 땅에서 합심하여 무엇이든지 구하면 하늘에 계신 내 아버지께서 저희를 위하여 이루게 하시리라"(마 18:19)고 하셨다.

남북한을 대표하는 18인이 함께 모여 희년을 선포하기로 합의한 후 북한 주민들은 영적인 자유를 누리게 되었다. 혹자는 이것이 남한에게도 자유의 신호가 되었다고 보기도 한다. 결국 남한도 독재정권과 전제주의적 대통령들로부터 자유를 얻게 되었기 때문이다. 또한 북한은 기근으로 뒤흔들렸다. 1997-1998년에 극에 달했던 기근(고난의 행군)은 하나님과의 새로운 연결고리를 만들어 주었으며, 남한은 1997-1998년에 그들만의 위기를 경험했다. 'IMF 위기'라는 극한의 경제적 어려움을 겪으면서 오히려 많은 남한 사람들이 하나님과 소통하게 되었다.

앞서 언급했듯이, 남북한의 기독교 대표들이 모여 1995년을 희년으로 선포했다. 이 영적 선포는 점점 늘어나는 폭력과 죽음 속에서 사탄의 즉각적인 반격을 유발하고 영적 유대감이 느슨해지는 결과를 낳았다. 하지만, 오히려 많은 사람들이 그리스도의 빛을 보았고, 하나님과 연합할 수 있었다.

1995년에 희년이 선포되었기 때문에 당시 북한 주민들이 대거 중국

28) 김병로, Ibid., 1, 이석, 『1994-2000, 북한 기근 발생 충격 그리고 특징』(통일연구원: 2004), 87.

으로 나가 새로운 자유와 해방을 경험할 수 있었다. 그들은 예수님을 알게 되었고, 하나님의 자녀가 되었다. 교회는 확장되기 시작했고, 다수의 기독교 모임이 시작되었다. 하나님의 사람들이 하나님을 찾고 희년을 선포하면서 희년을 지나게 되었다는 의미이다.

희년이라는 개념은 여러 측면에서 보았을 때 이상적인 관념이다. 구약에서 희년이 단 한 번이라도 시행되었는지에 대한 증거는 없다.[29] 샤론 린지는 다음과 같이 설명했다. "역사적 이야기와 기록들은 희년의 준수 여부를 둘러싼 수수께끼를 풀지 못했다. 히브리 성경과 신구약 중간사, 야경 등 어느 기록에서도 유대인 공동체에서 희년을 지켰는지에 대한 언급을 하지 않았다."[30] 하나님께서 무슨 의도로 이 규례들을 주셨는지, 그리고 이 규례들이 어떻게 시행되었는지 정확하게 이해하기는 어렵다. 린지는 더 나아가 다음과 같이 설명했다.

> 희년의 규례는 제사 문제를 강조하면서 성결법을 중심으로 이스라엘의 주권자로서의 하나님의 영원한 능력을 증거하고, 그러한 하나님의 모습이 윤리적 중요성을 지닌다는 사실을 뒷받침하는 데 있어 중요하다. 하나님을 주권자로 인정하는 것은 가난한 자를 보살피고 끊임없는 부채의 굴레 속에 갇힌 자들에게 자유를 주는 것을 포함한다. 하나님의 주권은 각자가 매일의 삶을 감당하고, 모

---

29) 구약에 나온 희년은 50년마다 한 번씩 기념하는 안식년으로 이해하는 것이 옳다. 희년에는 빚과 보증의 부담으로부터의 공식적인 해방을 통해 자유가 선포되었다. 레위기 25장과 27장, 민수기 36장에서 언급된 희년이라는 단어는 히브리어 yobel에서 번역된 것이다. 이 단어의 어원은 불분명하지만, '나팔소리'(출 19:13)와 '양각 나팔'(수 6:5-6, 13)로도 해석되었다. 레위기 25장에 의하면, 희년은 일곱 번째 달의 열 번째 날에 나팔소리와 함께 선포되며 한 해 동안 계속되었고, 빚과 보증의 부담으로부터의 해방을 선포한다. 또한 이때에 선조의 재산을 되돌려 받는다.

30) S. H. Ringe, *Jesus, Liberation, and the Biblical Jubilee.*(Philadelphia, PA: Fortress Press. 1985), 28.

든 창조의 질서를 따라 타인과 관계를 맺음으로써 나타나게 된다.[31]

희년의 규례는 하나님께서 이스라엘을 노예에서 해방시킴으로써 인간에 대한 하나님의 우선적인 권리를 선포함과 동시에, 하나님께서 마침내 이 땅을 소유하실 것이며 만물을 다스리시는 하나님의 주권이 세상의 어떤 주권자들보다 더욱 크다는 신학적 원리를 확립했다. 희년의 적용을 통해, 하나님께서는 이스라엘을 노예 신분에서 해방시키심은 물론 그분이 주권자이자 해방자임을 확증하셨다.

구약에 나온 희년의 전통에서 해방 혹은 용서의 선포는 노예 해방과 부채의 탕감(레 25장), 포로 된 자들과 갇힌 자들에게 선언된 해방(사 58:6, 61:1-2)에 관한 것이다. 린지는 이에 대해 "인생의 모든 영역에서 '용서' 혹은 '해방'은 인류가 하나님의 통치와 조우하는 주요 특징 중 하나로 묘사된다"고 주장했다.[32]

신약에서는 희년의 개념이 이사야 61장 1-2절에 대한 전통적인 기독교적 해석으로, 이사야 58장 6절과 누가복음 4장 18절에서 언급한 것처럼 '눌린 자를 자유케 하는 것'이다. 누가는 예수님께서 이사야 61장 1-2절을 해석하신 것처럼 종말론적 관점에서 희년을 묘사했다(눅 4:18). 예수님께서는 그분이 가난한 자에게 아름다운 소식을 전하고, 포로 된 자에게 자유를, 갇힌 자에게 놓임을, 눈먼 자들에게 회복을 선포하며, 여호와의 은혜의 해를 선포하기 위해 성령으로 기름부음 받은 자라는 것을 주장하셨다.

이런 의미에서 선교학적으로 희년이 북한과 남한에 선포된 것이다. 비록 1995년 8월 15일에 희년을 기념하는 합동예배는 없었지만, 1995년

31) Ibid., 28.

32) Ibid., 66.

북한에서 중국으로 다수의 사람들이 탈북하여 육체적 해방과 압제로부터 자유를 얻었고, 중국에서 새로운 것에 눈을 뜨게 되었으며, 주체사상의 사로잡힘에서 놓이게 되었고, 죄의 속박으로부터의 해방을 경험했다. 그들은 주님께로 가까이 나아갔고 참 자유를 발견하였다. 1995년 8월 15일에 교회들이 공식적으로 희년을 기념하는 합동예배를 드릴 수 없었던 사실과 관계없이, 남북한 교회 간에 이루어진 영적 합의는 그리스도의 복음이 다시 한 번 북한으로 들어가도록 문을 열어 주는 결과를 낳았다.

1988년 스위스 글리온에서 18명의 남북한 기독교 대표들이 모여 성찬을 하면서 1995년을 희년으로 선포할 당시, 남북한은 정치적인 차원에서의 희년을 생각하며 통일을 기대하였을지도 모른다. 그러나 그들이 선포한 희년은 수많은 영혼들을 자유케 하는 영적인 열매를 거두었다.

이 성도들은 누구인가?

이 시대를 지나면서 우리는 '이 그리스도인들은 어디에서 나온 것인가?'라는 질문을 하게 된다. 북한 정부는 1970년대 초 반혁명주의자들인 모든 그리스도인들을 제거했다고 발표했다. 그러나 필자가 수집한 연구자료에 의하면 북한 정부가 결코 하나님이 하시는 일을 막을 수 없었다는 사실을 보여 준다. 비록 남한에 있는 교회의 형태와는 전혀 다를지라도, 북한에 있는 주님의 교회는 살아 있고, 건재하며, 성령의 인도하심 아래 성장하고 있었다.

기간	희생된 그리스도인	비율
1945-1950	123	1%
1950-1953	1,204	7%

1953-1972	10,897	64%
1972-1988	299	2%
1988-1995	741	4%
1995-2006	3,720	22%
총계	**16,984**	**100%**

〈표 34〉 시대별 희생된 그리스도인

1945년부터 2006년까지 최소 16,984명의 그리스도인들이 북한에서 핍박을 받았다. 이들 중 22%, 곧 3,720명이 최근 10년 안에 희생되었다. 지난 20년간의 필자의 경험으로 미루어 봤을 때, 북한 주민들이 중국 국경을 넘기 시작한 때부터 새로운 성도들이 폭발적으로 증가했을 것이라 추정된다. 지난 10년간 북한 전역에 그리스도인들이 배로 증가했음을 볼 수 있다.

다음 도표는 1995년부터 2006년까지의 기간에 희생되었던 그리스도인들이 어떻게 예수 그리스도를 그들의 구원자로 영접하게 되었는지 보여 준다.

믿음의 출처	성도 수
1945년 이전에 믿음	177
부모님의 영향	1,358
합법적인 해외여행 후	19
라디오, 비디오, 성경책 등을 통해	18
개인 복음전도	1,750
성령님의 인도	7
중국 체류 중	338
모름	53
총계	**3,720**

〈표 35〉 핍박받은 성도들의 믿음의 출처

한국전쟁 전에 그리스도를 알고 있던 세대는 그들의 자녀들과 가족들에게 복음을 전했다. 이 기간 동안 체포되었던 최소 1,358명의 그리스도인들이 그들의 부모의 증언을 통해 그리스도를 알게 되었다. 또 다른 1,750명은 북한에서 다른 그리스도인들의 복음전도를 통해 그리스도를 알게 되었다. 또한 외부적인 요인이 작용하기도 했다. 북한 정부의 허가 없이 중국을 방문한 338명이 중국에서 그리스도를 영접했다. 이들은 모두 북한으로 돌아갔다가 체포되었다.

극심한 기근으로 인해 북한 주민들은 국경 경비대의 삼엄한 감시에도 불구하고 죽음을 무릅쓰고 탈북했다. 그들은 중국에 있는 친척들과 친구들에게 식량과 경제적 지원을 얻기 위해 불법으로 국경을 넘었다. 1995년부터 1999년까지 기근이 북한 전역을 덮쳤고 많은 조선족 교회들이 탈북인들을 맞았다. 그 다음으로 남한 교회와 세계 곳곳에 있는 그리스도인들이 굶주린 탈북인들을 지원하기 시작했다. 그들은 조선족 교회들과 무허가 비공식 탈북인 피난처를 이용하여 국경을 따라 기독교 조직을 구축했다.

중국으로 건너온 탈북인들은 여러 기독교 단체와 개인을 통해 식량과 생필품들을 지원받을 뿐 아니라, 예수 그리스도를 알게 되었고 예수 그리스도를 그들의 구원자로 믿게 되었다. 예수님과의 관계가 깊어지면서 많은 사람들이 편안한 삶을 바라며 중국에 머물러 있기보다는 음식과 옷, 성경책을 가지고 성령님의 인도하심으로 북한으로 돌아갔다.

어떤 사람들은 북한으로 돌아가기 위해 국경을 넘는 도중에 체포되었다. 그들은 즉각 처형되거나 수감되었다. 위에서 언급한 338명이 이 성도들에 해당된다. 안전하게 집으로 돌아간 성도들 대부분은 그들이 만난 예수 그리스도를 그들의 가족과 친구들에게 전했다. 이렇게 복음은 더 넓게 확산되었다.

그러나 북한 성도들은 지하교회가 받는 심한 핍박을 잘 알지 못했고,

보안을 철저하게 염두에 두지 못했다. 국가보위부[33]는 복음을 빠르게 전염시키는 북한 성도들을 민첩하게 잡아내기 시작했다. 성도들은 수감되어 고문당했고, 처형되었다. 그러나 그들의 활동을 알고 있던 동료 성도들이 국경을 넘으면서 북한 성도들에 대한 이야기가 더 많이 흘러나오기 시작했다.

해외 한인들의 잦은 방문으로 지하교회의 활동은 더욱 활성화되었고, 외부인들과의 교류가 보다 활발해졌다. 인도주의적 지원과 경제 인프라 구축을 위해 해외 비정부기구들이 북한으로 들어가면서 기독교가 더 많이 노출되었고, 북한 지하교회 성도들은 많은 격려와 위로를 받았다.

중국에서 성경을 접한 탈북인들이 그것을 북한으로 가지고 들어가면서 그리스도인이 된 사람들에 대한 사건들이 있다. 김OO의 남편은 중국에서 예수 그리스도를 영접한 후 성경 훈련 과정을 수료했다. 그는 중국에서 만나 결혼한 지 몇 달 안 된 아내에게 한 달 안에 중국으로 다시 돌아오겠다는 약속을 남기고 2000년에 북한으로 들어갔다.

당시 김OO는 남편을 통해 예수님을 만났다. 그녀는 남편이 돌아올 때까지 몇 달을 기다렸으나 결국 그는 돌아오지 않았다. 그녀는 남편에게 무슨 일이 생겼는지 알아보기 위해 북한으로 가기로 결심했다. 그러나 그녀는 국경을 넘는 과정에서 체포되어 심문을 당했다. 공안 요원은 그녀에게 소리를 질렀다. "너는 유다처럼 국가를 배신했다." 그녀는 그에게 무심코 물었다. "당신이 어떻게 유다를 압니까?" 그는 언성을 높이며 대답했다. "유다는 예수님이 데리고 있던 12명의 아들들 중 하나가 아니냐?" 그녀는 이왕 여기까지 이야기가 나온 김에, 그에게 유다가 예수님의 아들이

33) 김정일은 김일성이 죽은 후부터 사회안전부의 명칭을 국가보위부로 변경하였다.

아니고 제자 중 하나였다고 대담하게 설명했다. 공안은 물었다. "너는 그것을 어떻게 알고 있냐?" 그녀는 계속 예수님의 가르침에 대해 설명했다.

심문 도중 공안은 그녀의 가족 사항에 대해 알게 되었고, 그녀의 삼촌이 국가보위부의 고위간부임을 알게 되었다. 심문이 끝난 후 그녀는 삼촌이 데리러 올 때까지 붙잡혀 있었다.

그녀를 찾아온 삼촌은 한동안 아무 말도 하지 않았다. 그녀는 자신이 어떻게 이곳으로 오게 되었는지 설명하고, 그녀의 남편에게 무슨 일이 생겼는지 물었다. 삼촌은 그녀의 질문에 대답하는 대신 이렇게 말했다. "집으로 돌아가서 네 아버지의 마지막 선물을 보아라." 군 고위직이었던 그녀의 아버지는 갑자기 사라지기 전 집에 군모를 남겨 두었다. 이것은 아버지가 그녀에게 남긴 유일한 유품이었다.

그녀와 함께 집으로 간 삼촌은 머리를 까딱하며 군모를 살펴보라는 시늉을 했고, 그녀는 모자 안쪽을 살펴보다가 아버지의 손 글씨를 발견했다. 거기에는 붉은 피로 십자가 표시와 함께 '하나님 사랑'이라고 쓰여 있었다. "우리 아버지가 예수를 믿었다는 얘긴가요?"라고 그녀가 물었다. 삼촌은 고개를 끄덕였다. "왜 아버지께서 우리에게 아무 말씀도 하지 않으신 거예요?" 그녀는 다시 한 번 물었다. 그는 대답했다. "네 아버지는 이 믿음에 대해 네가 이해하지 못 할까 봐 두려워하셨으니까."

군대에서 신앙이 발각된 아버지는 불명예 제대를 하고 알지 못하는 곳으로 보내졌다. 그녀는 그리스도인들에 대한 북한 정부의 핍박으로 아버지와 남편을 잃었다는 것을 알고는 눈물을 흘렸다. 그리고 오늘날까지도 북한에서 여성 복음전도자의 사역을 감당하고 있다.[34]

34) 모퉁이돌선교회, 〈카타콤소식〉(2001.1).

체포된 지하교회 성도들

〈표 36〉은 이 기간 동안 그리스도인들이 체포된 이유를 보여 준다. 필자는 이 기간 동안 공개적으로 신앙을 고백하다 순교당한 11명의 그리스도인들에 대한 9개의 사건기록을 발견했다.

체포의 원인	성도 수
공개적인 신앙 고백	11
은신 중 체포	1,325
민족주의적 이유	6
다른 사람들을 돕는 중	2
중국에서 납치	111
성경책 소지	18
모름	2,198
총계	**3,720**

〈표 36〉 체포 원인(1995-2006)

• 공개적으로 신앙을 고백하다

김일남은 북한을 떠났다가 돌아오다가 중국 국경 경비대에 의해 체포되었다. 그는 1998년 국가보위부의 청진수감소에 보내졌다. 이 수감소는 수감자들을 생체 실험에 이용하고 있는 것으로 알려져 있다. 김일남은 지하 2층에서 한 여자가 찬송가를 부르는 것을 들었다. 그녀는 예수님의 이름을 부르고 있었다. 건물에 있는 모든 사람들이 그녀의 찬양을 들었다. 그 찬양에는 불평이 아닌 감사가 가득했다. 그는 후에 그녀가 하나님을 부인하라는 명령을 거부하였고, 결국 간수들이 그녀를 벽에 매달아 놓고 그녀가 죽을 때까지 구타한 사실을 알게 되었다.[35]

35) 모퉁이돌선교회, 〈카타콤소식〉

1999년 12월, 2명의 그리스도인들이 혜산시에서 공개적으로 처형되었다. 한 여성이 중국으로 갔다가 그리스도인이 되어 돌아온 후 친구에게 예수님을 전했다. 그녀의 친구는 즉시 예수님을 믿었다. 그러나 그녀가 예수를 믿고 몇 달 지나지 않아서 이들이 발각되었다. 심문 과정에서 최근 예수를 믿은 여인은 자신이 암송한 성경구절로 질문에 답했다. 공안들은 그녀의 입을 막기 위해 여인의 입을 집중적으로 때려 이빨을 부러뜨렸다. 그 여인은 고작 몇 달 전에 그리스도인이 되었지만, 마지막 순간 견딜 수 없는 고통 속에서도 하나님을 부인하지 않고 신앙을 지켰다.[36]

중국에서 복음을 들은 후에 주님을 위해 자신의 삶을 드린 한 북한 성도에 대한 이야기다.[37] 2002년 중국에서 복음을 들은 그는 북한으로 돌아가 가족에게 예수님 대해 전해야 한다는 강한 책임감을 느꼈다. 아내가 임신 중이어서 함께 갈 수 없었던 그는 친구와 동행했다. 그들은 북한으로 돌아가는 과정에서 국경 경비대에 체포되었고 수중에 성경이 있다는 것이 발각되었다. 그들은 고문을 받았지만, 그런 중에도 요원들에게 반드시 예수를 믿어야 한다고 말했다. 그럴 때마다 그들은 계속해서 때릴 뿐이었다.

결국 그는 다시 중국으로 돌아가지 못했다. 비록 불법 이민자의 신분이었지만, 그의 아내는 남편이 돌아오기만을 기다렸다. 그녀는 '한나'라는 여자 아이를 낳은 후 남편을 찾아다녔다. 그러던 중 그녀는 남편과 함께 북한에 갔던 남편의 친구를 만나게 되었다. 그녀가 남편에 대해서 묻자 그는 이렇게 대답했다. "나는 풀려났기 때문에 그에게 무슨 일이 생겼는지 몰라요. 고문이 너무 고통스러워 견딜 수가 없어서 나는 하나님을 부

36) 〈월간조선〉(2001.12).

37) 모퉁이돌선교회, 〈카타콤소식〉(2004.3).

인한 후 풀려났지요. 밖에서 한참을 기다렸지만 그 친구는 나오지 않았수다." 그녀는 남편을 잃은 것이다.

이처럼 가족과 친척들에게 복음을 전하기 위해 생명을 잃을지도 모르는 위험을 무릅쓰고 고향으로 돌아가는 사람들이 있었다. 성령의 감동을 받은 사람들은 자연스럽게 복음을 전파하였다.

• 은밀하게 복음을 전하다

필자는 다른 사람들과 복음을 나누다가 발각된 49명의 사람들과 관련된 18건의 또 다른 사건들을 발견했다. 하나는 1999년 초 무산시에서 공개처형된 3명의 성도에 관한 이야기다.[38] 이들 중 한 명은 다른 사람들에게 복음을 나누는 과정에서 체포되었다. 국제오픈도어선교회에서 입수한 다른 기록에 의하면 중국에서 그리스도를 영접한 두 가정이 다른 이들에게 복음을 전하기 위해 1997년 북한으로 돌아갔다. 그들은 말씀을 가르치는 도중 체포되어 처형되었다.[39]

이 기간 동안 중국에서 탈북인들과 함께 사역하던 두 명의 남한 선교사들이 북한 비밀 공안에 의해 납치되었다. 그들은 1999년 12월 연길의 한 식당에 있다가 납치된 김동식 목사[40]와 1998년 연길에서 납치된 이송철[41]이다. 이 선교사들은 탈북자 시설에서 복음을 전하고 북한으로 돌아가는 성도들을 격려하는 사역에 깊이 관련되어 있었다.

38) 〈빛과 소금〉(2001.4), 44-45.

39) 〈북한개발소식〉(2001.5).

40) 조선일보 2006. 6. 13.

41) 북한민주화운동본부 편찬위원회, 『잊혀진 이름들』(시대정신, 2004).

• 은신 중 체포된 자들

44건의 다른 사건들에 기록된 1,325명의 그리스도인들은 비밀리에 전도 활동을 하는 과정에서 발각되었다. 1995년도 황해도 사리원에서 조직망 내에서 신앙을 지키던 500명의 그리스도인들이 핍박을 당했다. 그들은 조직 안에 침투해 참석자들의 모든 이름을 외워 두었던 비밀 요원에 의해 발각되었다. 그들은 국가보위부에 의해 한꺼번에 수용소로 보내졌다.[42)]

1996년에 북한민주화를 위한 정치범수용소 해체운동본부의 녹취록에 기록된 내용에 의하면 함경북도, 함경남도, 평안북도, 평안남도, 황해도 등에서 180명의 성도들이 활동하였다.[43)] 2001년 〈빛과 소금〉 4월호는 1999년에 함경북도 청진에서 체포된 400명의 성도들에 대해 기록하고 있다.[44)] 이 기록들은 이 기간 동안 여전히 수많은 성도들이 어려운 상황 가운데서도 믿음을 지켰다는 것을 암시한다.

『내래, 죽어도 좋습네다』의 저자 최광 목사는 중국에서 탈북인들을 훈련시켜 그들이 고향으로 돌아가 복음을 전할 수 있도록 도와주었다. 그는 1998년 8월부터 2001년 6월까지 북한에 네 팀을 파송했다. 첫 번째 팀은 10명의 그리스도인들이었고, 두 번째 팀은 23명, 세 번째 팀은 50명이었다. 이 북한 성도들은 선교사로서 고향으로 돌아갔다.

첫 번째 팀의 10명 중 4명은 체포되어 심문을 당했다. 최광 목사의 훈련 내용이 발각되자, 국가보위부는 중국에 살고 있던 한 조선족에게 접근했다. 그들은 미국 돈 20,000달러를 손에 쥐어주며 남한 목사인 최광 목사와 모든 조직을 배신하라고 요구했다. 이 재중 교포는 끝내 그 돈의 유

---

42) 모퉁이돌선교회, 〈카타콤소식〉(2006.2).

43) 북한 민주화를 위한 정치범수용소 해체운동본부, 2003.

44) 〈빛과 소금〉(2001.4), 44-45, 모퉁이돌선교회, 〈카타콤소식〉(2000.5).

혹에 넘어갔다. 결국 북한의 국가보위부가 중국 공안들과 함께 훈련받던 성도들을 급습하여 총 74명의 그리스도인들이 중국 감옥에 보내졌고 나머지 59명은 북한으로 송환되었다.

이선장, 김기철, 김철수는 모두 정치범수용소에서 종신형을 선고받았다. 정용철, 조복화, 강규홍, 신용재는 5년에서 많게는 50년형을 선고받았다. 재판 후 몇 달 되지 않아서 남아 있던 40명 이상이 고향으로 돌려보내졌고, 지역 공안들에게 보고하라는 명령을 받았다. 몇 달 후 풀려난 그들은 북한에서 도망쳤다. 이들 중 20명 이상이 남한으로 탈북했다.[45]

• 민족주의적 이유

이 기간에 그리스도인들 중 6명이 기독교적 증언 때문이 아닌 민족주의적 활동으로 인해 처형되었다. 이 6명은[46] 반공 조직을 형성했고, 그들의 반공 입장을 정당화시키기 위해 복음을 이용했다. 그들은 혈서로 서약서를 쓴 뒤 정부를 대항하고 공격하기로 약속했다. 그들은 후에 북한에 통일을 가져오는 방법이 복음을 퍼뜨리고 통일을 위해 일하는 것이라고 믿고 조직 이름을 '복음을 통한 통일 기도회'라고 변경했다. 이 6명은 체포되어 처형되었다.

• 체포된 그리스도인들의 처벌

1995년부터 2006년까지 전쟁 이후 가장 많은 그리스도인이 처형되었다. 55건의 사건은 727명의 그리스도인들의 처형에 관한 기록이고, 58건

45) 〈신동아〉(2007.2).

46) 〈미션매거진〉 82호(2006).

은 737명의 수감된 그리스도인들에 관한 것이었다. 5건은 총 60명의 실종된 그리스도인에 대한 것이다. 이 기간에 기록된 사건들은 북한에서 기독교에 대한 핍박이 꾸준한 강도로 지속되었음을 보여 준다. 이 통계는 단지 핍박의 지속성뿐만 아니라 지하교회 성도들이 살아 있음을 보여 준다.

처벌	성도 수
처형	727
수감	737
석방	47
실종	11
모름	2,198
총계	3,720

〈표 37〉 체포된 성도들의 처벌

이 시대의 사건들은 하나님이 북한에서 일으키신 또 다른 기적들을 기록하고 있다. 그 예로 75세의 이윤심 목사는 1996년 10월에 함경남도 근야군 용암리에서 체포되었다.[47] 이윤심 목사의 아버지는 공산당원들이 정치를 장악하기 전, 평양교회에서 조선기독교도연맹의 강양욱 목사와 함께 사역한 적이 있었다. 조선기독교도연맹이 설립되자 강양욱은 이윤심의 아버지에게 가입할 것을 요구했는데, 그가 계속 협력을 거부하자 처형시켰다. 아버지가 처형된 후 연맹에서 제명된 이윤심 목사는 즉시 지하로 들어갔고, 공산주의 정부에 대항하는 방법으로 지하교회를 건설하는 데 그의 일생을 쏟아부었다.

이윤심 목사는 '함남지역 기독교 사변'에 연루된 지도자로 사역하는 도중, 결국 국가보위부에 체포되었다. 오랜 시간 이어진 조사 끝에 이윤심

47) 북한 민주화를 위한 정치범수용소 해체운동본부, 2003.

목사와 함께 180명의 성도들이 추가적으로 체포되었는데, 이들은 함경남도, 함경북도, 평안남도, 평안북도, 자강도에 있는 연계된 조직들의 대표였다.

이러한 이윤심에 대한 이야기는 만성위장염으로 함경도 금야병원에 입원했던 이윤심을 치료한 의사 최주식에 의해 알려졌다. 그는 이윤심 목사를 호의적이고 매우 따뜻한 사람으로 기억했다. 이윤심의 영향으로 최주식은 1년 후에 그리스도인이 되었다. 최주식은 결국 북한에서 탈북하였고, 2003년 이윤심 목사가 수많은 지하교회 성도들을 키워냈다고 증언하였다.

집단·조직

이 기간에 특별히 독립적인 조직에 연결된 그리스도인들의 수가 크게 증가한 것을 알 수 있다. 그리스도인들의 수가 점점 많아질수록 그들은 서로를 격려하기 위해 비공식적으로 연결되기 시작했다.

	개인	가족	집단	조직	총계
성도 수	121	89	986	2,524	3,720

〈표 38〉 체포된 성도들의 조직

이 기간에 핍박받았다고 알려진 최소 2,524명의 그리스도인들은 느슨하게 연계된 조직의 일원들이었다. 또 다른 986명의 그리스도인들은 집단으로 연결된 지하교회 성도들의 일원이었다. 비록 이러한 조직들이 목사나 비공식적인 평신도 지도자에 의해 관리되었더라도, 각 그룹이나 집단은 그들만의 전임 지도자가 있었다. 이들은 대부분 헌신적인 평신도들이었다.

지하교회는 어떻게 확장되었는가?

이 기간에 지하교회 성도들의 숫자는 이전 기간에 비해 크게 증가했음을 알 수 있다. 형성, 생존, 성장의 각 단계를 지난 후에야 지하교회는 확장 기간에 진입하게 되었다. 이 기간에 핍박받은 최소 3,720명의 그리스도인들에 대한 기록은 지하교회 성도들의 존재를 증명하고 있다. 이것은 이전 기간보다 그리스도인의 숫자가 500%나 증가했다는 사실을 반영한다. 하나님의 열정은 그의 백성을 포기하지 않으시며, 그 복음의 순수성을 계속 유지할 수 있도록 역사하셨다.

믿음의 출처	사람 수
1945년 이전부터 믿음	177
부모의 영향	1,358
합법적인 해외여행 중	19
라디오, 비디오, 성경책을 통해	18
개인 복음전도	1,750
성령의 인도	7
중국 체류 중	338
알 수 없음	53
총계	**3,720**

〈표 39〉 믿음의 출처

1945년 이전부터 믿어온 자들

〈표 39〉가 보여주듯이, 1995년 이후에도 여전히 1945년 이전부터 신앙을 유지해온 그리스도인들을 발견할 수 있다. 오랜 핍박 아래 50년이 넘는 세월을 살았던 177명의 나이 많은 그리스도인들은 대부분 지하교회의 지도자가 되었다.

지하교회의 형성, 유지, 성장, 그리고 확장의 단계 속에서 이 남은 자들의 역할을 아는 것은 매우 중요하다. 조선족 사역자는 나이 많은 한 여인이 주기도문을 복창하는 것을 보았다고 증언했다. 그녀의 손자들은 나중에 그들의 할머니가 그리스도인이었다는 것을 입증했다.[48)]

부모의 영향

우리는 북한 황해도 사리원 출신의 34세 여성 조선애를 인터뷰했다.[49)] 그녀는 2004년 11월에 남한에 왔다. 인터뷰는 2006년 1월 4일 서울에 있는 그녀의 아파트에서 진행되었다. 이 인터뷰는 지하교회 성도들이 어떻게 예수님을 알게 되었는지를 보여 준다. 다음은 3시간가량 진행된 인터뷰에서 발췌한 내용이다.

• 당신은 어떻게 그리스도인이 되었는가?

이모를 만나기 위해 1997년 중국으로 갔을 때, 이모가 읽어보라며 성경책을 주었다. 나는 처음에는 믿지 않았다. 그러나 우리가 죽을 때 우리의 육신은 썩어질 것이지만 우리의 영혼은 영원히 살 것이라는 말을 들었을 때, 이 말이 내 심장을 강타했다. 이것이 내 마음을 변하게 했다.

• 당신은 언제 처음으로 성경책을 보았는가?

1987년 어머니가 중국에서 돌아오셨을 때 처음으로 성경책을 보았다(나중에 대화를 통해 우리는 그녀가 1985년을 의미했음을 알게 되었다).

---

48) 모퉁이돌선교회, 〈카타콤소식〉(2001.7).

49) 모퉁이돌선교회, 〈카타콤소식〉(2006.2).

• 당신의 어머니가 성경책을 읽는 모습을 한 번이라도 본 적이 있는가?

그렇다. 어머니와 언니는 늦은 밤에 이불 아래에서 성경책을 읽고 기도했다. 어느 날, 나는 그 성경책을 가져다가 불에 태워버렸는데, 그 이유는 너무 무서웠기 때문이었다. 우리 형제와 친척들은 노동당원이었다. 만약 북한 정부가 우리가 그리스도인이라는 사실을 알게 되면, 우리는 반역자로 재분류될 것이고, 북한에서 많은 그리스도인들이 그러했듯이 우리 가족은 사라질 것이다.

• 당신은 북한에서 그리스도인을 한 명이라도 본 적이 있는가?

그리스도인이 되기 전에 학교와 정치적 모임에서 종교인들이 나쁘다는 소리를 들어보기만 했을 뿐 한 명도 보지 못했다. 내가 그리스도인이 된 후에는 나의 신앙을 공개적으로 나눌 수 없었기 때문에 외로움을 느꼈다. 하루는 언니가 이웃 사람을 만나러 가는 길에 나를 데리고 갔다. 한 집에 한 늙은 여자가 살고 있었는데, 그녀는 식사 전에 매번 졸린 것처럼 행동하며 짧은 시간 동안 눈을 감고 있었다. 처음에 나는 그녀가 아픈 것인 줄로만 알았다. 그러나 나중에는 그녀가 기도하고 있었던 것임을 알게 되었다. 언니는 그녀를 알고 있었고, 나중에 그녀가 음식을 먹기 전에 하나님께 감사하는 기도를 드렸던 것이라고 말해 주었다.

• 당신은 북한에서 기독교 활동에 대해 한 번이라도 들어본 적이 있는가?

당시 내가 어렸기 때문에 어머니는 나에게 많은 이야기를 해주지 않으셨다. 내가 그리스도인이 된 후에는 1995년에 체포되었던 많은 그리스도인들에 대해 듣게 되었다. 나는 1998년 3월 중국에 있는 이모 댁에서 성경을 가지고 북한으로 돌아가다가 국경에서 체포되었다. 그때 심문을 받던 중 보위부원이 1995년 사리원 지역에서 500명이 넘는 그리스도인들이 체포되었다고 말해 주었다.

그는 그렇게 큰 규모의 그리스도인을 체포한 것에 대해 자랑스럽게 여겼다. 그 보위부원은 나에게 그런 사람들과 섞이면 안 된다고 말했다.

• 당신은 북한에 많은 그리스도인들이 있다고 믿는가?

그렇다. 왜냐하면 보위부원이 나에게 그렇게 말해주었기 때문이다. 또한 나는 아버지가 속해 있던 모임의 일원이었던 한 여성에게서도 들은 적이 있다. 그녀의 아버지는 국가보위부가 모임을 발견하기 3년 전에 소천하셔서 체포되지 않으셨다. 그녀의 아버지는 그들이 속해 있다가 체포되었던 교회의 일원이었다.

• '그들'은 누구인가? 어디서 일어난 일인가?

이 사건은 동천 사리원에서 일어났는데, 그 모임 안에 간첩이 있었다. 어느 날 갑자기 국가보위부가 들이닥쳐 성도들이 비밀 예배를 드리던 장소를 둘러쌌다. 그날 예배에 참석했던 모든 사람들이 체포되었다. 나 또한 그곳에 가본 적이 있었고, 기도 모임에 참석하기도 했었다. 내 생각엔 내가 기도를 하기 위해 그곳에 자주 갔었던 것처럼, 그들이 기도와 예배를 위해 모인 장소가 바로 그곳이었던 것 같다.

• 모임의 크기는 어느 정도였는가?

보안상 7-8명 이상의 사람들이 모이기는 힘들었다. 방은 10-12명 정도 수용할 수 있는 크기였지만, 대체적으로 5-6명의 사람들이 기도하기 위해 모였다. 사람들은 굉장히 조용히 기도했다. 어쩌다가 그들은 성경을 읊조리기도 했다. 우리는 작은 소리밖에 내지 못했지만, 찬송가를 불렀다. 큰 소리로 찬양을 부를 수 없었지만, 우리의 마음은 벅차올랐다.

• 당신은 체포되었던 사람들에게 무슨 일이 일어났는지 알고 있는가?

그 그리스도인들은 다른 사람들의 이름을 말할 때까지 고문을 받았다. 그러나 그 누구도 입을 열지 않았고, 다른 그리스도인들을 안전하게 지킬 수 있었다. 그들 중 다수가 끔찍한 심문 후에 먼 곳으로 보내졌다. 보위부원들은 내게 여전히 많은 지하교회 성도들이 있다고 말해 주었다. 그들은 아직도 발견되지 않은 사람들이 많다는 것을 알고 있었고, 집요하게 그들을 찾아다녔다. 나는 그들이 놓쳤던 한 여성을 알고 있다. 그래서 나는 그 여성처럼 현재 북한에 여전히 많은 그리스도인들이 있다고 믿고 있다.

• 그 의미는 체포되진 않았지만 비밀리에 신앙을 지키고 있는 사람들이 있다는 뜻인가?

그렇다. 그 여성처럼 지하교회 성도들이 북한에 많다.

• 당신은 그 여성에 대해 잘 알고 있는 것처럼 이야기했다. 그녀는 어떻게 신앙을 지켰는가?

그녀의 아버지는 폐쇄된 방에서 성경을 가르치곤 했다. 그녀의 집을 방문했을 때, 나는 집안 공기에서 하나님을 느낄 수 있었다. 그리스도의 사랑과 따뜻함과 평화로움을 느낄 수 있었다. 그녀는 헌신적인 성도였는데 아이를 가질 수 없었다. 그런데 10년의 기도 끝에 하나님께서 그녀에게 여자아이를 주셨다. 그녀는 아이의 이름을 '성림'(거룩하신 하나님의 재림)이라고 지었다. 내가 그녀에게 중국에서 만난 많은 성도들에 대해 말한 후, 그녀의 소원은 중국으로 가서 다른 그리스도인들과 자유롭게 예배드리는 것이었다.

• 우리가 당신을 위해 어떻게 기도하면 좋겠는가?

제발 지하교회 성도들과 그들의 안전을 위해 기도해 달라. 지하교회를 인도하고 있는 우리 언니를 위해서도 기도를 부탁한다. 바라는 바는 언니가 남한으로 올 수 있게 되는 것이지만, 언니는 북한에 남아서 비밀 교회를 섬기고 싶어 한다.

인터뷰하는 동안 그녀의 탈북 과정에 관한 더 많은 질문들이 있었으나, 북한 지하교회의 존재에 대한 증언에 한정하여 인터뷰를 정리하였다.

중국 동북 지역의 지원

최근 10년간 북중 접경지역에서 많은 사역들이 진행되고 있다. 많은 재중 교포들, 남한 사람들, 그리고 해외 그리스도인들이 탈북인들을 위해 헌신하고 있다. 그들은 탈북인들에게 식량과 은신처를 공급해 주고, 예수 그리스도의 복음을 나누고 있다.

이러한 노력들로 인해 눈에 띄는 연구결과들이 있다. 2001년에 27명의 그리스도인들이 복음전도자로서 북한으로 돌아갈 준비를 하면서 다락방에서 하나님의 말씀을 공부하였다.[50] 2006년에는 외딴 산지의 정상 근처에서 은신하며 복음을 나누던 7명의 젊은이들이 잡혔다.[51] 2001년에는 13명의 그리스도인들이 한 사역자가 가져다준 성경을 읽으며 한 집에서 은신하다가 순교를 당했다.[52]

50) 모퉁이돌선교회, 〈카타콤소식〉(2001.10).

51) 모퉁이돌선교회, 〈카타콤소식〉(2007.2).

52) 모퉁이돌선교회, 〈카타콤소식〉(2005.7).

개인 복음전도

이 기간에 핍박받은 그리스도인들의 47%에 해당하는 1,750명이 개인이 전한 복음을 듣고 예수 그리스도를 알게 되었다. 성령께서 북한 교회를 감동시키시고 그들의 순종을 통해 교회를 성장시키셨다. 한 예로, 한 여성 지도자가 다른 사람들에게 그녀의 신앙을 나누기 시작하여 청진, 무산, 함흥 등의 7개의 지역에서 500명이 넘는 성도들을 섬겼다.[53]

한 조선족 사역자는 1998년에 북한에 있는 한 동네에 머물며 6명의 사람들과 함께 비밀 교회를 세웠다. 그가 2002년 9월에 그 지역을 다시 방문했을 때, 58명의 그리스도인들이 6개의 가정교회에서 모이고 있었다. 교회는 목사나 복음전도자나 혹은 선교사들 없이 성령으로 감동된 한 개인의 복음전도를 통해 성장했다.[54]

중국을 방문한 한 늙은 여성은 한 선교사를 만나 자신의 신앙을 드러내지 않았지만, 성경을 요청했다.[55] 북한으로 돌아온 후 그녀는 음식과 옷, 성경 공부 자료들을 포함한 더 많은 것들을 중국에 요청해왔다. 그녀가 한 번도 기독교 성도라고 말하지 않았기 때문에 선교사는 그녀가 요구한 것들을 보내기를 꺼려했다.

그러던 어느 날 그녀가 중국으로 다시 돌아왔다. 그녀는 결국 그녀가 성경을 읽었으며 자신이 그리스도인임을 간증했다. 선교사는 그녀가 36명의 사람들을 믿음의 길로 인도했다는 것을 알고 깜짝 놀랐다. 선교사는 그녀에게 어떻게 그들과 복음을 나누었느냐고 물었다. 그녀는 자신이 낡은 컬러TV를 가지고 북으로 돌아갔었다고 말했다. 그녀는 집으로 사람들

53) 모퉁이돌선교회 현장선교사(2007.6).

54) 모퉁이돌선교회, 〈카타콤소식〉(2004.10).

55) 모퉁이돌선교회, 〈카타콤소식〉(2001.9).

을 초대해 가지고 간 예수 비디오를 보여 주었다. 그 다음에 그녀는 그들에게 복음을 나누었다. 그녀는 북한에 가기 전에 두 권의 성경책을 더 요청했다 .

북한에서의 개인 전도는 다른 곳에서 행해지는 것과 매우 다르다. 법적으로 전도하는 것이 금지되어 있고, 기독교적 메시지는 반혁명주의로 간주되기 때문에 복음을 전하는 그리스도인들은 자신과 가족의 수감 혹은 처형 등의 개인적인 위험 부담을 안고 가야만 한다. 그러나 북한의 지하교회 성도들은 성령의 부르심에 순종하여 남한 교회보다 훨씬 열정적으로 복음을 전하고 있다.

간접적인 복음 전도

성경과 복음 소책자들은 예수 그리스도를 소개하는 데 있어 매우 중요한 역할을 한다. 1998년 아무 경험 없는 재중 선교사가 복음을 전하기 위해 북한에 들어갔다. 작은 식당에서 점심을 먹고 있던 그는 음식을 배달하는 나이 많은 여성에게 망설이며 물었다. "당신은 예수님을 알고 있습니까?" 그녀는 즉시 그 자리를 떠났다. 그녀는 멀찍이서 소리쳤다. "우리는 그런 거 알지 못하오."

그녀는 식당에서 나간 뒤 잠시 동안 돌아오지 않았다. 선교사는 자신이 큰 실수를 저질렀다고 생각했다. 그는 그녀가 보위부원들을 데리고 오지 않을까 두려웠다. 선교사가 식당을 떠나기 전에 그녀는 종잇조각을 손에 쥐고 식당으로 들어왔다. "손님, 당신은 이런 거 읽는 사람들 중 하나입니까?" 그녀가 물었다. 그녀가 들고 있던 종이를 읽어 내려가던 선교사는 그것이 성경책에서 찢겨진 페이지라는 것을 알고는 놀랐다.

그녀는 계속해서 말했다. "나는 누가 이런 짓을 하는지 알지 못합니다. 처음엔 몇 페이지가 우리 집 벽 사이에 꽂혀 있었는데, 그 다음엔 새로운 페이지가 매번 꽂혀 있는 겁니다. 처음에 나는 이것이 그냥 종이라고 생각했습니다만, 읽으면서 여기에 적힌 내용들을 믿게 되었고 다음 부분을 받기 위해 기다리게 되었습니다." 이렇게 말하는 그녀의 얼굴은 붉게 물들어 있었다.[56]

북한에는 이처럼 특별한 방법으로 복음을 나누는 그리스도인들이 있다.

성령의 인도

흥미롭게도 이 기간에 성령께서 직접 북한 사람들과 교통하셔서 그들에게 예수님에 대해 말씀하셨던 기록들이 있다. 이런 일은 아랍이나 아프리카처럼 사람들이 찾아가기 힘든 곳에서 흔히 일어나는 사건이지만, 한국 역사에선 결코 흔하지 않은 일이다. 과거에는 다수의 신비한 사건들이 있었지만, 그것들은 기록되지 않거나 공적으로 이용하기 곤란한 경향이 있었다.

이러한 사례 중 하나님께서 그의 나라를 위해 북한 사람들을 그분의 방법으로 사용하신 사건을 소개하겠다.[57] 북한의 한 사업가가 중국에 갔다. 중국에 있는 동안, 그는 남한 선교사를 소개받았다. 선교사는 이 사업가에게 예수를 믿으라고 권유했다. 사업가는 지금 즉시 그 제안을 받아들이기는 쉽지 않다며 거절했다. 그날 저녁 이 북한 사업가는 "성경책을 받아라"라는 음성을 세 번이나 들었다.

56) 모퉁이돌선교회, 〈카타콤소식〉(1999.10).

57) 모퉁이돌선교회, 〈카타콤소식〉(2006.1).

이틀 후에, 그는 남한 선교사에게 밤에 일어난 일을 이야기했다. 그 사람의 이야기를 들은 남한 선교사는 그에게 성경을 주었다. 기억력이 약했던 북한 사업가는 성경을 읽기가 너무 어려워서 하나님에게 이렇게 요청했다. "만약 제가 성경을 읽기를 원하신다면, 기억상실증을 고쳐 주세요." 그로부터 2주 후 그의 꿈에 누군가가 나타나서 말하기를 "지금부터 너는 기억 상실증 때문에 괴로워하지 않을 것이다"라고 했다. 그날부터 그는 성경을 읽고 이해하고 성경구절을 쉽게 암송할 수 있게 되었다. 그는 신실한 성도로 예수님 앞에 나오게 되었다.

1989년 11월 노동당원이었던 송봉주는 이상한 꿈을 꾸었다.[58] 꿈속에서 그녀는 밝고 빛나는 옷과 왕관을 쓴 어떤 사람이 그녀에게 다가오는 것을 보았다. 그 꿈을 꾼 이후로 그녀는 이상하게 행동하기 시작했다. 그녀의 설명할 수 없는 행동과 태도의 변화 때문에 그녀는 결국 노동당에서 쫓겨났다.

그 후 그녀는 중국에 살고 있는 단 한 번도 만난 적이 없는 이모를 방문했다. 그런데 이모를 만나게 된 그녀는 매우 놀랐다. 그녀의 얼굴을 꿈에서 본 적이 있었기 때문이었다. 송봉주는 이모의 도움으로 그녀의 믿음을 확인할 수 있었다. 그녀는 집으로 돌아가기 전에 성경만 읽으며 두 달을 지냈다.

북한으로 돌아간 그녀는 함께 교제를 나눌 수 있는 그리스도인들을 찾아다녔다. 그러나 주변에서 단 한 명의 성도도 찾을 수 없었다. 그래서 그녀는 하나님께 그리스도인 친구들을 보내 달라고 기도했다. 그 후 하나님께서는 사람을 한 명씩 보내어 그녀를 방문하게 하셨다. 그녀가 그들에

---

58) 모퉁이돌선교회, 〈카타콤소식〉(2005.8).

게 어떻게 그녀의 집에 오게 되었느냐고 묻자 그들은 하나같이 "하나님께서 당신을 방문하라고 말씀하셨다"고 대답했다.

성령께서 이 마지막 시대에 북한에서 활발하게 역사하고 계신다. 귀 있는 자들에게 직접적인 계시를 주셔서 그분의 음성을 듣게 하시며, 그분께 순종하기로 결심한 사람들을 통해 기적을 베푸신다.

지금까지 우리는 1953년부터 2006년까지의 다양한 사건들 속에서 지하교회가 어떻게 형성되었고, 견디고 생존하였으며, 성장하고 확장되었는지에 대해 살펴보았다. 다음 장에서는 북한에 있는 성도들의 현재 상황을 살펴볼 것이다.

9장

북한 지하교회의 현재

북한의 지하교회는 공산당들의 핍박으로 형성되고 유지되었으며, 성장하고 확장되어 왔다. 이 장에서는 북한 지하교회의 현재 상황에 대해 자세히 살펴볼 것이다.

지하교회 조직

북한은 1953년 휴전협정 체결 후, 전쟁에 의해 완전히 파괴되었던 북한을 사회주의 국가로 재건하기 시작했다. 전쟁 후 북한은 '기독교는 역사적으로 제국주의자들에 의하여 가장 광범위하게 이용된 침략과 약탈의 사상적 도구'라고 인식하고, 그리스도인을 사회의 암적인 존재로 여기고 제거하기 시작했다. 그리하여 교회는 더 이상 북한에 존재할 수 없게 되었다. 가시적인 형태들이 모두 사라져가는 동안 교회는 공공장소에서 숨어야 했지만, 주요 기능은 계속되고 있었다.

교단과 노회, 총회 등의 조직은 더 이상 상황에 맞지 않았다. 그리고 개종자들이나 새로 예수를 믿기 시작한 사람들에 대한 입교·세례문답과 세례와 성찬은 목사들이 없어 전쟁 전에 장립한 장로들에 의해 진행되었지만 원활하게 이루어지지 않았다. 1953년 이전에 예수를 믿게 된 사람들 중 다수를 차지하는 여성들은 예배를 인도하고, 가르치고, 서로를 격려했다. 시간이 흐르면서 전통적인 형태는 예배 의식이 아닌 '실용적인 형태'로 대체되었다.

1953년부터 1995년까지 40년의 기간 동안 핍박받았다고 기록된 11,937명의 그리스도인들 중 체포된 목사들은 11명밖에 없다. 이것은 40년 동안 지하교회 활동을 이끌었던 주요 지도자들이 평신도였음을 보여준다. 압제 아래 있는 교회에게 직함과 직분은 중요하지 않았다. 모든 성도들은 그들의 나이, 성별, 혹은 배경에 상관없이 순종하도록 요구되었다.

전통적인 교회의 형태를 벗어난 북한 교회는 전통적인 형태를 가진 외부인들의 냉대를 감수해야 했다. 남한에서는 대부분 조선기독교도연맹과 그 비호 아래 있는 봉수교회, 칠골교회 외에는 교회가 없다고 여기지만, 이것은 사실과 다르다. 북한의 교회는 아직도 살아 있으며, 모든 것이 잘 갖춰진 현대 자본주의 교회와 조직이나 제도 면에서 완전히 다르다. 지하교회가 핍박 가운데 단순화된 그들만의 형태를 가지고 있기 때문이다.

일반적으로 북한에는 조직화된 비공식적 형태의 교회는 존재하지 않고 개인적으로 은밀히 신앙을 지키는 사람들만이 생존하고 있다고 생각한다. 그러나 〈표 40〉을 보면, 개인적으로 은밀하게 신앙을 지키고 있는 사람들과 더불어 가족, 집단, 조직 형태의 모임이 북한 전역에 널리 퍼져 있음을 알 수 있다.

	개인	가족	집단	조직	총계
성도 수	217	148	7,562	8,628	16,555

〈표 40〉 고난받는 성도들의 모임

개인

북한에서 개인적으로 하나님을 예배하는 사람들은 홀로 하나님께 나아갔다. 앞의 표에서 보듯 217명의 그리스도인들이 홀로 예수를 믿었으며, 이는 이 연구에서 확인된 그리스도인 중 겨우 1%에 해당한다. 그들은 그리스도인으로 알려진 후 겪게 될 핍박에 대한 두려움으로 인해 개인적으로 예배를 드렸다.

죽을 때까지 홀로 믿음을 지켰던 사람들에 대해 기록된 많은 사건들을 보면, 그들은 다른 사람들에게 자신의 신앙을 나타내는 것을 두려워한 나머지 기도와 예배 이외의 활동은 하지 않았다. 그들은 다른 사람에게 복음을 나누지 않았다. 심지어 가족 안에서도 부모는 자녀에게 신앙을 전수해야 한다는 압박감을 느끼면서도, 그리스도인이라고 발각된 후에 자녀들에게 가해질 핍박이 두려워 침묵했다. 한편 개인적으로 믿음을 지키는 자들을 보위부원들이 발견하기 힘들었을 것이라는 추측도 가능하다.

가족

앞의 표에서 보듯, 가족 단위로 신앙생활을 영위한 사례도 많다. 당연히 가족은 가장 가까운 사람들이며, 가장 믿을 수 있는 사람들이다. 물론 복음보다 가족의 안전을 더 소중하게 생각하여 혹여 그들의 자녀들이 실언할 경우나 자녀의 장래와 온 가족의 미래에 대한 두려움으로 복음을 나누지 않는 부모도 있었다. 그러나 〈표 11〉에서 볼 수 있듯 3,398명의 그리스도인이 부모를 통해 하나님을 알게 되었다고 증언했다.

우리는 이 통계를 통해 3대에 걸쳐 복음이 전수되었다고 추정하는데, 대부분 1945년 이전에 믿었던 부모들이 그들의 자녀들을 가르쳤다. 그 아이들이 부모가 되었을 때, 그들 또한 그들의 자녀를 가르쳤다. 그러나

3,398명의 그리스도인 중 148명만이 그들의 가족끼리 예배를 드렸다는 것을 확인했다. 생존 가능한 소규모 모임 중심으로 형성된 '가족공동체' 그리스도인들에게는 다른 사람들에게 복음을 전해야 할 필요성이 제기되었고, 4%만이 그들의 가족끼리 예배를 드렸다. 나머지 그리스도인들은 더 큰 모임과 연결되었다.

집단

기록된 사건들은 지하교회가 단순히 개인이나 가족이 아닌 대부분 4-8명의 소규모 집단으로 모였다는 것을 보여 준다. 그들은 마치 친구들끼리 모여서 담소를 나누고 교제를 갖는 것처럼 비공식적인 모임의 형태를 유지했다.

그들은 종종 찬송가를 조용히 부를 수 있는 깊은 산속으로 함께 걸어가기도 했다. 찬송가는 기성세대로부터 젊은 세대에게 구전되었다. 어떤 이들은 그들이 좋아하는 찬송가를 기록해 두기도 했으나, 발각될 것을 우려하여 대부분 찬송가를 암송하여 불렀다. 성경도 이와 마찬가지였다. 대부분의 사람들은 성경구절을 많이 암송했고, 다른 사람들과 그 구절들을 나누었다. 최근에는 다양한 통로로 북한에 성경이 밀수되어 인쇄된 성경을 가지고 있는 사람도 있다. 그럼에도 불구하고 대부분의 그리스도인들은 발각되지도 않고 다른 이들이 빼앗아갈 수 없도록 그들 마음속 깊숙이 하나님의 말씀을 숨겨 두었다.

대부분의 모임에는 안수받은 목사가 없다. 모임에서는 특정한 사람이 설교를 하지 않았으므로 말씀을 나누는 것이 더욱 일반적이었다. 대체로 성경에 나오는 장로와 같이 오랫동안 믿음 안에서 변화된 사람들이 집단을 인도하곤 했다. 그들은 서로를 격려하고 하나님을 예배하기 위해 정기적으로 모였다. 이러한 모임은 가까운 가족들 외에 집단을 형성하여 정기적으로 모였던 최소 7,562명의 그리스도인들에 관한 기록에서 발견된 것이다. 이 모임은 두 번째로 큰 그리스도인 모임이며, 주로 같은 도시나 지역에서 모이기 때문에 집단이라 불렀다. 성령의 인도하심에 순종하여 핍박받은 대다수의 집단 그리스도인들은 북한 전역에 존재하는 조직과 연결되어 있었다.

조직

북한 교회의 존재에 대해 믿지 않는 사람들이 '조직'에 대해 이해하기는 어렵다. 그러나 이것은 북한에 실제로 존재하며, 이 연구에서 조사된 조직의 개념은 한 지역을 넘어서 여러 지역에 존재하는 '하부 조직' 즉 또 다른 지하교회와 긴밀하게 연결된 모임이다. 연결된 조직은 경제적 부분은 물론 성경과 성경공부 교재 등의 배부와 정보를 공유한다. 외부인들은 이 조직의 존재를 상상도 못하겠지만, 기록된 사건들과 현지 조사, 인터뷰 등을 종합하면 북한에 다양한 모임이 연결된 실질적인 조직망이 구축되어 있다는 사실을 입증할 수 있다.

이 비공식적인 모임들은 전통적인 교단들과 혼돈할 일이 전혀 없다. 그들은 상호 간의 격려와 나눔, 지원을 위해 존재하는 단순한 조직망이다. 그들은 법규와 규정에 의하여 강제성을 띠지 않으며, 자발적인 참여를 통해 존재하고 있다. 대체로 이 조직당들은 오랜 세월 동안 예배를 통해 신실함이 입증된 주요 그리스도인들을 중심으로 구축되었다. 그들은 다른 지역의 그리스도인 조직을 대표하는 사람들과 정기적으로 모인다. 여기에는 다양한 조직의 구성들이 있지만, 이들은 완전히 비공식적이고 유연하다. 조직을 통해 다른 그리스도인들의 상황을 파악하고 정보를 공유하며 서로를 위해 기도하고 위로하며 격려하는 것이 조직의 큰 강점이다. 이 조직들은 전적으로 자립적이다.

〈표 41〉은 북한 지하교회의 형태를 시대별로 보여 준다. 소수의 사람들은 여전히 개인적으로 혹은 가족끼리 예배를 드리고 있었다. 이러한 모임 형태의 그리스도인들이 체포되거나 핍박받는 비율이 낮은 것으로 봤을 때, 보안성이 가장 크다고 볼 수 있다. 하지만 대부분의 그리스도인들은 정기적인 비공식 모임(집단)이나 조직에 속해 있다는 것을 알 수 있는데, 이는 살아 있고 성장하는 북한 지하교회의 존재를 명확하게 보여 준다.

지속적인 핍박으로 인해 북한 지하교회는 자유주의 국가에서 성장한 교회들과 양상이 매우 다르다. 이들 교회는 자유주의 국가의 교회들보다 오히려 사도행전에 등장하는 초대 교회와 더 유사하다. 아래 도표에 소개된 4가지 형태는 한국전쟁 이후 북한 교회의 모습인데, 전통적인 교회와는 확연히 다르다.

	1953–1972	1972–1988	1988–1995	1995–2006	총계
개인	51	22	15	121	209
가족	14	15	25	89	143
집단	5,324	93	274	986	6,677
조직	5,508	169	427	2,524	8,628
총계	10,897	299	741	3,720	15,657

〈표 41〉 시기별 교회 형태

1953년부터 1972년까지 가혹한 핍박의 결과로 많은 사람들이 체포되었다. 이것은 이 시기의 지하교회 형태에 대해 암시하고 있는데, 대부분의 사람들이 집단이나 더 큰 조직의 일원이었음을 알 수 있다. 그리스도인들은 핍박과 시련을 거치면서, 1995년부터 2006년까지의 시기에도 여전히 집단이나 조직에 소속되어 있는 비슷한 경향을 보였다.

조사 결과 조직의 규모는 평균 150명이고, 집단의 경우 10.3명이다. 몇몇 자료에 근거하여 현재까지 알려진 가장 큰 조직은 2,000명 정도의 규모임을 알 수 있는데,[1] 더 큰 조직의 존재 여부는 확인되지 않고 있다.

연구 결과들은 남한 교회가 북한의 기독교에 대해 가지고 있던 생각과는 확연하게 달랐다. 북한 주민들이 가족의 종교 활동을 밀고하고 다섯 가구마다 늘 서로를 감시하고 있다는 것을 알고 있는 남한 사람들이 북한 지하교회 조직의 존재를 상상하는 것은 매우 어려운 일이다. 남한 사람들의 보편적인 생각과 완전히 다르지만, 이 조사 결과는 북한에 교회의 조직이 실제로 존재하고 있다는 것을 명백하게 보여 준다.

지하교회의 분포

또한 지하교회의 분포를 알 수 있는 몇 가지 기록이 있다. 지하교회의 모든 위치에 대한 포괄적인 목록을 만드는 것이 이 연구의 목적은 아니었지만, 자료는 북한의 전 지역에 걸쳐 지하교회가 있다는 사실을 명백하게 보여 준다. 다음 도표는 교회들의 위치를 상세하게 나타낸다. 참고로 1% 미만은 비율을 표시할 수 없었다.

지역	성도 수	비율
국경 지대	31	–
함경북도	2,157	13%
함경남도	377	2%

1) 김혁, Ibid., 83, 〈탈북난민〉(2002년 여름호), 44.

황해도	916	5%
자강도	5	–
강원도	330	2%
평양	119	1%
평안북도	9,531	56%
평안남도	1,191	7%
북한의 전 지역	210	1%
알려지지 않은 지역	2,041	12%
양강도	49	–
중국	16	–
자료 없음	11	–
총계	16,984	100%

〈표 42〉 핍박받은 성도들의 분포

위 표에서 보듯, 핍박받은 그리스도인의 숫자가 가장 많은 곳(9,531명, 56%)은 평안북도이다. 두 번째로 집중된 곳은 2,157명(13%)가 핍박받았다고 보고된 함경북도이다. 눈여겨볼 대목은 이 두 지역이 중국과 국경을 접하고 있다는 것이다. 1995년 극심한 기근이 발생했을 때, 많은 북한 주민들이 국경을 넘어 중국으로 가면서 이 지역에서 많은 핍박이 보고되었다. 또 다른 이유는 추방되었던 그리스도인들의 대다수가 함경북도에 있는 노동수용소로 보내졌기 때문이다.

북한에서 정보를 입수하기는 어려웠지만, 북한의 모든 지역에서 그리스도인들이 체포되었다는 사실은 주목할 만하다. 북한의 주요 노동수용소에는 목사들이나 평신도 지도자들 같은 중요 정치범들이 수감된 반면, 일반 성도들은 주로 황량하고 외딴 오지로 보내졌다.

	1953-1972	1972-1988	1988-1995	1995- 2006	총계
국경지대	-	-	10	21	31
함경북도	8	16	8	2,111	2,143
함경남도	3	64	-	293	360
황해도	131	1	86	512	730
자강도	-	-	-	5	5
강원도	5	3	-	2	10
평양	4	1	22	6	33
평안북도	9,185	11	221	27	9,444
평안남도	3	70	312	297	682
북한 전 지역	-	100	10	100	210
알려지지 않은 지역	1,548	6	65	329	1,948
양강도	10	27	6	6	49
중국	-	-	1	11	12
총계	10,897	299	741	3,720	15,657

〈표 43〉 시대별 핍박받은 성도들의 분포

〈표 43〉은 시간이 지남에 따라 그리스도인의 지리적 인구 분포가 어떻게 변해왔는지를 보여 준다. 함경북도에서 핍박받았다고 보고된 그리스도인들의 숫자는 시간이 지남에 따라 눈에 띄게 증가했다. 이것은 많은 그리스도인들이 함경북도로 추방되었다는 사실을 반영하기도 하지만, 다수의 새로운 그리스도인들이 기근 후에 중국에서 예수님을 영접했다는 사실을 보여 준다. 시간이 지남에 따라 수치에 큰 변동이 없는 것을 보면 평양 주변의 통제가 심했다는 것을 알 수 있다. 핍박받은 그리스도인들이 평안북도에 크게 집중되어 있는 것은 한국전쟁 후 생존한 그리스도인들에 대한 집중적인 핍박이 있었음을 암시한다. 평안북도는 일제 식민지 기간 동안 가장 많은 그리스도인들이 거주한 곳이었다. 그들은 한국전쟁 후에 공산당 정부에 의해 무참히 학살되었다.

〈표 44〉에서 보여 주는 것처럼 가장 최근(1995-2006)에 핍박받은 그리스도인이 가장 많이 분포한 지역은 함경북도이며, 조직에 연결된 최소 1,310명의 그리스도인들이 체포되었다. 추가적으로 693명이 비공식적인 모임(집단)에서 정기적으로 모이고 있다는 것이 보고되었다. 두 번째로 그리스도인이 많이 분포한 지역은 황해도이며, 이들도 대부분 조직에 속해 있었다.

	개인	가족	집단	조직	총계
국경지대	1	–	20	–	21
함경북도	61	47	693	1,310	2,111
함경남도	9	2	–	282	293
황해도	4	8	–	500	512
자강도	3	2	–	–	5
강원도	2	–	–	–	2
평양	1	–	5	–	6
평안북도	6	15	–	6	27
평안남도	5	–	52	240	297
북한 전 지역	1	7	12	80	100
알려지지 않은 지역	22	6	195	106	329
양강도	2	2	2	–	6
중국	4	–	7	–	11
총계	121	89	986	2,524	3,720

〈표 44〉 집단별 지리적 분포(1995-2006)

지난 10년간 그리스도인들이 가장 적게 발각되거나 핍박받았던 지역은 강원도(2명), 자강도(5명), 양강도(6명), 그리고 평양시(6명)이다. 자료는 북한 전역에 걸쳐 가족, 집단, 심지어 조직에 속한 그리스도인들이 있다는 것을 보여 주는데, 최근 자료는 그리스도인들의 내부 연계가 강화되었음을 보여 준다. 그들은 상호 협력을 위해 지역적 또는 국가적인 조직망 안에서 비공식적으로 연계되어 있다.

다음의 표는 시대별 지리적 분포를 나타내는 것으로 핍박과 교회의 존재성을 증명하고 있다.

지역	1945–1950	1950–1953	1953–1972	1972–1988	1988–1995	1995–2006
함경북도	2	12	8	16	8	2,111
양강도	–	–	10	27	6	6
자강도	–	–	–	–	–	5
강원도	5	3	–	2	–	10
평안북도	12	75	9,185	11	221	27
평안남도	5	504	3	70	312	297
함경남도	3	14	3	64	–	293
평양	40	46	4	1	22	6
황해도	54	132	131	1	86	512
강원도	7	313	5	3	–	2
국경 지대	–	–	–	–	10	21
북한 전 지역	–	–	–	100	10	100
알려지지 않은 지역	–	93	1,548	6	329	329
총계	123	1,189	10,897	299	740	3,709

〈표 45〉 시대별 핍박받은 교회의 지리적 분포

전쟁 직후에 기록된 위의 자료들은 생존한 교회와 성도들의 지리적 분포를 보여 준다. 남북이 분단된 이후, 그리스도인 생존자들은 탈북의 희망과 함께 중국으로 건너갔다. 최북서단 지역인 평안북도는 전쟁 직후에 9,185명의 그리스도인들이 수감되거나 처형되었는데, 이는 이 시기에 핍박받은 그리스도인들의 98%에 해당한다.

전쟁 직후에 주로 반공산주의와 친미 성향으로 인식된 그리스도인들이 처형되었다. 자료에 의하면 1953년부터 1972년까지 적어도 10,897명의 은신하고 있던 그리스도인들이 발각되어 수감되거나 처형되었다. 가장 접근성이 떨어지는 산악 지역인 자강도를 제외하고, 북한의 전 지역에서 그리스도인들이 발견되었다는 것을 입증하는 기록들이다.

최북단의 춥고 외딴 지역인 함경북도는 2006년까지 드러나지 않은 많은 핍박과 관련되어 있다. 이 자료에 나타나지 않았지만, 러시아와 국경을 맞대고 있는 함경북도를 통해 전쟁 전 일부 그리스도인들이 시베리아로 추방되었다. 함경북도는 전쟁 후에 여러 강제노동수용소와 정치범수용소가 세워져 폐쇄적인 지역이 되었다. 일반 성도들은 대부분 함경북도로 추방되었다.

함경북도에서 그리스도인의 숫자가 증가하고 있는 것은 지하교회의 활동이 이 지역에서 활발하게 일어났다는 것을 암시한다. 1995년부터 2006년까지 핍박받은 그리스도인의 61%, 곧 2,111명과 관련된 사건들이 이 지역에서 발생했다.

시대별 지하교회의 형성

〈표 46〉은 시대별로 핍박받은 그리스도인들의 역할이 지하교회 형성에 어떤 영향을 미쳤는지 보여 준다. 한국전쟁 전과 전쟁 기간에 목사와 교회 지도자들은 분명한 제거 대상이었다. 모든 안수받은 목사들 중 총 80%(342명)와 북한 교회 역사에 기록된 모든 성직자들 중 80%(382명)는 한국전쟁 전과 전쟁 중에 처형되었다. 목사들 외에 많은 직분자들도 모두 공산당에 의해 제거되었다. 전쟁 전후로 교회 안에서 직분을 맡고 있었다고 기록되었던 사람들 중 90%(36명)가 처형되었다.

	1945–1950	1950–1953	1953–1972	1972–1988	1988–1995	1995–2006	총계
목사	81	261	7	3	1	78	431
부목사	5	35	–	–	–	5	45
선교사	–	–	–		1	5	6
장로	5	18	–	1	1	–	25
권사	1	3	–	–	–	–	4
집사	1	4	–	–	1	–	6
목사 사모	1	3		1	–	–	5
평신도	29	880	8,809	258	737	3,632	14,345
모름	–	–	2,081	36	–	–	2,117
총계	123	1,204	10,897	299	741	3,720	16,984

〈표 46〉 시대별 핍박받은 성도들의 직분

시대별 핍박받은 그리스도인들의 직분을 살펴보면, 1953년까지 23명의 남성 장로들이 있었으며, 권사[2]들은 4명밖에 되지 않는다. 수감되거나 처형되었던 권사들의 숫자가 남성에 비해 비교적 적은 것은 문화적인 이유로 유추된다. 아마도 한국 사회에서 연세가 많은 여성을 상대적으로 우대하는 경로사상의 영향이 아닐까 생각한다.

1953년 전후에 약 50년의 세월이 흐른 후 부목사와 집사 등 직분자들이 처형되었다. 이것은 핍박의 어두운 기간 동안 공식적인 직분들이 사라졌음을 의미한다. 반면, 지하교회는 평신도들의 적극적인 개입으로 활성화되었다. 공식적인 직분은 더 이상 중요하지 않게 되었고, 모든 그리스도인들은 '평신도'라는 이름으로 활동했다. 이러한 관점에서 필자는 지하

2) 한국 장로교회에서 권사의 역할은 여성이 맡았고 장로와 비슷한 역할을 한다. 장로교 헌법이 여성 장로들을 허용하지 않기 때문에, 권사의 직분은 50대 후반의 여성들의 사역에 존경과 경의를 표하기 위해 만들어졌다. 그러나, 감리교에는 남성 권사들도 있다.

교회가 공식적인 직분이나 계층이 없었던[3] 초대 교회를 반영하고 있다고 믿고 있다.

연구 자료는 평신도들이 대부분 복음을 위해 끊임없이 핍박받았고, 이 수치가 최근에 증가하고 있다는 것을 보여 준다. 1953년 전후로 교회 안의 성직자들과 직분자들이 거의 제거된 후에 1972년까지 10,890명이 넘는 평신도들이 수감되고 처형되었다. 이들은 깊은 지하 속으로 숨어 들어갔고 정부가 258명의 평신도들을 체포했지만, 그들은 1972년부터 1988년 사이에 다시 활동하기 시작했다. 1988-1995년에 737명, 1995-2006년에 3,632명의 평신도들이 핍박받았다. 이는 평신도들이 지하교회의 불꽃을 유지해 주는 연료로 쓰였다는 것을 말해 준다. 평신도들은 비공식적인 모임을 통해 은밀하게 하나님의 나라를 확장시키고 있었던 것이다.

놀랍게도 한국전쟁 동안 대부분의 목사들이 떠나거나 죽었음에도 불구하고, 예상 외로 북한 교회 역사는 매 시대마다 남아 있는 목사들에 대해 언급하고 있다. 1953-1972년에 7명, 1972-1988년에는 3명의 목사들이 처형되었다. 모든 목사들이 남한으로 도망친 것은 아니며, 몇몇 목사들은 핍박받는 교회를 위해 남아 있었다. 그들은 복음의 불길을 위해 그들의 삶을 내어버린 참 목자들이라는 것을 증명했다.

이 목사들 중에는 2명의 알려지지 않은 목사들[4]과 함께 정치범수용

---

3) 한스 큉이 지적한 것처럼, 신약에 언급된 '제사장'이란 단어는 교회 내의 직분자를 묘사하는 것이 아니다(큉 1976). 성직자와 평신도를 구분하는 것은 성경 어디에도 나와 있지 않다. 사실, '평신도'라는 단어가 처음 기록된 것은 서기 90년이었고, 로마 클레멘스 교황이 교회의 일반 회원들을 묘사하기 위해 사용했다. 그때까지, 그리스도의 몸 된 교회의 지체들을 구분할 필요가 없었다. 4세기에 이루어진 성직자 계층의 발달은 구약에 언급된 그리스도의 몸으로서 그리고 계층 없는 신실한 사역 공동체로서의 교회의 개념인 '만인 제사장설'에 대한 이해를 격하시키는 결과를 낳았다(로우손). Anne Rowthorn, *The Liberation of Laity*. (Wilton, CT: Morehouse-Barlow Publisher, 1986), 7.

4) 이민복. 천기홍 145.

소에서 목격되었다고 보고된 김태용 목사[5]가 포함되어 있다. 알려지지 않은 80세의 목사는 2003년에 여전히 생존해 있다고 보고된 바 있다.[6] 이윤심 목사는 1996년에 처형되었다.[7] 익명의 2명의 목사들은 체포되었던[8] 남포시에서 2000년도까지 47명의 성도들을 섬겼다고 보고되었다. 이러한 보고는 목사들과 교회 직분자들의 부재로 인해 북한에 교회가 존재하지 않는다는 일반적인 인식과 모순된다.

외부인들이 북한에서 목사들이 완전히 사라졌다고 생각하는 동안, 하나님께서는 계속해서 북한에 목사들과 선교사들을 보내셨다. 남한의 안승운 목사[9]와 김동식 목사[10]는 북한 정부에 의해 중국에서 납치되었다.[11] 하나님께서는 그들을 북한으로 보내셨고, 북한 사람들에게 복음을 나누게 하셨다. 그러다가 김동식 목사는 2001년에 순교당했다.[12] 배교의 여부는 모르지만 안승운 목사는 풀려나 북한에 아직 생존해 있다.

최광 목사는 1995년부터 2006년 사이에 74명의 북한 사역자들을 중국에서 훈련시켜 북한으로 파송했다.[13] 이 연구 자료에 언급된 74명의 사역자 외에도 셀 수 없이 많은 사역자들이 다양한 선교 조직에서 훈련받았고, 1995년 이후에 북한으로 파송되었다. 모퉁이돌선교회도 2006년까지 2,000여 명의 사역자를 실제로 중국에서 훈련시켜 북한으로 파송했다.

---

5) 모퉁이돌선교회, 〈카타콤소식〉(1994.11).

6) 탈북난민보호운동본부, 『북한기독교 박해사례 증언집』(탈북난민보호운동본부, 2006), 36, 77.

7) 북한 민주화를 위한 정치범수용소 해체운동본부 2003.

8) 동아신문 2003. 6. 2.

9) 조선일보 2006. 6. 13.

10) 조선일보 2006. 6. 13.

11) 조선일보 2006. 6. 13.

12) 〈뉴스 미션〉 2007년 8월호

13) 최광, 『내래죽어도 좋습네다』(생명의말씀사, 2006).

위의 표에 의하면, 목사들이 1945년 이후 2006년까지 북한에 존재했기 때문에 성례가 가능했다. 지하교회는 교회 역사의 전 기간에 항상 안수받은 목사들의 사역을 누렸다. 이것은 성령께서 어느 성도들이라도 사역에 사용하실 수 있다는 하나의 견해이지만, 북한 교회의 핍박 기간 동안 안수받은 목사들이 존재했다는 사실은 "북한에는 새 그리스도인들에게 세례를 베풀고 성례를 인도할 수 있는 안수받은 목사가 없었기 때문에 북한에 교회가 없다"는 남한 교회의 주장과 배치된다.

성도들의 유형

지하교회에는 두 가지 유형의 성도들이 있다. 바로 1945년도 이전에 믿었던 남은 자들과 그들의 자손들, 그리고 1995년도 이후 기근과 자연재해로 인해 중국에 가서 그리스도인이 된 자들이다.

이 책에서 언급되지는 않았지만 북한 교회를 이해하는 데 도움이 되는 한 가지 유형이 더 있는데, 그들은 지상교회 성도로서 조선기독교도연맹과 연계된 공식적인 교회에 소속된 두 가지 유형의 그리스도인들이다. 그들은 참 그리스도인들과 정치적 임무의 하나로써 그리스도인인 척하는 사람들이다. 후자는 신앙은 없지만 정기적인 기독교 모임과 국제적 인사들의 방문시 정부의 명령으로 동원되는 자들이다. 그들은 그리스도인의 껍데기로 포장하고 있지만, 주체사상을 신봉하며 기회가 있을 때마다 공산당의 정책을 선전한다. 필자는 처음의 두 가지 유형의 성도들에 대해 간단하게 설명하고, 그 다음에 공식적인 교회에 속하는 두 가지 유형에 대해 더 상세하게 설명할 것이다.

1945년 이전부터 존재한 남은 자들

연구를 통해 1945년 이전에 그리스도를 영접했던 성도들이 지하교회의 근간을 이루고 있다는 사실을 알 수 있다. 성경적으로 이들을 '남은 자' 혹은 '그루터기'라고 칭한다. 이 그리스도인들은 비밀리에 신앙을 지켰고 60년 이상 최악의 핍박을 견뎌냈다. 우리는 이 성도들이 어떻게 그들의 신앙을 철저하게 숨기는 법을 배웠는지 살펴보았다. 그들 중 일부는 전적으로 하나님과 개인적인 관계를 유지했다. 그러나 대다수의 사람들은 그들의 가족들과 2세대에게 신앙을 나누었다. 그들 중 대부분이 조용한 복음전도자들이었으며, 집단 또는 비공식적인 조직 안에서 모였다는 것을 살펴보았다.

남은 자들은 지하교회의 근간이 되었고, 그들 나름의 신학을 형성하면서 교회의 형태를 유지해왔다. 다수의 지하교회 성도들은 전통적인 방법으로 성례에 참여하기 원했고, 안수받은 목사들이 그들의 마을을 방문해 주기를 기다렸다. 대부분의 목사들과 직분자들이 처형된 상황에서 남은 자들은 전통적인 형태의 지도력에 의존할 수 없었다.

전통적인 한국의 장로교 신학은 성령의 역사를 강조하지 않지만, 지하교회가 성령의 인도하심과 보호하심을 직접적으로 경험하면서 이 점은 조금씩 바뀌었다. 그러나 남은 자들은 그들의 신앙과 예배에 대해 굉장히 보수적이고 전통적인 경향을 보였다. 남은 자들은 복음전도와 관련해 매우 신중했고, 복음을 나눌 대상과 신뢰를 얻기 위해 대부분 수년간 심지어 10년을 기다리기도 했다.

그리고 그들이 발각되었을 때 지드자들은 항상 따로 분리되어 더 힘든 고문과 굴욕을 당하고, 나머지 사람들은 크나큰 핍박을 받았기 때문에 그들은 모임 외부의 사람들에게 접근하는 일에 굉장히 신중했다.

1995년 이후의 지하교회 성도들

1995년 이후에 갑자기 새로운 성도들이 늘어나기 시작했다. 이는 앞에서 언급한 것처럼 1995년부터 기근과 자연재해로 인해 수백만 명이 목숨을 걸고 중국으로 탈북한 뒤 중국에서 복음을 접했기 때문이다. 조선족과 남한 사람들, 그리고 서방의 선교사들은 탈북인들에게 인도주의적인 지원을 제공하면서 복음을 나누었다.

다수의 탈북인들은 예수님을 영접했고, 성경 훈련을 받았으며, 다른 사람들 특히 가족들과 이 좋은 소식을 나누기 위해 북한으로 돌아갔다. 새로운 성도들 대부분은 성령 충만을 경험했다. 그들은 성령의 충만, 치유, 기적 등 하나님의 실재를 입증하는 증거들을 경험하면서 북한에서 지하교회를 빠른 속도로 세워나갔다.

이들은 북한으로 돌아가서 기존의 성도들과 만나기 시작했다. 기존 성도들은 그들에게 조용하고 단호하게 보안과 안전에 유의할 것을 조언했다. 그러나 새로운 신자들은 기존 성도들의 주의에도 아랑곳하지 않고 계속해서 복음을 전했고, 이로 인해 공동체 간에 마찰을 빚었다.

새로운 신자들은 복음을 전해야 한다는 신념으로 인해 괴로움을 겪어야 했다. 그들의 적극적인 복음 전파의 결과, 1995-2006년에 그전 기간(1988-1995)에 보고된 741명보다 5배나 증가한 3,720명이 체포되었다. 교회도 이들의 행위의 결과를 체감할 수 있었다. 1995-2006년에 핍박받았다고 보고된 3,720명의 그리스도인들 중 47%가 개인 복음전도를 통해서 그리스도인이 되었다. 이것은 이전 기간에 개인 복음전도를 통해 그리스도인이 된 2%에 비해 크게 증가한 수치이다.

새로운 성도들은 신학교를 다니지 않았지만 중국에서 단시간에 배운 성경을 가르쳤고, 안수받지 않았지만 목회자의 사역을 감당하였으며, 때로는 기적의 통로가 되었다. 이러한 사역을 감당한 새로운 성도들은 중국에서 경험한 교단의 영향으로 남은 자들과 갈등과 마찰을 빚기도 했다. 그러나 이 두 가지 유형의 그리스도인들 모두 다음에 소개될 조선기독교도연맹과 공식 교회에 엄청난 적대감을 가지고 있었다.

공식적인 교인들

공식적인 교회를 대표하는 조선기독교도연맹의 현재의 역할을 이해하기 위해 그 역사를 잠시 되짚어볼 필요가 있다. 조선기독교도연맹은 김일성과 강양욱에 의해 설립되었고, 그리스도인들을 감시하고 지배하기 위해 조직되었다.

처음엔 15명의 중앙위원들과 7명의 위원들이 있었다.[14] 그 후 1948년에 위원장 김익두와 부위원장 김응순이 조선기독교도연맹에 가입했다.[15] 연맹이 자리를 잡자마자, 강양욱은 다른 목사들에게 강압적으로 조선기독교도연맹에 가입할 것을 요구하기 시작했다.

일본에 대항하여 독립선언문에 서명했던 김창준 목사는 1947년 2월 24일 서울 지부의 회장으로 조선기독교도연맹에 가입하게 되었다. 그는 일본에 대항하여 독립운동을 한 민족주의적 열정을 가지고 다른 이들에게 조선기독교도연맹에 가입하라고 요구했다. 김창준은 1948년 4월에 북한으로 들어간 뒤 남한으로 다시 돌아오지 못했다.[16] 대신 그는 1957년에 인민위원회의 부회장이 되었다. 북한 목사들 중 3분의 1가량이 1948년

14) 고태우, Ibid., 125.

15) 김광수, Ibid., 204; 한국기독교역사연구소 북한교회사집필위원회, 『북한교회사』(한국기독교역사연구소, 1996), 397.

16) 김광수, Ibid., 202-203.

중반에 조선기독교도연맹에 가입했다.[17] 1949년 4월, 남한으로 내려가지 않고 남아 있던 대부분의 목사들은 조선기독교도연맹에 가입하거나 수감되었다.[18]

이름이 말해주듯 그리스도인이라면 누구나 조선기독교도연맹에 가입할 수 있었다. 1948년 초부터 그들은 연맹에 평신도들도 가입할 수 있도록 허용했고, 국가적 조직으로 변모시켰다. 조선기독교도연맹은 북한에 있는 모든 기독교를 지배하려는 목적을 가지고 있었다. 1948년 9월 1일, 연맹은 총 85,118명의 그리스도인 회원을 확보했다.[19] 이 시점에서 연맹은 국가적 조직으로 확대되었고, 이북5도연합노회 전 회원들을 산하에 두고 노회의 활동들을 통제하기 시작했다. 조선기독교도연맹은 1959년까지 활발하게 활동하였다.

북한 정부가 북한의 전 주민을 출신 성분으로 구분했을 때, 종교인으로 구분된 사람들은 총 450,000명이 넘었다. 1948년 조선기독교도연맹의 공식적인 일원이 되었던 85,115명의 그리스도인들은 그리스도인들을 의미하는 37번으로 최초 분류되었다. 이 분류번호는 영구적이었고, 한 사람의 전 생애에 영향을 끼쳤다. 그리스도인의 분류번호인 37번은 반혁명주의자로 간주되기 때문에 그들의 자녀들은 초등교육 이상을 받을 수 없고, 당이나 기타 조직의 요직을 맡을 수 없었다.

1991년에 탈북한 평양사범대학 노어문학과 교수 김현식은 그의 저서에서 김정섭에 대한 이야기를 기록했다.[20] 김정섭은 기독교 가정에서 자

17) 한국기독교역사연구소 북한교회사집필위원회, 『북한교회사』(한국기독교역사연구소, 1996), 397.

18) Ibid., 415.

19) 조선중앙통신사, 『조선중앙연감』(평양: 조선중앙통신사, 1949), 92.

20) 김현식, 『나는 21세기 이념의 유목민』(김영사: 2007), 296-297.

라났다. 그의 할아버지는 유엔군이 북한에 들어왔을 때 파괴되었던 선천 지역의 교회 복구 작업에 가담했다. 김정섭은 대학교수로 근무했지만, 그의 아내가 기독교 배경에서 자랐다는 사실이 밝혀지면서 쫓겨났다. 결국 그들 부부는 노동자로 전락하고 말았는데, 이는 혁명주의 사회에서 그리스도인으로 사는 것이 얼마나 비참한 것인지 보여 주려는 당국의 의도였다.[21]

조선기독교도연맹의 전 회원들은 계속되는 사회적 핍박을 겪었다. 1959년 조선기독교도연맹이 폐쇄되었을 때, 연맹 회원들은 막노동을 하며 가장 낮은 신분을 유지했다. 그 후 국제적인 지원을 얻고 남한과의 통일 전략에 종교가 유용하게 사용될 수 있다는 것을 확신한 북한 당국이 1972년에 조선기독교도연맹을 다시 부활시켰다. 평양신학교도 재개되었다. 강양욱은 다시 권력을 얻었고, 1972년 12월에 공식적인 종교를 허용하는 새로운 사회주의적 헌법 아래 부총리가 되었다.[22]

조선기독교도연맹은 사회주의 국가인 북한에 종교가 존재한다는 사실을 알리기 위해 해외 조직들과 접촉하기 시작했다. 이러한 피상적인 북한의 기독교는 외부로부터 경제적·정치적 지원을 얻고 해외 한인들의 공식적인 방문과 국제적인 모임을 장려하기 위한 도구로도 사용되었다.

1980년대 초, 조선기독교도연맹은 외부의 방문객들이 평양을 방문할 때 보여 주기 위해 만든 '가정교회'를 공개했다. 그들은 1930년대 후반에 인쇄된 성경책을 사용했다.[23] 1985년 조선기독교도연맹의 서기장 고기준이 중국을 방문했을 때, 그는 조선기독교도연맹이 3개의 부서, 즉 행정부, 홍보부, 외교부로 구성되어 있다고 밝혔다.

---

21) Ibid., 296-297.

22) 김현식, 『조선기독교연맹과 국가: 북한에서의 정교관계 연구』(한국기독교역사연구소, 1997), 239.

23) 한국성서공회에 의하면, 1950년 한국전쟁 이전에 한국에서 마지막으로 인쇄되었던 성경책은 1939년에 인쇄된 것이다. 류대영·옥성득·이만열 공저, 『대한성서공회사』(서울: 대한성서공회, 1994), 690.

1988년 11월에 봉수교회가 설립되었고, 세계교회협의회를 통해 제공된 경제적 지원에 감사하는 첫 번째 예배가 드려졌다. 강성산 총리의 사위였던 강명도는 "세계청년학생축전 때 칠골교회와 봉수교회가 세워졌다"고 설명했다. 이것은 북한에 종교의 자유가 있다고 외부에 선전하기 위한 것으로, 그는 당시 교회에 출석한 사람들은 강제로 동원되어 성도처럼 보이도록 강요당했다고 주장했다.

실제로 교회가 처음으로 운영되기 시작했을 때, 200명의 성도들을 동원시키라는 명령이 떨어졌다. 이들은 통일전선부 직원의 부모, 이모, 조부모들 가운데서 급하게 착출된 사람들이었다. 이 명령은 통일전선부 제3부서 소속 강관주에 의해 실행되었다.[24] 통일전선부는 통일을 위해 남한으로 간첩을 침투시키는 조직이다. 이때부터 조선기독교도연맹은 통일전선부의 6번째 공식 부서로 분류되었다.

1992년에 칠골교회가 재중축되어 예배를 드리기 시작했다. 백중현은 이 교회가 기독교인이었던 김일성의 어머니, 강반석 여사를 기념하기 위해 지어진 것이라고 주장한다.[25] 그러나 조선기독교도연맹의 서기장 고기준 목사는 다른 이유를 주장했다. "그 쪽에 교인들이 좀 있습니다. 농촌지대이기 때문에 봉수교회로 오기는 좀 멀고 해서 예배당을 짓기로 우리(조선기독교도연맹)가 국가와 교섭을 했습니다."[26]

결과적으로 조선기독교도연맹의 계획에 적극적으로 가담하였던 두 가지 유형의 그리스도인들이 있었다고 볼 수 있는데, 그들은 타협한 그리스도인들과 정치적인 그리스도인들이다.

24) 강명도, 『평양은 망명을 꿈꾼다』(중앙일보사: 1995), 126.

25) 백중현, 『북한에도 교회가 있나요?』(국민일보: 1998), 29-30.

26) Ibid., 31.

타협한 그리스도인

공식 교회 교인 중 일부는 지하교회 성도 중 타협한 성도들이다. 대체로 교회의 지도자들은 처형되거나 추방되었고, 일반 성도들은 수감되거나 고문당했다. 이들 중 일부는 풀려나기도 했지만, 그리스도인이라는 오명을 달고 다녀야 했다. 정부는 그들의 활동을 감시했고 이동을 제한했다. 북한 정부는 모든 그리스도인들의 기록들을 영구적으로 보존하고 있었다.[27] 조선기독교도연맹의 부활과 함께 알려진 그리스도인들 중 일부는 공식 교회의 성도로 강제 동원되었다.

1958년경 기독교를 대상으로 한 집중적인 핍박이 가해진 후 사회적 불만이 터져 나오자 공산당원들은 1968년에 공모자들을 위해 핍박을 완화시켰다. 그 시기에 정부는 60세 이상의 성도들은 정부에 등록한 후에 가정교회에서 모임을 가질 수 있도록 허가해 주었다. 200개 이상의 가정교회들이 1960년대 후반에 형성되었다는 북한 정부의 기록이 있지만 검증할 방법은 없다. 그 후 1972년과 1980년에 두 차례 특별사면이 있었다.[28] 이것은 오지로 추방된 성도들을 귀가시키는 조치였는데, 사면 조건은 조선기독교도연맹과 그것과 연계된 가정교회에 소속되는 것이었다.

이 타협한 그리스도인들은 지속적인 감시의 대상이 되었고, 조선기독교도연맹이 허가한 종교적 활동만 해야 했다. 공개적으로 그들의 신앙을 나누거나 고백하는 것은 허용되지 않았다. 그러나 그들은 공식적으로 허가받은 가정교회 모임이나 봉수교회와 칠골교회 같은 대형교회의 예배에 참석할 수 있었다. 그들은 위임받은 정치적 활동을 하는 것이었으므로 이 종교 활동으로 인해 핍박의 대상이 되지 않았다.

27) 김병로, "북한그루터기 신앙공동체의 존재 양식", 『통일한국포럼』(서울: 바울, 2006)

28) Ibid., 173.

타협한 성도들은 비록 믿음을 기반으로 자유롭게 행동하지 못하고 성령의 인도하심에 따라 순종하지 못할지라도 참 신앙인일 수도 있다. 이 타협한 그리스도인들은 조선기독교도연맹과 북한 정부를 우선적으로 섬겼다. 그들의 정치적 임무는 정부에게 신임을 주는 공식 교회의 구성원으로서 활동하는 것과 해외 원조와 지원을 얻는 일이었다.

홍성현은 그의 책『맑스주의자들의 종교비판』에서 그리스도인으로서 단순히 정치적 임무를 수행하는 척하는 사람들이 있다고 언급했다.[29] 홍성현이 북한을 방문했을 때, 공식 교회의 성도 중 한 명이 자신이 1969년부터 성도였다고 말했다. "만약 이 말이 사실이라면, 이 성도는 공산주의 체제 아래서 그의 신앙을 유지하며 충분히 살 수 있었을 것이다. 나는 이 가정교회 성도가 북한 가정교회에 대해 한 치의 거짓도 없었는지 매우 의심스럽다."[30] 홍성현은 외부인으로서 높은 신분의 공산당원이자 공산주의에 세뇌되었다고 입증된 사람들만 만날 수 있었을 것이다. 그들은 외부인들을 만났을 때 북한 정부가 시킨 말들만을 반복하도록 훈련된 '심겨진 배우들'이었다.

정치적인 그리스도인

강명도는 1988년에 "세계청년학생축전에 봉수교회를 채울 200명의 가짜 성도들을 동원하라"는 임무를 받았다고 증언했다. 보통 외부인들의 예배 요청이 없으면 봉수교회의 문은 닫혀 있다. 또한 예배에 동원된 사람들이 사도신경과 주기도문을 외우지 못하거나 예배 시간에 부르던 찬송가 멜로디를 낯설어했다는 기록도 있다.

29) 홍성현, 『맑스주의자들의 종교비판』(서울: 제3세계신학연구소, 1988), 81.

30) Ibid., 81.

이들은 단순히 교회 좌석과 가정모임을 채우기 위해 존재하는 공식 교회 교인들이다. 그들은 기독교에 아무런 관심이 없으며, 단지 북한에서 피할 수 없는 그들의 임무이기 때문에 예배에 참석할 뿐이다. 예배에 참석하면서 하나님의 말씀에 서서히 노출되어 개종될 가능성이 있기 때문에 이들은 주체사상과 김일성에 대한 충성으로 철저히 무장했다.

이 거짓 그리스도인들은 타협한 그리스도인들이 외국인 방문객들과 자유롭게 만나지 못하도록 감시하고 밀고하는 역할을 한다. 그들은 성경이나 기독교 물품을 입수할 경우 즉시 조선기독교도연맹에 반납했다. 조선기독교도연맹의 고위 간부들은 대부분 공산당원들이다. 그들은 개인과 국가, 그리고 정치적 유익을 위해 그리스도인들로 가장한다. 이 정치적 그리스도인들을 참 그리스도인들이라고 부르는 것은 잘못된 일이다.

노출된 그리스도인

북한에 눈에 띄는 그리스도인 공동체 중 마지막 집단이 있는데, 이들은 참 그리스도인들이었다가 믿음을 버린 자들이다. 이들은 기독교 신앙에 한 번이라도 노출된 적이 있었지만 결국 신앙을 버린 배교자들이다. 그들은 그리스도를 믿었지만 끊임없는 핍박을 견디지 못해 신앙을 포기했는데, 이들 중에는 체포되어서 믿음을 강제적으로 부인할 때까지 고문을 받은 사람들도 있다. 다른 이들은 단순히 죽음이나 핍박에 대한 두려움 때문에 신앙생활을 중단한 사람들이다. 이들 중 일부는 단순히 은신하는 삶에 지쳐서 포기한 뒤 북한 사회에 적극적으로 순응한 사람들이다.

그들은 하나님을 예배하기 위해 시간을 쏟지는 않지만, 깊은 죄책감과 함께 그들의 마음속에서 여전히 은밀하게 하나님을 생각하고 있을지도 모른다. 우리는 그들을 참 그리스도인들이라고 부를 수 없지만, 이 그룹은 미래의 선교 목적을 위해 매우 중요하다. 그들이 기회가 주어지면 가장 먼저 주님 앞으로 돌아올 첫 번째 그룹이 될 수 있기 때문이다. 이들은 생존했다는 죄책감을 해결할 필요가 있고, 기독교에 대해서 전혀 알지 못하는 사람들보다 마음이 더 열려 있을 수 있다. 이러한 유형의 성도들이 얼마나 있는지 알 수 없지만 분명하게 존재하며, 선교 전략의 또 하나의 대상으로 인식되어야 마땅하다.

북한 성도들의 수

북한에서 사역 중인 많은 선교 단체들은 북한 지하교회 성도들이 약 50,000-200,000명에 이를 것이라고 추정한다. 여기에서 필자는 북한 지하교회 성도들의 수를 추정할 수 있는 한 가지 방법을 제시하고자 한다.

과거에 북한 교회에 대한 정보는 조선기독교도연맹이 공식적으로 흘린 정보들과 정부의 보고를 통해 외부인들에게 알려졌다. 공식 교회의 외부인들과의 접촉은 조선기독교도연맹을 통해서만 이루어졌다. 우리는 공식 교회가 외부인에게 북한에 종교가 있음을 거짓 선전하기 위해 세워졌다는 사실을 알았다. 이러한 정치적 목적들을 알고 있는 이상, 공식 교회를 참 교회로 인정하기는 어렵다. 이들은 공인된 정치 조직으로 보는 것이 합당하며, 따라서 이들은 현재 북한 정부의 정치적인 필요만을 반영하기 위해 존재한다.

한편 1953년에 시작된 공산당의 핍박 시기부터 존재해왔던 지하교회가 있다. 이 교회는 비공식적이며 흩어져 있다. 공식적인 교회와 남한 교회는 이 교회를 일반적으로 인정하지 않는다. 그러므로 지하교회의 규모를 추정하는 것은 훨씬 더 어려운 일이다.

공식적인 교회

1998년 백중현은 북한 교회에 대한 정보를 수집하여 『북한에도 교회가 있나요?』라는 책을 발간했다. 그는 평양에 봉수·칠골 2개의 교회와 평양, 남포, 개성, 평안남도 등에 520여 개의 가정예배소(각 처소 당 10-15명)가 있다고 기술했다.

1997년 봉수교회에는 목회자로 담임, 원로목사, 부목사 각 1명, 전도사 3명, 장로 8명, 권사 14명, 집사 5명, 300여 명의 여전도회와 12명의 성가대원이 있다. 이곳은 200명 정도 수용이 가능하다. 그리고 칠골교회에는 담임 목사 외에 장로 3명(여자)과 권사 1명, 집사 3명에 90여 명의 성가대원이 있다. 또한 이곳은 150명을 수용할 수 있는 규모이다. 두 교회의 예배 형태는 남한의 장로교회를 모방했다.[31)]

공식 교회의 성도 수

조선기독교도연맹은 종교적 활동의 증거로 공식 교회 성도들과 교직원들의 인원수를 제공하고 있지만, 그 사실 여부를 확인할 방법은 없다. 과거에는 연맹 외에 다른 조직이나 개인이 집계한 자료들이 많았다.[32)]

1972년 8월, 남북한은 적십자의 후원으로 평양에서 회담을 가졌다. 당시 한 남한 기자가 조선기독교도연맹의 위원장인 강양욱에게 북한 성도의 숫자에 대해 질문했다. 강양욱은 이렇게 대답했다. "모든 교회 건물들은 파괴되었다. 너무나 많은 사람들이 신앙을 저버렸기 때문에 여전히 성도들이 있는지 나는 알지 못한다. 개인적으로 믿고 있는 극소수의 사

31) 백중현, 『북한에도 교회가 있나요?』(국민일보: 1998), 25-34.

32) Ibid., 111.

람이라도 있을지 의문이다. 아마 지방 쪽에 몇 명 남아 있을지도 모르겠다." 그의 대답은 그가 알고 있는 북한의 성도들은 하나도 없다는 것을 암시하고 있었다.

강양욱은 다시 질문을 받았다. "당신은 목사로서 어떻게 믿음을 지키고 있는가?" 그는 대답했다. "내 믿음은 전과 동일하다." 기자는 뒤이어 물었다. "강 목사, 당신은 하나님의 존재를 믿는가?" 강양욱은 조심스럽게 대답했다. "나는 목사다. 내가 어떻게 믿지 않을 수 있겠는가?" 강양욱은 1946년 조선기독교도연맹을 조직했던 사람이다. 그는 더 이상의 직접적인 질문에 답하기를 거부했고, 북한에 기독교 모임이 있다는 사실을 부정했다.[33)]

연도	보고자	성도 수
1972	강양욱	없음
1981	고기준	5,000
1983	송석중	5,000
1983	김동수	5,000
1985	세계교회협의회	10,000
1986	미국교회협의회	10,000
1987	일본교회협의회	10,000
1987	박경서	10,000
1988	캐나다교회협의회	10,000
1991	조광동	10,000
1994	강영섭	11,000
1997	강영섭	12,000
2002	강영섭	13,043

〈표 47〉 조선기독교도연맹이 보고한 북한 성도 수

33) 김영국, 『북한종교 말살의 진상』(백합출판사, 1979), 217-219.

1981년, 조선기독교도연맹은 10년 만에 갑자기 북한의 성도 수가 5,000명이라고 보고했다. 4년 후인 1985년, 이 수치는 정확히 두 배인 10,000명으로 뛰어올랐다. 그들은 500개의 가정교회들이 정기적인 모임을 가지고 있다고 보고했다. 조선기독교도연맹은 성도 수의 급격한 성장의 원인을 가정교회가 열려 있기 때문이라고 설명했다.[34]

그러나 북한 교회의 놀라운 양적 성장이 갑자기 멈추었다. 1985년 이후 성도 수가 6년 동안이나 10,000명을 유지한 것이다. 해외 한인들은 왜 교회가 더 이상 성장하지 않느냐고 연맹에 문의하기 시작했다. 해외 한인들은 교회가 진짜라면, 자연스럽게 성장하는 것이 당연하다고 주장했다. 결국 조선기독교도연맹은 외부의 압력으로 인해 1994년에는 성도 수를 총 11,000명으로 수정했다. 그리고 1997년에는 성도 수를 12,000명으로 조정했다.

김병로는 그의 책 『북한 종교 정책의 변화와 종교 실태』에서 가장 최근의 예상 성도 수에 대해 서술했다.

> 2002년 7월 일본 도쿄에서 개최된 남북기독자회의에 참석한 북한의 조선그리스도교연맹 위원장 강영섭 목사는 북한의 기독교인 수가 2002년 6월말 현재 13,043명이라고 밝혔다. 북한은 511개의 교회가 현존하고 있고 90년대 후반부터 꾸준히 증가하고 있다며 "2004년 제15차 연맹회의까지 2만 명의 신자 확보를 목표로 하고 있다"고 말했다.[35]

공식적인 예상 수치인 13,043명을 액면 그대로 받아들인다면, 북한

34) 김병로, 『북한종교정책의 변화와 종교실태』(통일연구원, 2002), 51.

35) Ibid., 82.

의 공식 교회 성도 수가 9년 동안 10,000명에서 11,000명으로 성장한 것이다. 1994-1997년에 1,000명의 성도들이 더 추가되었다. 2002년에 그들은 13,043명의 성도 수를 보고했다. 2002년부터 조선기독교도연맹은 공식 교회의 성도 수를 공식적으로 발표하지 않고 있다.

조선기독교도연맹 회원

조선기독교도연맹이 발표했던 성도 수를 이해하는 데 적절한 설명이 있다. 북한의 사회 체제와 정부 정책이 통제된 조직 속에 각 사람을 어떻게 배치하는지를 이해하면 연맹이 발표한 공식 교회 성도 수가 거짓이 아니라는 사실을 알게 된다.

모든 북한 주민을 통제하는 가장 최소 단위는 '단위'이다. 이 단위 개념은 1962년 8월 김일성에 의해 완성되었고, 정부 기관의 주도로 사회의 최하층 수준까지 확장되었다. 북한의 전 주민들은 생산적 단위 또는 지역적 단위 중 하나에 반드시 속해 있어야 한다. 각 단위는 노동당의 정책을 시행하기 위해 발전되었고, 당이 명령한 활동들은 모두 집행했다. 그러므로 북한의 전 주민들은 보고와 통제를 목적으로 조직된 단위 혹은 조직인 '연맹'[36]에 반드시 속해 있어야 한다.

모든 노동자들은 '직맹'(직원 연맹)에 속해 있다. 모든 농부들은 '농군맹'(농부 연맹)에 속해 있다. 모든 여성들은 '여맹'(여자들의 연맹)에 속해 있고, 모든 젊은 남성들은 '청맹'(청년들의 연맹)에 속해 있다. 모든 청소년들은 '소년단'(소년 연맹)에 속해 있어야 한다. 그리고 모든 주민들은 그들이 속해 있는 단위에서 배급을 받는다. 근무지가 재배치되면, 그들은 해당되는 새로

36) 정부는 여러 가지 '연맹'들을 조직했다. 각 연맹은 자립적으로 형성되었다.

운 단위에서 봉급과 배급을 받아야 한다. 단위들은 도시 혹은 농촌의 이윤창출을 목적으로 하는 기업이나 정부 관련 조직을 가리킨다.

조선기독교도연맹이 1995년 곡물 파동 후에 해외 조직들과 연계하여 많은 수익을 창출했기 때문에 중앙위원회가 주민들을 연맹에 가입시켰을 가능성이 있다. 1998년부터 2002년까지 조선기독교도연맹은 해외 원조로 미화 7억 달러를 벌어들였다.[37] 2002년 후에도 조선기독교도연맹은 남한 교회로부터 미화 200만 달러가 넘는 원조를 얻어냈다. 그러므로 조선기독교도연맹은 회원들을 유지할 수 있을 만큼의 경제적인 독립단위가 되었다. 이 단위에 속한 10,000명이 넘는 회원들을 유지할 수 있을 만큼 수익을 올렸다.

남한에서 보내는 모든 인도주의적 지원은 북한 정부가 지정한 단위를 반드시 거쳐야 하는데, 조선기독교도연맹도 북한 정부가 지정한 지원 통로 중 하나였다. 조선기독교도연맹을 거쳐야 하는 경제적 지원과 담당 인력으로 인해 연맹은 정부 시책에 영향력을 행사할 수 있었고, 연맹 회원들에게 배급 체계에 있어 우선권이나 특혜를 제공할 수 있는 권한이 생겼다.

조선기독교도연맹의 회원들은 주중에 다른 활동에 가담할 수 있지만, 한 조직의 피고용인으로서 조선기독교도연맹이 요구한 것들을 이행해야 했다. 조선기독교도연맹은 국가적으로 잘 조직화되었고, 520개의 가정교회를 보유하고 있다고 한다. 김흥수는 "봉수교회의 회원들은 국제 조직으로부터 그들(조선기독교도연맹)이 얻은 인도주의적 지원들을 분배하곤 했다"[38]고 말했다. 교회와 그 밖에 다양한 모임의 모든 행사에 참여하는 것은 조선기독교도연맹 회원의 일반적인 임무였다. 이런 점에서 그들이 매

---

37) 김범수, (http://www.futurekorea.co.kr, 2004.8.25).

38) 김흥수, 『해방 후 북한교회사』(서울: 다산글방, 1992). 230.

주 혹은 매월마다 지정된 장소에서 정기적으로 모임을 가졌다는 것은 추측 가능한 사실이다.

이 정기 모임들은 순수한 그리스도인들의 예배가 아닌 정치적 사업 모임이었을 가능성이 매우 높다. 매주 토요일 거의 모든 북한 주민들은 그들의 단위에서 모여야 한다. 이 주간 모임에서 그들은 공산주의 확장과 김일성 혹은 김정일의 정책을 따르기 위해 자신이 한 일과 다른 사람들이 한 일을 서로 보고한다. 그들은 이 모임에서 자신의 잘못을 고백하거나 그들이 목격한 다른 사람들의 잘못을 비판하기도 하는데, 이 자아비판 시간을 '생활총화'라고 부른다. 이 모임 동안 그들은 정부에서 하달하는 새로운 소식이나 특별 지시를 받는다. 북한의 시민으로서, 전 주민은 이 조직에 필수적으로 가입해야 하며 의무적으로 모임에 참석해야 한다.

그러므로 조선기독교도연맹이 보고했던 최근 회원 수(성도 수) 13,043명은 정확한 수치일 가능성이 꽤 높다. 그러나 이들은 하나님을 예배하는 사람들의 모임이 아닌 정치적인 조직으로 보는 것이 합당하다.

지하교회

북한에 존재하는 지하교회 성도 수를 파악하려는 노력은 계속되고 있으나, 지하교회의 특성상 정확한 성도 수를 파악하는 것은 매우 어렵다. 많은 학자들이 한국전쟁 전에 존재했던 성도 수를 기반으로 예상 수치를 파악하고자 했다. 김병로 교수는 1945년 성도 수를 300,000명으로 추정했고, 전쟁 전에 있었던 핍박으로 인해 이 수치가 200,000명으로 감소했으며, 전쟁 후에는 100,000명으로 더 감소했다고 추산했다. 그는 이들 중 과반수는 생존을 위해 믿음을 저버렸고, 전쟁 후에 결국 50,000명 정도의 그리스도인이 남았을 것으로 예상했다.

이 수치는 강인철의 예상과 일치하는데, 그는 한국전쟁 전에 201,383명의 그리스도인들이 있었고 그 중 50%(100,692명)가 배도했으며, 49,540명이 남한으로 피난했다고 추정했다. 이로 인해 북한에 51,551명의 그리스도인들만 남았을 것이라는 계산이다.[39] 만약 이 1세대 그리스도인들 중 20%만 발각되었다면, 전쟁 후에 12,000명만이 남았다는 주장과 일치했을 것이다.[40] 김병로 교수는 남아 있는 그리스도인들 중 80%(40,000명)가 그들의 믿음을 드러내지 않은 채 지하교회 성도로서 신앙생활을 하는 것으로 설명했다.[41]

이만열은 1960년대에 10,000-20,000명의 성도가 있었다고 추정했다.[42] 이만열은 1960년대 이후에 대해서는 추정치를 제시하지 않았다. 통일부는 1990년 북한의 총 종교인수가 10,000명이었다고 추산했다.[43] 이 수치는 북한에서 공개적으로 알려진 성도수를 반영하는 것이므로, 조선기독교도연맹이 보고한 것과 정확히 일치한다. 이로 미루어 볼 때, 현재 지하교회의 규모는 이 수치보다 현저히 높다는 것을 알 수 있다.

북한 지하교회의 규모

〈표 48〉은 1945년 이전에 북한의 전 지역에 존재했던 교회에 대한 자료를 기준으로 한다. 이 자료들은 다양한 자료들을 이용하여 대조·확인을 거쳤으며, 보다 정확한 수치를 '수정된 통계'란에 표기했다.

39) 강인철, Ibid., 417.

40) 김병로, Ibid., 84.

41) Ibid., 83

42) 한국기독교역사연구소, 북한교회사집필위원회 『북한교회사』(서울: 한국기독교역사연구소, 1996), 433.

43) 류성민, 『북한 주민의 종교생활』(서울: 공보처, 1994), 135.

	1945년 최초 통계	수정된 통계	조사 결과 (사건 수)	모퉁이돌이 접촉한 모임	총계
강원도	160	104	–	23	23
개성시	–	–	–	–	–
경기도	59	69	–	–	–
남포시	88	–	–	–	–
양강도	62	–	4	29	33
자강도	225	–	–	17	17
평안남도	439	767	7	44	51
평안북도	452	695	9	67	76
평양	278		5	30	35
함경남도	230	328	5	35	40
함경북도	168	185	36	519	555
황해남도	513	917	3	8	11
황해북도	348	–	–	66	66
알수 없음	–	23	5	–	5
국경 지대	–	–	2	–	2
기타 지역	–	–	19	153	172
총계	3,022	3,088	95	991	1,086

〈표 48〉 북한의 지하교회 추계(推計)

처음 두 항목은 한국전쟁 전의 북한 교회 상황으로 비교를 목적으로 표기했다. 세 번째 항목은 1995-2006년 기간에 이 연구 결과 드러난 가족, 집단, 조직의 정확한 통계를 상세하게 보여 준다. 네 번째 항목은 모퉁이돌선교회가 보유하고 있던 내부 기밀문서 기록들을 보여 주고 있다. 이 통계는 이 연구 결과 외에도 북한의 실제 현장 사역을 반영하고 있다. 이 기록들은 지난 22년간 모퉁이돌선교회가 북한 지하교회를 개척하면서 수집한 자료들이다.

자료들을 비교하면서, 한국전쟁 전에 북한에 있던 총 교회 수의 수정된 통계(3,088개)를 표시했다. 강인철은 한국전쟁 전 북한에 총 201,383명의 그리스도인들이 있었다고 추정하는데,[44] 전쟁 전 교회가 3,022개이므로 성도 수는 평균 66명이다.

이 책은 1995-2006년에 핍박받았던 3,599명의 성도들을 대표하는 95건의 가족, 집단, 조직과 관련된 사건들을 입증했다. 모퉁이돌선교회는 36,000명의 성도들을 대표하는 991개의 모임을 추가적으로 기록했는데, 이는 선교회가 직접 접촉한 모임들이다. 그 결과 모퉁이돌선교회와 연결되어 북한에서 활동하는 모임이 최소 1,086개(성도 수 39,599명)라는 결론이 나온다. 이 모임의 평균 성도 수는 36명이다.

2006년 북한 지하교회 성도들의 최소 예상 수치인 39,599명은 비교적 낮은 편이다. 모퉁이돌선교회를 비롯하여 북한에서 사역하는 대부분의 기독교 단체들은 북한에 100,000명에 가까운 지하교회 성도들이 있다고 추정한다. 그러나 이 책은 최소 39,599명의 지하교회 성도들을 섬기고 있는 최소 1,086개의 모퉁이돌선교회와 연결된 지하교회들의 명확한 존재를 입증했다. 이는 최소 추정치이지만 더 많은 자료를 바탕으로 이보다 더 높은 수치의 통계가 나올 것을 기대한다. 그러나 모퉁이돌선교회만이 북한 선교를 하는 것이 아니다. 우리가 감당하는 것을 크게 잡아 전체의 33% 정도라고 한다면 118,797명의 성도들이 있을 것이고, 25% 정도로 본다면 158,396명일 것이고, 20%로 본다면 197,995명일 것이다.

44) 강인철, Ibid., 417

10장

선교적 관점에서 본 한국 교회의 연합과 분열의 결과

10장_ 선교적 관점에서 본 한국 교회의 연합과 분열의 결과

사탄의 세력은 모든 시간과 장소에서 하나님의 사람들을 끊임없이 핍박했다. 그러나 끊임없이 지속되는 핍박에도 교회는 절대 소멸되지 않았다. 대신 핍박은 성령님께 온전한 순종을 드리기까지 그리스도인의 믿음을 단련시켰고, 그 순종으로 인해 복음의 물결이 온 세상을 덮었다. 필립 샤프는 이를 다음과 같이 요약했다.

> 첫 3세기 동안 있었던 기독교의 핍박은 긴 비극과 같았다. 먼저 불길한 예감의 징후가 보였다. 그 다음에는 십자가 종교에 대한 이교도의 잔인한 공격이 지속적으로 이어졌다. 극악무도한 증오와 잔인함의 암흑 속에서 핍박의 미덕이 찬란하게 드러나기도 했다. 때로 잠시 소강상태로 접어들었다가 마침내는 두려움에 휩싸인 늙은 이교도 왕국의 생사를 건 절박한 투쟁이 이어졌고, 결국 기독교의 영적인 승리로 끝이 났다. 결과적으로 교회에 대한 피의 세례는 기독교계의 탄생을 가져왔다.[1)]

1) Phillip Schaff, *History of the Christian Church*.(Peabody, MA: Hendrickson Publishers, Inc.,2002), 32.

필자는 순교를 통해 살든지 죽든지 하나님을 삶의 주인으로 섬기는 북한 사람들을 보았다. 그들은 그리스도인으로서 자신들이 받을 핍박의 잔혹함을 생각하기보다는, 오히려 죽음을 불사한 순종을 통해 다른 이들에게 구원이 이르고 하나님의 뜻이 하늘에서처럼 땅에서도 이루어지는 것을 목도했다.

이번 장에서 필자는 북한의 핍박받는 교회의 선교학적 영향을 결론적으로 제시하고자 한다. 먼저 한국 교회사에서 한국을 향한 하나님의 섭리를 볼 수 있다. 한국은 타국의 선교와 달리 선교사가 한국 땅을 밟기 전, 우리 선조들이 이미 외국에 가서 복음을 접하고 돌아와 교회를 세웠다. 따라서 선교사들이 한국에 도착했을 때 한국 성도들은 선교사들에게 세례를 받고 교회를 세우면서 매우 빠르게 복음을 확장시켰다.

또한 한국 교회는 초대 선교사들의 연합을 통해 하나님 나라가 확장되었고, 그 어느 나라에서도 찾아보기 힘든 복음을 위한 협력이 있었다. 그러나 그 연합이 깨지고 분열되자 예측하지 못했던 국가의 분열이 초래되었다.

선교사들의 연합

1883년 미국 코네티컷 주 하트포드에서 열린 미 신학교 연합집회에서 언더우드 선교사는 아펜젤러 선교사를 처음 만났다.[2] 그들은 선교에 대한 비전을 나누면서 한국을 향한 선교의 열망을 품게 되었다. 한 살 나이 차이에 비슷한 교단적 배경을 가지고 있던 두 사람의 우정은 날이 갈수록

2) H. Rhodes, *History of the Korea Mission: Presbyterian Church U.S.A. 1884-1934.*(Seoul, Korea: Chosen Mission Presbyterian Church. 1934), 12.

더욱 깊어졌다.

아펜젤러 선교사는 한국으로 오기 전 장로교에서 감리교로 옮겼고, 언더우드 선교사는 개혁교회에서 장로교로 옮겼다. 언더우드와 아펜젤러는 같은 배를 타고 1885년 4월 2일 부산에 도착한 후, 4월 5일 부활주일에 제물포에 도착하였다. 그들은 아주 긴밀하게 함께 사역하면서, 혹시 있을지 모를 갈등을 피하기 위해 노력했다. 가령 언더우드 선교사가 그의 교회를 감리교 교회 본당과 떨어진 곳에 지은 것처럼 말이다. 그들의 우정은 1887년 평양으로 떠나는 복음 전도 여행에 동행한 것에서도 엿볼 수 있다.

비단 언더우드 선교사와 아펜젤러 선교사만 연합했던 것은 아니었다. 다른 선교사들도 이들의 선례를 따랐다. 언더우드 선교사가 선교의 방편으로써 문학의 사용을 강력하게 주장하면서 한국기독교서회가 설립되었다. 이 공동체는 다양한 사람들이 모인 집단이었다. 미북부감리교 출신인 올링거 선교사가 회장으로, 미남부감리교 출신인 헐버트 선교사가 부회장으로 선출되었다. 미국 장로교 출신인 스크랜턴 선교사는 서기를 담당했으며, 침례교 출신인 말콤 펜윅 선교사는 회계, 언더우드 선교사는 참모로서 사역했다. 그들은 교파와 교단을 초월하여 사용 가능한 한 권의 성경을 만들기 위해 함께 연합했다.

1893년 언더우드 선교사는 모든 장로교회에서 사용할 수 있는 장로교 찬송가를 출판했고, 아펜젤러 선교사는 1895년 감리교단 번역 찬송가 한 권을 발간했다. 찬송가들이 계속 추가되면서 7권의 각기 다른 찬송가가 만들어졌다. 그 후 1908년 감리교와 장로교는 함께 한 권의 통합 찬송가를 편찬했다. 약간의 수정을 거친 이 찬송가는 근간까지도 한국의 모든 교회에서 사용되고 있다.

1888년 아펜젤러 선교사는 감리교와 장로교의 연합을 제안했고,

1892년 6월 11일 그 계획의 초안을 완성했다. 평양대부흥 후인 1909년 9월 16일과 17일에 장로교와 감리교뿐만 아니라 침례교, 성공회, 구세군, 성결교, 재림교까지 많은 교단들이 이 연합 협정에 동참하기로 서명했다. 선교사들은 조선을 복음화해야 한다는 신념으로 지역을 구분하여 교단으로 나누어 각 지역별로 사역하였다.

평양대부흥 이전 장로교와 감리교는 통합 성경 훈련반을 진행하기 위해 긴밀하게 연합하여 사역했다. 1905년, 6개의 선교단체와 150명의 선교사들이 재한 개신교복음주의 선교총공의회를 설립했다. 이는 한국의 주요 도시를 중심으로 부흥운동 및 연합 기도모임을 가지고, 장로교와 감리교의 연합 지원을 중심으로 평양 소재의 숭실선교학교와 서울 소재의 또 다른 학교와 병원[3]을 운영하기 위함이었다.

모든 장로교인들은 하나의 통합 교회를 향한 열망을 나누기 원했다. 로드스는 이를 다음과 같이 기록했다.

> 첫 선교사들이 모든 한국인들을 위한 단 한 개의 장로교 교회를 비전으로 삼고 있었다는 것은 행운이었다. 1889년 호주 교회의 J. H. 데이비스 목사가 한국에 도착했을 때 장로교 선교연합의회가 조성되었다 … 이 의회의 목적은 '단 하나의 조선 현지 교회를 세우되 개혁 신앙과 장로교 방식으로 운영되는 하나의 통합된 공동체를 세우는 것'이었다.[4]

1907년 9월 17일, 4개의 장로교 선교회를 대표하는 38명의 선교사들

3) 세브란스 병원은 1914년에 개원했다.

4) Rhodes, H. History of the Korea Mission: Presbyterian Church U.S.A. 1884-1934. Seoul, Korea: Chosen Mission Presbyterian Church. 1934. 385.

과 40명의 한인 장로들이 함께 모여 '대한장로교회'를 설립했다.

1906년에 남부 감리교의 주다인 목사는 남부장로교 관할에 있던 남포에서 말씀을 전했다. 남부감리교 선교사인 매리 컬러 화이트와 캐나다 장로교 선교사인 루이즈 H. 맥컬리는 부흥운동을 위해 원산에서 함께 만났다. 평양에 있던 장로교 선교사들이 진행하던 성경훈련반의 설교자로 캐나다 감리교 선교사인 로버트 하디를 초청했던 사건은 그들이 교단적·신학적 차이를 뛰어넘어 연합하고 있었음을 말해 준다.

통합 성경훈련반을 위해 네 개의 장로교가 함께 모였을 때 부흥은 폭발적으로 일어났다. 북부감리교와 남부감리교는 1906년에 협성신학대학교를 세우기 위해 함께 모였다. 그리고 북부와 남부 장로교인들에 의해 조선예수교장로회신학교가 설립되었는데, 후에 '평양신학교'로 불렸다. 이 모든 사건은 선교사들 간의 강력한 연합을 보여 주고 있다. 지면 관계상 침례교와 성결교 등 기타 교단의 사역들을 자세하게 다루지는 않았지만, 확실한 것은 교단 간의 연합 사역에 대한 사례들이 이 밖에도 수도 없이 많았다는 것이다.

1905년에는 조선 개신교복음주의 선교총공의회가 다음과 같은 목적을 위해 설립되었다. "조선 교회를 돕는 지체들이 되는 것이 이 공의회의 목적이며, 이 의회의 목표는 선교 사역과 최종적으로는 한 개의 조선 현지 복음주의 교회 공동체가 '연합'하는 것이다."[5] 단 한 개의 교회를 설립하고자 하는 이 목적을 달성하기 위해 언더우드 선교사는 1906년 2월 23일과 같은 해 9월 10일과 11일에 특별한 모임을 제안했다. 이 모임에서 선교사들의 분위기는 매우 뜨거웠다. 조선에 있는 196명의 선교사들 중 95%가 이 모임에 참석했으며, 한국에 단 하나의 복음주의 교회를 설립하

5) Ibid., 452.

기 위한 결의안을 통과시켰다.

이러한 연합의 영적인 결과는 1907년 1월에 일어난 평양대부흥회였다. 기독교 역사에 길이 남을 대부흥은 선교사와 교회들의 연합 속에서 일어난 것이다.

분열과 그 결과

1906년 9월 10일에 통과한 결의안은 각 교단 선교부에 보내졌다. 그러나 선교본부들의 생각은 달랐다. 다양한 교단의 선교본부들은 선교사들의 의도를 전혀 이해하지 못했고, '하나의 연합된 교회'의 개념을 지지하지 않았다. 만약 선교사들이 소속 본부의 방해 없이 성공적으로 연합 교회를 설립했다면, 그 영향력은 조선으로 자연스럽게 흘러들어왔을 것이다. 그러나 그러나 1911년에 조선에 단 하나의 연합된 교회를 설립하는 것을 반대하며 선교사들에게 부정적인 답을 통보했다. 그 결과는 단순한 연합의 파괴가 아닌 영적으로만 이해할 수 있는 국가적인 분열까지 가져왔다.

선교부의 분열

선교사들은 소속 선교부의 뜻을 따라야 했기에 하나의 연합된 교회를 세우는 계획은 순식간에 중단되었다. 각 교단 선교본부들의 이러한 결정 이면에는 부흥 후 교회의 빠른 성장이라는 또 다른 원인이 작용했다. 한국 교회의 부흥과 성장으로 방대한 선교보고 자료들이 각 국가의 후원자들에게 전달되면서 후원금은 단기간에 모아졌다. 이 후원금은 곧바로 각 교단의 '특별 사역' 명목으로 사용되기로 결정되었다.

교단들은 사역의 규모가 커질수록 더욱 적극적으로 사역에 개입하고 통제했으며, 압도적인 성장에 대한 필요를 공급하기에 급급했다. 그들은 더 많은 사람들을 섬길수록 더 강하게 교회에 대한 소유권을 주장했다. 또한 각 교단의 교회와 성도들이 성장할수록 분파주의가 자라나기 시작했다. 결국 각 선교부의 의견이 달라지면서 선교부 간의 분열이 일어났다.

선교사들의 분열

선교사 개인 간의 갈등도 있었지만, 선교사들의 분열의 가장 큰 첫 징후는 그들의 상황을 둘러싼 문제였다. 각각 평양과 서울에 거주하던 선교사들은 1914년에 대학 설립에 관한 문제로 의견이 나뉘었다. 전체 선교사의 3분의 1에 해당하는 서울 거주 선교사들은 서울이 조선 교육의 중심이기 때문에 서울에 학교를 세우기 원했다. 그러나 평양을 비롯한 평안도와 황해도에서 사역하는 나머지 선교사들은 생각이 달랐다. 로드스(Rhodes)는 이 상황을 외교적으로 설명했다.

> 선교회와 선교본부 간의 조화로운 관계는 소위 말하는 '대학 문제'로 '뒤틀리기' 시작했다 … 서울과 평양에서 각각 영향력 있는 지도자들과 함께 성장했던 두 개의 가장 큰 선교회가 선교 방침의 특정 부분에 대해 다른 의견을 가지고 있었다는 것이 그 원인이었다.[6)]

북부장로교 선교사들은 평양에 대학을 설립하자고 주장했으며 남부와 호주 장로교 선교사들도 그 의견에 동조했다. 그러나 북부와 남부감리교 선교사들은 서울에 대학이 세워지기를 원했다. 캐나다 장로교 선교

6) Ibid., 477.

사들은 중립적인 입장이었다. 끝내 이 문제에 대한 타협점을 찾지 못하자, 1914년 3월에 감리교 선교사들이 연합 전선에서 탈퇴하였다. 그리고 그들은 서울에 연세대학을 세웠다.

교단의 분열

1928년까지 장로교와 감리교 선교사들은 주일학교 교재를 공동으로 제작했다. 그러나 감리교 선교사들이 그들의 신학을 주장하면서 장로교 선교사들과 대립이 불거지자, 장로교 선교사들은 1933년부터 주일학교 교재를 자체적으로 제작하기 시작했다.

한국인과 선교사 간의 분열

1930년 남·북미 감리교인들은 통합 감리교회를 세우기 위해 힘을 모았다. 그러한 분위기 속에서 양주삼 목사가 한국의 첫 감리교 감독으로 선출되었다. 그는 미국에서 진보적 신학 교육을 받았기 때문에 성경의 무오성을 믿지 않았다. 그런 그가 감리교단의 수장이 되면서 한국 감리교의 신학적 기반은 감리교 전통신학으로부터 더욱 벗어나게 되었다. 양주삼의 열렬한 애국심과 진보적인 성향은 한국 국민들과 선교사들 간에 분열을 일으키기에 충분했다.

한국 교회의 분열

1912년 재한개신교 선교부협의회가 설립되자 장로교와 감리교 선교사들의 의견이 일치되면서 자연스럽게 연합 관계가 형성됐다. 이 사역은 순조롭게 진행되었는데, 그 이유는 모든 관련자들이 한 공동체 아래 복음주의 선교회들이 존재하기를 열망하고 있었기 때문이다. 1918년에 연방교회협의회가 설립되었고, 6년 후에 명칭이 '한국기독교교회협의회'(KNCC)로 개명되었다. KNCC에는 4개의 장로교 교단과 2개의 감리교 교단, YMCA, YWCA, 주일학교연맹, 그리고 성공회가 포함되어 있었다.

그러나 KNCC가 존 모트와 국제선교협의회에 연계됨에 따라 장로교는 KNCC의 신학적 입장에 대해 불쾌한 태도를 보였다. KNCC는 특정 신학을 주장하지는 않았지만, 매우 자유주의적인 입장을 취했다.[7] 서서히 나타나는 신학적 차이로 인해 감리교인들은 1927년 국제선교협의회 예루살렘 집회에 참석하겠다는 의사를 표한 반면, 장로교인들은 참석 여부를 확실히 밝히지 않았다.

1934년 감리교인들은 감리교 50주년 기념행사를 개최하면서 아빙돈 성경주석을 출간하였다. 이 주석에는 장로교인들이 인정할 수 없는 자유주의적인 내용들이 꽤 많이 포함되어 있었다. 정경옥을 포함한 감리교 신학자들과 자유주의 신학자, 그리고 김재준을 포함한 진보파 신학자들은 장로교인들에게 위협적인 태도를 취했다. 그리하여 장로교인들은 이 주석을 읽는 사람들에게 제재를 가하기에 이르렀다.

한국선교 50주년 기념일이 점점 다가오면서 진보·보수파의 신학적 차이에 더하여 설상가상으로 '누가 한국 최초의 선교사냐'라는 문제에 대한 논쟁이 벌어졌다. 감리교인들은 일본에서 온 맥클레이 선교사가 첫 선교사라고 주장한 반면, 장로교인들은 알렌 박사가 첫 선교사라고 주장했다. 장로교가 감리교로부터 분리되기 시작한 때는 이때부터였다. 1935년 장로교는 KNCC로부터 탈퇴하기로 결정했다. 그들의 탈퇴는 장로교와 감리교 사이의 분열에 쐐기를 박았다.

---

7) 박용규, 『한국기독교회사』(한국기독교회사 연구원, 2003), 745.

일본의 속국이 되다

일본은 1592년부터 한국에 대한 강점 야욕을 드러냈다. 1876년 일본은 한국에 외국과의 무역, 특히 일본과의 무역을 위해 항구를 개방하도록 강제적으로 협약에 서명하게 했다. 그리고 1894년에 청일전쟁이 일어났다. 일본은 1895년에 일본의 개입에 대항하는 황후를 살해했고, 2년 후에는 자신들 멋대로 왕을 황제로 즉위시켰다. 1904에는 러일전쟁이 일어났고, 그 다음해에 일본은 한국과 을사조약을 맺었다. 그리고 몇 년 후인 1910년 8월 29일에 결국 한일합병이 이루어졌다. 한국은 결국 일본의 식민지가 되었다. 본부 선교회들이 조선에 한 교회로 연합하는 것을 유보하는 결정을 하던 1910년에 이루어진 일이다.

놀랍게도 미국은 일본의 한일합병에 협력자가 되었다. 1905년 7월 27일 미국 루즈벨트 대통령은 W. H. 태프트 장관에게 일본의 가쓰라 수상과의 비밀협정에 서명할 것을 허락했다. 이 협약은 미국이 일본의 한국 지배를 묵인하는 대신 일본은 필리핀을 침략하지 않겠다는 약속으로, 이를 계기로 미국이 필리핀을 정복할 수 있었다. 러일전쟁에서 일본이 승리하자, 1905년 9월 러시아와 일본은 미국의 중재로 한국에서 일본의 경제적·군사적·정치적 권리를 승인하는 포츠머스조약을 체결했다.

일본의 초기 행보

일본은 한국을 점령한 후에 모든 기독교 단체를 압박하기 시작했고, 선교사들에게 그들의 정치적 방침에 협력하도록 요구했다. 선교사들은

중립으로서의 특권을 누리고 싶어 했기 때문에 어떤 정치적 문제에도 관여하지 않도록 가르쳤다.[8]

로드스는 이것을 다음과 같이 설명했다. "선교사들은 그들이 모든 정치적 문제에서 항상 중립적인 태도를 취해야 한다는 것을 알고 있었고, 그렇게 하기 위해 부단히 노력했다. 선교회와 조직화된 교회는 반드시 어느 쪽으로도 치우치지 말아야 했다."[9] 만약 그들이 중립에서 벗어나게 될 경우, 일본이 그들의 특권과 목회지를 빼앗을 것이라는 위협도 있었다. 선교사들이 아무것도 하지 않았을 때에도 한국 그리스도인들을 향한 핍박은 점점 심해지고 있었다. 결과적으로 선교사들과 한국 교인들과의 분열이 일어나기 시작하였다.

105인 사건

1911년 12월 29일, 일본은 한국인들이 일본 장관의 암살을 계획했다고 거짓 기소를 꾸며냈다. 그리하여 일본 경찰은 700명이 넘는 한국인을 체포했고, 123명을 투옥시켰다. 89명의 장로교인들과 6명의 감리교인, 2명의 다른 그리스도인들이 기소되었다. 일본은 총 105명에게 5-10년의 형량을 선고했다. 이 사건은 후에 일본이 저항하는 한국 기독교 지도자들의 손발을 묶고 나머지 기독교인들까지 제압하려는 계략으로 밝혀졌다.

3·1독립운동과 사회적 분열

3월 3일 모든 한국인들은 2월 21일에 서거한 고종 황제의 장례식에

---

8) Ibid., 636-637.

9) Rhodes, H. History of the Korea Mission: Presbyterian Church U.S.A. 1884-1934. Seoul, Korea: Chosen Mission Presbyterian Church, 1934, 498.

참여하기 위해 서울로 가야 했다. 그래서 독립운동은 3월 1일로 계획되었다.[10] 이날 2000여 명의 사람들이 파고다공원에 모여들었다. 시민들은 독립선언문을 낭독한 후 일제히 거리로 나갔으며, 다른 이들도 이 시위에 합세했다. 그들은 마침내 일본 경찰들과 대립했다. 1919년 3월 1일, 전국적으로 2,021,448명의 사람들이 '독립운동'에 참가했으며, 많은 그리스도인들이 이 운동에 가담했다. 독립운동과 시위는 5월 31일까지 계속되었다.

1918년 2월 8일 일본에서 유학 중이던 600명의 한국 청년들이 한국으로 돌아왔다. 미국의 윌슨 대통령의 국가에 대한 민족 자결주의 결정에 대한 연설에 영향을 받은 젊은 학생들은 해방에 대한 염원을 온 세계에 알리기 원했고, 일본에 대항해 국제적 압력을 동원하기로 결심했다. 이들은 한국에 도착하자마자 일본의 점령에 대항하는 시위를 계획했다.

그들은 미국과 전 세계에 한국인들의 연합과 비폭력성을 보여 주기 위해 큰 시위를 열기로 결정했다. 그러나 큰 집회를 열기 위해서는 국민적인 지지가 필요했다. 학생 대표들은 여러 단체의 지도자를 찾아가 설득했고, 시위의 정당성을 주장하며 그들의 애국심에 호소했다. 그리하여 33명의 민족 지도자들이 독립선언문에 서명했다. 이들은 16명의 그리스도인, 15명의 천도교인, 그리고 2명의 불교 수도승으로 구성되었다.

이들 학생들은 주로 기독교인이었지만, 민족 해방에 대한 깊은 열망, 곧 끓어오르는 애국심 때문에 귀국하여 3·1운동을 도모했다. 또한 16명의 기독교 지도자들은 사회적 압력에 밀려 한국인으로서의 민족주의를 우선순위에 두고 그리스도인으로서의 주체성은 두 번째에 두었다. 그들은 인간적인 마음을 의지해 그들의 믿음을 타협했고, 애국심이라는 함정에 빠져들었다. 이 함정은 아직도 많은 한국인들에게 유효한 것이다.

10) 박용규, Ibid., 651.

3·1독립운동은 독립을 향한 한국인들의 열망을 잘 보여 준다. 이것은 한국인이 단일민족, 단일국가로서의 국가적 가치를 개인의 신념, 지위, 직업 따위보다 훨씬 큰 가치로 삼고 있음을 나타낸다. 비록 이것이 고난과 핍박을 가져왔지만 기독교는 성장했고, 그리스도인들 또한 국가에 대해 큰 관심을 기울이고 있다는 사실을 한국 사회에 보여준 셈이었다. 독립운동 참가도 기독교는 이기적이고 개인적인 종교가 아니라 다른 이들과 함께 고통받고 다른 이들을 도와주기를 원한다는 것을 보여주었다.[11]

애국심에 대한 호소는 교회의 많은 지도자들이 하나님께 기도하기보다는 거리로 뛰어나가게 할 만큼 강력했다. 비록 평화적이고 비폭력적인 시위였다 할지라도, 그리스도인들은 히스기야 왕이 하나님께 간구하였던 것처럼 기도를 통해 하나님의 더 큰 능력을 의지했어야 했다.

애국적 열망과 3·1독립운동의 한 결과로, 그리스도인들의 관심은 보이지 않는 영적 전쟁에서 가시적인 사회적·정치적 투쟁으로 옮겨갔다. 또한 국익을 위해 사회주의와 새롭게 만들어진 공산주의에 대해 역설하기 시작하는 그리스도인들도 생겨났다.

한편 독립운동의 사회적 영향과 함께 자유주의가 교회를 휩쓸고 지나갔다. 이로 인해 신학은 인간의 이성적·과학적·사회적·정치적 여과기를 통해 재해석되었다. 이 모든 것들로 인해 영적 진리는 흐려졌고, 후에 한국 교회에 수많은 혼란과 이단을 양산했다. 결과적으로 한국 교회는 영적 능력과 지혜를 잃어버린 채 분열의 영의 영향권 안에 들어가게 되었다.

한국인들은 3·1독립운동을 애국주의적인 위대한 운동으로 생각하고 있지만, 실상 이것은 교회에 부정적인 영향을 끼쳤다. 국가적으로 또는 민

11) Ibid., 657.

족적인 차원에서 3·1독립운동은 필요했으며 중요한 사건이다. 그러나 모든 그리스도인들이 공통적으로 나누고 있던 잃어버린 인간성에 대한 사랑은 한국이란 한 국가에 대한 사랑으로 재조명되었고, 이것은 독립을 향한 비전으로 이어졌다. 한국인들은 하나님의 나라를 위해 힘쓰기보다 한국이란 나라를 일으키기 위해 연합하기 시작했다.

3·1독립운동 후의 상황

3·1독립운동 후 일본의 무자비한 만행은 그리스도인들에게 집중되었다. 5월 31까지 7,509명의 사상자와 45,562명의 부상자들이 생겨났으며, 49,811명의 사람들이 투옥되었고, 715채의 집들이 불탔고, 47개의 교회들이 파괴되거나 무너졌다. 일본인들이 그리스도인들에게 만행을 저지른 이유는 3월 1일 이후 그리스도인들이 급증했기 때문이었다.

1919년 4월 15일 일본 군대는 35명의 성도들을 제암리교회에 가두고 건물을 통째로 불태워 모두 학살했다. 사무엘 모펫이 그리스도인들에게 저지른 일본의 만행을 듣고 다음과 같이 말했다. "잔인함에 중립이란 없다." 선교사들은 일본의 지배 아래 한국 그리스도인들이 당하는 고통을 이해하기 시작했다. 그러나 큰 힘을 가진 일본 앞에 선교사들의 대항은 철저히 외면당했고, 오히려 그들은 신사참배의 압박을 받게 되었다.

하나님으로부터의 분리

한국 교회의 가장 큰 분열은 신사참배 문제에서 일어났다. 한국이 일본과 합병되면서 일본인들은 일본 교회로 하여금 이 합병이 일본을 위한 하나님의 뜻이라는 것과 모든 그리스도인들이 이러한 상황을 받아들여야 한다는 사실을 발표하도록 명령했다. 일본 정부는 일본 교회에게 한국 식민지화에 도움을 줄 것을 요청했다. 그들은 일본인 선교사들을 보내 교회를 세우고, 일본식 가치관을 한국인들에게 가르쳤다.

이러한 문화화 과정에서 일본인들은 피정복민인 한국인들이 일본의 신들에게 존경을 표해야 한다고 주장하며 신사참배를 강요했다. 그들은 이것을 시민으로서의 단순한 의식일 뿐 영적인 문제와 전혀 관련이 없다는 논리로 포장했다. 그러나 신사참배는 태양 여신과 일본 천황의 연합을 기념하는 '아마테라수 오미카미' 예식으로 천황을 살아 있는 신으로 섬기는 의식이다. 일본 교회는 신사참배를 성경적으로 정당화시켜 단지 천황에게 시민으로서 존경을 표하기 위한 것으로 타협점을 찾았고, 이것을 우상 숭배로 받아들이지 않기 시작했다. 1945년 6월 한국에는 이미 2,346개의 신사가 세워져 있었다.[12]

한일합병이 된 지 4년 후인 1913년, 일본은 모든 공립학교에서 반드시 신사참배를 해야 한다고 공포했지만, 이 과정에서 서방의 동맹국들과 거리를 두지 않으려고 주의를 기울였다. 그들의 입장은 시간이 지나면서 계속 바뀌었다. 일본은 만주에서도 그들의 제국주의를 향한 열망을 펼치며 모든 중국 시민들에게 신사참배를 강요하기 시작했다. 또한 한국에서는 강제 징집과 노역을 실시했다. 그들의 계획을 실행하는 데 있어 서양식 교육을 받은 한국인이 가장 큰 걸림돌이라고 판단한 일본은 제일 먼저 기독교 학교를 공격의 목표물로 삼았다. 학교 다음으로는 한국의 그리스도인들이 목표물이 되었다.

북부장로교는 신사참배에 가장 강력하게 항의했다. 그 결과 1936년 3월 21일 G. S. 매큔이 한국에서 추방되었다. 호주 장로교는 1936년 2월

12) 김승태, 『한국기독교와 신사참배문제』(서울: 한국기독교역사연구소, 1991), 64.

신사참배를 하지 않기로 결정하고, 학교를 폐교시키기 시작했다. 반면 가톨릭은 신사참배 찬성 의사를 밝히고, 1936년 5월 25일부터 신사참배를 시작했다. 남부장로교는 1937년 2월 2일에 공식적으로 신사참배를 거부하고, 1937년 10월 29일부터 5개 병원의 폐원을 선언했다.

그러나 감리교는 1937년 6월 17일 천황에 대한 시민의식으로서 신사참배를 허용했다. 캐나다 장로교도 같은 이유로 신사참배를 허용했다. 언더우드 선교사의 강력한 주장으로 그가 운영하던 학교들은 계속 문을 열기로 허가를 받았다. 서로 다른 의견으로 논쟁이 과열되면서 목사와 지도자, 교단 사이에 큰 분열이 일어났다. 일본인들은 이 분열을 이용해 신사참배에 순종하도록 교회에 압박을 가했다.[13]

1938년 9월 9일 평양 서문밖교회에서 193명의 장로교 대표들이[14] 참석한 가운데 역사적인 대한예수교장로회 총회가 열렸다. 일본 경찰의 압력으로 총회는 신사참배를 결정했다. 총회가 신사참배를 가결하자 언더우드 선교사는 평안남도의 경찰청장에게 축하 메시지를 보냈다.[15] 같은 날 오후, 평양기독교친목회 심익현 목사의 즉시 실행 요청에 따라 그날 정오에 부총회장인 김길창은 23명의 노회장들을 평양 신사에 데리고 가서 신사참배를 했다.[16]

그러자 신사참배자들과 참배하지 않는 교회 간에 분열이 일어났다. 대부분의 한국 그리스도인들은 신사참배를 거부하여 수감되었고, 많은 이들이 감옥에서 생을 마감했다. 한편으로 괴로움을 피하기 위해 시민 의식으로서 신사참배를 하는 무리도 있었다. 이들은 대개 진보적 신학을 지지하

13) 박용규, 『한국기독교회사』(한국기독교회사 연구원, 2003), 904.

14) 193명의 참가자들은 후에 86명의 목회자들과 85명의 장로들, 22명의 선교사들로 나뉘어졌다.

15) Ibid., 906-907.

16) 최훈, 『한국교회박해사』(서울: 예수교문서선교회, 1979), 48.

던 자들이었다. 일부 목회자들과 지도자들은 일본인들에게 비위를 맞추기에 바빴다. 일본에 굴복했던 사람들에는 종교감리교회 담임목사이자 협성신학교 교수였던 양주삼과 박희도, 이명식 등 한국독립선언문에 서명했던 몇 명의 사람들이 포함되어 있다. 교회 내에서 배교는 점점 늘어났다.

타협했던 교회들은 더 이상 신앙공동체가 아니었고, 다만 일본 제국주의를 홍보하고 지지하는 일본의 선전기관에 지나지 않았다. 그들은 교회의 인공물과 장비 등의 금속품을 일본에 공납했고, 일본은 그것을 무기로 만들어 사용했다. 또한 일제의 요청에 의하여 헌금으로 군용 비행기를 구입하기도 했다. 일부 교회는 땅과 건물을 팔라는 압력을 받았고, 그 돈은 전쟁 비용으로 전환되었다. 평양의 남산현교회와 다른 39개의 교회들은 필요한 전쟁 비용을 충당하기 위해 2만여 평 이상의 땅을 매각했다. 교회는 분열되었고, 그 중 일부는 일본 우상들의 영적 권위에 기꺼이 굴복했다. 교회가 하나님으로부터 분리된 것이다.

신사참배, 그 후

1938년 9월 10일 대한예수교장로회 총회의 신사참배 결정은 신사참배 거부운동을 하는 이들에게 더 큰 환난을 가져왔다. 200여 개의 교회가 문을 닫았고, 2,000명의 성도들이 수감되었으며, 50명이 넘는 목사들이 죽기 직전까지 고문당했다.[17] 장로교의 결정으로 잘 알려진 한국 목사들은 거센 핍박을 받았으며, 길선주, 손양원, 주기철 목사 외에도 많은 목사들이 신사참배에 불복종한 이유로 수감되었다. 더군다나 1939년 주기철 목사는 조선예수교장로회 평양노회에 의해 목사직을 면직당했다. 그

17) Ibid., 75.

는 4번째 검속에서 체포당한 후 고문으로 인하여 건강을 잃은 뒤 회복하지 못하고 1945년 해방 전에 옥사하였다. 이러한 위험에도 불구하고 목사들은 여전히 은밀하게 전국을 돌아다니며 일본의 제국주의와 신사참배에 항거했다.

일본은 모든 기독교인을 그들의 권력에 굴복시키는 데 실패하자, 모든 교회들을 한 개의 교회로 축소시킬 방법을 고안해냈다. 바로 일본이 정한 교회에 반대하는 기독교인들을 이단으로 몰려는 계획이었다. 1943년 5월 6일 모든 한국 교회는 일본 기독교에 통합되어야 했다. 1943년 7월 2일 감리교는 총회를 열어 이 새로운 '일본기독교조선교단'과 통합할 뜻을 밝혔다. 1945년 8월 1일 장로교회 대표 27명, 감리교회 대표 21명, 구세군 대표 6명, 그리고 다양한 군소 교단들이 파견한 대표들이 새 교단의 형성에 참여했다.

모펫은 이것을 다음과 같이 설명했다. "그리스도인들은 신사의 교주가 기독교 목사들을 이끌고 정화의식으로서 한강에서 신사참배 기념 개회식을 할 때 큰 충격을 받았다."[18] 한국 그리스도인들은 우회적인 방법으로 일본의 신들에게 굴복하도록 강요받았다. 결국 한국 교회는 하나님으로부터 분리되었다.

선교사들의 선교지와의 분열

비록 몇몇 선교사들은 신사참배를 했지만, 많은 선교사들은 완강하게 거부했다. 그들은 다시 한 번 그들 안에서 나뉘어졌다. 미국과 일본의 전쟁이 시작되자 미국 정부는 선교사들을 포함한 모든 미국인들의 한국

18) S. H. Moffet, *The Christians of Korea*.(New York: Friendship Press, 1962), 75.

철수를 명령했다. 선교사들이 '외국 간첩'으로 비춰지기 시작하자, 일본 또한 그들에게 떠나도록 압력을 가했다.

1940년 11월 11일에 160명의 선교사들이 1차적으로 한국을 떠났다. 1941년 4월에는 40명이 추가로 추방되었다. 언더우드 선교사는 1942년 6월 1일까지 한국에 거주하다가 마지막으로 떠난 선교사였다. 결국 선교사들과 선교지 간의 분열이 일어난 것이다.

일본의 패망과 그 결과

장로교 총회에서 신사참배를 승인하기로 결정한 1938년 일본이 참전한 제2차 세계대전이 발발했다. 아시아에서 가장 큰 기독교 총회와 서양의 선교사들이 그들의 영적 권위를 일본에게 내주면서 일본이 영적 세력을 얻은 것처럼 보였다. 일본은 거침없이 전진했고, 남아시아 국가들과 태평양 지역을 빠른 속도로 점령해 나갔다. 1940년 9월 독일과 이탈리아와의 동맹 후 일본은 마닐라, 괌, 싱가포르, 홍콩을 차례로 점령했고, 1941년 미국의 하와이 주 진주만을 기습 공격했다.

제2차 세계대전 후반인 1943년 11월 말, 연합국 측 3국(미·영·중)은 카이로에서 회담을 갖고 일본이 항복할 때까지 대항해 싸우기로 합의했다. 회담 후 발표된 카이로선언에는 일본으로부터 한국의 독립을 국제적으로 보장하는 특별조항이 삽입되었다. 1944년 2월 미국과 영국, 소련은 카이로선언을 재확인했고, 미국은 얼마 지나지 않아 일본으로부터 마닐라를 되찾았다. 두 달 후에 미국, 영국, 소련, 중국은 일본에게 항복을 요구하는 포츠담선언문을 작성했다. 1945년 8월 6일 미국은 히로시마에 원자폭탄을 투하했고, 8월 9일 나가사키에 또 하나의 원자폭탄을 투하했다. 일본은 결국 8월 15일에 연합군에 무조건적인 항복을 선언했다.

한국 지배에 대한 소감을 묻는 질문에 당시 식민 통치 담당자는 이렇게 대답했다. "죽음조차 두려워하지 않는 40만 명이 넘는 군대가 있었다. 그들은 바로 그리스도인들이었다."[19] 일본은 이 한국인들이 미국 세력과 협력할 것을 예상하고 잠재적 반일 세력인 그들을 한국에서 모조리 제거하기로 결심했다.[20]

모펫은 이 상황을 다음과 같이 서술했다. "이 강제 연합(KCCJC)이 있은 지 며칠 후에 정부와 협력했던 몇 명의 사람들조차 다수의 한국 교회 지도자들과 함께 체포되었다. 후에 그들이 8월 18일에 사형되기로 결정된 것이 밝혀졌다."[21] 하나님은 악의 세력이 한국에 있는 하나님의 백성들을 멸절하기를 허락하지 않으셨다. 일본은 8월 15일에 미국에 항복했다.

자유와 기쁨

1945년 8월 15일, 한국은 일본으로부터 공식적으로 해방되었다. 그리스도인들은 일본 식민치하에서 부르지 못했던 찬송가를 부르며 거리로 뛰어나왔다. 2만 명의 그리스도인들을 포함한 포로들이 사형되기 바로 전날인 8월 17일에 풀려났다.[22] 수감되었던 그리스도인들은 집으로 돌아가지 않고 주기철 목사가 공산당에 의해 순교당할 때까지 시무했던 산정현교회에 모였다. 모든 한국 교회는 큰 기쁨으로 8월 22일 주일에 해방 후 첫 예배를 드렸다. 9월 4일 산정현교회에서 평양노회가 임시노회를 개최

19) 김승태, 『한국기독교와 신사참배문제』(서울: 한국기독교역사연구소, 1991), 87.

20) Ibid.

21) Moffett, 76.

22) Ibid.

하였을 때, 이들의 주도 하에 3일간 금식기도하며 신사참배의 죄를 회개하는 운동을 시작하였다.

한국은 8월 15일에 해방된 후에 아주 잠깐의 쉼을 즐길 수 있었다. 모펫은 이에 대해 "북쪽에 있던 그리스도인들은 다만 몇 달 정도의 자유밖에 누릴 수 없었다"[23]라고 말했다. 나라가 남북으로 분단되는 과정을 지나면서 그리스도인들은 더욱 심한 박해를 겪어야 했다. 그러나 우리는 북한의 교회가 외부적으로는 무너졌지만, 내부적으로는 그곳에 여전히 복음이 남아 있다는 것을 보았다.

신사참배를 한 자와 하지 않은 자

1945년 9월 20일, 박해받았거나 수감되었던 목사들이 주기철 목사가 시무했던 산정현교회에 모여 교회 재건의 5가지 기본원칙을 발표했다.

첫째, 교회의 지도자들은 모두 신사참배를 하였으니 권징의 길을 취하여 '통회·정화한 후' 교역에 나갈 것
둘째, 권징은 자책 혹은 자숙의 방법으로 하되 목사는 최소한 2개월간 휴직하고 통회·자복할 것
셋째, 목사와 장로의 휴직 중에는 집사나 평신도가 예배를 인도할 것
넷째, 교회 재건의 기본원칙을 전국 각 노회 또는 지교회에 전달하여 일제히 이를 시행할 것
다섯째, 교역자 양성을 위한 신학교를 복구·재건할 것[24]

23) Ibid., 76.

24) 민경배, 『한국기독교회사』(서울: 대한기독교서회, 1993), 453.

1945년 11월 14일에 200명의 목회자들이 평북장로회에 모여 부흥회를 열었다. 그들은 한일합병으로부터 해방된 것에 감사하며 하나님을 찬양하고 예배했다. 부흥회 도중 만주에서 돌아온 박형룡 목사는 회개를 위해 부르짖으며 교회 재건의 5가지 원칙의 도입과 시행을 선언했다.

신사참배 운동의 주동자였던[25] 홍택기 목사는 즉시 반대하며 다음과 같이 말했다. "감옥에 수감되어 있었던 사람들이 받은 고통과 핍박이나 교회를 지키기 위해 뜻을 굽혔던 사람들이 받은 고통은 똑같다. 매일 일본의 압력에 시달리다가 결국 강제적으로 절했던 사람들은 양 무리를 버려두고 해외로 떠난 사람들보다 더 높게 평가되어야 한다." 그는 계속해서 이렇게 말했다. "이것은 하나님과 당사자 사이에 해결해야 할 문제다. 그리고 신사참배한 것에 대해 회개하고 권징을 받아들일지 말지는 그 자신이 직접 결정해야 한다."

홍택기의 강력한 방어로 인해 신사참배에 동참한 목사들은 회개를 거부했다. 결국 한 교회, 심지어 한 장로교조차 교회 부흥을 위한 5가지 원칙의 시행 결정을 내리지 못한 채 집회가 끝나버렸다. 대신 집회는 논쟁으로 종결되었다. 신사참배를 했던 자들은 자신을 방어했고, 그렇지 않은 자들은 상처받고 분노했다. 이 장로회에서 드러난 분열의 영은 목사들 사이에서뿐 아니라 그들이 목양하는 신도들 사이의 거리감을 유발했고 분열과 싸움을 조장했다.

장로교의 연합을 위해 총회에 참석했던 사람들은 인간적인 수준에서 타협을 시도했다. 그들은 친일 목사들과 화해하고 관계 회복을 돕는 대신, 경로를 바꿔 반공산주의적 활동 뒤에서 연합하기로 결정했다. 공식적

25) 홍택기 목사는 1938년 9월 9일 신사 참배하기로 결정했던 장로회의 의장이었다.

인 교회의 회개가 필요했음에도 불구하고 영적 화해는 무시되었다. 원수에게 양도한 영적 권위가 취소되지 않자 원수는 다시 한 번 영적 권위를 사용할 수 있게 되었다.

결론적으로 국가의 분열에 이르기까지 교회 안에서는 연합도 없었고, 또한 회개도 없었다. 제사장적 책임을 지니고 있는 하나님의 백성들은 정치가들을 원망하거나 자유를 달라고 외쳤고, 하나님의 주권을 따르는 믿음보다는 자신들이 문제를 해결하려는 불신앙의 자세를 보였다. 이런 상황에서도 하나님은 '남은 자'를 세우듯이 북한에 새로운 모습의 교회를 세우셨다.

국가의 분열

그 결과는 머지않아 찾아왔다. 3장에서 언급했듯이 북한 땅에 공산주의자들이 몰려왔다. 그리고 김일성이 자신을 신으로 숭배하게 하며 하나님께 예배하는 것을 금지시킴으로써 신사참배와 같은 상황이 나타났다. 1948년 남한 정부는 임시대통령을 선출하고, 북한은 공산주의자들이 임시정부를 설립한 뒤 김일성을 그들의 위원장으로 추대하면서 남과 북은 분열의 길을 가게 되었다.

북한 땅에 세워진 하나의 교회

김일성이 북한을 지배하기 시작하면서 물리적인 북한의 교회는 무너졌고, 그리스도인들은 순교하였다. 전 세계가 북한 교회의 생존자가 없을 것이라고 믿을 만큼 핍박은 격렬했다. 남아 있는 그리스도인들은 평양에 있는 봉수교회나 칠골교회의 성도들처럼 정부의 꼭두각시가 되어야 했다.

현재까지 남한 교회는 지하교회의 존재에 대한 소문만 듣고 있다. 지하교회의 존재와 형태에 대한 가설들이 있지만, 이 추측들을 뒷받침해 줄 근거들은 하나도 없었다. 전체적으로 지하교회가 전통적인 교단 형태를 잃어버렸기 때문에 남한 교회들은 이들 교회를 미성숙한 교회로 치부할지도 모른다.

북한의 지하교회를 본 필자의 경험으로 보면, 예수 그리스도를 주라고 진실로 시인하지 않고는 순교자로서 죽을 수 없다. 교회의 역사를 보면 그리스도의 주 되심에 대한 참된 고백이 있는 곳에는 어디든지 참된 성도들이 존재했다. 만약 참된 성도들이 존재한다면, 교회는 그 형태나 크기와 상관없이 존재했다. 다르게 말하자면, 그리스도 안에서 믿음을 지키기 위해 죽기를 갈망하는 사람들의 존재는 교회의 존재를 반영한다는 것이다. 믿음을 부인하느니 차라리 죽기를 선택했던 수천 명의 북한 그리스도인들에 대한 증거가 여기 있다. 나는 그들을 신실한 '남은 자들'이라고 부른다.

이 책에서 밝혀진 실증적인 핍박과 순교 자료는 북한 지하교회의 존재를 생생하게 묘사하고 있다. 이 지하교회는 공산당이 교회의 간판을 모조리 떼어내고 전쟁 후에 조직화된 성도들을 모두 제거한 후에 형성되었다. 결론적으로 사탄이 교회를 무너뜨리기 위해 무슨 노력을 하든 간에, 위대하신 하나님께서 하나님의 사람들을 지키셨다는 것을 의미한다.

교회는 60년간의 핍박을 겪으면서도 여전히 생존했으며, 북한 전역에 걸쳐 비공식적인 형태로 존재하고 있다. 그리스도인들은 개인적으로 믿음을 지킬 뿐 아니라, 가족 내에서 그들의 믿음을 대대로 자녀에게 전수했다. 또한 지역적으로 집단 형태의 모임들이 확장되어 심지어 지하교회 성도들이 국가적인 조직망으로 서로 연계되었다.

교단에 속한 교회는 생존하지 못했지만, 지체로서의 그리스도인의 참 존재는 북한에서 단 한 번도 사라진 적이 없었다. 공산당의 끊임없는 시도에도 눈에 보이지 않는 참 교회를 무너뜨릴 수 없었는데, 그 이유는 북한의 교회가 예수 그리스도라는 반석 위에 세워졌기 때문이다.

순결한 주님의 신부

초기 한국 교회사를 보면, 하나님이 이 땅을 사랑하사 우리 선조들을 외국에 보내어 예수를 믿고 돌아오게 하셨음을 볼 수 있다. 신라시대에는 중국에 갔던 유학생들이, 그리고 조선시대에는 상인들이 중국에서 예수를 믿고 돌아왔다. 그들은 믿음의 공동체를 형성하여 교회를 세웠다. 이어서 선교사들이 이 땅에 들어오기 시작하자 선교사들과 연합하여 하나의 교회를 세우며 하나님의 나라를 확장하였다. 그때에는 한국인이 세운 교회 또는 선교사가 세운 교회라는 구분 없이 모두 하나님의 교회를 기뻐하며 하나님께 예배하였다.

선교사들도 1906년에 교단을 초월하여 연합하여 한 교회를 세우고자 모였지만, 1911년 본국 교단 선교부의 거부로 하나로 연합한 교회의 꿈은 실현되지 못했다. 일본도 식민 지배를 강화하려는 목적으로 일본 중심의 교회의 연합을 도모했지만, 하나님의 뜻에 부합하지 않았다. 그 후 한국 교회는 신사참배로 복음을 떠나 민족주의로 흘렀고, 결과적으로는 공산주의가 한국 땅에 들어오는 빌미를 제공하였다.

결과적으로 교회의 분열은 한반도의 분단으로 이어졌다. 공산주의가 확장되면서 3·1운동 시 일본을 향하여 외쳤던 자유를 다시 한 번 소련 군대를 향해 외치면서 우리에게 진정한 자유를 주시는 분이 하나님이심을 잊어버렸다. 결과적으로 교회는 하나님과 분리되었고, 민족주의를 추구하던 세력 중 일부는 사회주의를 따르게 되었다.

사회주의는 김일성을 앞세우고 한반도에 들어와 한반도의 분단을 초래했다. 교회는 공산주의의 탄압으로 지하로 숨어야 했고, 겨우 연명하는 듯하더니 목사도, 건물도, 교단도 없는 무형의 교회들이 곳곳에 하나둘 세워졌다. 성령의 역사는 끊이지 않고 더 활발하게 일어났다. 분단은 아픔을 주었지만, 하나님의 교회는 본연의 모습을 되찾아 숨어 예배를 드리고, 발각되면 한결같이 순결한 모습으로 순교하였다. 약속을 믿는 아름다운 신부가 바로 교회의 모습이었다. 그 교회는 교파도, 교단도 없는 하나의 교회가 되어 하나님을 예배하고 있다.

이 장에서 우리는 한국의 역사를 통하여 역사하신 하나님을 선교적 차원에서 보았다. 성경은 믿는 사람들을 가리켜 '제사장'(벧전 2:9)이라고 부른다. 그리고 제사장인 하나님의 백성들의 결정에 따라 국가의 미래가 좌우된다. 여호수아가 아낙 사람들을 가사와 가드와 이스돗에 남겨 두지 않았으면(수 11:22) 훗날 다윗과 골리앗의 싸움이 필요 없었을 것이고, 하나님의 명령대로 사울이 아말렉의 아각 왕을 완전히 멸절하였으면(삼상 15:20) 훗날 유대민족을 제거하려는 하만의 음모도 없었을 것이다. 이처럼 하나님의 사람들인 제사장의 행동은 민족의 역사에 영향을 미친다.

우리는 단순히 순교의 역사를 통하여 지하교회의 존재를 확인하는 데 그치지 않고, 이 지하교회야말로 순수하고 아름다운 주님의 신부임을 보았다. 이 교회를 통해 분명 하나님이 영광 받으실 것을 확신한다.

맺음말

우리는 이 연구를 통하여 1945년 전에 북한에 존재했던 교회들이 형식상으로는 파괴되고 붕괴되었으나 예수 그리스도의 몸 된 교회가 지하에서 존재할 수 있도록 하나님께서 지켜오신 모습을 볼 수 있었다. 또한 우리는 순교자들의 존재를 통해 북한에 지하교회가 있음을 확정지을 수 있으며, 오늘도 그 교회들이 건재하다는 것을 증명하였다.

이 연구를 처음 착수했을 때, 북한에서 발생한 그리스도인에 대한 핍박이 10건 넘게 기록되었다. 예를 들어, 2008년 7월 102명의 그리스도인들이 남한에서 송출되는 극동방송을 듣다가 남포에서 발각된 사건이 있었다. 그들은 모두 요덕수용소에 수감되었는데, 이들은 정오를 알리는 사이렌 소리가 울릴 때 주기도문을 함께 외웠다. 이와 같은 보고들이 계속 나오고 있다. 이러한 상황을 볼 때, 북한에서 지하교회는 건강하게 존재하며 끊임없이 번성하고 있다는 것이 증명되었다.

이 연구는 한국전쟁 후의 북한 교회의 역사를 기록하기 위한 단초를 제공하였다. 필자는 북한 지하교회 성도들의 핍박과 관련된 761건의 사건들을 밝혀내었다. 그들의 순교의 역사는 지하교회의 역사이며, 그 이야기들은 결국 북한 교회의 한 부분을 형성하고 있다.

이 연구는 단지 시작점만 찍었을 뿐이며 앞으로 해야 할 더 많은 일들이 남아 있다. 아직 자료들을 수집하고 입증해야 할 더 많은 사건들이 있다. 언젠가 지하교회의 존재와 핍박과 관련된 방대한 북한 정부의 내부 기록들이 제공될지도 모른다. 그때까지 이들과 관련된 자료들을 계속 수집할 필요가 있으며, 이 자료들은 북한 성도들이 그들의 역사를 자유롭게 쓸 수 있게 될 때 유용하게 사용될 것이다.

앞으로 더 많은 연구자들이 북한 지하교회와 관련된 더 많은 역사적 증거들을 발견하게 될 것이다. 이 연구는 북한 지하교회의 계속적인 실재를 기록한 첫 시도에 불과하다. 북한을 향한 하나님의 역사는 이제 막 시작되었다. 죽음을 무릅쓰고라도 하나님을 섬기고자 하는 이 지하교회 성도들을 통해서 하나님께서 하실 일을 기대한다. 또한 하나님께서 핍박과 고난을 통해 어떻게 북한의 형제자매들을 하나님의 나라를 건설해 나가는 데 사용하실지 기대가 된다. 하나님의 목소리에 청종하기 위해 그 어떤 대가도 기꺼이 치르고자 하는 이들의 깊고 진실된 믿음을 전 세계의 교회들이 보고 배우기를 바란다.

이제 '과연 북한에 지하교회가 존재하는가'에 대한 논쟁은 중단하자. 그리고 하나님이 주실 통일을 준비하자. 통일만큼 좋은 북한선교 전략이 없다. 통일이 되면 우리는 북한의 어느 곳에 가서라도 하나님의 말씀을 마음껏 전할 수 있을 것이다. 우리에게 주실 통일을 준비하여 먼저 북한에서 믿음을 지킨 하나님의 지하교회 성도들을 찾아 위로하고, 그들과 함께 복음을 전하자. 그리하여 복음으로 통일된 한국을 이루어 전 세계를 향하여 다시 한 번 도전하고 선교하는 한국이 되기를 바란다.

미래를 위한 연구

앞으로 더 연구해야 할 부분은 남과 북이 통일 된 후에 직면할 문제에 대처하는 것이다. 핍박이 북한 성도에게 고통도 주었지만, 신학적인 변화도 가져다주었기에 배울 점도 많이 있으리라 생각된다. 또한 남북한은 60년 동안 분단되어 문화적으로나 신학적으로 많은 차이가 있다.

통일은 반드시 올 것이다. 따라서 우리는 어떻게 서로 간의 차이를 줄이고 통일을 준비해야 할지를 연구해야 한다. 또한 배교한 자들을 회복시키기 위해 필요한 질문과 해결책을 선교학적으로 찾아야 할 것이다.

핍박은 믿는 자에게 피할 수 없는 과정이다. 그 과정에서 그들이 어떻게 신앙을 지켰으며, 신학이 변모했는지를 파악하는 것도 우리의 과제이다.

핍박 기간 동안 변화된 신학

유대인들의 삶은 외부의 공격과 외국으로의 망명으로 인해 철저하게 변화되었다. 삶의 변화뿐만 아니라, 그들의 신념과 종교적 의식 체계에도 큰 변화가 일어났다. 한 예로, 장차 오실 '주님의 종'을 통한 소망과 격려의 신학은 이스라엘에 큰 변화를 가져왔다.[1] 유대인들의 삶에 메시아적 소망이 생기면서 예루살렘으로 돌아가고자 하는 소망과 함께 유대교가 형성되었다.[2]

포로 기간 동안, 하나님의 사람들은 성소에서 예배를 드릴 수 없었기 때문에 회당에서 예배를 드렸다. 그들에게는 성소가 없었기 때문에 희생제사를 드리기 위한 제사장도 필요하지 않았다. 포로 시대 전에는 제사장들만이 성소에 들어갈 수 있었지만, 이제 모든 사람들이 회당에 들어갈 수 있게 되었다. 레위 족속들은 제사장 없이 회당에서 예배드리도록 부름받았다. 이에 따라 개인 예배가 허용되었는데, 포로 생활 중 종교적 의식

---

1) John Bright, *The Kingdom of God*.(Nashville, TN: Abingdon Press. 1976), 15.

2) Manson, T.W, *The Servant Messiah: A Study of the Public Ministry of Jesus*, Cambridge University Press Day Month 1953, 1.

이 비공식적으로 행해질 수밖에 없었기 때문이었다. 포로 기간 후에는 개별 기도가 예배의 한 부분으로 추가되었는데, 이것은 원래 제사장만이 모든 사람들을 대신하여 할 수 있었던 것이었다.

또한 유대교 안에 랍비 신학이 발전하였다. 포로 시대 전의 사람들은 하나님의 계시에만 초점을 두었다. 그들은 직접 하나님의 음성을 듣고 그분과 이야기했다. 포로 귀환 후 에스라는 토라를 모았고, 백성들에게 읽는 것을 강조하며 토라의 가르침을 더 중요하게 여겼다. 그들의 삶은 하나님의 살아 계신 말씀보다 쓰여진 기록들에 더 집중되기 시작했다.

필자는 독자들에게 북한 지하교회로부터 발전한 독특한 신학적 통찰에 대해 공부하기를 권한다. 처음부터 어린 신앙인들의 사역으로부터 얻은 신학적 지식을 거부부터 할 것이 아니라 그들의 지식을 받아들일 수 있는 부분까지는 정중하게 받아들이는 시도를 해야 한다고 믿는다.

성령께서는 핍박을 통해 지하교회의 살아남은 성도들에게 모습을 드러내셨다. 하나님께서는 그들에게 매우 독특한 통찰을 허락하셨다. 이 통찰은 기록되고 연구되어야 하며, 핍박을 겪은 이 그리스도인들의 실제 경험을 토대로 우리의 전통과 신념 중에 마땅히 바꾸어야 할 부분은 바꾸어야 한다.

배교의 문제

북한이 예배를 자유롭게 드리고 왕래가 원활하게 이루어져 남한이 북한에 들어갈 수 있게 되면, 남한 교회는 이러한 질문을 던질 것이다. “당신은 김일성에게 절할 때 하나님을 부인하지 않았는가?” 그때에 배교의 문제는 수면 위로 떠오를 것이고, 믿음을 위해 핍박받은 자들에 대한 비난이 쏟아질 것이다. 역사적 경험에 비추어 볼 때, 일제 강점기 후에 그랬듯이 비난은 두 교회 사이에 분란이 일어날 때까지 확대될 것이다. 그러므로 남한 교회는 북한 지하교회 성도들을 비난하기보다는 상처받고 고난받은 사람들을 그리스도의 사랑으로 안을 준비를 해야 한다.

성경은 이렇게 말하고 있다. "하나님의 영으로 말하는 자는 누구든지 예수를 저주할 자라 하지 않고"(고전 12:3). 이것은 북한에서 체포되어 고문받았던 사람들에게 요구되었던 선언과 굉장히 비슷한 유형이다. 대체로 배교의 문제가 떠오를 때에 히브리서 6장 4-12절이 언급된다. 스캇 맥나이트는 그의 글 『히브리서의 경고 구절: 공식적인 해설과 신학적 결론들』에서 다음과 같이 설명했다.

> 이것은 우리에게 메시아이신 예수님을 하나님의 아들이 아니라고 부인하는 것이 죄라는 것과 하나님에 대한 공공연한 비난과 그의 윤리적인 기준을 보여 준다. 본질적으로 히브리서 기자가 말하는 배교의 3가지 특징은 다음과 같다. 첫째, 히브리서 기자는 이 죄가 의도적이고, 의식적이며, 고의적으로 행해지는 것으로 본다. 두 번째로, 그는 "이 죄의 삼위일체적인 요소 즉 하나님으로부터 돌아선 자는 죄를 사하시는 예수 그리스도의 희생을 부인하며, 우리 삶을 하나님의 은혜로 채우시는 성령님도 부인한 것"이라 생각한다. 셋째, 그는 우리의 삶에 대한 하나님의 주권과 윤리적인 제한에서 벗어나려는 인간의 의지를 죄라고 말한다.[3]

그러므로 배교는 예수 그리스도가 구원자이자 주님이라는 것을 고의

3) Scot, McKnight, "The Warning Passages of Hebrews: A Formal Analysis and Theological Conclusions." *Trinity Journal 13NS*, Vol. 21-59. (Deerfield, IL: Trinity Evangelical Divinity School, 1992), 39-40.

적으로, 의식적으로, 공개적으로, 주기적으로, 그리고 전체적으로 부인하는 사람에게 해당되는 것이다. 우리는 이 주장들이 성령님으로부터 온 것이 아니라는 것을 보았다. 성경은 또한 몇몇 그리스도인들은 고통과 핍박 가운데로 떨어질 것을 명백하게 주장하고 있다(막 4:17). 히브리서는 성령에 참예한 바 되고 하나님의 실재에 대한 의심을 뛰어넘는 경험을 했던 사람들이 타락하면 다시 새로워져서 회개하는 것이 불가능하다고 말하고 있다(히 6:4-6).

대체로 배교한 사람들은 그리스도의 지체들에게 적극적으로 대항하기 시작할 것이다. 배교는 누군가와의 협력으로 이루어진다. 가룟 유다가 이에 대한 가장 좋은 예인데, 그는 대제사장들과 장로들과 협력했다. 예수께서 체포되고 난 뒤 유다는 양심의 가책을 느꼈다. 이 죄책감과 부끄러움은 배교자들이 된 협력자들에게서 공통적으로 찾을 수 있다. 그 후 죽음의 영이 그를 찾아갔고, 유다는 목매어 스스로 자멸했다(마 27:3-5).

사람들 앞에서 그리스도를 부인했던 사람들은 하나님의 천사들 앞에서 부인 당할 것이다(눅 12:9). 그러나 예수님께서 우리의 죄를 사하시기 위해 돌아가셨고 우리를 용서하셨다. "누구든지 말로 인자를 거역하면 사하심을 받으려니와"(눅 12:10). 베드로가 바로 이런 유형의 배교의 흥미로운 예이다. 그는 핍박에 대한 두려움으로 그리스도를 알지 못한다고 세 번이나 부인했다(마 26장). 그는 그렇게 하여 자신을 보호했다. 그러나 다른 사도들과 예수님의 부활하심을 목격한 후에도 예수님께서 다시 그를 회복시키실 때까지 그의 부정에 대한 죄책감과 부끄러움은 그로 하여금 다시 고기를 잡게 했다(요 21장).

이러한 복잡한 문제가 숨어 있는 상황에서 배교의 문제는 북한이 다시 열릴 때에 불필요한 충돌을 피하기 위해 역사적이고 신학적인 관점에서 연구되어야 한다.

핍박으로부터의 생존 방법

그동안 핍박의 원인, 영향, 이유, 의미, 고난의 경험, 그리고 다른 문제들을 해부하는 많은 연구들이 있었다. 우리가 핍박을 대할 때 주로 왜 그리고 어떻게 핍박이 오는지에 대해 이야기하지만, 어떻게 핍박 가운데서 생존할 수 있는지에 대해서는 이야기하지 않는다. 이것은 핍박을 어떻게 피할 것인가에 대한 문제가 아니라 '하나님의 방법 안에서 어떻게 핍박 가운데 생존할 길을 찾느냐'를 의미한다. 따라서 앞으로 '그리스도인들이 어떻게 주님을 부인하지 않고 그들의 신앙을 지키며 생존할 수 있는가'의 문제가 연구되기를 바란다.

하나님은 그분의 목적을 위해 그리고 하나님의 백성들을 지키시기 위해 핍박 가운데서 생존할 수 있게 하셨다. 하나님께서 선교적 역사 가운데서 이 땅을 통치하시기 때문에 핍박은 지하교회를 무너뜨릴 수 없다. 마태는 예수님의 말씀을 다음과 같이 기록하고 있다. "내가 이 반석 위에 내 교회를 세우리니 음부의 권세가 이기지 못하리라"(마 16:18).

풀러신학대학원에서 고난신학으로 박사학위를 받고 멕시코 시아파스 지역에서 핍박과 고난당하는 성도들과 함께 사역하는 스터크 박사는 교회가 심한 핍박을 피해야 한다고 언급했다.[4] 반면, 이용규는 고난을 회복의 방편으로 묘사했다. 주님의 도구로서 우리는 핍박의 상황을 수용해야 한다. 우리는 우리가 다만 주님의 도구일 뿐이며 하나님이 인도해 주실 것과 그 목적을 알게 해 주실 것을 믿어야 한다. 이용규는 핍박으로부터의

---

4) J. R. Stott, *The Message of Acts: The Spirit, the Church and the World.*(Downers Grove, IL: Inter-Varsity Press, 1992).

생존 방법은 우리 자신이 주님의 도구라는 것을 인정하는 것이라고 주장한다.[5] 역사적으로 핍박 가운데 생존한 그리스도인들을 보여 주는 많은 사건들이 있었다. 이 생존 방법을 이해하면, 앞으로의 선교 사역에 있을 핍박을 이기는 데 큰 도움이 될 것이다.

훼튼신학원의 J. 톤 교수는 핍박에 대한 보편적인 접근 방식을 묘사했다. 그는 고난과 순교의 목적을 상급의 약속이라고 표현했다. 그는 다음과 같이 설명하였다. "나는 연구 과정에서 성경이 핍박, 고난, 그리고 순교에 대해 언급할 때 항상 천국에 있을 큰 상급의 약속과 겸하여 말씀하고 있다는 사실을 발견했다."[6] 그는 1세기 그리스도인들이 미래에 정말 순교에 대한 큰 상급이 있음을 믿었다고 주장하며 마태복음 16장 27절을 언급했다. "인자가 아버지의 영광으로 그 천사들과 함께 오리니 그 때에 각 사람의 행한 대로 갚으리라."[7] 톤은 그 한 장을 전부 '하늘의 상급'에 집중했다.[8] 톤은 핍박을 겪고 있는 사람들에게 생존을 위한 방법을 알려주었다. 그것은 바로 하늘의 상급이다.

루마니아의 추운 감옥에서 살아남은 리차드 범브란트의 생존 방법 중의 하나는 실제 핍박을 겪은 경험이 있는 사람을 롤 모델로 삼는 것이었다. 그의 롤 모델은 공교롭게도 한국의 어린 소녀였다. 그 소녀는 일제 강점기에 감옥에 투옥되어 고문을 받으면서도 믿음으로 고문을 이겨냈다.

범브란트는 1998년 모퉁이돌선교회의 이삭 목사와 개인적으로 만난

5) Lee, Young Kee, *God's Mission in Suffering and Martyrdom*, Fuller Theological Seminary, (Pasadena: 1999), 57.

6) J. Ton, *Suffering, Martyrdom, and Rewards in Heaven*. Lanham, MD: (University Press of America., 1997), 12.

7) Ibid., 92.

8) Ibid., 410-419.

자리에서 자신이 투옥되었을 때 일제 강점기의 한국의 한 어린 소녀에 대해 쓴 책 『죽으면 죽으리라』를 읽었다고 말했다. 그 한국 소녀의 이름은 '안의숙'이다. 안의숙은 그리스도 안에서 그녀의 믿음을 부인하지 않았고, 구약의 에스더가 했던 선포를 기꺼이 했다. 그녀의 이야기를 읽은 범브란트는 '만약 이 어린 한국 소녀가 차가운 감옥에서 살아남을 수 있었다면, 나도 할 수 있다'고 생각했다. 그리하여 결국 그는 십자가 위의 예수님의 형상을 부인하지 않고, 필사적으로 핍박을 견뎠던 어린 한국 소녀에게 감사했다.

히브리서의 기자는 핍박 중의 생존 방법에 대해 최종적으로 하나님 안에서 온전해지려는 소망이 바로 하나님의 자녀들이 핍박을 견딜 수 있게 해주는 믿음이라고 설명하였다.

> 이 사람들이 다 믿음으로 말미암아 증거를 받았으나 약속을 받지 못하였으니 (히 11:39)

> 또 어떤 이들은 더 좋은 부활을 얻고자 하여 악형을 받되 구차히 면하지 아니하였으며 또 어떤 이들은 희롱과 채찍질뿐 아니라 결박과 옥에 갇히는 시험도 받았으며 돌로 치는 것과 톱으로 켜는 것과 시험과 칼에 죽는 것을 당하고 양과 염소의 가죽을 입고 유리하여 궁핍과 환난과 학대를 받았으니 (이런 사람은 세상이 감당치 못하도다) 저희가 광야와 산중과 암혈과 토굴에 유리하였느니라 (히 11:35-38)

이 사람들은 그들 대신 움직이시는 하나님의 손길을 보았고(히 11:33), 예수 그리스도 안에서 죽기 직전까지 하나님 안에서 온전해지는 최종 형상을 보여 주었다(히 11:40). 그러므로 히브리서에 나오는 생존 방법은 모든 것을 이기는 믿음과 하나님 안에서 온전해지는 것이다.

우리는 하나님께서 핍박 아래에 놓인 그리스도인들에게 베풀어 주신 여러 가지 생존 방법을 살펴보았다. 그리스도께서 약속하시기를 참 그리스도인들은 항상 핍박을 받을 것인데, 그 이유는 세상이 빛을 싫어하기 때문이라고 하셨다(요 15:18-25). 성경은 사탄이 하와를 유혹하고 가인이 아벨을 죽인 때부터, 북한 그리스도인들의 고문과 처형의 시간을 통해 참 그리스도인들이 옳은 것을 위해 핍박받을 것을 보여 주고 있다.

핍박이 예상되는 지역으로 파송되는 선교사들은 미리 적합한 생존 방법을 알고 준비하는 것이 필요하다. 리차드 범브란트는 『하나님의 지하 운동』이라는 책에 이렇게 썼다. "목사들은 지하교회가 어떻게 생겼고 무엇을 하는지 반드시 알아야 한다 … 핍박은 어떤 모양으로든 지하교회 속에서 피할 수 없는 것이지만, 고통을 최소로 줄일 줄 알아야 한다." 그러므로, 필자는 폐쇄된 국가와 핍박 지역에서 사역하려는 자들은 지하교회 성도들이 경험했던 성령 하나님을 전적으로 의지하고 핍박으로부터 생존할 수 있는 방법을 알 필요가 있다고 믿는다.

그들에게서 배우라

마지막으로 독자들에게 부탁할 것이 있다. 어느 날, 북한에 신앙의 자유가 주어지고 지하교회 성도들이 자신들이 겪은 핍박을 말할 때, 우리는 이 책에서 다 밝히지 못한 내용까지 그들로부터 들을 수 있을 것이다. 따라서 모두가 그들의 소리를 들을 준비를 하기 바란다.

우리가 그들의 이야기를 듣고 반응하기만 해 준다면, 그들은 우리에게 무궁무진한 것들을 가르쳐 줄 것이다. 구전되는 그들의 역사를 모으고, 그들의 신학적 통찰들을 기록하며, 그들의 다양한 예배와 복음전도의 형태에 대한 선교학적 연구를 하고, 그들이 목격한 많은 기적들을 문서화할 뿐만 아니라, 가장 중요하게는 그들 안에서 또는 그들을 통해서 본 성령님의 직접적인 역사에 대한 경험을 기록하기를 장려하는 바이다. 우리는 예수 그리스도께 신실한 자로 남기 위해 기꺼이 삶을 내려놓는 사람들로부터 아직도 배울 것이 많다.

부록

부록 1) 김정은 시대 이후의 북한선교

부록 2) 북한 순교자 통계(1945-2006)

부록 3) 한국전쟁 전 북한 교회(지역별, 교단별)

부록 4) 한국전쟁 전 북한교회 목록

2013년 1월 19일 모퉁이돌선교회는 북한선교연구원 주최로 '김정은 시대 이후의 북한선교 전략'에 관한 세미나를 개최하였다. 필자는 세미나에서 '평화통일을 선교전략으로 채택하자' 라는 주제로 논문을 발표하였다. 이 논문에서 필자는 통일이 임박한 시점에서 '북한을 어떻게 복음화할 것인가'에 대한 선교적 전략을 제시하였다. 이 논문이 모퉁이돌선교회와 한국 교회가 통일과 통일 이후를 준비하게 되는 동기가 되기를 바라며 소개한다.

평화통일을 선교전략으로 채택하자!

모퉁이돌선교회에서는 1990년 "통일에 있어서의 교회의 역할과 사명"이라는 주제로 한국 교회의 통일 준비를 촉구하는 심포지엄을 개최했다. 1993년에는 "김일성 이후 100일 전망과 북한선교 전략"이라는 주제로 좌담회를 열었다. 2004년에는 "김일성 사후 10년, 김정일 시대의 북한선교"를, 2007년에는 "김정일 이후 북한선교" 세미나를 각각 개최했다. 그때마다 몇몇 발제자들은 마치 김일성 시대 이후가 없을 것처럼, 김정일 시대가 끝나지 않을 것처럼 가정하고 북한선교에 대한 토론에 참여했다. 그러나 결국 김일성 시대도, 김정일 시대도 지나갔고, 새로운 시대는 또 다시 시작되었다.

이번 발표에서는 반복되는 역사에서 보듯이, 김정은 시대 이후도 조속히 올 것이라는 차원에서 북한선교 전략을 제시한다. 김정은 시대 이후에는 "지하교회가 지상으로 올라와서 하나님께 자유롭게 예배하는 평화(샬롬) 통일이 이루어졌다"라고 선포할 수 있기를 바란다.

I. 이끄는 말

1947년에 안석주가 작사한 '우리의 소원은 독립'이라는 노래가 대한민국 정부 수립 다음해에 '우리의 소원은 통일'로 가사가 바뀌었다.[1] 그러다가 1989년 임수경[2]이 북한을 방문하면서 이 노래가 북한에도 알려졌고, 이제는 북한에서도 부른다. 그러나 북한에서 부르는 노래의 가사는 상당히 많이 달라졌다. 원래 1절밖에 없었던 노래에 2절, 3절이 더해졌고, 가사는 "우리의 소원은 자주"로 시작해서 "이 겨레 살리는 자주 … 통일을 이루자"로 끝난다. 또한 "우리의 소원은 평화"[3]로 바꾸어 부르고, 남한에서 "통일이여 오라"로 부른 가사도 북한에서는 "통일을 이루자"로 바꾸어 부른다.

북한은 '자주'를 말하면서 자신들이 내세우는 주체사상[4]을 노래의 바탕에 깔고 있다. 이러한 측면에서 보면 북한이 주장하는 통일과 남한에서 기대하는 통일이 다르다는 것을 알 수 있다. 북한은 북한식 사회주의적 통일[5] 곧 적화통일을 주장하는 반면, 남한은 민주적 자유통일을 주장한다. 하지만 최근에는 한국에 엄연히 반공 보안법이 있음에도 불구하고 북한을 추종하는 세력들이 정당과 국회에 진출하여 활동하고 있기 때문에, 남한에서 회자되고 있는 '통일'이나 '민족연합'이라는 말을 단순

1) 위키백과, "우리의 소원" http://ko.wikipedia.org/wiki/%EC%9A%B0%EB%A6%AC%EC%9D%98_%EC%86%8C%EC%9B%90

2) 임수경은 1989년 대한민국 정부의 허가 없이 평양에서 개최된 평양축전에 참석하였다. 위키백과, "임수경" http://ko.wikipedia.org/wiki/%EC%9E%84%EC%88%98%EA%B2%BD

3) 2000년 평양에서 열린 남북정상회담 때 2, 3절을 불렀다. http://nocutkorea.egloos.com/m/2288453

4) 주체사상의 원리의 기본은 "사람이 모든 것의 주인이며 모든 것을 결정한다"로서 인간의 자주성을 강조한다.

5) 북한의 통일 정책은 사회주의 체제에 입각하여 상대방의 사상과 체제를 그대로 인정하면서 남북이 동등하게 참여하여 1민족 1국가 2제도 2정부의 연방제 통일 방식을 말한다.

하게 사용하는 것이 상당히 조심스럽다.

이 논문의 전제는 하나님은 그분의 백성들이 고통 가운데 있는 것(출 3:7)을 방관하고 계시지 않으실 뿐만 아니라, 지난 67년 동안 기도해 온 백성들의 기도를 들어 주실 것(마 7:8)이라는 믿음에서 출발한다. 따라서 하나님 나라의 백성인 우리들은 평화통일을 준비해야 하지만, '과연 준비가 될 수 있을까'라는 의문도 갖게 된다.

이 논문에서는 하나님의 말씀에 근거한 통일의 방법을 정치적, 군사적, 또는 경제, 사회적인 전략이 아닌 하나님의 주권을 우선으로 하는 하나님 나라의 관점과 선교적 접근 방식으로 분석한다. 그리고 지난 27년 동안 북한선교를 하면서 여러 차례 북한을 방문하며 느낀 점들과 모퉁이돌선교회 연구원에서 분석하고 정리한 자료들에 기초해 다소 주관적인 북한선교 전략을 제시하려고 한다.

그렇다고 지금까지 제시된 북한선교 전략들을 무시하거나 색다른 전략들을 제시하는 것은 아니다. 한국 교회 차원의 선교전략은 기독교 통일학회나 타 기관들이 이미 제시했다. 더구나 필자에게는 타 기관이나 교회들의 북한선교 전략을 수집하고 분석할 수 있는 시간적 여유가 없었다. 또한 한국 교회 내에서 거론된 전체적인 선교전략을 입수할 수도 없었다. 그래서 이 논문에서는 지난 27년 동안 북한사역을 해 오면서 모퉁이돌선교회가 자체적으로 감당할 수 있는 동시에 실천이 가능하다고 생각하는 북한선교 전략에 대해서만 정리했다.

여기에 한 가지 바라는 것은 본 선교회가 제시한 북한선교 전략이 하나의 좋은 선례가 되어서 한국 교회와 여타 선교기관들이 북한선교에 대해 전략적인 사고를 하면서 선교전략을 수립하고 실행하게 되기를 염원한다.

북한은 선교 대상이다

지난 2007년 "김정일 이후의 북한선교"[6] 세미나에서 이미 언급한 바와 같이, 북한은 선교의 대상이지 단순히 민족적인 전도 대상이 아니다.[7] 지난 67년간의 분단으로 말미암아 남북한의 문화, 언어, 그리고 사상의 차이로 인해 남북이 동일한 민족이라는 말도 이미 옛 이야기가 되었다. 언어의 차이는 북한이 1949년 한자를 폐지하고 1964년과 1966년에 언어 정책을 확정한 뒤, 언어를 사상교육의 수단으로 이용하기 시작하면서 현저하게 나타나기 시작했다. 그래서 성경 용어들을 남북이 같이 읽을 경우 전혀 다른 뜻으로 해석하게 된다. 남한에서 읽히는 한글성경을 북한 사람들이 볼 경우, 몇 번이고 그 단어들의 의미를 물어보면서 읽어야 하는 형편이다.

더군다나 북한 사람들은 유교에 근거한 공산주의적 김일성 사상에 영향을 받아 사회주의적 세계관을 갖고 있다. 그래서 자유분방하고 민주주의적 개인주의가 발달한 남한 사람들의 세계관과는 차이가 많다. 북한 사람들은 지금까지 개인보다는 국가가 더 중요하다는 교육을 받아 왔다. 또한 1972년 김정일이 삼촌 김영주와 김일성 후계자 자리를 놓고 격렬한 투쟁을 벌이면서 주체사상을 확립하였다.

김정일은 주체사상을 확립하면서 "수령은 인민을 위해 존재한다"라는 말을 "인민은 수령을 위해 존재한다"라고 바꾸고,"수령이라는 특수한 개인

6) 모퉁이돌선교회, 『김정일 이후의 북한 선교: 김정일 시대와 김정일 이후의 북한 종교정책의 변화와 선교전망』(서울: 예영커뮤니케이션, 2008)

7) Ibid., 118-134.

이 사회의 주인이 된다"는 결론을 내렸다.[8] 그렇게 김정일은 '수령' 곧 '김일성'을 신격화했다. 그러자 북한 주민들의 인권 상황은 예전보다 훨씬 더 열악해졌다. 이렇게 인권을 유린당하고 인간 취급을 받지 못한 북한 주민들을 남한 사람들이 어떻게 이해하고, 그들에게 접근해야 하는지는 선교학적인 문제이다.

Ⅱ. 선교전략

지금까지 한국 교회는 특별한 선교전략 없이 북한선교를 해 왔다고 말해도 과언이 아니다. 한국에서 선교가 한창 무르익었던 2006년 박영환 교수는 『선교정책과 전략』이라는 책을 발간했다. 그는 그 책에서 한국의 선교전략의 부재에 대해 다음과 같이 말했다.

> 그간 한국 교회에 발표된 세계선교 정책과 전략들은 교단 차원에서만 제시되었다. 교단 별 자료를 종합한 것은 없었다. 간혹 선교정책이라고 나온 것도 외국서 빌려온 것이 대부분이고, 변종된 것들도 있었다. 발간된 자료들도 20년 이전의 것들이 대부분이다. 또한 한국 교회의 세계선교가 제대로 정리되지 못하고, 앞만 보고 온 세월이 30년을 넘었다.[9]

한국 교단 중 가장 많은 선교사를 파송한 대한예수교장로회(합동)측의 선교정책에서는 공산권 선교사들의 전략적 약진을 표명했다. 하지

8) 황장엽, Ibid., 372.

9) 박영환, 『선교정책과 전략』(서울: 도서출판 바울, 2006), 25.

만 '공산권' 대상 국가에 중국은 포함되어 있었지만, 놀랍게도 북한은 제외되어 있었다.[10] 더욱 놀라운 것은 기독교대한성결교회의 선교정책에서는 "통일을 바라보는 북한 연구와 세계선교단체 간의 네트워크를 통한 글로벌 선교신학을 정립해야 된다"[11]라고 제시한 것 외에 북한선교 전략을 제시한 교단이 하나도 없었다는 것이다. 그것도 한 문장으로 표시된 것이 전부였다.

이것이 한국 교회가 북한선교를 전략도 없이 실행하고 있다는 증거다. 이런 시각에서 필자는 "한국 교회가 세계선교를 그토록 외치면서도 민족의 복음화를 외면한다면 어불성설이요, 모순이다"[12]라는 주도홍 교수의 말에 동감한다. 그러나 몇몇 학자들, 즉 현재 서울대학교 통일평화연구원 HK교수인 김병로 박사가 참석하는 한국기독교통일포럼, 기독교통일학회,[13] 감리교 신학대학교 내에 있는 한반도평화통일신학연구소 등이 세미나 혹은 포럼을 통해 북한선교 전략들을 발표하고 있어서 교회들이 북한선교 전략을 수립하려고 할 때 찾아볼 문헌들이 있다는 것은 그나마 다행스러운 일이다.

그동안 교회들이 전략적 사고를 가지고 능동적으로 북한선교를 해온 것이 아니라 사실상 수동적으로 북한선교를 해 왔음을 알 수 있다. 그러나 필자는 이제 본격적으로 선교전략을 수립하고 실행할 때가 왔다고 생각한다.

10) 박영환, 『선교정책과 전략』(서울: 도서출판 바울, 2006), 204.

11) Ibid., 74.

12) 주도홍, 『기독교와 통일』 제1권(서울: 기독교 통일학회, 2007), 6.

13) 기독교통일학회는 백석대학의 주도홍 교수가 2006년 6월 3일에 발기해 설립되었다.

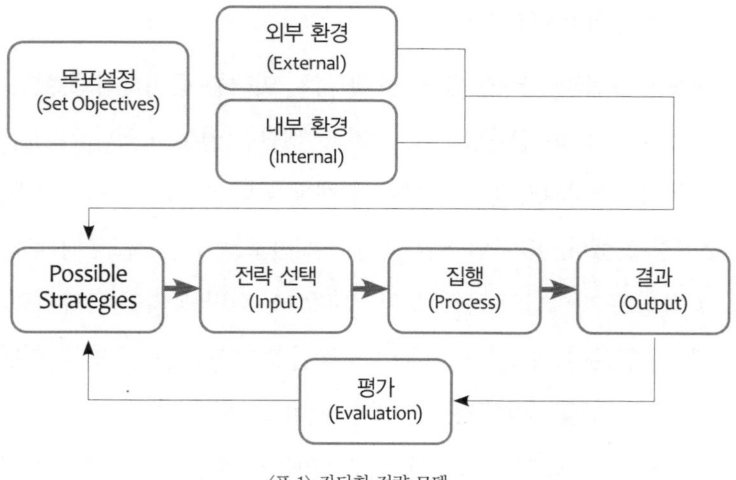

〈표 1〉 간단한 전략 모델

위 표를 보면 알 수 있듯이 전략을 수립할 때는 먼저 목적 혹은 목표를 설정해야 한다. 그리고 난 후 외부 환경을 분석하고 내부 환경을 냉정하게 평가함으로써 어떤 전략들이 수립되고 선택될 수 있는지 파악한다. 그런 후에 이미 사용했던 전략들과 새롭게 실현 가능한 전략들을 모두 나열한 후 외부 환경 분석과 내부 환경 평가에서 나온 결과들에 비추어 합당한 전략들을 선택하고, 그 전략들을 구체적으로 실행할 수 있는 전술들을 수립하고 실행한다. 그리고 전략과 전술 실행 결과를 살펴보고 난 후, 다시 그 결과를 분석하고 평가하여 전략을 수정하는 비교적 단순한 모델을 선교적 차원에서 응용하려고 한다.

1. 환경 분석

이끄는 말에서 선교전략 수립을 위한 목적을 이미 제시했기 때문에 이제는 한국의 내부 환경을 분석하겠다.

1) 준비 없이 맞이할 통일

세계의 흐름과 정세를 읽지 못해 미처 미래를 준비하지 못했던 조선 왕조는 일본에 의해 침탈당했다. 그리고 36년간 일본의 식민 통치를 받던 우리 민족은 준비되지 않은 상태에서 해방을 맞이했고 자유의 기쁨을 오래 누리지 못했다. 1945년 8월 15일 조선반도는 일본으로부터 해방되었다. 그 해방은 하나님의 은혜로 된 것이었다. 식민 통치를 담당했던 일본의 총독이 일본이 제일 두려워하던 사람들은 "40만의 죽음을 두려워하지 않는 그리스도인들이었다"[14]라고 말한 것이 그 증거이다.

조선반도의 그리스도인들이 외부세력들과 손을 잡고 일본에 대항할 때 미치게 될 영향에 두려움을 느꼈던 일본은 그 세력들을 멸절하기로 결정했다. 1945년 8월 18일은 일본이 약 2만 명이 넘는 기독교 지도자들을 처형하기로 결정한 날이었다.[15] 하나님께서 왜 1907년에 성령을 체험한 한국 교회가 일본으로부터 36년 동안 악의 시험을 받도록 하셨는지 모르지만, 하나님은 그분의 교회가 몰살되는 것을 결코 간과하지 않으셨다. 조선반도의 그리스도인들을 처형하기로 한 바로 3일 전에 일본이 미국에 항복한 것이다.

대한민국의 해방을 위해 3·1운동과 같은 다수의 민족적인 투쟁도 있었다. 나라를 떠나서 독립군을 조직하여 대항도 하였고, 해외에서 임시정부도 수립하였다. 복음의 순수성을 지키기 위해 항거하다가 교회의 문이 닫히고, 50여 명의 목사들이 순교했다. 그러나 막상 해방이 되자 교회가 해방 후를 준비하지 못한 결과가 드러났다. 조선반도는 일본으로부터 해방된 후 동요하기 시작했다. 그 결과 해방된 지 채 몇 년이 안 된 1950년,

14) 김승태, 『한국기독교와 신사참배문제』(서울: 한국기독교역사연구소, 1991), 8.

15) Moffett, 76.

남과 북은 6·25전쟁으로 엄청난 피를 흘렸다.

1945년 6월, 조선 땅에는 무려 2,346개의 신사가 있었다. 그때 한국 교회는 두 파, 즉 신사참배를 한 사람들과 신앙의 절개를 지키며 신사참배를 하지 않아 박해를 받은 사람들로 나뉘어져 있었다. 두 파는 해방 후 신사참배 문제를 놓고 하나님께 회개하고 용서하며 화해하기보다는 서로 싸우기 시작했다.

1945년 11월 14일, 200여 명의 목사들이 평북장로총회에 모여서 국가의 회개를 부르짖으며 신사참배에 반대하여 감옥에 잡혔던 20명의 목사들이 주창한 5가지 기본원칙[16]을 적용하고 시행해야 한다고 주장했다. 하지만 1938년에 신사참배 운동을 주창한 홍택기 목사[17]는 이 규제에 항의하고 "신사참배에 대한 회개와 책벌은 하나님과 직접 관계에서 해결될 성질의 것"[18]이라고 주장하면서 일본의 우상을 숭배한 것에 대한 회개를 노골적으로 거부했다. 이에 신사참배를 반대하며 신앙을 지켰던 목사들은 상처를 받았고 분노로 가득 찬 상태에서 신사참배를 한 목사들과 논쟁을 벌이다가 전국적인 회개를 탄원했던 항목들 가운데 단 하나도 시

---

16) 김양선,(서울: 대한예수교장로회총회 종교교육부, 1956), 45.에 한국 교회 재건을 위하여 발표된 다섯 가지 기본 원칙을 기록하였다.

1. 교회의 지도자들은 모두 신사참배를 하였으니 권징의 길을 취하여 통회 정화한 후 교역에 나갈 것
2. 권징은 자책이나 자숙의 방법으로 하되, 목사는 최소한 2개월 간 통회 자복할 것
3. 목사와 장로의 휴직 중에는 집사나 평신도가 예배를 인도할 것
4. 교회 재건의 기본 원칙을 전국에 전달하여 일제히 실행하게 할 것
5. 교역자 양성을 위한 신학교를 복구 재건할 것

17) 홍택기 목사는 1925년 평양신학교 18회 졸업생으로 평북노회에서 목사 안수를 받았고, 1929년에 제18회 조선예수교장로회 총회 회의록 서기를 맡았다. 1938년 조선예수교장로회 총회에서 "신사참배가 애국적 국가의식임을 자각하며 비상시국 하에서 총후 황국신민으로서 적성을 다하기로" 한다는 내용과 함께 신사참배를 결의한 목사이다.

18) Ibid., 46.

행되지 못한 채 총회가 종료되었다. 그 후 교단이 나뉘어졌고, 조선반도는 남북한으로 나뉘어졌다.

일본의 식민 통치 상황에서 급작스레 해방을 맞이한 교회는 해방 이후를 정치적인 방식으로 접근하려 하였다. 신사참배를 반대하던 20명의 목사들이 해방과 함께 감옥에서 풀려나 집으로 가기 전 평양 산정현교회에 모여 기도하는 시간을 가졌지만,[19] 그 해 11월에 있었던 장로총회의 결정으로 인해 교회의 모습은 바뀌었다.

1945년 9월 한경직 목사와 윤하영 목사는 평안북도 신의주에서 '기독교사회민주당'을 창당했다. 1945년 11월 평양신학교의 학장이자 이북5도 연합노회의 부회장이었던 김화식 목사와 몇 명의 목사들은 비밀리에 '기독교자유당'을 창당하였다. 이외에도 교회는 많은 정치적인 활동을 하였다. 미처 해방을 준비하지 못한 교회는 우왕좌왕했고, 결국에는 영적인 접근방식이 아닌 정치적인 접근방식을 택하고 만 것이다. 만약 교회가 해방 전에 교회가 이루어야 할 민족의 해방과 독립을 신학적으로 준비하고, 신사참배를 한 사람들을 어떻게 다루고 교회의 재건을 위해 무엇을 할 것인가에 대해 하나님 앞에 나아가 여쭤 보면서 영적으로 해방 이후를 준비했더라면, 이렇게 남북이 갈라지는 아픔까지 겪지 않았을지도 모른다.

이런 역사적인 경험을 가진 한국 교회는 과연 지금 복음적인 평화통일을 준비하고 있는가? 아니 통일을 할 수 있을까? 혹여 정치적이고 군사적이며 사회적이고 물리적인 통일이 이루어진다 해도 과연 교회의 연합과 화해가 일어날 수 있을까?

최근 수많은 탈북인들이 교회에 정착하지 못해 교회를 떠나고, 심지어는 이단에 빠지고 있다. 탈북인 2만 5천 명과의 평화통일도 이루지 못

19) Ibid., 45.

하고 있는데, 과연 남과 북의 평화통일이 올 수 있을까? 더군다나 한국 교회 일부에서는 남과 북의 통일 자체를 원하지 않는다고 한다. 일본의 식민 통치 때에도 해방을 원하지 않았던 부와 권력을 누리던 기득권 세력들이 있었다. 그들의 생각처럼 지금도 기득권 세력들은 자신의 부를 가난한 북한인들과 나누어야 한다는 생각에 사로잡힌 나머지 교회 안에서 '통일이 왜 필요하냐?'는 논쟁을 공공연하게 하고 있다. 통일이 되기 전부터 이미 남한 교회가 분열되기 시작했다. 이런 상황에서 평화통일을 기대한다는 것은 무리가 아닐까? 오늘날 북한을 연구하는 몇몇 학자들도 정치적인 국가 통일에 대해 회의적인 의견을 내놓고 있다.

그러나 선교적 차원에서 보면 정치적·경제적인 목적보다는 하나님의 나라를 이루어야 한다는 차원에서 반드시 평화통일을 이루어야 한다. 통일을 위한 선교가 아닌 민족의 복음화, 즉 하나님의 나라를 위한 통일이 필요하다. 영원히 죽어야 할 영혼들이 회복되어 하나님의 나라에 들어가 하나님과 함께하는 복음화이다.

북한의 동포들이 배고픔과 고난의 삶을 60여 년이나 살아왔는데 영원한 세상에 대한 복음을 한 번도 듣지 못하고 죽어야 한다면, 우리 한국의 그리스도인은 그에 대한 책임에서 자유로울 수 있을까? 신앙의 자유가 주어지고 예배할 수 있는 집회의 자유가 주어지는 그런 평화의 하나님의 나라, 그러한 평화통일을 이루기 위해 우리는 통일 준비와 동시에 통일 이후도 준비해야 한다.

2) 외부 환경 분석

전략을 수립하는 사람들은 여러 차원에서 외부 환경을 분석해야 한다. 정치, 경제, 사회, 군사, 교육, 문화 등의 다각적인 분석을 통해서 선교를 할 수 있는 환경을 정확하게 파악할 필요가 있다. 그러나 이 논문에서는 선교적 차원에서 제한된 환경만을 살펴보고 선교전략을 제시하고자 한다.

북한은 변화한다

'통일은 온다'라는 전제가 없으면 이 논문 발표는 아무런 의미가 없다. 세상은 변해 왔고, 앞으로도 변할 것이다. 역사는 반복되어 왔고 앞으로도 반복될 것이다. 그리고 역사는 흘러가면서 통일이 될 수 있는 환경으로 변화될 것이다.

1990년 10월 3일 동독의 다섯 개 주가 서독에 편입되면서 동서독이 통일되었다. 갑작스러운 통일이었지만, 그 통일로 인해 동독 교회들은 자유롭게 하나님을 예배하게 되었다. 북베트남은 1975년 사이공을 점령하고 1976년 사회주의 공화국을 수립했다. 1954년부터는 분단된 남북을 사회주의적으로 통일했다. 1986년 이후에는 시장경제체제를 받아들이면서 2000년에는 대부분의 국가들과 수교를 맺었다. 베트남에는 제한된 신앙의 자유가 주어졌고, 그 결과 교회는 성장하기 시작하였다. 중국 역시 1979년 이후 모택동의 시대가 가고 등소평의 시대로 접어들면서 시장경제체제로 전환되었고, 제한된 신앙의 자유가 주어졌다. 그 결과 중국에서는 1979년에 2백만 명이었던 기독교인들이, 2012년 초에는 많으면 1억 2천만 명, 적으면 8천만 명의 기독교인들이 생겨났다.

이처럼 북한도 변할 것이다. 2011년 젊은 시절 해외에서 교육을 받은 김정은이 김정일의 후계자로 선정되었다. 김정은이 집권한 후 서방의 학자들은 반신반의하면서 지난 1년을 지켜보았다. 하지만 김정은 역시 굳어진 북한의 정치 구조를 바꿀 수 있는 힘은 없어 보인다. 따라서 김정은 세력은 흔들리면서 변할 것이다. 그는 김일성이나 김정일보다 약한 상태가 될 수밖에 없다. 김정은의 권력이 존속할 수 있는 것은 김정일 시대의 권력을 누렸던 세력들이 계속적으로 살아남기 위해 어쩔 수 없이 자신들을 대신할 허수아비로 김정은을 세웠다고 생각하기 때문이다.

김정일과 같은 강력한 지배체제 하에서도 권력을 뒤엎으려는 반란이 여러 번 있었다.[20] 이와 같이 권력을 잡고자 하는 반대세력들의 힘을 얼마나 제압할 수 있느냐의 여부가 김정은의 장기 집권의 관건이다. 아마도 김정은도 김정일 시대의 권력들을 밀어내고 자신이 원하는 세력들로 교체하려고 할 것이다. 이때 인간의 탐욕으로부터 나오는 심한 권력다툼이 예상된다. 동시에 살고자 하는 인간 본능의 쟁투가 벌어질 것이다. 그 힘들이 김정은의 힘보다 크면 그것으로 인해 변화가 시작될 것이다. 김정은의 세력이 약해지면 그는 권좌에서 물러나게 될 것이다.

이러한 의견에 대해 북한에서 온 탈북인들은 '북한을 몰라서 하는 소리'라고 한다. 하지만 김정일 자신이 수령이 되기 위하여 1972년부터 교육을 받은 이후 1994년까지 무려 22년간의 준비 기간을 거치고 권력을 장악했던 상황에서도 여러 번의 쿠테타가 있었다는 것을 상기한다면 김정은 시대에도 반대세력과의 투쟁은 계속될 것이다. 오히려 그 빈도는 더 잦아질 것이다. 그로 말미암아 김정은의 권력은 오래 갈 수 없을 것이다. 아마 길게 잡으면 5년, 짧게 잡으면 3년 정도를 기대해 볼 수 있을 것이다. 물론 외부의 지속적인 지원이 없다는 가정 하에서 말이다.

20) 1996년 초에 함남에 주둔하던 6군단의 반란이 있었고, 2004년 평북 용천 폭발사건은 군내에 반김정일 세력이 있다는 것을 보여주었다. 1992-1993년에도 장성 11명이 쿠테타를 꾸미다 적발돼 처형됐다(조선일보 2009년 2월 22일 게재).

또한 일시적으로 중국은 김정은의 세력을 지원하여 공산주의가 붕괴되는 것을 막으려 할 것이다. 그러나 그 세력을 유지할 수 없는 상황이 되면 새로운 세력이 김정은 정권을 물려받게 될 것이다. 그리고 얼마 지난 후 그 세력이 다시 약화되면서 정치체제가 변하게 되고, 세계적인 정세를 따라 개방을 할 수밖에 없는 상황이 도래할 것이다. 필자는 바로 그때에 남과 북의 평화통일이 이루어질 것으로 생각한다.

Ⅲ. 가능한 전략들

성경에 제시된 선교전략을 면밀히 살펴보면 공통점이 하나 있다. 그것은 하나님께서 선교(mission Dei)를 하신다는 것이다. 우리는 인간들(mission hominum)과 자신의 백성들, 그리고 국가(mission politica)와 교회(mission ecclesium)를 동원하셔서 자신의 나라를 이루어 가시는 역사의 주인이 하나님이심을 알고 있다. 그분은 대언자들을 통하여 "전쟁은 여호와께 속한 것이라"(삼상 17:47; 대하 20:15)고 말씀하셨으며, "여호와께서 오늘날 너희를 위하여 행하시는 구원을 보라"(출 14:13)라고 말씀하신다. 하나님의 방법은 우리의 방법보다 더 훌륭하며 완벽하다. 우리가 하나님께 부르짖어야만 하나님은 그분의 방법으로 북한을 회복시키실 것이다. 사사시대에도 하나님의 백성이 고난 가운데 하나님께 부르짖으면, 하나님은 들으시고 자신의 방법으로 그 나라를 회복시키셨다. 그 방법 중 하나는 사사를 세우시는 일이요, 외적을 물리치는 일이었다.

필자는 하나님께서 그분만의 특별한 방법으로 통일을 이루어 가실 것을 기대한다. 늘 새롭고 창조적이며 우리가 알고 있는 방법이 아닌 하나님만의 독특한 방법을 동원하실 것을 기대한다. 우리 그리스도인들은 그러한 일이 일어났을 때 '하나님께서 하셨다'고 외칠 수 있어야 한다.

하나님께서는 여호수아에게 여리고 성을 하루에 한 번씩 돌고, 마지막 날에는 7번 돌라고 명령하셨다. 여호수아는 이 말씀에 순종하여 돌았을 뿐, 그 성이 무너질 것을 미리 알고 나팔을 불거나 소리를 치지 않았다. 하나님께서는 미리 성이 무너질 것이라고 말씀하지 않으셨다. 그들이 무엇이라고 외쳤는지는 잘 모르겠지만, 사사시대의 기드온처럼 "하나님을 위하여"라고 외쳤을 수도 있다(삿 7:20). 그러나 그 소리 때문에 성이 무너진 것이 아니라, 하나님의 말씀에 순종하여 외칠 때 하나님께서 여리고 성을 무너뜨리셨다(수 6:20).

하나님의 방법을 우리가 예상하기는 어렵다. 다니엘서를 보면, 메대 사람 다리오가 피 한 방울 흘리지 않고 갈대아 왕 벨사살로부터 나라를 얻었다(단 5:31). 우리에게 다가올 통일도 그렇게 갑자기 피 한 방울 흘리지 않고 급작스럽게 일어날 수도 있다. 부디 전쟁이 수반된 통일이 아닌 하나님께서 주시는 평화통일이 있기를 바란다.

하나님께서 아모스를 통해 "주 여호와께서는 자기의 비밀을 그 종 선지자들에게 보이지 아니하시고는 결코 행하심이 없으시리라"(암 3:7)라고 말씀하신 것처럼, 그의 자녀들에게 말씀하여 주실 것을 기대한다. 요한계시록 2장과 3장에 일곱 교회를 향하여 하셨던 말씀처럼 아마도 귀 있는 자는 들을 수 있을 것이다. 우리는 하나님의 말씀을 들으려 하고, 들을 준비를 해야 할 것이다. 그리고 그분의 말씀에 순종해야 할 것이다.

1. 2015년의 평화통일을 기대하며

1988년 11월 23일부터 11월 25일까지 스위스 글리온에서는 남북한 그리스도인들이 1986년 이후 두 번째 회합을 가졌다. 이 회합에 북한은 조선기독교도연맹을 대표하여 7명이 참석했고, 한국에서는 기독교연합회의 대표단 11명이 참석했다.[21] 남과 북의 18명의 대표들은 함께 예배와 성경공부, 교제 등을 했으며, 남북이 분단된 후 처음으로 성찬식을 함께 가졌다. 그리고 1945년 해방을 기점으로 50년째 되는 1995년을 국가적 "통일 희년[22]의 해"로 공동 선포하고 선언문까지 작성한 뒤, 평화로운 통일을 위해 1995년까지 매년 8월 15일 이전 주일에 휴전선에 모여서 기도회를 갖기로 합의했다.

그 후 1990년 12월에 세 번째 회의가 열렸지만, 남북관계가 경색됨으로써 글리온 회의는 5년간이나 열리지 못하였고, 1988년 제2차 글리온 회의에서 통일 희년으로 정한 1995년에 네 번째 회의가 열릴 수 있었다. 4차 회의에서는 통일 희년을 맞아 남북한 기독교인들이 판문점에 모여 '8.15 희년 공동예배'를 열기로 합의하였다. 그러나 판문점 희년 공동예배는 남한 당국의 불허로 무산되었다.[23] 결국 기대하였던 희년, 곧 정치적인 통일은 1995년에도 이루어지지 않았다. 그러나 필자는 북한에서 식량을 찾아 중국을 방문한 자들에게 희년이 일어났다고 믿는다. 나초스는 이에 대해 다음과 같이 말했다.[24]

---

21) 한국기독교역사연구소 북한교회사집필위원회, 『북한교회사』(한국기독교역사연구소, 1996), 506.

22) 구약에 나온 희년은 50년마다 한 번씩 기념하는 안식년으로 이해하는 것이 옳다. 빚과 보증의 부담으로부터의 공식적인 해방을 통해 희년에 자유가 선포되었다. 레위기 25장과 27장, 민수기 36장에서 언급된 희년이라는 단어는 히브리어 yobel에서 번역된 것이다. 이 단어의 어원은 불분명하지만, "나팔 소리"(출 19:13)와 "양각 나팔"(수 6:5-6, 13)로도 해석되었다. 레위기 25장에 의하면, 희년은 일곱 번째 달의 열 번째 날에 나팔소리와 함께 선포되며 한 해 동안 계속되었고, 빚과 보증의 부담으로부터의 해방을 선포한다. 또한 이때에 선조의 재산을 되돌려 받는다.

23) Ibid., 506.

24) Andrea Natsios, *The Great North Korean Famine:Famine, Politics and Foreign Policy*, Seoul, Korea: Da-Hal Media, 2003.

1995년 8월의 대홍수는 이미 기울기 시작한 북한의 식량생산을 더욱 감소시켰고, 동요하는 북한 사회를 벼랑 끝으로 내몰았다 … 세 가지 유형의 자연재해가 3년에 걸쳐 북한을 강타했으며, 기아의 근본적인 요인이라고는 할 수 없지만 기아 상황을 더욱 부채질하는 결과를 초래하였다.

1994년 김일성이 죽고 이듬해인 1995년 북한에 홍수(큰 물)가 발생했다. 홍수로 인해 농작물의 28%가 물에 잠기면서 북한은 극심한 흉년을 겪었다. 굶주림에 시달리다 못한 북한 주민들은 대거 중국으로 향했다. 단순히 배고픔 때문에 중국으로 간 것이었지만 중국을 찾은 자들은 자유를 체험했으며, 복음을 통해 억눌린 데에서 자유함을 얻었다. 이 시기에 예수를 믿고 북한으로 돌아간 전체 성도 수를 정확히 알 수는 없다. 하지만 이것이 한두 명에게만 일어났던 사건이 아님은 분명하다.

탈북인 사역을 하는 유천용 목사[25]는 자신이 작성한 2005년도 실태보고서에서 탈북인의 수에 대해 "현재까지 많은 비정부기구들은 200,000명에서 300,000명으로 본다"[26]라고 제시하였고, 모퉁이돌선교회에서 작성하여 발표한 주간보고서에 따르면 중국에 거주한 채로 남아 있는 탈북인들은 대략 100,000명에서 300,000명이다.[27] 1995년부터 1998년까지 중국에서 사역하던 남한 출신의 선교사는 413명으로 집계되었으며, 그들은 주로 탈북인들에게 복음을 전하였다. 전체 탈북인 중 80%가 넘는 이들이 개신교 선교사들의 도움을 받았다고 증언한 바 있다.[28]

---

25) 유천용 목사는 미국 워싱톤에 있는 기독교 인권단체인 아시아 태평양인권협회의 대표이다.

26) 유천용, 『탈북자 실태보고』(아시아태평양 인권위원회, 2005), 1-3.

27) 모퉁이돌선교회, (주간 보고서, 2004), 4-24.

28) 김병로, Ibid., 1; 이금순, 『북한주민의 국경 이동 실태: 변화와 전망』 통일연구원 연구총서 05-06 (서울: 통일연구원, 2005), 28.

2004년 8월 31일부터 하나원에 들어온 5,809명의 탈북인들 중 61%가 중국에서 그리스도를 영접했다는 통계자료가 있다.[29] 탈북인들의 숫자를 200,000명이라고 추산한다면, 무려 100,000명이 넘는 사람들이 예수를 믿게 된 것이다. 이 숫자를 간접적으로 검증해 볼 수 있는 자료가 하나 있다. 그것은 모퉁이돌선교회에서 발표한 북한 지하교회 성도들의 숫자이다. 모퉁이돌선교회에서는 1991년 북한 지하교인 숫자를 30,000명으로 발표했고, 2010년도에는 "추산 140,000명 정도의 지하성도가 북한에 있다"[30]라고 발표했다.

이런 상황을 보면서 필자는 선지자 이사야를 통하여 하신 말씀처럼 "가난한 자에게 복음을 전하게 하시려고 내게 기름을 부으시고 나를 보내사 포로 된 자에게 자유를, 눈 먼 자에게 다시 보게 함을 전파하며 눌린 자를 자유케 하고 주의 은혜의 해를 전파하게 하려 하심이라"라는 희년이 1995년에 일어난 것으로 본다.[31]

물론 구약에 희년이 기록된 적이 없고, 다만 예수 그리스도의 임하심

29) 한국인 사이의 교환과 협동사무국, 통합 사역 2004.

30) 2010년 6월 1일 모퉁이돌선교회 홈페이지 북한선교 정보 코너에서 "북한 지하교회 성도 14만 명 추산: 북한의 정치적인 상황을 고려할 때 지하교회 성도 수를 정확하게 파악하는 것 자체가 어렵다. 그럼에도 불구하고 본 선교회가 9만-14만 명으로 성도 수를 추정하는 근거가 있다. 1985년부터 북한선교를 시작한 본 선교회가 1991년에 직·간접으로 연결된 경로를 통해 조사한 바에 의하면 당시 북한 내에 약 3만 8천 명의 지하성도가 있는 것으로 조사되었다. 그런데 1995년을 기점으로 북한의 식량난이 심각해지면서 많은 북한 주민들이 식량을 구하기 위해 공식, 비공식적인 방법으로 중국에 넘어와 복음을 듣게 되었다. 그리고 북한으로 다시 돌아가 복음을 전하는 사례가 급증하였다. 그 일은 현재까지도 계속되고 있다. 이러한 정황으로 보아 북한의 지하성도 수를 적게는 9만 명에서 많게는 14만 명이 조금 넘을 것으로 본다. 우리는 북한 지하교회 성도 수가 본 선교회가 추산하는 14만 명보다 훨씬 더 많기를 소망한다. 참고로 타 기관은 북한 지하교회 성도 숫자를 30-40만 명이라고 보도한 바 있지만, 그에 대한 근거나 확인할 수 있는 방법은 없는 것으로 안다"라고 밝힌 적이 있다.

31) Peter Lee, *Toward a Missiological Understanding of the Persecuted Church in North Korea*,(Los Angeles: Fuller Theological Seminary, 2009), 173.

이 희년이라는 신학적인 관점에서 볼 때, 희년의 개념은 이상적인 관념으로 보인다.[32] 그러나 선교학적으로 볼 때 오늘도 희년이 임하는 것을 볼 수 있다. 이것은 개인적인 차원에서 일어나기도 하지만, 좀 더 확장된 개념으로 보면 희년은 집단적이고, 지역적이며, 때로는 국가적인 차원에서 일어날 수 있는 개념으로도 볼 수 있다.

그런데 여기서 1995년에 희년이 일어났다고 믿는다면[33] 제시된 그 희년의 기준년도가 중요하다. 왜냐하면 스위스 글리온의 회합에서 정한 1945년을 희년의 기준해로 설정했을 때 예레미야를 통해 70년 후(렘 25:11-12; 29:10)에 예루살렘이 회복될 수 있었던 성경적 사실을 감안한다면, 우리도 70년이 되는 2015년에 북한을 회복시켜 달라고 하나님께 기도할 수 있기 때문이다.

근대 역사에도 70년이 지난 후 회복된 사건이 있었다. 소련에서는 1917년 볼셰비키 혁명이 발발하고 70년이 지났을 즈음인 1986년 4월에 페레스트로이카 운동이 일어났고, 1987년 6월에는 소비에트 연방의 지도자인 미하일 고르바초프가 주창한 경제 개혁 정책이 시행됨으로 1989년에 소비에트 연방이 사라졌다. 그리고 그곳에 신앙의 자유가 주어졌다. 이러한 선교적 배경에서 볼 때 우리도 70년이 되는 해인 2015년이 희년의 해, 곧 평화통일의 해가 되기를 기대해 볼 수 있다.

IV. 통일을 이루기까지 '평화통일'을 선교전략으로

한국 교회의 선교전략은 통일을 전제하지 않고 단순히 민족복음화적

32) Ibid., 173.

33) 어떤 선교기관과 교회는 통일이 되는 것 자체를 희년으로 보고 있다.

인 차원에서 실행되었다. 그러나 북한에 복음을 전파하기 위해서는 통일이 가장 효과적인 선교전략 중 하나이다. 통일이 가져다줄 영향은 참으로 크다. 2천 3백만의 백성을 복음화할 수 있는 절호의 기회이기 때문이다. 단순한 통일이 목적이 아니다. 하나님의 나라가 북한 땅에 이루어짐으로 말미암아 절망과 멸망으로 향하던 백성들이 하나님께로 돌아와 영원한 구원을 얻으며, 하나님께서 창조하신 원래의 형상을 회복하고, 하나님께서 베푸신 복을 누리면서 하나님과 함께 영원히 사는 평화(샬롬)가 북한 땅에 임하는 것이 참다운 목적이다.

예수님께서 공생애를 시작하시면서 하신 첫 선포는 "회개하라 천국이 가까왔느니라"(마 4:17)이다. 예수님께서 오심은 하나님의 나라가 임하는 것이요 곧 평화가 임하심을 선포하는 것이다. 누가는 예수님의 탄생 소식을 천사의 음성을 통해 목자들에게 전했다. "지극히 높은 곳에서는 하나님께 영광이요 땅에서는 기뻐하심을 입은 사람들 중에 평화로다"(눅 2:14). 그 평화는 곧 이사야가 기록한 것과 같다. "주의 성령이 내게 임하셨으니 이는 가난한 자에게 복음을 전하게 하시려고 내게 기름을 부으시고 나를 보내사 포로 된 자에게 자유를, 눈먼 자에게 다시 보게 함을 전파하며 눌린 자를 자유케 하고 주의 은혜의 해를 전파하게 하려 하심이라"(눅 4:18-19). 즉 이 평화(샬롬)는 오직 하나님의 나라가 임할 때 이루어진다.

지금까지 모퉁이돌선교회는 통일을 위한 선교보다는 선교를 위한 통일을 주장했다. 통일 자체가 목적이 아니라 하나님께 자유롭게 예배하기 위해 통일이 필요하다는 것이다. 이는 북한에 평화가 임하면 남북한의 통일은 자연히 이루어질 수 있다는 믿음에서 비롯된 것이다. 다르게 표현하면 아이를 낳기 위해 결혼하지 않고 결혼하고 사랑을 하면 자연히 아이를 낳게 되듯, 하나님의 평화가 북한에 임하면 통일은 자연스럽게 이루어진다는 것이다.

북한 통일 학자 중 백종국 박사는 합의통일과 흡수통일을 염두에 두고 그리스도인은 합의통일을 선택할 것이라고 하면서 다음과 같이 말했다.

> 물론 흡수통일이 불가피한 상황이 되었을 때조차도 합의통일을 추구하며 기다려야 한다고 보지 않는다. 그러나 흡수통일이 지니는 갖가지 부작용을 고려할 때 합의통일이 더욱 하나님의 나라에 합치된다고 말할 수 있다. 실제로 흡수통일이 진행되는 상황은 전쟁이나 혹은 전쟁에 준하는 상황으로 인하여 북한 정권이 붕괴되었을 때를 의미한다.[34)]

그러면서 그는 3단계 통일 방안, 즉 "첫 단계는 화해와 협력의 단계이며, 둘째 단계는 남북연합 단계이고, 셋째 단계는 통일국가 단계"[35)]를 제시했다.

또한 통일연구원의 선임연구원 허문영 박사는 "남북관계에서는 적화통일 또는 연방제 통일을 위한 북한의 통일 전선전술로부터 오는 도전을 잘 극복해야 평화적 복음 통일을 이룰 수 있다"라는 평화통일안을 제시하면서 "하나님의 말씀과 뜻에 부합하는 통일을 추구해야 한다"고 주장한다. 그래야만 영성대국의 "모범(성서)한국, 평화한국, 봉사(선교)한국"이 단계론보다는 병행론으로 이루어질 수 있음을 설명했다.[36)]

이렇게 여러 학자들이 선교전략을 제시했다. 지금까지 한국 교회와 해외 한인교회들이 특별한 전략도 없이 북한선교를 하고 있었다면, 이제

---

34) 백종국, 『한반도의 평화적 통일과 한국의 그리스도인』(기독교와 통일 제1권, 2007), 58.

35) Ibid., 63.

36) 허문영, 『21세기 복음통일을 향한 우리의 인식과 전략방향』(기독교 통일 제 1권, 2007), 94-100.

는 성경적 통일로 영혼구원에 초점을 맞춘 통일을 선교전략으로 채택하는 것이 바람직하다고 본다.

1. 지하교회로 하여금 통일을 위한 선교전략에 참여케 하는 전술

지난 27년간 모퉁이돌선교회는 북한에 지하교회를 세우고 지원하는 데 노력을 집중해왔다. 이제 그 지하교회들을 통해 통일을 이루는 선교전술을 제시하기 전에, 먼저 그 지하교회들을 살펴보기로 하자.

1) 반복되는 역사 속의 지하교회는 전략적 위치에 있다.

한국에 언제 복음이 처음 들어왔는지에 대한 역사적 기록은 뚜렷하지 않다. 635년 네스토리안이 중국 장안에 처음 들어온 후, 신라 때 중국에 유학을 갔던 유학생들이 가지고 온 물건 중 경교[37]의 십자가와 마리아상이 있었다. 비록 경교가 조선반도에 전해지고 확장된 것에 관한 근거 자료는 없지만, 1928년 만주와 1955년 경주에서 발견된 유물들을 볼 때 경교의 흔적이 남아 있는 것을 알 수 있다. 또한 안산에서 발견된 무덤에서 경교의 유물들이 많이 출토된 것을 토대로 조선반도에서도 경교의 신앙고백이 있었다고 주장하는 학자도 있다.[38]

1795년 중국인 신부 주문모가 첫 가톨릭 선교사로 한국에 오기 전, 조선에는 이미 가톨릭 성도들이 존재하고 있었다. 1614년과 1616년 중국을 다니면서 책들을 구입하고 조선에 돌아와서 홍길동이라는 소설을 쓴 허균이 첫 가톨릭 성도가 되었다. 1645년 심양으로 끌려갔다가 북경으로 이주해서 아담 샬이라는 예수회 신부와 접촉했던 소현세자는 천주교에 관한 서

37) 네스토리안들에 의해 복음이 중국에 전해졌을 때 중국에서는 그것을 경교라고 불렀다.

38) 김양선, 『한국 기독교 해방후 10년사』(대한예수교장로총회 종교교육부, 1956), 28.

적과 함께 가톨릭 신자로 보이는 사람들을 데리고 조선으로 돌아왔다.

1779년 천지암 주어사에 모여서 가톨릭 서적을 보며 교리를 학습하고 '천주실의'를 연구한 서학도들은 1784년 이승훈이 중국에 갈 때 그가 영세를 받고 돌아오도록 종용했다. 그 후 서학도들이 이승훈을 통하여 영세를 받고 권일신을 주교로, 이승훈과 다른 성도들을 신부로 임명하면서 한국 가톨릭교회 성도들의 숫자가 무려 6,000명까지 늘어났다. 당시 로마교회의 허락도 없이, 또 다른 신부의 참여도 없이 가톨릭 일반 평신도들이 신부를 임명했다.

개신교 역시 1885년 4월 5일 언더우드나 아펜젤러가 한국에 오기도 전에 만주에 갔던 서상륜, 이응찬, 백홍준, 이성하와 김진기 등의 조선 사람들이 영국 로스 선교사를 만나 예수를 믿고 하나님 나라의 복음을 조선 땅에 가지고 왔다. 이들은 외국인 선교사들이 오기 전에 중국에 가서 복음을 접하고 돌아와 조선 땅에 교회를 세웠다. 그리하여 미국 선교사들의 조선 땅에서의 사역은 이미 존재하고 있었던 신앙 공동체에 세례를 주는 것이었다.

공산주의 역시 1945년 김일성이 북한에 공산주의 정권을 수립하기 전인 1919년 3·1독립운동에 실패한 후 중국과 소련으로 망명한 자들이 사회주의를 학습하고 조선 땅에 돌아와 그 사상을 소개했다. 하지만 일본의 반대로 공산당이 결성되지는 못했다. 그러나 그들은 곧 사회주의에 대한 열망을 갖게 되었다. 그 토대 위에서 1945년 9월 19일 김성주가 김일성이라는 이름으로 원산으로 들어왔다. 그리고 그 해 10월 14일 김일성은 평양에 가서 6만 명의 환영을 받으며 김일성이라는 이름으로 북한에 공산주의를 정착시켰다.

위에 열거한 역사적 사건들에는 공통점이 있다. 그것은 외부의 영향이 있기 전에 한국인들이 외부로 나가서 복음이나 사상을 받아들여 조선 땅에 가지고 들어온 것이다. 1953년 이후 굳게 닫혀 있던 북한에서 1995년 많은 사람들이 중국으로 식량을 찾으러 갔다가 예수를 믿고 북한으로 돌아왔다. 역사가 반복되듯이 오늘날 중국에서 복음을 접하고 돌아간 그들이 북한 안에서 지하교회를 세우고 있다.

2) 북한의 지하교회는 살아 있다.

현재 북한 안에 지하교회가 얼마나 존재하는지는 아무도 모른다. 그러나 분명한 것은 하나님의 교회가 지하교회의 형태로 북한에 존재한다는 것이다. 필자는 박사 논문을 준비하면서 북한에 지하교회가 존재함을 증명해야 했다. 당시 한국 교회는 공식적으로 검증된 북한의 지하교회에 관한 데이터를 가지고 있지 않았다. 북한학자들조차도 지하교회에 대한 정보가 없었다. 이처럼 보이지도 않고, 드러나 있지도 않고, 만날 수도 없는 상황에서 소수의 북한 지하교인들을 만났다고 해서 그것을 증거로 북한에 지하교회가 있다고 주장하며 박사 학위 논문을 쓸 수는 없는 노릇이었다.

그래서 필자는 모퉁이돌선교회가 수집한 1945년부터 2006년까지 공산주의 북한 정권에 의해 박해를 받고 순교를 당한 사례 761건을 분석하게 되었다. 분석 결과, 이 기간 동안 무려 16,984명의 순교자가 발생했다는 사실을 알게 되었다. 필자는 지하교회가 없는데 어떻게 이렇게 많은 순교자가 나올 수 있느냐는 의문에 대한 답을 통해 북한에 지하교회가 있음을 증명하였다.

다음의 표는 필자의 박사 논문[39]에 실린 내용으로 1945년부터 2006년까지 믿음을 지키다 발각되어 순교를 당한 성도들의 숫자이다. 아마 여

39) Peter Lee, Ibid.,

기에 정리된 숫자보다 기록되지 않은 순교자들이 더 많을 것이다. 이 숫자는 책이나 문서로 기록된 것들만을 수집하고 정리한 것이기 때문이다. 놀라운 것은 한국전쟁 전과 전쟁 중(1950-1953)에 순교를 당한 성도의 숫자를 통계에 포함시키지 않는다고 해도 1953년부터 2006년까지 무려 15,657명이 순교를 당했다는 사실이다.

체포의 원인	1945-1950	1950-1953	1953-1972	1972-1988	1988-1995	1995-2006	총계
은신 중 발각	-	21	5,742	67	264	1,325	7,419
공개적인 신앙 고백	28	469	5,005	14	110	11	5,637
비밀리에 복음전파	-	-	103	4	3	49	159
전쟁 기간 동안 발각	20	653	-	-	-	-	673
민족주의적 활동	70	34	31	-	-	6	141
교회 건물 사수	5	27	-	-	-	-	32
중국에서 강제 북송	-	-	-	-	-	111	111
성경 소지 중	-	-	-	3	-	18	21
인도주의적 지원 중	-	-	-	-	-	2	2
알 수 없음	-	-	16	211	364	2,198	2,789
총계	123	1,204	10,897	299	741	3,720	16,984

〈표 2〉 시대별 체포 원인[40]

이 표에 나타난 대로 숨어서 믿음을 지키다가 잡혀 순교한 전체 성

40) Ibid., 202.

도 7,419명 중 전쟁 후에 순교한 성도가 7,398명으로 대부분을 차지한다. 1953-1972년은 5,742명으로 가장 많은 성도들이 붙잡혀 순교를 당했다. 비밀리에 복음을 전하다가 체포된 경우도 159명이나 된다. 21명은 성경을 소지하고 있다가 체포되었다. 그 중 18명이 1995년 이후에 체포된 것을 보면 중국에 갔다가 성경을 가지고 왔음을 알 수 있다.

다음 표는 순교 형태를 보여 준다. 여기에서 가족은 직계 가족을, 집단은 친척과 한 동네에서 가족이 아닌 다른 사람들과 함께 모여서 예배한 경우를 의미한다. 조직은 다수의 집단과 연결되거나 타 지역의 교회들과 연결된 경우를 말한다.

	1953-1972	1972-1988	1988-1995	1995-2006	총계
개인	51	22	15	121	209
가족	14	15	25	89	143
집단	5,324	93	274	986	6,677
조직	5,508	169	427	2,524	8,628
총계	10,897	299	741	3,720	15,657

〈표 3〉 시대별 순교자 형태[41]

위 표에서 보듯, 개인적으로 믿다가 순교한 성도는 209명, 가족 단위는 143명, 가족 단위가 아닌 한 지역이나 동네의 공동체에서는 6,677명의 순교자가 발생했다. 물론 1953-1972년은 지하교회 말살 기간으로 박해가 가장 심했던 시기이다. 이 시기의 5,324명을 제외한다고 해도 집단 형태로 믿다가 순교한 사람은 1,303명이다. 여기에서 단일교회가 아닌 연합체 또는 조직화된 교회에서의 순교자는 8,628명이나 되었다. 1995년 이후 조직화된 교회에서 발각되어 순교한 성도들의 숫자가 무려 2,524명에

41) Ibid., 271.

이르는 것을 보면 북한에서 지하교회가 계속해서 성장하고 있다는 것을 확실하게 알 수 있다.

『굶주림보다 더 큰 목마름』의 저자 김길남은 북한에 있을 당시 도움을 요청하러 친구의 집을 찾아갔을 때 그가 목격한 지하교회 성도들의 모임을 다음과 같이 기술하였다. "친구 집에 도착해 보니 아낙네 둘과 남정네 그리고 친구가 함께 모여 있는데, 무슨 역적 모의를 한 것마냥 나를 보고는 화들짝 놀라서 잔뜩 경계하는 눈빛을 보였다."[42] 그리고 얼마의 시간이 지난 후에 "그들이 중얼거리는 소리가 어쩐지 무섭고 낯설어서 빨리 자리를 뜨고 싶은 마음 뿐"[43]이었다고 증언했다. 그런데 그는 "순간 '아멘'이라면 예수쟁이들이 하는 소리가 아닌가 하는 생각이 퍼뜩 들었다. 예수쟁이라면 사회주의의 가장 극악한 원수들이며, 미신으로 완전히 마비된 자들이 아닌가, 이들은 인민의 혁명 의식을 마비시키는 유신론자들이 아닌가"[44]라고 생각했다. 그는 숨어서 4명이 함께 모여 기도하는 모임을 목격한 것이다. 이는 1996년에 있었던 일로, 지하교회 성도들이 집에서 가족만이 아닌 집단의 형태로 모여 예배를 드렸다는 증거이다.

그렇다면 이 순교자들은 어떻게 믿음을 갖게 되었을까?

믿음의 출처	1945–1950	1950–1953	1953–1972	1972–1988	1988–1995	1995–2006	총계
1945년 이전	123	1,202	9,234	193	332	177	11,261
부모의 영향	–	2	1,659	34	345	1,358	3,398

42) 김길남, 『굶주림보다 더 큰 목마름』(서울: 두란노, 2012), 49.

43) Ibid., 51.

44) Ibid., 51.

개인 복음전도	–	–	–	4	35	1,750	1,789
중국에서 탈북 상황 중	–	–	–	–	2	338	340
라디오와 성경책 등	–	–	–	68	–	18	86
외부인과 선교사들	–	–	3	–	–	–	3
외국 체류 시	–	–	–	–	–	19	19
성령의 인도	–	–	–	3	–	18	21
모름	–	–	1	–	27	53	81
총계	123	1,204	10,897	299	741	3,720	16,984

〈표 4〉 시대별 북한 성도들이 그리스도를 영접한 방법[45]

위 표가 보여주는 대로 초기 지하교회 성도의 대부분은 그루터기 신앙인들이었다. 1950년부터 1972년까지 발생한 순교자는 총 10,436명으로 이 시기에 가장 많은 순교자가 발생했다. 그 다음으로 부모의 영향으로 믿음을 지킨 성도들은 3,398명에 이른다. 1995년 이후 1,789명이 북한 안에서 타인의 전도를 통해 예수를 믿게 되었다. 놀랍게도 1995년부터 2006년까지 발생한 1,358명의 순교자들 중에는 부모로부터 복음을 듣고 그 결과 순교한 자들이 다수 포함된다. 북한으로 돌아가서 믿음을 지키다가 순교를 당한 성도의 숫자도 340명에 이른다. 이들 가운데에는 중국에 머물지 않고 북한으로 다시 돌아가 사역하다가 순교를 당한 자들도 있었다.

다음으로 북한선교의 전략 수립을 위해 지하교회들의 지역 분포에 대해 살펴보았다. 이것을 통해 북한선교를 하는 일꾼들의 지역별 분포도 알

45) Peter Lee, Ibid., 200.

수 있다. 비록 해당 지역에서 순교를 당했다고 하더라도 모든 교회가 사라지지 않았을 것이라고 가정할 수 있다. 순교는 교회의 뿌리가 되기에 순교 이후 교회가 더욱 성장한 모습을 보이고 있다. 그들이 있는 곳에 교회가 세워졌고, 그 교회들이 확장될 수 있었기 때문에 이 자료를 통해 미래를 예측할 수 있다.

다음 표를 보면 중국과 왕래가 자유로우며 예전에 교회가 가장 많았던 평안북도에서 9,444명의 순교자가 발생했다. 물론 자강도나 강원도에서는 순교자가 많지 않았다. 그 이유 중 하나는 그곳에는 해방 전부터 교회가 많지 않았기 때문이다.

	1953–1972	1972–1988	1988–1995	1995–2006	총계
국경지대	–	–	10	21	31
함경북도	8	16	8	2,111	2,143
함경남도	3	64	–	293	360
황해도	131	1	86	512	730
자강도	–	–	–	5	5
강원도	5	3	–	2	10
평양	4	1	22	6	33
평안북도	9,185	11	221	27	9,444
평안남도	3	70	312	297	682
북한의 전 지역	–	100	10	100	210
알려지지 않은 지역	1,548	6	65	329	1,948
양강도	10	27	6	6	49
중국	–	–	1	11	12
총 계	10,897	299	741	3,720	15,657

〈표 5〉 시대별 박해를 받은 신앙인들의 지역별 분포[46]

46) Ibid., 279.

그러나 지하교회는 어느 일정한 지역에만 존재하는 것이 아니라 전국적으로 고루 분포되어 있음을 알 수 있다. 1995년 이후 3,720명의 집단별 지리적 분포를 면밀하게 살펴보면 조직화된 지하교회의 모습을 구체적으로 알 수 있다.

	개인	가족	집단	조직	총계
국경지대	1	–	20	–	21
함경북도	61	47	693	1,310	2,111
함경남도	9	2	–	282	293
황해도	4	8	–	500	512
자강도	3	2	–	–	5
강원도	2	–	–	–	2
평양	1	–	5	–	6
평안북도	6	15	–	6	27
평안남도	5	–	52	240	297
북한의 전 지역	1	7	12	80	100
알려지지 않은 지역	22	6	195	106	329
양강도	2	2	2	–	6
중국	4	–	7	–	11
총 계	121	89	986	2,524	3,720

〈표 6〉 집단별 지리적 분포(1995-2006)[47]

우리가 〈표 6〉의 집단별 지리적 분포를 통하여 알 수 있는 것은 조직화된 교회가 함경도에 많이 존재하고 있다는 사실이다. 가뭄과 홍수로 인하여 가장 많은 영향을 받은 함경도에서 2,404명이 순교를 당했다. 이것은 한국 교회가 중국의 연변지역 국경에 있는 조선족 교회를 통하여 함경도의 수많은 지하교회들과 연결되어 있음을 보여 준다. 함경도에 있는 많

47) Ibid., 279.

은 사람들이 중국을 찾았고, 그들을 지원한 조선족 교회는 한국 교회와 연결되어 그들을 지원하였다.

또 다른 사실은 발각된 후 사형선고를 받지 않고 함경도의 아오지탄광으로 유배당했던 성도들이 집단이나 조직의 형태로 믿음을 지켜오고 있었다는 것이다. 하나님의 교회는 결코 무너지지 않았고, 지금도 살아서 활발하게 활동하고 있다. 남한에서 북한에 지하교회가 없다고 말하던 기간에도 북한 지하교회는 활발하게 움직이고 있었다.

3) 북한 지하교회들로 하여금 교회를 개척하게 하자.

앞에서 본 것처럼 북한에는 죽음을 두려워하지 않고 믿음을 지키는 자들이 있다. 탈북인 김길남은 그의 간증집 『굶주림보다 더 큰 목마름』에서 북한으로 보내져야 할 지도자를 세우고자 하는 의지를 다음과 같이 표현하였다.

> 북한 땅의 성도들은 우리 민족이 복음으로 통일이 될 때까지 더 많은 희생제물이 필요하다고 느끼고 있으며, 자신이 그 희생제물이 되기 위해 기도하고 있다는 것이다. 신학교는 생명을 걸고 희생의 의미를 전하고 가르치고 안수하고 집례해 줄 용기 있는 목회자를 계속 양성해서 북한 땅으로 파송하기 위해 반드시 필요하다고 했다.[48]

1985년 이삭 목사를 통해 시작된 모퉁이돌선교회는 북한선교에 초점을 두고 사역을 진행해왔다. 사역 초기에는 주로 성경배달을 중심으로 북

48) 김길남, 『굶주림보다 더 큰 목마름』(서울: 두란노, 2012), 26.

한 내에 있는 지하교회와 접촉하면서 그들을 섬기기 시작하였다. 하나님께서는 2012년 9월말까지 2,683명의 사역자들을 동원하여 1,316개의 지하교회를 세우셨다.[49] 그 교회들의 지역적 분포도는 다음과 같다.

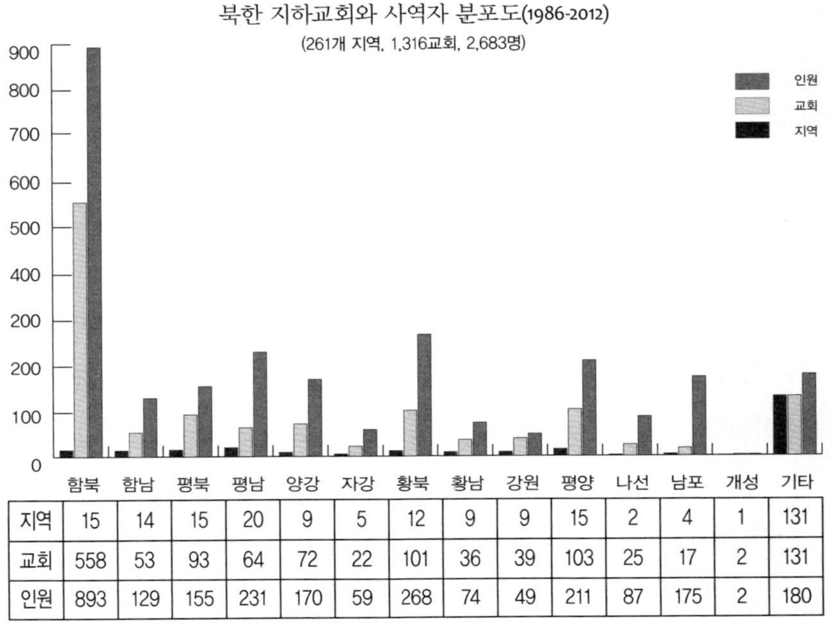

	함북	함남	평북	평남	양강	자강	황북	황남	강원	평양	나선	남포	개성	기타
지역	15	14	15	20	9	5	12	9	9	15	2	4	1	131
교회	558	53	93	64	72	22	101	36	39	103	25	17	2	131
인원	893	129	155	231	170	59	268	74	49	211	87	175	2	180

〈표 7〉 모퉁이돌선교회를 통하여 세워진 북한 지하교회와 사역자

위 표는 모퉁이돌선교회와 연결된 현존하는 지하교회의 지역별 분포도이다. 이 외에도 중간에 연결이 끊어진 사역자들도 있고 담당자가 순교를 당하여 일시적으로 문이 닫힌 교회도 있다. 그러나 우리는 이 표를 통해 순교자들이 많았던 지역에 지하교회가 존재하는 것을 볼 수 있다.

이제는 북한 성도들로 하여금 교회를 세울 수 있도록 외부로부터의

49) 모퉁이돌선교회, 〈카타콤소식〉(2012. 11). 2011년 11월에는 1,253교회와 2,541명의 사역자들이라고 보고하였다.

협력이 절실히 필요하다. 중국이나 러시아 등 다른 나라에 온 북한 주민이 북한으로 돌아가 교회를 세우도록 지원해 주어야 한다. 실질적으로 그들에게 북한 지하교회들이 활동하는 모습을 보여 주고, 적절한 훈련을 통해 그들을 지원한 방법을 모색해야 한다. 북한 사람이 북한 지하교회를 세우는 데 가장 적합한 북한 복음화의 적임자들이다. 그들은 북한의 문화와 언어에 익숙하며, 이미 사람들과의 관계도 형성되어 있다. 그러므로 이제 북한 지하교회들이 자체적으로 전도하게 하여 교회를 개척하도록 해야 한다.

2. 지하교회가 확장될 수 있는 인프라를 구축하는 전술

현 상황에 북한에 교회를 세운다는 것이 얼마나 어려운지 우리는 알고 있다. 그러나 계속해서 성도들이 은밀하게 모여 지하교회가 세워지고 있다. 눈에 보이지 않는 지하교회가 이미 활발하게 움직이고 있다. 이러한 상황에서 앞으로 변화될 교회 개척 상황에 대응할 수 있는 전략과 전술이 필요하다. 아울러 환경 변화를 예측하고 변화된 사회에서 복음을 전할 수 있는 구조(인프라)를 구축하는 것도 필요하다.

첫째, 자체 내 지도자 양성을 위한 인프라가 필요하다. 신학교가 필요한 것이 아니라 지도자 훈련 프로그램, 훈련 담당자 그리고 훈련을 위한 자료들이 필요하다. 무엇보다 북한이라는 제한되고 박해받는 지역적 특색을 감안한 훈련 프로그램이 구축되어 보급되어야 하며, 지속적으로 지원되어야 한다. 굳이 중국까지 나와서 훈련을 받지 않고도 자체적으로 교사를 훈련하고 지도자를 양성하는 것이 필요하다.

현재 모퉁이돌선교회는 평양성경대학(Pyong Yang Bible College)을 중심으로 중국에서 북한 사역자들을 양성하고 있다. 그렇게 양성된 사역자들은 북한 안에서 가르치는 사역을 준비하고 있다. 또한 교육 자료를 보내서 북한 내부에서 지도자를 양성하고 있다. 평양성경대학(PYBC)은 방송으로도 성경을 가르쳐 왔고, 몇 년 전부터는 디지털을 동원하여 강의, 영상, 음성, 서적 등 교회에 필요한 자료들을 북한으로 보내 내부 지도자들을 양육하기 시작하였다. 이 PYBC는 2년 과정의 성경전문대학으로 지도자들만이 아닌 선교사들, 그리고 통일을 준비하는 한국 안에서의 목회자나 사역자들에게도 북한 내부에서 제공하는 성경교육 프로그램을 공개하여 훈련시키려고 계획하고 있다.

둘째, 성경과 같은 기독교 자료들을 내부에서 자체적으로 인쇄하도록 지원해야 한다. 공산권 국가인 러시아나 동유럽에서도 과거 성경과 성경 자료들을 지하에서 인쇄한 역사가 있었다. 이제 우리도 남한 또는 중국에서 인쇄하여 북한에 보내던 방식에서 북한 내부적으로 인쇄할 수 있도록 지원할 수 있어야 할 것이다.

예전에는 인쇄기계의 규모가 컸지만, 최근에는 컴퓨터로 연결된 작은 인쇄기로도 많은 양의 책을 인쇄할 수 있다. 다량의 종이나 잉크 등을 자유롭게 구입하기는 힘들지만, 그것 역시 성경을 보내는 것처럼 중국에서 여러 경로를 통해 보낼 수 있다. 그렇게 하면 지금까지 외부에서 보냈던 것보다 더 다양한 종류의 인쇄물을 대량으로 인쇄할 수 있을 것이다.

셋째, 모임과 훈련 장소의 필요를 충족시켜 주어야 한다. 아직은 가정에서, 들에서, 산에서, 바다에서, 그리고 비밀스러운 곳에 모여 예배하지만, 그들의 모임 장소가 확장될 필요가 있다. 현재 모임과 훈련 장소가 협소하여 공간적인 제약이 있을 뿐 아니라, 소리가 외부로 새어나가는 위험성이 있다. 따라서 그들에게는 좀 더 안전하고 넓은 공간이 필요하다. 모퉁이돌선교회는 지금까지 지역별로 공간을 확보하면서 미래의 예배당을 준비하고 있다. 비록 그 공간이 일반 가정집에 부속된 공간일지라도 넓고 안전한 공간을 마련하는 것이 필요하기 때문이다.

넷째, 경제적 지원이다. 현재 북한 전체가 가난하다. 그러므로 성도들과 사역자들의 생활터전을 지원하여 자립할 수 있도록 경제적 지원이 필요하다. 중국을 방문하여 훈련을 받고 돌아가는 사역자들에게 금전 또는 물품 등을 지원하여 장사라도 하여 생계를 유지하도록 도와야 한다. 또한 성도들에게 하나님께 헌금하는 법을 가르치며 경제 활동을 영위할 수 있도록 지원하고 가르쳐야 한다.

해외에서 북한의 산업과 기업에 투자하면서 기독교인들을 고용하는 것도 필요하다. 지금 소수의 외부 기업들이 북한의 나진, 평양, 그리고 개성에 투자하여 그곳에서 사람들을 고용하고 있다. 고용은 그들의 삶의 터전과 연결되고 사역자들을 지원하며, 지하교회에 헌금할 수 있도록 하는 지원책이 될 수 있다. 최근 정보에 의하면 통일교 측에서는 북한에서 수천 명의 주민들을 고용하여 포교활동을 하고 있다. 그들은 많은 이익을 남기는 일은 아니지만, 유통업에서 마늘을 까는 작업까지 다양한 사업을 창출하여 많은 사람들을 고용하고 그들의 신앙을 전수하고 있다. 이처럼 우리 개신교 사업가들도 선교적인 전략의 일환으로 북한에 많은 투자를 할 수 있기를 바란다.

다섯 번째, 그들의 문화에 변화를 줄 수 있는 음악, 무용, 그림, 예술 등의 유입이 필요하다. 그렇게 하여 사회주의 사상을 복음주의로 바꾸어 나가면서 복음을 확대해야 할 것이다. 현재 중국으로부터 많은 양의 영화, 음악, 그리고 세계의 모습을 접할 수 있는 다양한 예술품 등이 북한으로 밀수되고 있다. 그 중에 복음을 알리는 영상, 음성, 사진, CD, DVD가 보급되어 사회주의 문화를 변화시켜야 한다. 모퉁이돌선교회는 현재 보내고 있는 영상이나 서적들의 규모를 보다 확대할 계획을 가지고 있다.

또한 북한 사람들과 연극, 그림 전시회와 같은 문화교류를 통해 미국이나 영국 등지로 그들을 초청하여 그들의 문화를 보면서 복음적인 문화를 소개하는 것도 필요하다. 더불어 어린이를 위한 만화성경이나 영상도 보급되어야 한다. 문화의 변화는 하루아침에 일어나는 것이 아니기 때문에 장기적인 안목을 가지고 투자해야 한다.

여섯 번째, 사회·정치구조를 변화시키기 위하여 지하교회 성도들이 정치 무대에 진출하고 일정한 사회적 위치에 오르도록 도울 뿐 아니라, 그들과 친분을 유지하면서 복음을 전할 수 있도록 지원해야 한다. 최근에는 탈북인들의 상황이 많이 변했다. 예전에는 단순히 식량을 구하기 위해 북한을 떠났지만, 최근에는 사상의 문제 등과 관련하여 북한 내 지위와 교육 수준이 높은 사람들이 북한을 떠나고 있다. 이것은 갈수록 북한 사회에 대한 불만이 고조되고 있음을 보여 주는 사례이다. 더군다나 북한의 엘리트 그룹에서 복음을 듣기 위해 중국을 찾는 경우도 증가했다. 이러한 상황에서 그들에게 복음을 전하고 훈련시켜 그들이 다시 북한으로 돌아가 복음을 전하는 지도자의 역할을 감당하도록 지원해야 한다.

우리는 이처럼 북한의 교회가 자생할 수 있도록 인프라를 구축하는 전술을 수립하고 실행해야 한다. 어느 한 지역에서 이와 같은 일들이 일어나면 타 지역에까지 영향을 미쳐 놀랍게 확장될 것이다.

3. 내부 확장을 유도하는 전술

지하교회만의 성장으로는 북한의 복음화가 신속하게 이루어지기 어렵다. 2013년 1월 현재 약 14만의 지하교인이 있다고 추정된다. 그 숫자는 전체 북한 인구를 2천 3백만으로 볼 때 겨우 0.6%에 해당하는 수준이다.

이 적은 숫자의 성도가 서둘러 북한을 복음화하도록 돕기 위해서는 특별한 선교전략이 필요하다. 특별히 북한에서 당성과 출신성분에 따라 구분한 3계층[50] 중에 동요계층과 적대계층에 접근하는 동시에 핵심계층을 겨냥한 전략을 수립해야 한다.

1) 지상교회와의 지속적인 교류로 복음주의적 교회가 되게 하자.

현재 평양에는 조선그리스도교연맹 산하에 2개의 개신교와 가톨릭, 그리고 러시아에서 세운 정교회[51]까지 총 4개의 예배당이 있다. 그리고 비공식적으로 문선명이 허가를 받아 투자한 건물 한 층을 통일교 모임 장소로 활용하고 있다.

조선그리스도교연맹은 지난 수년 동안 해외로부터 많은 지원을 받아 통전부 소속의 독립된 '단위'[52]가 되었다. 한국 교회는 이러한 상황을 알고 북한에 존재하는 조선그리스도교연맹 소속 교회들과 접촉을 하면서 복음적인 영향을 주어야 한다. 비록 조선그리스도교연맹에 속한 교회들

50) "1967년 4월부터 1970년 6월 사이 당성과 출신성분에 따라 주민을 '3계층 51개 부류'로 나눠 차별대우를 했다. 핵심계층은 김씨 일가를 중심으로 한 당·정·군의 간부들로 북한 인구의 1%인 20여 만 명 정도다 … 동요계층은 핵심과 적대계층 어디에도 속하지 않은 기본군중을 가리킨다. 이들은 지방의 중소도시나 농촌에 거주하는데 특별허가가 없으면 평양 여행을 하지 못한다. 동요계층은 중소상인, 수공업인, 소공장주, 중하층 접객업자, 무소속, 월남자 가족, 민족자본가, 중국 귀환민, 일본 귀환민, 8.15 이전에 양성된 인텔리, 안일, 부화, 방탕한 자, 접대부 및 미신 숭배자, 유학자 및 지방유지 … 적대계층에는 8.15 이후에 전락한 노동자, 부농, 지주, 친일, 친미주의자, 반동관료배, 천도교 청우당원, 입북자, 기독교인자, 불교신자, 출당자, 철직자, 적 기관복무자, 체포, 투옥자 가족, 간첩 관계자, 처단자 가족, 자본가 출신 "이정훈, 국정원 평정요원, 통일 저항세력 제거하라!" (신동아,2012. 1.638호), 83-84.

51) "이 교회당 완공은 김정일 국방위원장이 2002년 8월 블라디보스토크를 방문했을 때, 러시아 정교회 전통 성화인 '이콘'을 선물 받고 평양에 정교회 성당을 건립해 보관하겠다는 약속을 함으로써 이뤄졌다 … 이 사원은 건평 350평에 신자 500명을 수용할 수 있는 규모로 북한 최초의 러시아 정교회 교회당이다. 2003년 6월에 착공됐으며, 당초 공기인 1년을 훌쩍 넘겨 3년 2개월 만에 완공을 보게 됐다." (뉴스파워, 2006.08.22)

52) 북한인들은 꼭 단위에 소속이 되어야 한다.

이 정부의 정책을 반영하는 어용교회이기는 하지만, 한국 교회는 이 지상교회를 지원하여 그 영향력이 커질 수 있도록 도와야 할 것이다.

여기에는 지금 당장 할 수 있는 역할도 있고, 통일이 되는 과정에서 감당할 수 있는 부분도 있을 것으로 기대한다. 1979년 제한적 신앙의 자유를 얻은 중국의 경우, 한때 가정교회를 탄압했던 삼자교회가 서방의 교회보다 더 복음적인 교회가 되었다. 또한 가정교회도 삼자교회를 인정하면서 함께 성장하고 있다. 만일 중국에 삼자교회만 있었다면, 짧은 시간내에 이렇게 급격하게 성도들이 증가하지 못했을 것이다. 또한 중국의 교회가 지하교회로만 존재했다면, 뿌리는 내렸겠지만 지금과 같은 자유를 누리지는 못했을 것이다. 중국 교회는 이 두 교회가 공존하면서 성장했다. 삼자교회 안에 보이지 않는 지하교회가 있었던 것이다.

삼자교회도 가정교회도 다 같은 하나님의 구원을 위해 존재하는 교회인 것처럼, 북한 안에 북한의 정책을 알리기 위하여 세워진 지상교회들도 복음으로 변화되도록 지원해야 한다. 한국 교회는 북한에 지상교회들이 더 많아지도록 지원해야 한다. 한국 교회는 지상교회와 지하교회를 상대하는 한국 교회나 해외 한인 교회 그리고 선교기관들을 무시하거나 그들과 분쟁하지 않고 상부상조하면서 북한의 복음화를 위해 협력을 아끼지 말아야 할 것이다.

2) 정부와 군사 고위 장교와 간부들에게도 복음을 전하자.

고위 간부들에게 복음을 전할 수 있는 선교전략도 필요하다. 그들의 영향력은 매우 크다. 그들이 변하면 북한의 중심세력의 변화를 도모할 수 있다. 옛 로마시대에 먼저 평민이 변하고, 그 다음에 로마 황실이 변하여 로마 전체를 변화시켰던 것처럼, 북한의 정치와 군부에 있는 고위 간부들을 변화시킬 수 있는 선교전략도 필요하다.

예를 들면, 그들에게 외국을 방문할 기회가 주어질 때마다 그들을 초청하고 섬기며 복음을 전하는 것도 한 가지 방법이다. 예전에 올림픽 개최시, 한 교회가 북한에서 온 선수들을 대접하기 위해 비용과 필요한 물품들을 공급한 적이 있었다. 또한 해외에 나와 있는 북한 외교관들과의 친분을 통한 복음 제시도 가능하다. 유엔 주재 대사를 초청하여 그들과 강의 활동 등을 통해 교류하거나 북한의 학자들을 해외에 초청하는 사역도 중요할 것이다. 해외 유학생들도 섬김을 베풀고 복음을 전할 수 있는 좋은 대상이 될 수 있다.

3) 해외에 나왔다가 돌아가는 북한인들로 하여금 복음을 전하게 하자.

최근 많은 북한 주민들이 해외로 나오고 있다. 예전에는 외교관들과 유학생, 벌목공들만 해외로 나갈 수 있었지만, 최근에는 무역업 종사자들과 중국 식당 직원에 이르기까지 해외에서 투자하는 기관에 종사하는 사람들이 많아졌다. 그만큼 중국을 방문하는 사람들의 숫자도 늘고 있다. 또 노동력을 제공하기 위해 중국을 비롯한 여러 아랍국가 등에 나오는 경우도 있다. 이들은 짧게는 3개월에서 3-5년 만에 본국으로 돌아가는데, 그들이 외국에 체류하는 동안 이들을 비밀스럽게 만나 복음을 전할 수 있는 기회를 만들 수도 있다.

4) 방송시간을 늘려 북한 주민들로 하여금 외부의 변화를 알게 하자.

중국의 경우 1949-1979년에 70만여 명이었던 기독교인의 숫자가 200만을 넘을 정도로 성장한 주요 원인 중에는 해외로부터 송출된 복음 방송의 역할이 크다. 북한의 경우 예전에는 라디오만으로 제한되었지만,

이제는 위성안테나로 한국에서 송출되는 텔레비전 방송도 볼 수 있다. 평양의 고급간부들은 외부 소식을 당으로부터 정기적으로 듣기도 하고 제한된 인원들은 남한의 방송을 정기적으로 들어야만 한다.

한국의 국가정보원이 파악한 바에 따르면 북한 안에 핵심계층에 해당하는 약 20만여 명은 외국 방송과 외국 출판물을 즐길 권리가 있다.[53)] 그 외에 중국을 방문하였거나 탈북하였다가 북으로 돌아간 많은 사람들이 라디오를 구입해서 가지고 들어갔다. 제한된 상황이지만 전화기를 통해서도 외부 소식이 전달되고 있다.

북한 사람들이 외부 소식을 모르던 시대는 이제 지나갔다. 아쉽게도 남한의 대북 방송시간은 예전보다 많이 줄어들고 있고, 또 전문화되어 있지 않다. 모퉁이돌선교회는 수년 동안 북한에 하루에 한 시간 이상의 방송을 송출하고 있다. 또한 주일예배를 녹음하여 주일 새벽에 극동방송과 해외 단파방송을 통하여 남북한 연합예배를 보내고 있다. 이때 북한의 문화를 이해하고 있는 탈북인들이 말씀과 찬양, 진행까지 담당하여 송출한다. 최근 탈북한 성도들이 북한에서 그 방송을 들었다며 고마운 마음을 전하기도 했다.[54)]

이제 복음을 전하기 위한 대북 방송국의 숫자를 늘려서라도 북한을 향한 복음 전파 방송시간을 늘려야 한다. 그래서 북한 성도들이 방송으로 하나님께 예배하고 성찬에 참여하도록 하고, 성경공부 시간을 늘려 더 많은 성도들이 북한 교회를 영적으로 살찌게 만들어야 한다. 모퉁이돌선교회는 북한에 복음을 전하기 위한 방송국을 주시길 하나님께 기도하며 계속해서 방송시간을 늘려가고 있다.

53) 이정훈, "국정원 평안요원, 통일 저항세력 제거하라!" 2012년 11월『신동아』(동아일보,638.2012.11호), 83.

54) 모퉁이돌선교회, 〈카타콤소식〉(2012. 11).

4. 외부 교회로 내부를 지원하는 전술

이상의 전술들은 북한의 내부 자원을 활용하는 선교전술과 방법들이다. 그러나 북한 내부는 외부의 도움 없이 변할 수 없으며, 또 어떻게 변화해야 할지도 모른다. 따라서 북한의 변화를 위해서는 외부의 도움이 꼭 필요한데, 이에 대한 6가지 방법(전술)을 제시하고자 한다.

1) 인권 회복을 위한 전술을 채택하자.

인권은 언론의 자유, 집회의 자유, 신앙의 자유 등을 포함하는데, 북한 사람들에게 하나님의 형상을 되찾아 주는 인권회복에 한국 교회도 적극적으로 나서야 할 것이다. 그런데 보수적인 교회들은 인권에 대해서 무관심하며, 대체적으로 진보적 교회나 사회단체의 NGO(비정부단체)가 주도적으로 담당하고 있다. 최근에는 북한 주민의 인권을 찾아 주기 위한 국제적인 움직임도 활성화되고 있다. 이제 교회가 성경적인 인권을 알리면서 사회단체들과 함께 북한 주민들의 인권을 되찾아 주는 일에 적극적으로 참여해야 한다.

2) 해외 교회들의 지원으로 부분적 구제를 감당하도록 하자.

1995년 김정일은 급한 식량 부족 문제를 해결하기 위해 국제기구에 식량 지원을 요청하였고, 세계식량계획과 같은 유엔 산하 기관들이 북한을 방문하면서 NGO들이 북한에 식량과 의료 지원을 시작하였다.

한국에서는 적십자를 통하지 않으면 북한을 방문하여 구제를 할 수 없었다. 따라서 북한과의 외교적 단절이 계속되는 한 우리는 해외에 있는 동포들과 해외 교회 및 단체들과 연합하여 북한을 지원하여 그리스도의 사랑을 전해야 할 것이다.

3) 그리스도의 사랑을 표현할 수 있도록 구제사역을 확장하자.

한국 교회는 지금까지 조선그리스도교연맹을 통하여 북한에 식량과 의료를 지원해 왔다. 식량이나 의료가 보급될 때, 수혜자들은 지원의 출처를 이미 알고 있었다. 그러나 민족적인 차원에서의 지원이 아닌 그리스도의 사랑에 의한 지원임을 그들에게 알려야 할 것이다.

김대중 대통령과 노무현 대통령 정권 기간 동안 남한은 북한에 많은 지원을 하였다. 필자는 북한 방문 시 "남쪽에서 조공을 바치는 것 같아 잘 먹고 살지요"라는 북한 정치 간부들의 농담을 들은 적이 있었다. 그것은 아마도 무분별하게 지원하던 모습의 한 단면이었을 것이다. 당장 굶어 죽어가는 자들에게 필요한 양식을 공급하며 복음을 전하는 것은 바람직하다. 우리는 구제가 선교의 일부인 것을 알고, (그것 자체를 선교라고 여기지 말고) 구제사역을 통하여 북한을 방문할 수 있는 기회를 만들고 선교해야 할 것이다. 구제사역은 복음사역을 위한 첫 단계로 활용될 수 있다. 그런 의미에서 구제사역자와 복음사역자가 연합하면 더 좋은 결과들이 있을 것이다.

4) 해외에 있는 디아스포라들을 동원하자.

하나님께서 요셉, 모세, 여호수아, 에스라 등 해외에 나간 디아스포라(diaspora)를 사용하신 것처럼 해외에 있는 교포들의 역할은 매우 중요하다. 앞으로 한국 교회와 해외 교포 교회 그리고 해외 교회가 연합하여 북한의 박해를 받는 하나님의 백성들이 놓임을 받도록 우주적인 사역을 해야 할 것이다.

5) 많은 그리스도인들로 북한을 방문하게 하여 사업과 교육에 투자하게 하자.

뜸해진 해외 교포들의 북한 방문은 재개되어야 한다. 그리고 남한에서도 북한을 다닐 수 있어야 한다. 북한 정부는 남한 사람들이 자유롭게 들어오는 것을 두려워한다. 그 영향이 두렵기 때문이다. 그러나 물질적 지원이 필요한 상황에서 북한은 언제든 문을 열 수밖에 없다.

교포들은 북한을 방문할 기회를 만들어 그들에게 예수 믿는 자들의 모습을 보여 주어야 한다. 한때 미국에서 북한을 방문하는 목사들에게 '놈'자를 붙여가며 목사님으로 부르지 않았던 때가 있었다. 그러나 최근에는 '목사님'으로 바뀌었다. 필자는 방북 중 그들이 "남쪽에서 오시는 목사들보다는 해외에서 오시는 목사님들이 권위를 내세우지 않으신다"고 말하는 것을 여러 번 들었다. 이렇게 예수 믿는 사람들의 방문을 통하여 그들을 변화시킬 수 있다.

북한과의 사업 교류를 더욱 증대시켜야 한다. 북한의 물건은 해외에 보급할 만한 수준이 되지 못한다. 농산품, 해산물을 제외한 북한의 생산품은 상품가치가 매우 낮다. 그러나 노동력은 풍부하기 때문에 북한의 노동력을 활용할 수 있는 사업을 개시하여 북한선교에 참여할 수 있어야 한다.

북한을 중심으로 하는 사업은 어려움이 많다. 기본적으로 계약을 중요시하지 않고 자본주의적 체제를 이해하지 못하기 때문에 사업 자체가 매우 어렵다. 그러므로 큰 규모의 투자보다는 작은 규모의 투자를 하는 것이 바람직하다. '무엇에 투자할 것인가'보다 '언제 해야 하는가'를 고민하는 것이 더 중요하다.

북한에는 모든 것이 필요하다. 당장이라도 보따리 장사를 시작할 수 있는 것이 북한이다. 현재 모퉁이돌선교회는 북한선교를 하는 사업자들에게 북한 관련 정보를 공유하고 필요하면 경영 자문도 하고 있다.

6) 해외 교회들로 하여금 통일선교전략에 참여하도록 하자.

한번은 중국 성도들이 북한을 품고 기도하는 모임에 참석한 적이 있다. 그것은 북한에서 박해를 받는 성도들을 위한 기도모임이었다. 하나님 앞에서는 중국인이나 북한인이나 다 같이 하나님의 사랑을 받는 사람들이다. 그러므로 북한의 문제는 남한만의 문제가 아니다. 전 세계 하나님 나라 백성들의 문제이다. 그런 의미에서 남한 교회는 독자적으로 복음의 통일을 이루려 하지 말고 해외에 있는 선교기관 및 교회들과 함께 공동전선을 펼쳐서 북한에 신속한 시간 안에 하나님의 나라가 임하도록 힘써야 할 것이다.

5. 북한선교에 필요한 영적 전쟁의 전술

김일성이 기독교의 영향을 받고 자랐다는 것은 이미 알려진 사실이다. 그런 그가 기독교를 제거하며 무죄한 그리스도인들을 살생하고 하나님을 대적하면서 영적 전쟁을 선포했다. 따라서 우리는 북한선교가 영적 전쟁임을 알고 영적으로 접근해야 한다.

북한과의 분단은 단순한 정치적 이념이 아니라 일본에게 신사참배를 하면서 악에게 넘겨준 영적 권위의 문제로부터 시작되었다. 이제 왕 같은 제사장(벧전 2:9)이 된 그리스도인들이 이 땅을 남과 북으로 분단시키고, 북한이 우상을 섬기고, 하나님의 형상을 파괴하며, 죄 없는 자들의 피를 흘리도록 하고, 하나님을 섬기지 못하도록 한 죄와 김일성과 그를 따르는 자들의 죄를 대신하여 느헤미야처럼[55] 하나님께 회개하며 나가야 할 것이다. 우리가 회개할 때 악의 세력은 힘을 잃고 떠나가게 될 것이다.

---

55) "주여 간구하나이다 이제 종이 주의 종 이스라엘 자손을 위하여 주야로 기도하오며 이스라엘 자손이 주 앞에 범죄함을 자복하오니 주는 귀를 기울이시며 눈을 여시사 종의 기도를 들으시옵소서 나와 나의 아버지의 집이 범죄하여 주를 향하여 심히 악을 행하여 주의 종 모세에게 주께서 명하신 계명과 율례와 규례를 지키지 아니하였나이다"(느 1:5b-7).

북한은 마귀의 견고한 진이다. 그러나 하나님은 북한이 하나님을 대적하는 모습을 보시며 웃으시고 또 그들을 비웃으실 것이다(시 2:4). 우리는 우리의 힘으로 그 견고한 진을 무너뜨릴 수 없음을 알고 하나님께서 행하실 일을 보며 그분을 따라가야 한다.

모퉁이돌선교회는 마치 여리고성을 하루에 한 바퀴씩 돌듯 북한을 돌면서 기도하였다. 또한 앞으로도 계속해서 기드온의 300명의 용사처럼 하나님께서 행하실 일들을 증거할 기도의 일꾼들과 함께 기도로 이 전쟁에 임할 것이다. 이를 위해 모퉁이돌선교회는 선교학교 훈련 과목 중 '영적 전쟁'이라는 과목을 개설하여 지역을 장악하고 있는 악의 세력(엡 6:12)과의 전쟁을 수행하는 방법을 가르치고 있다. 이제 더 많은 영적 전쟁을 담당할 사역자들을 훈련시켜야 할 것이다.

6. 통일 과정에서는 회복의 선교전략으로

통일이 된다 하여도 우리는 어느 정도의 과도기가 있을 것을 생각하면서 그 기간에 필요한 선교전략을 준비해야 한다. 그 과도기는 정치적인 과도기일 수도 있다. 한국 정부는 통일이 되어도 당장 남북이 왕래하지 못하도록 하고, 북한을 어느 정도 경제적으로 발전시킨 후에 통합한다는 계획을 발표한 적이 있다. 정치적인 것만이 아니라 상호 신뢰관계를 구축하는 단계까지 이르려면 많은 어려움이 있을 것이다. 그러나 그리스도의 사랑만이 빠른 회복을 가져올 수 있기에 이 시기에 알맞게 회복에 집중한 선교전략을 펼쳐 나가야 할 것이다.

1) 피난민과 난민을 섬기는 전술

통일이 되는 과정에서 다수의 피난민이 발생할 가능성이 크다. 자유를 찾아 남한으로 내려올 북한 주민들을 위해 한국 교회는 피난민을 맞을 준비를 해야 할 것이다. 신동아 이정훈 기자는 “통일은 산사태처럼 온다”고 했던 박관용 전 국회의장의 말을 인용하여 통일 준비의 필요를 역설한 바 있다.[56] 여러 정부기관이나 연구기관에서는 수십 만 혹은 수백 만 단위의 난민이 발생할 것이라고 예측한다.[57] 그들은 피난민이 되어 임시 피난민촌에 들어가고, 얼마 후에는 다시 집으로 돌려보내지거나 정부가 세워 놓은 새 정착촌에 들어가게 될 것이다. 피난민 정착의 첫 단계에는 정부와 군이 개입되겠지만, 이들을 지속적으로 섬겨야 하는 것은 교회의 몫이다. 그러므로 교회는 이를 복음을 전할 수 있는 기회로 삼아야 한다.

모퉁이돌선교회는 미국에 있는 선교기관과 연합하여 IDRN[58]의 회

56) 이정훈, 『공작』(글마당, 2013), 84.

57) 북한에 급변사태가 도래하여 혼란 상황에 빠졌을 경우 수십만 혹은 100만 단위의 북한주민이 휴전선 및 동서해안의 NLL을 넘어 대한민국으로 유입되려는 상황이 발생할 것이다. 북한 급변사태와 한국의 대응 전략·정치·외교·군사분야, 이춘근·박상봉, 85페이지, 한국 경제연구원, 2011년 1월. 난민 규모를 가늠하기 위해 살펴볼 다음 요소는 북한의 현실이다. 다시 말해 현재 북한 주민 가운데 탈출여건이 마련될 경우 탈출을 시도할 만큼 경제적·정치적으로 어려움을 겪는 주민의 수가 어느 정도인지 가늠할 필요가 있다. 주지하다시피 북한은 체제 불안요소가 될 수 있는 주민들을 원천적으로 격리하기 위해 이른바 성분조사 작업을 실시했고, 이를 바탕으로 분류된 3계층 51개 부류에 대해 진학과 직장 선택, 의식주 생활에 이르기까지 다양한 차별정책을 실시했다. 이 3개 계층 가운데 핵심계층(지배계층)이 594만 명(28%), 동요계층(기본계층)이 954만 명(45%), 적대계층(복잡계층)이 573만 명(27%)을 차지한다. 이 가운데 그간 체제 차원에서 불이익을 받아온 적대계층은 우선적으로 탈출의지를 갖게 될 이들이라고 가정해도 큰 무리가 없을 것이다. 적대계층 총인원 573만 명 중 노약자나 신체장애자, 그 가족 일부를 제외한 약 350만 명을 이 범주로 분류할 수 있다. 다만 탈출경로의 통제 가능성이나 불안정성을 감안하면 이들 전부가 난민이 될 것이라고 보기는 어렵다. 탈북인 설문 등을 종합적으로 고려해보면 탈출의지를 가진 350만 명의 20%인 약 70만 명이 탈북을 실제로 결행할 것으로 예상된다. 이는 북한이 유엔 경제사회이사회에 보고한 북한 총인구 약 2300만 명 가운데 급변사태 시에도 탈북하지 않을 것으로 추정되는 평양의 특권층 약 300만 명을 제외한 이들의 3.5%에 해당하는 숫자다. [정밀분석] 북한 급변사태 시 난민 규모 & 탈출경로 시뮬레이션, 2010-04-26, [2012년 11월 신동아 638]

58) IDRN은 International Disaster Recovery Network의 약자다.

원으로서 2012년 3월에 재난구조 훈련을 처음 실시하여 약 200명을 훈련시켰다. 또한 2013년 4월에 재난구조 훈련을 재개하여 약 300명 정도를 더 훈련시킬 계획을 갖고 있다. 그 이후에 해외에 있는 디아스포라 회원들도 준비시키려고 계획하고 있다.

정부나 군부의 제지에 의하여 피난민이 발생하지 않는다 하여도 이미 북한 땅 전체가 사실상 난민촌이다. 그곳에 식량 공급이 끊어진 지는 이미 오래 되었다. 따라서 이 난민촌을 교회가 어떻게 섬길 수 있을 것인지에 대해 연구하고 구체적으로 준비해야 한다. 화폐개혁으로 인한 개개인의 경제적 타격은 이루 말할 수 없다. 교회는 이들을 섬길 수 있는 방법들을 준비하고 사랑을 실천해야 할 것이다.

난민 회복을 위한 사역 중 하나가 지역개발 사역(Community Development Project)이다. 모퉁이돌선교회는 의료적으로나 사회개발적인 차원에서 심각하게 훼파된 북한을 회복하기 위한 일환으로 지역개발사역을 훈련 중이며, 미국 CDP 전문 선교기관 네트워크의 일원이 되어 통일 이후의 지역개발을 담당할 것이다. 지역개발의 가장 중요한 요소는 공동체의 전인격적인 회복과 함께 이뤄지는 복음 전파이다. 한국에서도 곧 이 훈련을 실시할 예정이다.

각 가정마다 가족 수에 따라 통일선물도 미리 준비해 놓고 그들을 품고 치유해 주어야 한다. 통일선물은 통일이 되어 북한에서 남한으로 오는 이들에게 줄 내복, 양말, 신발, 장갑, 치약, 칫솔, 비누 등의 생필품을 말한다. 우리가 그들에게 꼭 필요한 물품과 더불어 하나님의 말씀을 선물로 준다면, 그들은 사랑의 복음을 접할 수 있을 것이다. 모퉁이돌선교회가 2012년부터 시작한 이 캠페인을 통해 각 교회가 통일선물을 미리 준비한다면, 통일되었을 때 몰려올 북한 사람들에게 좋은 선물이 될 것이다.

2) 옛 지배층을 보호하는 선교전술

통일이 되면, 옛 지배층이었던 북한의 간부들이나 군인 장교들은 그 동안 그들로부터 수모를 당한 북한의 주민들에 의해 목숨을 잃거나 심한 박해를 받을 것이다. 피지배층은 폭발적으로 지배층을 향한 증오를 표출할 것이고 법적인 조치보다는 감정적인 도발로 사회적 혼란을 가져올 것이다. 따라서 그들을 품을 수 있는 사랑의 행위가 필요하다.

최근 〈신동아〉에서 김대중 대통령 정부 때 준비된 비밀문서를 단독 입수하여 게재한 바 있다. 북한의 급변사태 발생 시를 대비한 이 문서에는 북한에 존재하는 세 가지 계층에 대해 언급하고 있다. "핵심계층은 김씨 일부를 중심으로 한 당·정·군의 간부들로 북한 인구의 약 1%인 20여만 명 정도"[59]로 추정했다. 이 핵심계층은 "노동당과 최고인민회의, 국방위와 군, 내각, 사법, 검찰기관, 교육기관 출신"[60]이며, 급변 사태 발생 시 해외로 도피할 가능성이 높다고 분석한다. 문제는 이들이 해외로 도피하면서 생기는 문제를 선교적으로 어떻게 감당해야 하는가의 문제이다. 이들의 피신처를 준비하는 북한선교 단체도 있다고 하는데, 민수기 35장에 언급된 도피성에 이들을 피신시켜 그들에게 복음을 전하는 것도 중요한 선교 전술이다.

3) 치유를 통한 복음 확장 전술

거짓에 속고, 간부들에게 고통을 당하고, 당의 이름으로 형제, 부모가 죽임을 당하는 것을 목격하는 고통을 당한 사람들은 자신들의 아픔을 터뜨리고야 말 것이다. 1991년 외몽고가 소련의 지배에서 벗어난 직후

59) 이정훈, Ibid., 84.

60) Ibid.

몽고를 방문할 기회가 있었다. 그동안 억눌려 살았던 외몽고 사람들은 자신들의 아픔을 표출하는 과정에서 자신과는 무관한 사람들이 주차해 놓은 차 유리창에 돌을 던지거나 전봇대를 발로 차기도 하였다. 그동안 억누르고 있었던 감정들이 한꺼번에 폭발한 것이다. 그러한 폭발은 3-4년 동안 계속되었다.

북한 역시 통일되어 자유를 찾게 되면, 지금까지 억눌려 살았던 아픔을 드러낼 것이다. 그때를 대비해 많은 치유자들이 필요하다.

현재 진행되고 있는 본 선교회의 단기선교학교 과목인 '영성과 치유' 그리고 '영적 전쟁과 기도'를 통해 그러한 사역자들을 준비시키고 있다. '영성과 치유' 수업은 내적 치유를 가르치는 동시에 사역자들로 하여금 현지인들의 내면적 상처를 치유할 수 있도록 가르친다. '영적 전쟁과 기도' 과목에서는 지역 치유를 목적으로 영적 전쟁이 무엇인지, 또 그것을 어떻게 다루어야 하는지를 가르친다.

4) 중심지역에 예배당을 지어 복음을 신속하게 전파하는 집중화 전술

통일이 되는 순간 지하에 숨어서 믿음을 지킨 성도들은 자유롭게 예배를 드리기 원할 것이다. 따라서 자유로운 세상이 되었을 때 북한 성도들이 우왕좌왕하지 않고 모일 수 있는 예배당을 신속하게 마련할 필요가 있다.

그리고 그들로 북한을 복음화하도록 해야 한다. 중국의 경우 예배당이 생긴 곳에는 빠른 시간 안에 복음이 전파되었다. 믿음의 공동체가 쉽게 교회당을 찾을 수 있었고, 복음을 전할 수도 있었기 때문이다. 모퉁이돌선교회는 준비된 사역자들로 13개 중요도시[61]에 예배당을 세우기 위한

61) 14개의 중요도시는 각 9도의 도 소재지와 1개의 직할시와 2개의 특별시(평양직할시, 개성, 남포특별시, 나선특별시)

준비를 하고 있다.

5) 준비시킨 사역자들로 각 지역에서 사역을 하게 하는 전술

통일이 된 후에 한국에서 북쪽에 세울 신학교를 통하여 지도자가 양성되려면 꽤 오랜 시간이 걸릴 것이고, 한국에서 요구하는 교육수준에도 미치지 못할 것이다. 이것을 위해 모퉁이돌선교회는 지난 27년 동안 2,683명의 사역자들을 훈련시켰다. 주로 중국에 온 북한 사역자들을 훈련시켜서 북한으로 돌려보냈고, 중국의 조선족들을 훈련시켜서 북한으로 파송했다. 통일되는 과정에는 이들을 모아서 짧은 시간(3개월 정도)의 오리엔테이션을 하고 평가 과정을 거친 후 안수하고 지역으로 파송해서 사역을 감당하도록 준비하려고 한다. 이때 사전에 제휴한 한국의 신학교들을 통하여 재교육 후 자격증 발급 절차를 진행하려고 한다.

Ⅵ. 통일 후는 화해의 선교전략으로

통일이 이루어져도 갈등은 여전히 존재할 것이다. 중국 조선족들이 탈북인들에게 단순 노동이나 시키면서 그들을 제2 또는 제3의 시민으로 취급하는 모습은 현재 한국 사회의 모습이기도 하다. 해방 후 신사참배를 한 사람들과 하지 않은 사람들 간에 갈등이 있었던 것처럼 남북이 통일되어도 교회는 계속 갈등을 겪을 것이다. 따라서 이 갈등을 빠른 시간 안에 해소하고 교회가 그 사회를 변화시킬 수 있으려면 용서와 화해의 전략이 필요하다.

1. 용서와 화해를 하도록 하자.

통일이 되면 보수적인 신앙을 고수하는 교단에서는 '북한 성도를 과

연 성도라고 할 수 있는가'라는 질문을 할 것이다. 김일성에게 절하면서 타협하고 살아온 것이 진정한 신앙이냐고 물을 것이다. 순교할 자신이 없어서 남하했던 사람들조차도 북한에서 몰래 신앙을 지킨 자들과 잡히면 순교를 당하던 그들을 향하여 손가락질을 하며 질타할 것이다. 하나님의 용서를 말해야 마땅하지만 지난 역사를 보면 그렇지 못한 모습을 볼 수 있다.

우리는 이러한 상황에 대비하여 북한 성도들이 우상에게 절하면서 당한 고통을 해소시켜 주고, 또한 그들의 고난의 눈물을 닦아 주면서 그들을 품어주는 사랑과 화해의 전략을 세워야 한다. 물리적 통일이 되어도 전쟁과 분쟁으로 인한 갈등을 해소할 용서와 화해의 사역이 필요하다. 오직 그리스도의 사랑 이외에는 진정한 화해가 이루어지지 않을 것이기 때문에 하나님의 사랑으로 다가가는 신앙이 필요하다.

분열된 가정들의 연합도 문제들 가운데 하나다. 70년이 지난 상태에서 통일이 되면 헤어진 부부들이 많지는 않을 것이다. 그러나 그 가족들의 아픔을 위로하기 위한 용서와 화해의 사역이 필요하다. 또 최근 20여 년 동안 탈북으로 인해 헤어진 가족들도 있고 가난으로 인해 나누어진 가족들도 있다.

이 모든 것을 위해 용서와 화해를 위한 신학과 교육이 준비되어야 할 것이다. 동독과 서독처럼 전쟁으로 분단된 나라도 화해의 사역이 필요했다. 김영환은 김석향의 글을 이렇게 옮겼다. "만약 독일이 다시 통일할 기회가 있다면, 동독 지역의 경제부흥 프로그램을 추진하는 능력보다 동독 주민의 마음을 읽는 능력을 갖도록 서독 전문가들을 훈련시켜야 할 것이다."[62] 우리도 한국전쟁을 치르면서 겪은 아픔을 치유할 수 있는 준비가

62) 김영환, 『기독교와 통일』 2007년 제1권 (서울: 기독교통일학회), 31.

되어야 한다. 모퉁이돌선교회는 통일이 되면 이러한 용서와 화해의 모습으로 평양의 옛 장대현교회 앞 광장에서 헨델의 메시야 중 '할렐루야'를 부르며 부흥을 위한 예배를 드릴 것이다.

2. 그들의 언어로 된 성경을 보급하자.

북한 주민들은 자신들이 사용하던 언어에 익숙하다. 그러므로 아무리 통일이 된다 해도 당장 남한 말을 사용할 것을 기대하거나 기대해서는 안 된다. 그들은 단순한 억양의 차이가 아니라 의미의 차이 때문에 남한의 성경을 주어도 이해하지 못할 것이다. 이에 북한 사람들이 어렵지 않게 성경을 볼 수 있도록 그들에게 익숙한 언어로 된 성경을 보급해야 한다.

모퉁이돌선교회는 2006년에 북한어로 신약성경을 번역하고 인쇄하여 지금까지 보급하고 있다. 현재는 통일을 목표로 남과 북이 함께 사용할 신구약 성경 합본을 준비 중이다. 그래서 통일 이후 북한의 490만 가정에 성경 한 권씩 보급하는 것을 목표로 준비하고 있다.

3. 각 고을마다 교회를 하나씩 세우자.

북한에 숨어 있는 성도들이 각 지역에 교회를 재건하는 전략을 수립해야 할 것이다. 이를 위해 한국 교회에서 북한 교회의 재건을 위하여 모금을 하고 저금하였다가 사용해야 한다. 그런데 각 교회의 이름을 내기 위하여 큰 도시로만 몰려간다면, 지방에 있는 지하교회들은 소외될 것이다. 그래서 모퉁이돌선교회는 사역자들을 훈련시켜서 4,781고을(지역)에 교회를 하나씩 재건하려고 한다. 성경대학(PIBC)에서 훈련된 사역자들과 북한 안에서 자발적으로 세워진 사역자들 그리고 타 기관이나 교회가 훈련시킨 자들과 함께 힘을 모아 한 고을에 한 교회를 개척할 것이다.

V. 마치면서

예레미야의 예언을 믿은 다니엘(단 9:2)과 에스겔과 같은 대언자들은 바벨론의 포로된 백성을 준비시켰다. 그들은 하나님께서 주신 희망의 소식을 백성들에게 대언하면서 하나님께서 그들을 결코 포기하지 않으실 것이라고 전했다. 그 후 준비된 스룹바벨과 이스라엘 백성들이 예루살렘으로 돌아와 성전을 재건하고, 에스라를 통하여 영적 부흥을 이루었다. 얼마 후 느헤미야는 완벽한 사전 준비를 마친 후 예루살렘에 돌아와서 성벽을 재건하였다.

우리도 이와 같이 통일을 위한 사전 준비를 해야 한다. 준비되지 않은 통일에는 많은 어려움이 예상되기 때문이다. 준비가 되면 그만큼 고통을 최소화하고 빨리 안정을 찾을 수 있을 것이다. 정부도, 사회도 준비해야 하겠지만, 제사장의 직분을 맡은 우리 그리스도인들이 먼저 준비해야 한다.

1. 무엇을 준비해야 할까?

이 논문에서는 통일 후에 예상되는 정치, 경제, 군사 등의 문제를 다루지 않았다. 통일로 인해 남한이 느낄 경제적 부담에서 시작하여 북한 주민들과의 문화적 차이 그리고 나누어진 가정의 회복과 전쟁 전의 재산 환원에 대한 문제 그리고 교회 내부의 갈등 등의 문제들이 있을 것이다. 하지만, 모퉁이돌선교회가 직접 감당할 수 없는 부분이기에 여기서는 다루지 않았다.

1) 통일을 준비하자.

가장 중요한 것은 통일을 기대하고 기도하며 준비하는 것이다. 통일이 더디 온다고 다섯 처녀처럼 기름이 떨어졌는데도 준비를 하지 않으면 안 된다. 통일은 하나님께서 우리에게 주실 선물이다. 그러나 준비 없이 통일이 주어졌을 때, 우리는 해방 후에 잠깐 누렸던 그 기쁨마저 못 느낄 수 있다. 서로 분열되어 전쟁이라는 아픔을 겪었던 것처럼 통일은 아픔을 줄 수 있는 요소들을 많이 내포하고 있다. 그러므로 지금부터 교회가 연합하여 통일을 위해 기도해야 한다.

필자는 요엘을 통하여 주신 말씀이 오늘 우리 한국에 적용되기 원하여 기도하는 마음으로 다시 읽는다.

> 그 때에 여호와께서 자기의 땅을 위하여 중심이 뜨거우시며 그 백성을 긍휼히 여기실 것이라 여호와께서 그들에게 응답하여 이르시기를 내가 너희에게 곡식과 새 포도주와 기름을 주리니 너희가 이로 인하여 흡족하리라 내가 다시는 너희로 열국 중에서 욕을 당하지 않게 할 것이며 내가 북편 군대를 너희에게서 멀리 떠나게 하여 메마르고 적막한 땅으로 쫓아내리니 그 전군은 동해로, 그 후군은 서해로 들어갈 것이라 상한 냄새가 일어나고 악취가 오르리니 이는 큰일을 행하였음이니라 하시리라 땅이여 두려워 말고 기뻐하며 즐거워할찌어다 여호와께서 큰일을 행하셨음이로다 (욜 2:18-21)

그런데 여기서 잠깐 15절부터 17절까지의 말씀을 주목해 보자.

> 너희는 시온에서 나팔을 불어 거룩한 금식일을 정하고 성회를 선고하고 백성을 모아 그 회를 거룩케 하고 장로를 모으며 소아와 젖 먹는 자를 모으며 신랑을 그 방에서 나오게 하며 신부도 그 골방에서 나오게 하고

여호와를 수종드는 제사장들은 낭실과 단 사이에서 울며 이르기를 여호와여 주의 백성을 긍휼히 여기소서 주의 기업을 욕되게 하여 열국들로 그들을 관할하지 못하게 하옵소서 어찌하여 이방인으로 그들의 하나님이 어디 있느뇨 말하게 하겠나이까 할찌어다 (욜 2:15-17)

이제 하나님께 나아가 금식하며 울며 애통하며 마음을 다하여 회개하고(욜 2:12) 주님께 부르짖자. 옷을 찢지 말고 마음을 찢고(욜 2:13) 남과 북이 하나님께 돌아가자. 그러면 하나님께서 은혜로우시며 자비로우시며 노하기를 더디하시며 인애가 크시사 뜻을 돌이켜 재앙을 내리지 아니하시고(욜 2:13) 우리에게 통일을 주실 것이다. 그리고 하나님께서 하셨다고 외치자. 그러면서 통일 후에 있을 일을 신학적, 물리적, 감정적으로 준비하여 북한 사람들을 맞이하고 용서하고 화해하여 하나님께 예배하는 한국 교회가 되자.

2) 통일 이후의 한국 교회의 모습을 준비하자.

국가적인 통일이 주어졌다고 해도 분단 속에 숨어 있는 문제가 해결되려면 우리는 많은 고난을 겪어야 할 것이다. 하나님의 법이 우선시되도록 교회가 사회를 주도하고, 하나님의 형상을 지닌 인간의 모습으로 살기 위해 우리는 제대로 준비해야 한다. 북한 사회를 정화하는 차원에서 차별이 아닌 동등함과 멸시가 아닌 사랑으로 그리고 한 형제를 품고 그들을 위로하는 모습을 갖추도록 준비되어야 한다.

2009년에는 경남대 극동문제연구소와 프리드리히나우만재단 주최로 "베를린 장벽 붕괴 이후 20년과 한반도에의 교훈"에 대한 심포지엄을 개최하여 한국에 독일 통일 문제를 알렸다. 이외에도 정치적인 차원에서 많은 토론과 학술회를 통하여 통일을 학문적으로 준비하는 모습이 보인다.

기독교 안에서는 2003년에 연세대학교 통일연구원과 국민일보가 주축을 이루어 추계 한독학술심포지엄에서 "통일과 교회의 역할"을 논의했다. 여기서 독일의 통일 경험과 한국 교수들의 발표로 북한과의 통일 문제를 다루었다. 최근 2006년 봄에 기독교통일학회가 "민족의 화합과 통일을 위해 침착하게 연구하고 준비하여 전문적인 통일론을 정립"[63]하겠다고 발기인 일동이 동의하였다. 그 이후에 2011년까지 5권의 학술지를 발행하였고, 감리교신학대학교 한반도평화통일신학연구소에서도 2008년도 이후 『통일 이후 신학 연구』라는 4권의 학술지[64]를 발간하여 통일과 관계된 신학교 이슈들을 다루었다.

다소 늦은 감은 있지만, 지금이라도 이런 움직임들이 일어나는 것은 다행스럽고 바람직한 일이다. 그런데 여기에서 한 가지 조심스러운 것은 통일 접근 방법에 '기독교 사회주의'[65]라는 개념을 재도입하였다는 사실

63) 주도홍, 『기독교와 통일』 제1권(서울: 기독교 통일학회, 2007), 14.

64) 감리교신학대학교 한반도평화통일신학연구소, 『통일 이후 신학 연구』(서울: 신앙과지성사).

65) "기독교 사회주의(Christian Socialism)는 1848년 영국의 차티스트운동이 실패로 끝난 직후 성공회 신부인 모리스(Frederick D.Maurice)와 킹슬리(Charles Kingsley) 등에 의해 처음 제창되었다. 이후 기독교 사회주의 운동은 시·공간의 변화에 따라 다양한 갈래로 전개되었다. 한국 기독교계에 기독교와 사회주의의 이념적 화합물 곧 기독교 나름의 사회주의적 실천의 논리로서 기독교사회주의의 사조가 수용되기 시작한 것은 일본의 저명한 사회운동가이자 기독교 사회주의 자인 카가와 토요히코(賀川 豊彦, 1888-1960)의 글이 국내에 번역 소개된 1925년 무렵부터였다. 한편 한국의 기독교사회주의는 1929년 기독농촌운동연구회의 결성을 통해 토착화의 전기를 마련하는 데, 이때 등장한 화두가 '기독주의'이고 '예수촌' 건설이었다 … 이렇게 기독교사회주의는 기독교농촌연구회 단계에 이르러 맑스주의와 구별되는 나름의 이상사회 구현의 논리로서 기독주의(십자가 주의)와 농촌 교회와 협동조합에 기반한 예수촌 건설운동(정신적 물질운동)을 양대 축으로 하여 이론과 실천의 체계를 갖추고 한국 사회에 뿌리를 내렸었다." 장규식, "기독교 공동체 운동 강좌" - 제 3강 가가와 도요히코의 愛 사회주의와 협동조합 - 제 4강 기독교 사회주의의 토착화와 예수촌 건설론, 1-18.p.

이다. 북한이 남쪽과 달리 사회주의 이념과 체제 속에 살아온 것을 감안[66]한 것은 좋은 발상이지만, 자칫 인본주의적 접근으로 인해 이 세상과 타협하지 않는 하나님 나라의 진리에 기초한 신학과 대립될 위험이 있다.

3) 통일된 한국으로 세계선교를 준비하자.

하나님께서 우리에게 통일을 주시는 이유는 한국을 세계복음화를 위한 선교기지로 세우시기 위한 하나님의 특별한 뜻일 것이라는 것이 선교학자인 필자의 견해이다. 부디 오실 주님을 기다리며 믿음을 지킨 북한 성도들의 신앙을 세계에 알리며 복음이 들어가지 않은 곳, 복음이 제한된 곳에서 선교하는 한국 교회가 되기 위해 준비되기를 바란다. 선교훈련원 등을 세워 선교사들이 선교현장에서 은퇴한 뒤 미국 등의 선진국으로 가게 하지 말고, 한국으로 돌아와 선교 현장에서 배운 풍부한 경험들을 한국 교회들에 전수함으로써 세계선교에 참여하는 한국이 되기를 바란다.

선교는 선택이 아니라 예수의 제자가 된 자들이 하나님 아버지의 마음을 알아 순종하는 데서 시작된다. 통일은 북한에 평화가 임할 때 이루어진다. 평화는 오직 하나님만이 주실 수 있는 그분의 사랑의 표현이다. 마지막으로, 모퉁이돌선교회와 한국 교회가 선교를 위한 통일을 준비하여 하나님의 이름을 널리 알리게 되기를 기도한다.

---

66) 이덕주 교수가 제시한 기독교 사회주의를 말하면서. "한국 교회와 신학교육에서 외면되고 무시되어 온 기독교 사회주의를 이 시점에서 다시언급하며 관심을 갖게 된 것은 통일 이후 한반도에서 진정한 의미의 평화가 구현되기를 원하기 때문이다. '통일 이후' 좋든 싫든, 반세기 넘게 자본주의만 학습하고 체험해온 남쪽과 달리 사회주의 이념과 체제 속에 살아오면서 사회주의 체질로 바뀐 북쪽 인민들과 함께 살면서 정치와 경제 분야뿐 아니라 정신과 문화 분야에서도 '하나 됨'을 이루어야 한다." 이덕주, 『기독교 사회주의 산책』(홍성사, 2011), 13.

부록 2) 북한 순교자 통계(1945-2006)

〈 상태 〉

	사건 수		인원	
순교	609	80%	14,195	84%
생존	152	20%	2,789	16%
총계	**761**	**100%**	**16,984**	**100%**

〈 이름 〉

	사건 수		인원	
이름 있음	455	60%	466	3%
이름 없음	150	20%	5,169	30%
지도자, 목회자 이름	46	6%	3,090	18%
교회 이름	3	1%	74	0%
지역 이름	107	14%	8,185	48%
총계	**761**	**100%**	**16,984**	**100%**

〈 성별 〉

	사건 수		인원	
남자	451	59%	520	3%
여자	87	11%	108	1%
모름	223	29%	16,356	96%
총계	**761**	**100%**	**16,984**	**100%**

〈 직분 〉

	사건 수		인원	
목사	313	41%	431	33%
부목사	43	6%	45	0%
선교사	4	1%	6	0%
장로	25	3%	25	0%
권사	4	1%	4	0%
집사	6	1%	6	0%
평신도	357	46%	14,435	84%
목사 사모	5	1%	5	0%
확인 불가	4	1%	0	0%
총계	761	100%	16,984	100%

〈 그룹 〉

	사건 수		인원	
1953년 이전의 지도자	384	50%	429	3%
가족 또는 친척	56	7%	148	1%
집단(교회)	111	15%	7,562	45%
조직	34	4%	8,628	51%
총계	761	100%	16,984	100%

〈 교파 〉

	사건 수		인원	
감리교	118	16%	200	1%
구세군	1	0%	1	0%
성결교	14	2%	14	0%
장로교	212	28%	2,386	14%
침례교	3	3%	3	0%
하나님의 교회	1	0%	1	0%
순복음	1	0%	1	0%
성공회	0	0%	0	0%
모름	411	54%	14,378	85%
총계	761	100%	16,984	100%

〈 형태 〉

	사건 수		인원	
개인적	–	0%	–	0%
내부적	25	3%	25	1%
사회/국가적	423	56%	7,195	42%
종교적	313	41%	9,764	57%
총계	**761**	**100%**	**16,984**	**100%**

〈 원인 〉

	사건 수		인원	
공개적인 신앙고백	47	6%	5,637	33%
비밀리에 복음전파	27	4%	159	1%
은신 중 발각	99	13%	7,419	44%
전쟁 중 학살	293	39%	673	4%
민족주의적 이유	66	9%	141	1%
교회 존재 발각	32	32%	32	0%
타인을 돕는 중	1	0%	2	0%
자발적	–	0%	–	0%
중국에서 북송	34	4%	111	1%
성경 소지	10	1%	21	0%
모름	152	20%	2,789	16%
총계	**761**	**100%**	**16,984**	**100%**

〈 결과 〉

	사건 수		비율	
처형	322	42%	2,176	13%
수감	97	13%	8,065	47%
석방	16	2%	3,656	22%
실종	141	19%	147	1%
납치	19	2%	19	0%
고문 후 석방	7	1%	125	1%
믿음 부인 후 회개/순교	7	1%	7	0%

모름	152	20%	2,789	16%
총계	**761**	**100%**	**16,984**	**100%**

〈 믿음의 출처 〉

	사건 수		비율	
1945년 이전	511	67%	11,261	66%
부모님의 영향	68	9%	3,398	20%
북한 외부인을 통해	3	0%	3	0%
해외 여행 중	9	1%	19	0%
라디오, 성경, 비디오 등	8	1%	86	1%
개인 전도	51	7%	1,789	11%
성령님의 인도	2	0%	7	0% While In China 93 12% 340
모름	16	16%	81	0%
총계	**761**	**100%**	**16,984**	**100%**

〈 기간 〉

	사건 수		비율	
1945–1950	56	7%	123	1%
1950–1953	350	46%	1,204	7%
1953–1972	47	6%	10,897	64%
1972–1988	39	5%	299	2%
1988–1995	44	6%	741	4%
1995–2006	225	30%	3,720	22%
총계	**761**	**100%**	**16,984**	**100%**

〈 지역 〉

	사건 수		비율	
강원도	28	4%	330	2%
경기도	8	1%	8	0%
양강도	9	1%	49	0%
자강도	–	–	–	–
평안남도	75	10%	1,191	7%
평안북도	91	12%	9,531	56%
함경남도	46	6%	377	2%
함경북도	143	19%	2,157	13%
황해도	96	13%	916	5%
평양	77	10%	119	1%
중국	10	1%	16	0%
국경지대	3	0%	31	0%
북한 전 지역	7	1%	210	1%
알려지지 않은 지역	161	21%	2,041	12%
무응답	3	0%	3	0%
총계	**761**	**100%**	**16,984**	**100%**

부록 3-1) 한국전쟁 전 북한교회 : 지역별

지 역	Province	교회수
강원도	Gangwon-do	111
경기도	Gyeonggi-do	62
평안남도	Pyongannam-do	786
평안북도	Pyonganbook-do	724
함경남도	Hamkyungnam-do	345
함경북도	Hamkyungbook-do	190
황해도	Hwanghae-do	947
모름	Unknown	1
	총 계	3,166

부록 3-2) 한국전쟁 전 북한교회 : 교단별

교단	Denomination	교회수
감리교	Methodist	628
구세군	Salvation Army	91
모름	Unknown	92
성결교	Holiness	102
성공회	Episcopal	85
순복음	Assembly of God	0
신의 교회	God's Church	2
일본 교회	Church of Japan	2
일본 장로교	Japanese Presbyterian	10
장로교	Presbyterian	2,097
조선 기독	Chosun Christian	14
침례교	Baptist	41
카톨릭	Catholic	0
하나님의 교회	Church of God	1
하나님의교회(구성결)	Church of God (A)	1
	총 계	**3,166**

* 이 논문이 작성된 2006년도까지 확인된 교회의 숫자는 3,088개 였으나, 이후 계속된 자료조사와 현장연구를 통해 확인된 교회의 숫자는 2016년 현재 3,166개이다.
* 설립년도, 목회자 등 기타교회와 관련된 항목들은 생략하였다.
* 한국전쟁 전 북한교회 목록에 사용된 주소는 한국전쟁 전 당시 행정구역상의 주소이다.

부록 4) 한국전쟁 전 북한교회 목록

번호	교회명	교단	주소
1	가당교회	장로	황해도 은율군 이도면 가당리
2	가당교회	장로	황해도 장연군 낙도면 낙흥리
3	가도교회	장로	평안북도 철산군 백량면 가도동470
4	가동교회	장로	평안남도 용강군 오신면 가양리
5	가량리교회	장로	평안남도 용강군 오신면 오신리
6	가려주교회	감리	강원도 이천군 방장면 가려주리
7	가물교회	장로	평안북도 선천군 수청면 가물동
8	가물남교회	장로	평안북도 선천군 수청면 가물남동
9	가봉교회	장로	평안북도 철산군 백량면 장평리
10	가사당교회	장로	평안북도 후창군 칠평면 중흥동
11	가생리교회	감리	평안남도 강서군 수산면 가생리
12	가암리교회	장로	평안남도 중화군 풍동면 가암리
13	가양리교회	장로	평안남도 용강군 오신면 오신리
14	가여주교회	감리	평안남도 평원군 한천면 가여주리
15	가작리교회	장로	평안남도 대동군 용연면 가작리
16	가정교회	감리	황해도 김천군 동화(웅덕)면 매서리
17	가진교회	장로	함경남도 영흥군 고녕면 가진리
18	가창교회	장로	평안북도 벽동군 가별면 가상동
19	가채동교회	감리	황해도 신계군 미수면 가무리
20	가토미교회	감리	경기도 개풍군 북면 가토미리
21	가평교회	감리	강원도 통천군 벽양면 가평리
22	가현교회	감리	평안남도 강서군 수산면 가현리
23	가현교회	장로	평안남도 대동군 용산면 용흥리
24	가현교회	장로	평안남도 대동군 임원면 용흥리 21-37
25	가화교회	장로	평안북도 영변군 도원면 가화리
26	가화교회	장로	황해도 송화군 도원면 가화리
27	각금교회	장로	평안남도 대동군 남곶면 각금리
28	각금리교회	장로	평안남도 중화군 천곡면 각금리
29	간대리교회	장로	평안북도 선천군 송면 원대동
30	간동교회	장로	평안북도 선천군 신부면
31	간동교회	장로	황해도 곡산군 상도면 지경리
32	간동리부활교회	성공회	평안남도 순천군 선소면 간동리
33	간동장리교회	장로	평안남도 중화군 간동면 간동장리
34	간리교회	장로	평안남도 중화군 당정면 간리
35	간리교회	장로	평안남도 대동군 재경리면 간리
36	간성교회	감리	함경남도 원산부 논설동
37	간성교회	장로	황해도 신천군 가산면 간성리
38	간암동교회	감리	경기도 장단군 진서면 신적리 314
39	간중리교회	장로	평안남도 대동군 남곶면 간리
40	간지정교회	장로	평안남도 중화군 간동면 간지정리
41	간촌교회	장로	황해도 은율군 은율면 간촌리
42	간촌교회	장로	황해도 봉산군 서종면 간촌리
43	간평교회	성결	함경남도 북청군 속후면 간평리
44	갈곡교회	장로	평안북도 강계군 공북면 갈곡리
45	갈산교회	장로	평안남도 평원군 조운면 갈산리
46	갈산교회	장로	평안북도 정주군 갈산면 흥록동
47	갈산리교회	장로	황해도 재령군 하성면 갈산리
48	갈원교회	장로	평안남도 평원군 서해면 미륵리
49	갈원교회	장로	평안남도 평원군 청산면 구원리
50	갈월교회	장로	평안남도 평원군 청산면 갈월리
51	갈전교회	장로	함경남도 장진군 상남면 갈전리
52	갈정교회	감리	평안남도 강서군 신정면 갈정리
53	갈천교회	장로	평안남도 용강군 양곡면 갈천리
54	갈현교회	장로	평안북도 선천군 대산면 갈현리
55	갈현리교회	감리	황해도 벽성군 대차면 갈현리 831
56	갈현리교회	장로	평안북도 박천군 동남면 갈현리
57	감교교회	장로	황해도 재령군 서호면 신호리
58	감암동교회	감리	경기도 연천군 진서면 선적리
59	감장교회	장로	평안북도 정주군 가산면 감장리
60	감정교회	장로	황해도 은율군 이도면 감정리
61	감토동교회	장로	함경남도 풍산군 안수면 감토리
62	갑산읍교회	장로	함경남도 갑산군 갑산읍 북부리
63	갑암교회	장로	평안북도 선천군 용연면 갑암리
64	갑암교회	장로	평안북도 창성군 창성면 갑안동
65	강계북교회	장로	평안북도 강계군 강계읍 서부동
66	강계읍교회	장로	평안북도 강계군 강계읍 동부동
67	강동교회	장로	평안북도 선천군 군산면 강동리
68	강동읍교회	장로	평안남도 강동군 강동면 아달리
69	강동읍교회	장로	평안남도 강동군 강동면 상리
70	강동촌교회	장로	황해도 재령군 북율면 강동촌
71	강동하리교회	장로	평안남도 강동군 강동면 하리
72	강등촌교회	장로	황해도 재령군 북율면 석해리
73	강령교회	감리	황해도 옹진군 부민면 강령리

번호	교회명	교단	주소
74	강북동교회	감리	평안북도 태천군 서성면 송귀동
75	강서리교회	장로	황해도 재령군 북율면 강서리
76	강서읍교회	감리	평안남도 강서군 강서면 덕흥리 661
77	강암교회	장로	평안북도 철산군 서림면 강암동 63
78	강정교회	장로	황해도 벽성군 대차면 강정리
79	강진교회	장로	황해도 수안군 공포면 대달리
80	강창교회	장로	평안북도 초산군 강면 용성동
81	강촌교회	감리	평안북도 운산군 운산면 입석하동
82	강촌교회	장로	평안남도 평양시 서성리
83	강촌교회	장로	황해도 재령군 북율면 강촌리
84	강태울교회	성공회	평안남도 순천군 신창면 원창리
85	강현교회	감리	황해도 연백군 유곡면 빙성리
86	강화교회	장로	평안북도 용천군 양광면 용계리
87	개고개교회	감리	평안북도 희천군 북면 개고개동
88	개고개교회	장로	평안북도 초산군 북면 개고개동
89	개성교회	감리	경기도 개성부 동본정
90	개성교회	성결	경기도 개성부 동본정
91	개성영	구세군	경기도 개성부 북본정
92	개성중앙교회	감리	경기도 개성부 북본정
93	개안교회	감리	황해도 수안군 수구면 개안리
94	개운성교회	성결	함경남도 삼수군 관흥면 개운성리
95	개운성교회	장로	함경남도 삼수군 광흥면 남사본동
96	개운성교회	장로	함경남도 삼수군 자서면 황철리
97	개원교회	장로	황해도 은율군 남부면 개원리
98	개천읍교회	장로	평안남도 개천군 개천읍 군우리
99	객동교회	장로	함경남도 북청군 이곡면 상리
100	거곡리교회	감리	경기도 연천군 진남면 거곡리 609
101	거동교회	장로	평안남도 대동군 고평면 거리
102	거리개교회	성공회	황해도 연백군 금산면 석전리
103	거문산교회	장로	평안북도 강계군 어뢰면 풍청동 거문산리
104	거배관교회	장로	평안북도 철산군 참면 유정동
105	거산교회	장로	함경남도 북청군 거산면 평리
106	거성리교회	감리	강원도 이천군 안협면 거성리
107	거인교회	감리	황해도 벽성군 금산면 거인동
108	거촌교회	장로	황해도 송화군 연방면 연교리
109	건산교회	장로	평안북도 선천군 남면 건산리
110	건산교회	장로	평안남도 중화군 당정면 건산교리

번호	교회명	교단	주소
111	건지리교회	감리	평안남도 대동군 자족면 건지리
112	건천교회	장로	황해도 평산군 인산면 건천리
113	건포교회	장로	평안북도 자성군 중강면 건포덕
114	건하교회	장로	평안북도 자성군 중강면 건하동
115	건하리교회	장로	평안북도 강계군 외귀면 건하동
116	걸쌍교회	장로	평안북도 초산군 성서면 성동동
117	검대교회	장로	황해도 수안군 도소면 하검대리
118	검바위영	구세군	황해도 연백군 해룡면 맹산리
119	검불랑영	구세군	강원도 평강군 현내면 원남리
120	검산교회	장로	평안남도 평원군 검산면 검흥리
121	검수교회	장로	황해도 평산군 인산면 금곡리
122	검수교회	장로	황해도 봉산군 사인면 검수리
123	검수교회	장로	황해도 황주군 청동면 청운리
124	검암교회	감리	평안남도 중화군 해압면 용산리
125	검암교회	장로	평안남도 중화군 당정면
126	검포교회	장로	평안북도 용천군 부라면 삼용동
127	견룡교회	장로	평안남도 순천군 후탄면 견룡리
128	견일교회	장로	평안북도 용천군 양서면 견일동
129	겸이포교회	성결	황해도 황주군 겸이포읍
130	겸이포중앙교회	장로	황해도 황주군 겸이포읍 욱동 산10
131	겸이포중앙교회	장로	황해도 황주군 송림면 욱정
132	경도교회	장로	황해도 수안군 대오면 경도리
133	경도교회	장로	황해도 수안군 대오면 경도리
134	경산리교회	장로	평안남도 평양시 경산리
135	경성교회	모름	함경북도 나진시 청석동
136	경성읍교회	장로	함경북도 경성군 경성면 남문밖리
137	경성읍교회	장로	함경북도 경성군 경성면 승암동
138	경원교회	장로	함경북도 경원군 경원면 회동
139	경전교회	감리	평안남도 용강군 용월면 계명리
140	경창리교회	장로	평안남도 평양시 경창리
141	경창리교회	장로	평안남도 평양시 경창리
142	경창문밖(외) 교회	장로	평안남도 평양시 기림리 141
143	경천리교회	장로	황해도 황주군 천주면 경천리
144	경천리교회	장로	황해도 황주군 천주면 경천리
145	경촌리교회	장로	평안남도 평양시 경촌리 440
146	경흥읍교회	장로	함경북도 경흥군 아오지읍 세교리

번호	교회명	교단	주소	번호	교회명	교단	주소
147	계남교회	장로	함경남도 고원군 수동면 계남리	183	고성읍교회	감리	평안북도 의주군 고성면 동리
148	계동교회	장로	황해도 봉산군 사인면 계동리	184	고수리영	구세군	황해도 벽성군 동운면 공수리
149	계림교회	장로	황해도 은율군 남부면 계림리	185	고식교회	장로	평안남도 평원군 서해면 연풍리
150	계명동교회	감리	평안남도 강서군 영월면 계명리	186	고신교회	장로	황해도 곡산군 서촌면 화천리
151	계방교회	장로	평안북도 강계군 전천면 주방동	187	고신동교회	장로	황해도 곡산군 서촌면 화천 고신동
152	계화교회	장로	황해도 곡산군 서촌면 계화리	188	고신은교회	감리	황해도 신계군 다미면 추천리
153	고길래성누가교회	성공회	황해도 김천군 외류면 석두리	189	고암교회	장로	평안북도 철산군 부서면 고암동
				190	고암교회	장로	황해도 은율군 서부면 고암리
154	고답동교회	감리	황해도 옹진군 서면 동문외리	191	고양교회	장로	황해도 송화군 연정면 고양리
155	고당교회	장로	평안북도 강계군 강계읍 고당동	192	고양리교회	장로	함경남도 함주군 천서면 고양리
156	고대교회	장로	황해도 안악군 안곡면 신덕리	193	고원교회	성결	함경남도 고원군 고원읍 관덕리 86
157	고대교회	장로	황해도 평산군 고지면 고대리	194	고원교회	장로	함경남도 고원군 읍배면 읍내리
158	고덕교회	장로	황해도 안악군 안곡면 신덕리	195	고읍교회	감리	평안북도 영변군 용산면 고읍동
159	고덕리영	구세군	경기도 개풍군 영북면 고덕리	196	고읍교회	성결	평안북도 정주군 갈산면 광동동 1173-1
160	고덕영	구세군	경기도 개풍군 영북면 고덕리	197	고읍교회	장로	평안북도 후창군 동흥면 고읍동
161	고라치교회	장로	평안북도 선천군 남면 신미동	198	고읍교회	장로	평안남도 진남포부 고읍리
162	고랑포교회	감리	경기도 장단군 장연면 고랑포리	199	고읍교회	장로	평안북도 선천군 수청면 고읍동
163	고려리교회	장로	황해도 봉산군 산수면 고려리	200	고읍교회	장로	평안북도 정주군 갈산면 광동동
164	고령교회	장로	평안북도 용천군 동하면 고령리	201	고읍교회	장로	함경북도 경성군 경성면 고읍동
165	고령교회	장로	함경북도 회령군 화풍면 인계동	202	고읍교회	침례	함경북도 경흥군 아오지읍 고읍리
166	고무산교회	장로	함경북도 부령군 부령면 고무산역전	203	고인교회	장로	평안북도 강계군 화경면 고인동
167	고무산교회	침례	함경북도 부평군 부령면 고무산리	204	고잔리교회	감리	평안남도 중화군 양정면 고잔리
168	고방산교회	장로	평안남도 대동군 임원면 남사리 고방산	205	고장교회	감리	평안북도 운산군 위연면 상원동
169	고봉교회	장로	평안남도 강동군 삼등면 봉의리	206	고장교회	장로	평안북도 초산군 고면 용연동
170	고봉동교회	장로	평안남도 용강군 해운면 연봉리	207	고저교회	감리	함경남도 원산부 고저동
171	고봉리교회	감리	평안남도 평원군 해운면 고봉리	208	고정교회	장로	평안남도 평양시 기림리 56-4
172	고봉리교회	장로	평안남도 강동군 삼등면 고봉리	209	고정교회	장로	평안남도 대동군 임원면 고정리
173	고부교회	장로	평안북도 선천군 군산면 고부동	210	고정교회	장로	황해도 은율군 이도면 고정리
174	고비리교회	장로	평안남도 강동군 원탄면 고비리	211	고중동교회	모름	황해도 평산군 정수면 고중동
175	고산교회	장로	함경남도 안변군 신고산면 구고산리	212	고창교회	장로	평안남도 강서군 잉차면 삼리 369
176	고산교회	장로	평안남도 대동군 남형제산면 남교리	213	고토리교회	장로	함경남도 장진군 장진면 고토리
177	고산영	구세군	함경남도 안변군 신고산면 고산리	214	고포교회	감리	황해도 연백군 괘궁면 고포리
178	고산진교회	장로	평안북도 강계군 고산면 포상리 276	215	고포리영	구세군	황해도 해주부 고포리
179	고성교회	감리	강원도 고성군	216	고현교회	장로	평안북도 정주군 고현면 탄우동
180	고성교회	장로	평안북도 박천군 양가면 고성리	217	고현교회	장로	황해도 은율군 북부면 고현리
181	고성동교회	장로	함경북도 경흥군 경흥면 고성동	218	고현교회	장로	황해도 은율군 이도면 고현리
182	고성동교회	침례	함경북도 경흥군 경흥면 고성동	219	고흥동교회	일본장로	함경남도 장진군 신남면 고토리

번호	교회명	교단	주소
220	곡구교회	장로	함경남도 이원군 동면 곡구리
221	곡리교회	장로	황해도 은율군 서부면 곡리
222	곡산교회	성결	황해도 곡산군 곡산면 신평리
223	곡산교회	성결	황해도 곡산군 곡산면 곡산리
224	곡산읍교회	장로	황해도 곡산군 곡산면 장림리
225	곡전교회	감리	평안남도 용강군 용월면 계명리
226	공수리영	구세군	황해도 벽성군 동운면 공수리
227	공수전교회	장로	함경남도 안변군 신방면 공수전리
228	공인교회	장로	평안북도 강계군 공북면 공인동
229	공장교회	장로	평안북도 후창군 동흥면 공장리
230	공주전교회	모름	함경남도 안변군 신아면 공수전리
231	공흥리교회	성결	함경남도 장진군 장진면 고흥리
232	곶동교회	감리	평안남도 강서군 신정면 곶동리
233	곽산교회	장로	평안북도 정주군 곽산면 조산동 401
234	관계리교회	장로	평안남도 강동군 원탄면 관제리
235	관교동교회	감리	함경남도 원산부 남촌동
236	관대참교회	장로	평안북도 초산군 도원면 관대동
237	관덕정교회	감리	황해도 연백군 봉북면 소성리
238	관동교회	감리	평안남도 강서군 신정면 하청리
239	관동교회	장로	평안북도 구성군 천마면 관동
240	관동기도처	장로	평안북도 희천군 장동면 398-1
241	관리교회	장로	평안북도 의주군 고관면 관동
242	관면교회	장로	평안북도 벽동군 관회면 관상동
243	관북교회	장로	평안북도 의주군 고관면 관북동
244	관산교회	장로	평안남도 대동군 용악면 하차리
245	관산교회	장로	평안북도 정주군 관주면 관삽동 109
246	관산교회	장로	황해도 은율군 북부면 관산리
247	관상리교회	성공회	평안남도 순천군 순천읍 관상리
248	관창교회	장로	황해도 장연군 대구면 구미리
249	관탄교회	모름	황해도 봉산군 서북면 광신리
250	관학리교회	장로	평안남도 강동군 고천면 관학리
251	관해리교회	장로	황해도 은율군 장련면 관해리
252	관현교회	장로	평안북도 선천군 수청면 관현동
253	광대교회	장로	평안북도 강계군 곡하면 광대동
254	광대참교회	장로	평안북도 강계군 곡하면 쌍부동
255	광덕교회	장로	함경남도 북청군 이곡면 광덕리
256	광덕리교회	장로	평안남도 강동군 고천면 광덕리 185
257	광량만교회	감리	평안남도 용강군 금곡면 우등리 388-3
258	광량만북교회	감리	평안남도 용강군 금곡면 금수리
259	광북교회	장로	평안북도 용천군 도흥면 관북리
260	광석교회	장로	평안남도 강동군 상풍면 광석리
261	광석교회	장로	황해도 안악군 은홍면 광석리
262	광석교회	장로	황해도 해주부 광석동
263	광석교회	장로	황해도 곡산군 청계면 문양리 광석동
264	광석동교회	장로	함경남도 원산부 광석동
265	광석리교회	장로	평안남도 중화군 해압면 광석리
266	광성교회	장로	평안북도 강계군 용림면 광성동
267	광암교회	장로	황해도 평산군 진산면 광암리
268	광정동교회	장로	함경북도 무산군 연사면 상광동
269	광정리기도처	감리	강원도 평강군 현북면 상광정리
270	광제리교회	감리	평안남도 강서군 증산면 광제리
271	광탄교회	장로	황해도 김천군 서북면 광신리 398
272	광탄교회	장로	황해도 재령군 삼강면 광탄리
273	광탄교회	감리	황해도 김천군 서북면 광신리
274	광평교회	장로	평안북도 벽동군 오북면 광명리
275	광풍교회	장로	황해도 안악군 대행면 광풍리
276	광화교회	장로	평안북도 용천군 양광면 용계동
277	괘송교회	감리	평안남도 양덕군 대륜면 괘송리
278	괘암리영	구세군	황해도 옹진군 흥미면 괘암리
279	괴음리교회	장로	평안남도 강동군 승호읍 괴음리
280	괴정교회	장로	황해도 신천군 문무면 괴정리 상괴동
281	교구정교회	감리	평안남도 평양시 교구정
282	교동교회	장로	평안북도 삭주군 외남면 교동
283	교동교회	장로	황해도 안악군 대원면 가양리 교동
284	교암리교회	감리	강원도 양양군 토성면 교암리
285	귀평교회	장로	평안북도 초산군 남면 용산동 다락리
286	구거비교회	장로	평안남도 중화군 상원면 구거비리
287	구노리교회	장로	황해도 황주군 청용면 구로리
288	구동창교회	장로	평안남도 대동군 율리면 구동창
289	구동촌교회	장로	황해도 신천군 남부면 한은리
290	구란리교회	감리	황해도 김천군 서천면 유정리
291	구룡교회	성결	함경남도 흥남시 구룡리

번호	교회명	교단	주소
292	구룡교회	장로	평안북도 초산군 동면 구룡동 39
293	구룡교회	장로	평안남도 용강군 오신면 구룡리
294	구룡교회	장로	함경남도 흥남시 구룡리
295	구리교회	감리	평안남도
296	구만리교회	감리	황해도 신계군 다율면 구만리
297	구문화읍교회	장로	황해도 신천군 문화면 문하리
298	구미단교회	감리	함경남도 북청군 덕성면 구미동
299	구미단교회	성결	함경남도 북청군 덕성면 서흥리
300	구미리교회	감리	경기도 연천군 백학면 구미리 163
301	구봉교회	장로	평안북도 초산군 남면 구평동
302	구봉교회	장로	평안북도 용천군 내중면 응산동
303	구성교회	장로	평안북도 자성군 장토면 구성리
304	구성은봉교회	장로	평안북도 구성군 사기면 은봉리
305	구성읍교회	장로	평안북도 구성군 구성면 우부동 308
306	구암교회	장로	평안북도 구성군 사기면 구암동 218
307	구암교회	장로	황해도 재령군 은룡면 구련리
308	구암리교회	성공회	황해도 연백군 괘궁면 구암리
309	구연리교회	감리	평안남도 강서군 신정면 구련리
310	구읍교회	감리	평안남도 양덕군 동양면 상석리
311	구읍교회	장로	평안북도 박천군 서면 구읍리
312	구읍교회	장로	평안북도 용천군 동상면 서릉동 50
313	구읍교회	일본장로	함경남도 장진군 구읍면 성사리
314	구읍리교회	감리	강원도 통천군 답전면 구읍리
315	구이리교회	장로	황해도 황주군 천주면 구이리
316	구자오교회	장로	황해도 재령군 남율면 좌곡리
317	구장교회	감리	평안북도 영변군 용산면 구장동
318	구장교회	장로	평안북도 영변군 용산면 구장동 94
319	구정리교회	장로	평안남도 덕천군 일하면 구정리 28
320	구중연교회	장로	평안북도 자성군 삼풍면 인풍동
321	구중영교회	장로	평안북도 자성군 삼풍면 인풍동
322	구창교회	장로	평안북도 의주군 고령삭면 천마리
323	구창평교회	장로	평안북도 강계군 종서면 종포동 창평참
324	구항교회	감리	강원도 통천군 고저읍 구항리
325	구화교회	장로	황해도 평산군 상월면 용수리
326	구화장교회	감리	경기도 장단군 강상면 구화리
327	국봉교회	장로	황해도 벽성권 가좌면 국봉리
328	국현교회	장로	황해도 장연군 순택면 국현리
329	군량골영	구세군	황해도 벽성군 동운면 군량골
330	군선교회	장로	함경남도 이원군 동면 군선리
331	군우리교회	장로	평안남도 개천군 외서면 군우리
332	굴포교회	장로	함경북도 경흥군 노서면 굴포동
333	궁이덕교회	장로	평안북도 자성군 중강면 만흥동
334	귀락교회	장로	함경북도 경흥군 아오지읍 귀락동
335	귀락교회	침례	함경북도 경흥군 아오지읍 귀락동
336	귀락리교회	장로	황해도 곡산군 동촌면 귀락리
337	귀룡교회	장로	평안북도 초산군 내면 귀룡리 39
338	귀인동교회	장로	평안북도 자성군 자성면 상평동
339	귀일교회	장로	평안남도 중화군 천곡면 귀일리
340	귀휴동교회	장로	황해도 김천군 토산면 당관리
341	극동교회	장로	함경북도 명천군 동면 극동
342	근외리교회	감리	함경남도 안변군 문산면 근외리 474
343	금강교회	감리	함경남도 원산부 금강리
344	금강교회	장로	평안남도 평원군 순안면 금강리
345	금강교회	장로	황해도 안악군 문산면 금강리
346	금곡교회	감리	평안남도 순천군 내남면 금곡리
347	금곡교회	장로	황해도 송화군 운유면 당관리
348	금곡교회	장로	황해도 평산군 인산면 금곡리
349	금곡영	구세군	황해도 봉산군 쌍산면 송정리
350	금광교회	장로	평안북도 의주군 송장면 금광동
351	금당리교회	감리	평안남도 용강군 금곡면 석포리
352	금덕산교회	장로	함경남도 북청군 승대면 창성리
353	금동교회	장로	평안북도 강계군 입관면 금동
354	금동교회	장로	황해도 장연군 목감면 당안리
355	금복교회	장로	평안북도 강계군 고진면 금능리
356	금사곡교회	장로	평안북도 선천군 성내면 금사리
357	금사동교회	장로	평안북도 초산군 성서면 성남동
358	금사리교회	감리	평안남도 용강군 귀림면 금사리
359	금산교회	장로	황해도 안악군 용순면 금산동
360	금산교회	장로	황해도 황주군 주남면 금산리
361	금산교회	장로	황해도 황주군 주남면 금산리
362	금산교회	장로	황해도 재령군 삼강면 하금산리
363	금산리영	구세군	황해도 해주부 금산리

번호	교회명	교단	주소	번호	교회명	교단	주소
364	금생동교회	침례	함경북도 회령군 팔을면 금생동	400	김화영	구세군	강원도 철원군 김화면 중리
365	금성교회	감리	강원도 김화군 금성면 방충리 189-1	401	나남교회	성결	함경북도 경성군 나남읍 성화리
366	금성교회	장로	평안남도 덕천군 성양면 금성리	402	나남교회	장로	함경북도 청진부 나남본동
367	금성교회	장로	함경북도 온성군 온정면 금성리	403	나산동교회	침례	함경북도 경흥군 경흥면 나산동
368	금수정리교회	장로	평안남도 중화군 중화면 금수정리	404	나옥동교회	조선기독	황해도 수안군 율계면 능리
369	금월동교회	장로	함경북도 경원군 동원면 금월동	405	나죽교회	장로	평안북도 후창군 동흥면 나죽동
370	금정리교회	감리	평안남도 용강군 귀성면 금정리	406	나진교회	장로	함경북도 나진시 간의동 187-13
371	금천교회	장로	평안남도 대동군 고평면 금천리	407	나진제이교회	장로	함경북도 나진시 창평동
372	금천교회	장로	함경북도 길주군 덕산면 금천리	408	나진제일교회	장로	함경북도 나진시 금동로 1가
373	금천교회	장로	황해도 김천군 금천면 긍릉리	409	나흥교회	장로	함경남도 풍산군 웅이면 나흥리
374	금천읍교회	감리	황해도 김천군 금천면 금릉리	410	나흥교회	모름	함경남도 풍산군 홍이면 나흥리
375	금평교회	감리	강원도 평강군 유진면 적전리	411	낙산교회	장로	함경북도 부령군 관해면 낙산리
376	금하리교회	장로	황해도 황주군 영천면 금하리	412	낙송정교회	감리	황해도 김천군 우봉면 삼산리
377	기내리교회	모름	황해도 평산군 공포면 기내리	413	낙원교회	장로	평안북도 강계군 고진면 낙원동
378	기리교회	감리	평안남도 강서군 쌍용면 기리	414	낙원동교회	장로	평안북도 신의주시 고진면 낙원동
379	기린교회	감리	황해도 연백군 봉서면 현죽리 기린동	415	낙원동교회	장로	황해도 장연군 낙도면 삼천리 낙원동
380	기린교회	장로	황해도 평산군 기산면 기린리	416	낙전교회	장로	평안남도 평원군 용호면 낙전리
381	기린도교회	감리	황해도 옹진군 용천면 기린리	417	낙흥교회	장로	황해도 장연군 낙도면 낙흥리
382	기린리교회	장로	강원도 이천군 인산면 기린리	418	난마리교회	장로	평안남도 용강군 다미면 난마리
383	기림교회	장로	평안남도 평양시 기림리 180	419	난산교회	장로	평안남도 용강군 용강면 란산리
384	기림리교회	성결	평안남도 평양시 기림리	420	난산교회	장로	평안남도 성천군 삼흥면 난산리
385	기산교회	장로	황해도 송화군 장양면 기산리	421	난산리교회	장로	평안남도 강동군 삼등면 난산리
386	기성교회	성결	평안남도 평양시 경창리	422	남경교회	장로	평안남도 대동군 자족면 남경리
387	기성교회	일본	평안남도 평양시 경창리	423	남관리교회	장로	평안남도 대동군 부산면 남관리
388	기암교회	장로	평안북도 대동군 임원면 기암리	424	남교리교회	장로	평안남도 대동군 재경리면 남교리
389	기탄교회	장로	평안남도 순천군 자산면 기탄리	425	남궁리교회	장로	평안남도 대동군 용연면 남궁리
390	길상교회	장로	평안북도 구성군 이현면 길상리	426	남두교회	장로	평안북도 후창군 남신면 남두리
391	길상영	구세군	경기도 개성부 영북면 길상리	427	남면교회	장로	평안북도 벽동군 성남면 남상동
392	길주교회	성결	함경북도 길주군 길주읍 길주동	428	남문밖교회	장로	평안남도 평양시 남문동
393	길주읍교회	장로	함경북도 길주군 길주읍 길남동	429	남본정교회	장로	황해도 해주부 남본동 186
394	김광교회	장로	평안북도 의주군 송장면 금광동	430	남부교회	감리	경기도 개성부 경정
395	김성교회	감리	강원도 철원지방	431	남사동구교회	장로	평안북도 후창군 동흥면 남사동
396	김성교회	성결	강원도 철원지방	432	남산교회	장로	평안남도 용강군 양곡면 남동리
397	김천성어거스틴교회	성공회	황해도 김천군 김천면 금릉리	433	남산교회	장로	평안북도 강계군 고진면 남제동
				434	남산교회	장로	평안북도 정주군 남서면 남양동 832-1
398	김천읍교회	감리	황해도 김천군 김천면 금릉리	435	남산리영	구세군	황해도 평산군 신암면 남산리
399	김화(읍)교회	감리	강원도 김화군 금성면 방충리	436	남산역교회	감리	함경남도 안변군 신고산면 신대리

번호	교회명	교단	주소
437	남산현교회	감리	평안남도 평양시 대찰리
438	남상교회	장로	평안북도 강계군 고산면 남상동
439	남성리교회	장로	함경남도 안변군 안도면 남성리
440	남성포영	구세군	함경남도 흥남시 남성포리
441	남송교회	모름	평안북도 박천군 동남면 남송동
442	남송교회	모름	평안북도 박천군 동남면 남송동
443	남시교회	장로	평안북도 구성군 방현동 하단리
444	남시교회	장로	평안북도 용천군 외삼면 남시동 119
445	남신리교회	장로	평안남도 평양시 남신리 56
446	남신의주교회	장로	평안북도 신의주시 유동
447	남압교회	장로	평안북도 용천군 외하면 남압리
448	남양교회	장로	평안남도 성천군 능증면 남양리
449	남양교회	장로	함경남도 정평군 문산면 남양리
450	남양교회	장로	함경북도 온성군 남양면 남양리
451	남재동교회	모름	평안북도 강계군 고진면 남재동
452	남정교회	감리	황해도 김천군 우봉면 남정리
453	남정교회	장로	평안남도 대동군 남곶면 남정리
454	남정리교회	장로	황해도 수안군 대오명 남정리
455	남제동교회	장로	평안북도 의주군 월화면 월하동 225
456	남주교회	장로	평안북도 강계군 곡하면 오주동
457	남지리교회	장로	황해도 재령군 북율면 남지리
458	남창교회	장로	평안북도 삭주군 외남면 대안동
459	남창교회	장로	평안북도 창성군 창성면 평암동
460	남창교회	장로	평안남도 중화군 풍덕면 남창리
461	남창교회	장로	황해도 장연군 후남면 남창리
462	남창교회	장로	평안남도 평원군 평원면 성남리
463	남천교회	감리	황해도 평산군 남천읍 신남리
464	남천리교회	장로	황해도 은율군 이도면 별기동
465	남천리성바실교회	성공회	황해도 김천군 토산면 남천리
466	남천성바우로교회	성공회	황해도 김천군 고동면 유천리
467	남천성휴교교회	성공회	황해도 평산군 보산면 남천리
468	남천영	구세군	황해도 평산군 남천읍 남천리
469	남칠교회	장로	평안남도 안주군 신안주면 청송리
470	남포교회	장로	평안남도 순천군 선소면 남포리
471	남호교회	장로	평안북도 박천군 박천읍 남호동
472	남회교회	장로	평안북도 선천군 선천읍 창남동
473	남흥교회	장로	평안북도 강계군 용림면 남흥동
474	낭촌교회	장로	황해도 재령군 은룡면 석탄리 낭촌
475	내간동교회	장로	함경남도 신흥군 동상면 내간동
476	내교교회	장로	황해도 황주군 천주면 내교리
477	내금강교회	감리	강원도 회양군
478	내남교회	감리	황해도 김천군 동화(웅덕)면 매남리
479	내도교회	장로	평안남도 대동군 청룡면 내도리
480	내도교회	장로	평안남도 대동군 임원면 내도리
481	내동교회	감리	강원도 철원군 연목면 도밀리 554
482	내동교회	장로	평안북도 강계군 성간면 내동
483	내동교회	장로	평안북도 위원군 화창면 신흥동
484	내동교회	장로	평안남도 개천군 조양면 용봉동
485	내동교회	장로	평안남도 중화군 풍도면 내동리 147
486	내동교회	장로	평안북도 선천군 심천면 마성동
487	내동교회	장로	황해도 은율군 이도면 지내리
488	내동교회	장로	황해도 안악군 은홍면 보광리
489	내동리교회	장로	평안남도 중화군 풍동면 내동리
490	내리교회	장로	평안남도 대동군 남형제산면 남교리
491	내송교회	장로	황해도 황주군
492	내안교회	장로	황해도 송화군 진풍면 내안리
493	내연교회	장로	평안북도 초산군 성서면 내연동
494	내종교회	장로	황해도 재령군 북율면 내종리
495	내토교회	장로	황해도 재령군 은룡면 신유리
496	내평교회	장로	평안북도 강계군 종남면 신성동 내평참
497	내포교회	장로	함경북도 명천군 상우남면 고성동
498	내포리교회	감리	강원도 철원군 철원읍 내포리
499	내포리교회	장로	평안남도 덕천군 잠상면 내포리
500	내함교회	장로	황해도 황주군 주남면 내함리
501	냉정교회	감리	황해도 벽성군 검단면 냉정리
502	냉정교회	장로	황해도 봉산군 기천면 냉정리
503	냉천리교회	장로	황해도 은율군 북부면 냉천리
504	노각교회	장로	평안북도 강계군 곡하면 하남주
505	노고산교회	장로	함경북도 경흥군 노서면 내남동
506	노관동교회	감리	평안북도 영변군 도관면 노관리
507	노남교회	장로	평안북도 강계군 시중면 노남동
508	노동교회	감리	평안남도 성천군 영천면 노동리
509	노동교회	장로	평안북도 자성군 자하면 노동
510	노동교회	장로	황해도 황주군 도치면 노동

번호	교회명	교단	주소	번호	교회명	교단	주소
511	노북교회	장로	평안북도 용천군 내중면 노북리	548	단천교회	성결	함경남도 단천군 단천읍 단천리
512	노북교회	장로	평안북도 의주군 비현면 노북동	549	단천읍교회	장로	함경남도 단천군 단천읍 동하리
513	노성교회	장로	평안남도 대동군 임원면 노성리	550	달리교회	모름	함경북도 성진군 학남면 달리동
514	노암교회	장로	함경남도 풍산군 웅이면 노암리	551	달리동교회	장로	함경북도 성진군 학성면 달리동
515	노적산영	구세군	황해도 벽성군 동운면 녹적산동	552	달전교회	장로	평안남도 덕천군 일하면 달하리
516	노전교회	감리	황해도 신계군 고면 무고리	553	달천교회	장로	황해도 신천군 초리면 달천리
517	노전교회	장로	황해도 곡산군 하도면 노전리	554	달하리교회	장로	평안남도 덕천군 일하면 달하리
518	노전리교회	장로	평안남도 중화군 수산면 노전리	555	담부리교회	감리	평안남도 용강군 금곡면 담부리
519	노정교회	장로	평안남도 진남포부 노정리	556	답동교회	장로	황해도 황주군 도치면 기와리
520	노촌교회	장로	황해도 황주군 도치면 도치리 노촌	557	답동영	구세군	황해도 벽성군 월록면 답동
521	노하교회	장로	평안북도 선천군 동면 노하동	558	당곡교회	장로	평안북도 선천군 심천면 인두동 743
522	노하리교회	감리	평안남도 용강군 귀성면 노하리	559	당곡교회	장로	황해도 안악군 대원면 당전리
523	농건교회	장로	평안북도 선천군 신부면 농건동	560	당구교회	장로	평안북도 박천군 청룡면 당구리
524	농성동교회	장로	함경북도 성진군 학중면 농성동	561	당동교회	장로	평안북도 박천군 동남면 당상동
525	농포동교회	장로	함경북도 종성군 용성면 농포동	562	당령교회	장로	평안북도 용천군 내중면 당령동
526	농현교회	장로	황해도 옹진군 가천면 흑천상리	563	당목교회	장로	평안북도 의주군 옥상면 당목동
527	누리교회	장로	황해도 은율군 일도면 누리	564	당우리교회	장로	함경남도 문천군 문천면 당하리
528	누천교회	장로	황해도 평산군 세곡면 누천리	565	당우리교회	장로	함경남도 북청군 후창면 당우리
529	눈머리교회	성공회	황해도 평산군 서봉면 용두리	566	당점교회	장로	평안남도 용강군 서화면 자복리
530	눌산교회	장로	황해도 장연군 순택면 눌산리	567	당평동교회	장로	평안북도 초산군 남면 당평리
531	늑동교회	장로	황해도 안악군 서하면 신장리	568	당평동교회	모름	황해도 평산군 석교면 낙원리
532	능동교회	장로	황해도 신천군 남부면 능동리	569	당포동교회	장로	황해도 봉산군 사인면 당포리
533	능동교회	장로	황해도 수안군 대오면 상조양리	570	당후교회	장로	평안북도 의주군 비현면 당후동
534	능라리교회	장로	평안남도 평양시 능라리	571	대경교회	장로	황해도 장연군 용연면 도경리
535	능리교회	감리	황해도 서흥군 도면 능리 202-1	572	대관교회	장로	평안북도 삭주군 외남면 대관동
536	능리교회	조선기독	황해도 수안군 율계면 나부동	573	대교교회	장로	평안남도 안주군 연호면 남일리
537	능성리교회	장로	평안남도 중화군 풍동면 능성리	574	대구리교회	장로	황해도 봉산군 덕재면 대구리
538	능전교회	장로	함경남도 문천군 문천면 능전리	575	대금교회	장로	황해도 안악군 대원면 하금리
539	능현동교회	감리	경기도 장단군 소남면 유덕리	576	대기암교회	장로	평안남도 중화군 신흥면 대기암리
540	다기봉교회	장로	평안남도 중화군 동두면 다기봉리	577	대대리교회	감리	강원도 통천군 학일면 대대리
541	다사도교회	모름	평안북도 용천군 부라면 원상동	578	대덕교회	장로	황해도 재령군 하성면 대덕리
542	다암교회	장로	황해도 송화군 연방면 다암리	579	대동교회	감리	강원도 이천군 판교면 명덕리
543	다지도교회	장로	평안북도 의주군 고관면 다지동	580	대동교회	감리	황해도 서흥군 도면 국대리
544	단구리교회	감리	황해도 평산군 평산면 단구리	581	대동교회	성결	평안남도 평양시 인흥정
545	단도교회	장로	평안북도 철산군 백량면 단도동	582	대동교회	장로	평안남도 덕천군 일하면 상심리 대동
546	단봉교회	장로	평안북도 의주군 고령삭면 단봉	583	대동교회	장로	평안북도 창성군 동창면 대동
547	단산교회	장로	황해도 봉산군 서종면 단산리	584	대동교회	장로	함경남도 함주군 덕산면 대동리

번호	교회명	교단	주소
585	대동교회	장로	황해도 장연군 용연면 신오리
586	대동교회	장로	황해도 안악군 서하면 상촌리
587	대동교회	장로	황해도 황주군 송림면 대동리
588	대두리교회	감리	평안남도 진남포부 대두리
589	대류리교회	장로	평안남도 중화군 동두면 대류리
590	대륙교회	장로	평안북도 철산군 부서면 대륙리
591	대리영	구세군	강원도 평강군 현내면 신대리
592	대목교회	장로	평안북도 선천군 신부면 대목동
593	대문교회	장로	평안북도 의주군 송장면
594	대병리교회	장로	평안남도 중화군 천곡면 대병리
595	대봉교회	장로	황해도 안악군 은홍면 약봉리
596	대봉동교회	모름	황해도 해주부
597	대산교회	장로	평안북도 용천군 동하면 대산동 325
598	대산교회	장로	황해도 봉산군 구연면 청계역전
599	대상교회	장로	평안북도 의주군 고성면 대산동
600	대성교회	장로	평안북도 용천군 내중면 사직동
601	대성리교회	장로	평안남도 강서군 동진면 태성리
602	대송교회	장로	황해도 황주군 도치면 대송리
603	대송리교회	장로	평안남도 대동군 남곶면 대송리
604	대송리교회	장로	황해도 황주군 인교면 능산리
605	대수리교회	장로	평안남도 대동군 청룡면 대수리
606	대신교회	장로	평안남도 평양시 대신정
607	대안교회	장로	평안남도 강서군 성암면 대안리
608	대안교회	장로	평안북도 삭주군 외남면 대안동
609	대안교회	장로	황해도 서흥군 매양면 록안리 360
610	대안대교회	장로	함경남도 신흥군 동상면 도안리
611	대암교회	장로	함경북도 경흥군 노서면 대암동
612	대암교회	장로	함경북도 명천군(함남 풍산군?) 풍산면 대암리
613	대야동교회	장로	평안북도 위원군 화창면 대야동
614	대야리교회	장로	황해도 송화군 천동면 대야리
615	대오시천교회	장로	함경남도 혜산군 운흥면 대오시리
616	대오유리교회	장로	평안남도 대동군 청룡면 대오류리
617	대우동교회	장로	평안북도 구성군 관서면 대우리
618	대웅동교회	장로	함경남도 혜산군 운흥면 대웅동
619	대원교회	장로	평안남도 대동군 대동강면 대원리
620	대원교회	장로	황해도 봉산군 사리원읍 대원리

번호	교회명	교단	주소
621	대유교회	장로	평안북도 창성군 동창면 대유동
622	대유리교회	장로	평안남도 중화군 동두면 대유리
623	대이도교회	장로	평안남도 대동군 남곶면 대이도리
624	대정교회	감리	평안남도 강서군 신정면 연하리
625	대정교회	장로	평안남도 중화군 상원면 대정리
626	대정리교회	장로	황해도 수안군 천곡면 대정리
627	대중교회	장로	평안북도 자성군 자성면 대중동
628	대중리교회	장로	황해도 황주군 구락면 대중리
629	대진교회	장로	함경북도 경흥군 웅기읍 웅상동 대진
630	대창교회	장로	평안북도 창성군 대창면 봉룡동
631	대천리교회	장로	평안남도 대동군 부산면 중이리
632	대청교회	장로	황해도 재령군 하성면 대청리
633	대촌리교회	감리	황해도 평산군 금암면 대촌리
634	대타령교회	장로	평안남도 평양시 대타령리 산 40-1
635	대평교회	감리	황해도 수안군 대평면 대평리
636	대평교회	장로	평안남도 대동군 대보면 대평외리
637	대평교회	장로	황해도 신계군 적여면 대평리
638	대포리교회	장로	평안남도 평원군 덕산면 대포리
639	대하산교회	장로	평안북도 의주군 고령삭면 대화산리
640	대한대교회	장로	함경남도 신흥군 동상면 대한리
641	대홍리교회	장로	황해도 재령군 북율면 대홍리
642	대후교회	장로	평안북도 의주군 비현면 당후동
643	대흥교회	장로	평안북도 후창군 칠평면 대흥동
644	대흥교회	장로	평안남도 중화군 천곡면 대흥리
645	대흥리교회	장로	황해도 재령군 북율면 대홍리
646	덕달교회	장로	황해도 벽성군 동운면 두동리
647	덕동교회	감리	평안남도 용강군 대대면 덕동리 322
648	덕동교회	감리	황해도 김천군 구이면 덕안리
649	덕동교회	장로	평안북도 용천군 양광면 용덕동
650	덕동교회	장로	황해도 장연군 해안면 병산리
651	덕리교회	장로	평안북도 선천군 북면 덕리
652	덕리교회	장로	황해도 안악군 서하면 덕일리
653	덕리교회	장로	황해도 안악군 서하면 덕일리
654	덕보교회	장로	황해도 황주군 구락면 덕보리
655	덕봉교회	장로	평안북도 용천군 용암포읍 덕봉동 340
656	덕산교회	장로	함경남도 함주군 덕산면 회양리
657	덕산교회	장로	황해도 안악군 은홍면 학산리

번호	교회명	교단	주소	번호	교회명	교단	주소
658	덕성교회	장로	평안북도 정주군 덕원면 덕성동	695	도이리교회	장로	황해도 곡산군 화촌면 도이리
659	덕안교회	장로	평안북도 박천군 덕안면 사륙동	696	도이포교회	장로	황해도 곡산군 서촌면 도리포리
660	덕안리교회	장로	황해도 송화군 진풍면 덕안리 박촌	697	도일교회	감리	강원도 통천군 고저읍 도일리
661	덕암교회	장로	평안북도 정주군 고덕면 관해동	698	도저울교회	성공회	황해도 평산군 정미면 도저울리
662	덕암교회	장로	평안남도 중화군 풍동면 덕암리 362	699	도전리교회	장로	황해도 수안군 천곡면 도전리
663	덕양교회	장로	황해도 황주군 구락면 덕양리	700	도지평교회	일본장로	함경남도 풍산군 안산면 도지평리
664	덕연리교회	모름	평안남도 성천군 대곡면 덕연리	701	도직가교회	장로	황해도 황주군 삼전면 내송리 도직동
665	덕우리교회	장로	황해도 황주군 구락면 덕우리	702	도촌교회	감리	황해도 연백군 해월면 환성리
666	덕운교회	장로	평안남도 성천군 능증면 덕운리	703	도태리교회	성공회	황해도 연백군 운산면 도태리
667	덕원읍교회	장로	함경남도 문천군 덕원면	704	도평교회	장로	황해도 벽성군 대차면 도평리
668	덕인교회	모름	평안북도 박천군 양가면 보석동	705	도하리교회	감리	황해도 수안군 대성면 도하리
669	덕전교회	장로	평안북도 후창군 후창면 회동	706	도학리교회	장로	평안남도 용강군 오신면 조학리 626
670	덕정교회	장로	황해도 송화군 진풍면 덕정리	707	도회교회	장로	평안남도 안주군 안주읍 도회리
671	덕지교회	장로	평안남도 평원군 노지면 용암리	708	도흥교회	감리	평안남도 순천군 선소면 도흥리
672	덕지교회	장로	함경남도 고원군 군내면 가하리	709	도흥리교회	성공회	평안남도 순천군 선소면 도흥리
673	덕천교회	장로	평안북도 용천군 부라면 송현동 15	710	독가리교회	감리	경기도 장단군 장도면 오읍리
674	덕천읍교회	장로	평안남도 덕천군 덕천면 읍남리 110-1	711	독장영	구세군	황해도 해주부 광석동
675	덕촌교회	장로	황해도 신천군 가련면 난전리 250	712	독좌동교회	장로	평안남도 강서군 성태면 성륙리
676	덕태교회	장로	평안남도 용강군 오신면 덕해리	713	독진교회	장로	함경북도 경성군 경성면 독연동
677	덕해교회	장로	평안남도 용강군 오신면 덕해리	714	돌장승이교회	장로	황해도 벽성군 청단면 소정리
678	덕흥교회	장로	평안북도 용천군 동하면 덕흥동	715	동간진교회	침례	함경북도 회령군 용흥면 동간진리
679	덕흥교회	장로	평안북도 정주군 덕언면 덕흥동	716	동강교회	감리	황해도 옹진군 옹진읍 창남리
680	도경교회	장로	황해도 장연군 용연면 도경리	717	동개동교회	장로	함경남도 장진군 구읍면 동개동
681	도경리영	구세군	황해도 장연군 용연면 도경리	718	동개동교회	장로	함경남도 장진군 중남면 동개동
682	도경리영	구세군	황해도 해주부 도경리	719	동계동교회	장로	평안북도 용천군 외하면 동계리
683	도관동교회	감리	평안북도 영변군 남신현면 도관동	720	동곡교회	장로	평안북도 자성군 삼풍면 동곡동
684	도덕리교회	장로	평안남도 강동군 고천면 도덕리	721	동곡교회	장로	황해도 신천군 문무면 동곡리
685	도령교회	장로	평안북도 의주군 가산면 도령동	722	동관진교회	장로	함경북도 종성군 종성면 동관동
686	도리동교회	장로	황해도 곡산군 서촌면 도리동	723	동광교회	장로	평안남도 평양시 선교리
687	도마리교회	장로	함경북도 온성군 온정면 도마리	724	동교회	장로	평안북도 의주군 의주읍 동외동 79
688	도문교회	감리	강원도 통천군 도주면 중도문리	725	동당교회	장로	평안북도 용천군 내중면 동당동
689	도선교회	장로	황해도 은율군 북부면 도성리	726	동대원교회	장로	평안남도 평양시 동대원리 436-2
690	도안리교회	장로	함경남도 신흥군 동상면 도안리	727	동로교회	장로	평안북도 정주군 임포면 동로동
691	도안역전교회	장로	함경남도 신흥군 동상면 도안역전	728	동림교회	장로	평안북도 선천군 심천면 동림동
692	도원교회	감리	황해도 옹진군 용천면 포산외리	729	동림리(성스데반)교회	성공회	평안남도 순천군 선소면 동림리
693	도원리교회	감리	황해도 옹진군 웅진읍 도원리				
694	도은리교회	장로	황해도 송화군 상리면 도은리	730	동묘리교회	장로	평안남도 영원군 소백면 동묘리

번호	교회명	교단	주소
731	동문교회	감리	황해도 해주부 욱정동
732	동문교회	장로	평안북도 정주군 가산면 동문동
733	동문교회	장로	평안북도 철산군 백량면 동문동
734	동문내교회	감리	경기도 개성부 고려정
735	동문회교회	장로	평안북도 용천군 동상면 동문리
736	동봉교회	장로	함경남도 문천군 운림면 응봉리
737	동부동교회	감리	평안북도 영변군 영변면 동부동
738	동북리교회	장로	평안남도 대동군 용악면 동북리
739	동사교회	장로	평안북도 강계군 고산면 동사리
740	동산교회	감리	평안남도 강서군 동진면 학송리 592-3
741	동산교회	장로	평안북도 용천군 동상면 동상리
742	동산교회	장로	황해도 신천군 산천면 동산리
743	동산대교회	장로	평안남도 평원군 동송면 월봉리
744	동산리교회	감리	황해도 벽성군 룡면 학월리
745	동산리교회	감리	황해도 김천군 좌면 북산리
746	동삼리교회	장로	평안남도 강동군 봉진면 동삼리
747	동상교회	장로	평안북도 벽동군 벽동면 동하리
748	동상교회	장로	평안북도 용천군 양서면 동산동
749	동상교회	장로	평안북도 의주군 고관면 동산리
750	동서리교회	장로	평안남도 강동군 고천면 동서리
751	동성교회	장로	평안북도 용천군 내중면 동성동
752	동송현교회	장로	평안북도 선천군 대청면 동송리
753	동신교회	장로	함경남도 혜산군 운흥면 동신리
754	동운교회	장로	평안남도 성천군 수진면 동운리
755	동장교회	장로	평안북도 위원군 봉산면 고보동
756	동장교회	장로	평안북도 초산군 동면 동장리
757	동전교회	모름	평안남도 용강군 다미면 동전리
758	동점교회	장로	평안북도 후창군 남신면 동점동
759	동창교회	감리	평안남도 맹산군 학천면 소창리
760	동창교회	장로	평안북도 위원군 위송면 용탄동
761	동창교회	장로	평안북도 영변군 백령면 대풍동
762	동창교회	장로	황해도 평산군 적암면 동창리
763	동창교회	장로	황해도 신천군 북부면 동창리
764	동창교회	장로	황해도 안악군 용문면 동창리
765	동창포교회	조선기독	황해도 안악군 용문면 동창포리
766	동천교회	장로	평안북도 철산군 철산면 동천동
767	동초기도처	감리	강원도 통천군 도천면 동초리

번호	교회명	교단	주소
768	동촌교회	장로	황해도 안악군 안곡면 동파리
769	동촌교회	장로	황해도 장연군 순택면 동호리
770	동평리교회	성결	함경남도 홍원군 용포면 동평리
771	동평리교회	장로	평안남도 평원군 순안면 동평리
772	동평리교회	장로	함경남도 신흥군 영고면 동평리
773	동평양교회	장로	평안남도 평양시 선교리 42
774	동해안교회	장로	함경북도 청진부 동해안정
775	동해주교회	감리	황해도 해주부 성산리
776	동흥교회	장로	평안북도 용천군 도흥면 동흥동
777	동흥리교회	장로	함경남도 흥남시 동흥리
778	두남리교회	감리	함경남도 문천군 덕원면 두남리
779	두단교회	장로	평안남도 대동군 대동강면 두단리
780	두대동교회	장로	황해도 수안군 천곡면 대정리
781	두동교회	장로	황해도 벽성군 동운면 두동리
782	두라교회	장로	황해도 안악군 은홍면 두양리
783	두로도교회	감리	평안남도 대동군 고평면 상단리
784	두릉동교회	감리	황해도 김천군 합탄면 도천리
785	두림교회	장로	함경북도 회령군 회령읍 오산동
786	두만리교회	감리	평안남도 강서군 증산면 두만리
787	두무골교회	감리	황해도 서흥군 도면 도무리 334
788	두복교회	모름	황해도 송화군 하리면 두복리
789	두암리교회	장로	평안남도 맹산군 지덕면 두암리
790	두전리교회	장로	평안남도 대동군 김제면 두전리
791	두지동교회	장로	평안북도 후창군 동신면 두지동
792	두현교회	감리	황해도 김천군 토산면 장포리
793	등공교회	장로	평안북도 강계군 이서면 등공동
794	등곶교회	장로	평안북도 철산군 부서면 등곶동
795	등암리교회	장로	함경남도 삼수군 자서면 등암리
796	라남교회	성결	함경북도 경성군 나남읍 초뢰정 125
797	라석동교회	장로	함경북도 부령군 관해면 나석동
798	라진교회	성결	함경북도 경흥군 경흥면 나진동
799	라진교회	침례	함경북도 나진시 나진동
800	래도교회	장로	평안남도 대동군 청룡면 래도리
801	령미교회	장로	평안북도 박천군 양가면 령미동
802	로제타기념교회	감리	황해도 해주부
803	룡암교회	성결	평안남도 순천군 선소면 용암리
804	류촌교회	모름	평안북도 선천군 동면 일봉동

번호	교회명	교단	주소
805	마동교회	감리	황해도 봉산군 토성면 마동리
806	마동리 (성요셉)교회	성공회	평안남도 순천군 신창면 마동리
807	마룡교회	장로	평안북도 의주군 월화면 마룡동
808	마명교회	장로	평안남도 용강군 양곡면 마명리
809	마방리교회	감리	강원도 철원군 내문면 마방리
810	마산교회	감리	황해도 옹진군 옹진읍 온천리
811	마산교회	장로	평안북도 선천군 수청면 가물남동 마산
812	마산교회	장로	평안남도 대동군 근산면 마산리
813	마산동교회	장로	평안남도 대동군 용악면 마산리
814	마산장교회	장로	함경남도 영흥군 영흥읍 마산리
815	마설해교회	장로	평안북도 강계군 강계읍 매설리
816	마용교회	감리	황해도 수안군 수구면 마용리
817	마유교회	장로	황해도 장연군 장연읍 세마리
818	마유교회	장로	황해도 평산군 안성면 마유리
819	마장리교회	장로	함경남도 북청군 하차서면 마장리
820	마전교회	성결	평안북도 신의주시 마전리
821	마전교회	장로	평안북도 강계군 곡하면 쌍부동 마전
822	마전교회	장로	평안북도 신의주시 마전동
823	마전리교회	성공회	황해도 평산군 보산면 마전리
824	마촌교회	장로	평안남도 평원군 영유면 화림리
825	마촌리교회	장로	평안남도 대동군 강서면 마촌리
826	마탄리교회	감리	강원도 이천군 서면 문암리
827	마한교회	장로	황해도 신천군 용진면 사문리
828	마해교회	장로	평안북도 강계군 공북면 동사동
829	만두리교회	감리	경기도 연천군 백학면 동구리 453-1
830	만두미기도처	감리	경기도 연천군 백학면 통구리
831	만성교회	모름	평안남도 안주군 대니면 협흥리
832	만수교회	장로	평안북도 박천군 청룡면 만수동
833	만지교회	감리	황해도 평산군 남천읍 두무리
834	만춘교회	장로	함경남도 북청군 신창읍
835	만포교회	장로	평안북도 강계군 만포읍 공세동
836	만포리교회	성결	평안북도 신의주시 만포동
837	만풍교회	장로	황해도 안악군 대행면 생근리
838	만풍하동교회	장로	평안북도 자성군 중강면 만풍하동
839	만항교회	장로	함경남도 북청군 덕성면 만항리
840	만화리교회	장로	황해도 은율군 남부면 만화리
841	만흥교회	장로	평안북도 자성군 중강면 만흥동
842	만흥하교회	장로	평안북도 자성군 중강면 만흥리
843	말음교회	장로	함경북도 청진부 말음동
844	말휘리교회	감리	강원도 회양군 내금강면 말휘리
845	망덕교회	장로	평안남도 대동군 재경리면 망덕리
846	망양교회	장로	평안북도 용천군 양광면 망양동
847	망포교회	감리	경기도 개풍군 흥교면 지현리
848	매계교회	장로	황해도 송화군 도원면 매계리
849	매곡교회	감리	황해도 김천군 토산면 결운리
850	매성교회	성공회	황해도 평산군 정미면 매성리
851	매양교회	성결	황해도 서흥군 매양면 매양리
852	매양동교회	모름	황해도 곡산군 이령면 도음리
853	매촌교회	장로	평안남도 용강군 오신면 월매리
854	매현리교회	장로	평안남도 중화군 해압면 매현리
855	매화교회	장로	평안남도 순천군 후탄면 후탄리
856	매화동교회	장로	황해도 평산군 인산면 매화리
857	매화치교회	감리	평안남도 순천군 상면 매화리
858	매화치교회	장로	평안남도 순천군 순천읍 매화동
859	맹동교회	감리	황해도 김천군 합탄면 매후리
860	맹산읍교회	장로	평안남도 맹산군 맹산면 수정리
861	맹중교회	장로	평안북도 박천군 동남면 맹중리
862	맹해리영	구세군	황해도 해주부 맹화리
863	명고리교회	감리	강원도 통천군 협곡면 명고리
864	명구리교회	장로	평안남도 중화군 간동면 명구리
865	명당동교회	장로	평안남도 평원군 청산면 남흥리
866	명선동교회	감리	평안남도 강서군 함종면 명선리
867	명성교회	감리	황해도 김천군 우봉면 용성리
868	명오동교회	감리	평안남도 대동군 부산면 수산리
869	명의리교회	장로	평안남도 강동군 강동면 명의리
870	명천리영	구세군	황해도 해주부 성산리
871	명천읍교회	장로	함경북도 명천군 하우면 명천동
872	명촌교회	장로	평안남도 평양시 평천리 104
873	명촌교회	장로	평안남도 대동군 고평면 명천리
874	모동교회	장로	황해도 봉산군 영천면 경천리 모동
875	모산교회	장로	평안북도 구성군 방현면 모산동
876	모안교회	장로	평안북도 정주군 덕언면 대산동
877	모정교회	장로	황해도 송화군 장양면 모정리

번호	교회명	교단	주소
878	모풍교회	장로	함경남도 홍원군 운학면 두남리
879	목감교회	장로	황해도 장연군 목감면 지원리
880	목동교회	장로	황해도 장연군 대구면 금수리
881	목사대교회	모름	평안북도 선천군 수청면 목사대동
882	목성교회	감리	평안남도 대동군 용연면 목성리
883	몽금포교회	장로	황해도 장연군 해안면 몽금포리
884	묘동교회	장로	황해도 신천군 온천면 송정리
885	묘산교회	장로	평안남도 성천군 삼흥면 묘산리
886	묘포교회	장로	함경남도 혜산군 운흥면 묘포동
887	묘향산교회	감리	평안북도 영변군 북신현면 묘향산리
888	무능교회	장로	황해도 곡산군 도화면 무능리
889	무동교회	장로	황해도 안악군 용문면 상무리
890	무릉리교회	장로	황해도 곡산군 도화면 무릉리
891	무명농촌교회	장로	함경남도 어느 지방 농촌
892	무본리교회	감리	평안남도 강서군 증산면 무본리
893	무산교회	장로	평안북도 용천군 내중면 송산동
894	무산교회	장로	황해도 장연군 목감면 무산리
895	무산읍교회	장로	함경북도 무산군 무산읍 남산동
896	무상교회	장로	함경북도 무산군 무산읍 남산동
897	무석교회	장로	황해도 안악군 안악읍 평정리
898	무선교회	장로	평안북도 자성군 이평면 무선동
899	무신교회	장로	평안남도 대동군 율리면 무진리
900	무정교회	장로	황해도 봉산군 토성면 무정리
901	무주교회	장로	평안북도 강계군 전천면 무평시
902	무진교회	장로	평안남도 대동군 율리면 무진리
903	무진대교회	장로	평안남도 개천군 중남면 삼소리
904	무진탑교회	장로	평안남도 개천군 중남면 삼소리
905	무창교회	감리	평안북도 영변군 봉산면 고성동
906	무창교회	장로	평안북도 후창군 동신면 무창동
907	무초동교회	장로	황해도 송화군 송화면 무당리
908	묵시교회	감리	평안북도 영변군 오리면 묵시동
909	묵천리교회	장로	황해도 봉산군 기천면 묵천리
910	묵화교회	감리	경기도 연천군 석사면 묵화리 305
911	문개교회	감리	황해도 벽성군 내성면 오봉리
912	문거리교회	성공회	평안남도 순천군 선소면 문거리
913	문구교회	장로	황해도 평산군 문무면 문구리
914	문동교회	감리	평안남도 강서군 신정면 문동리

번호	교회명	교단	주소
915	문미교회	성공회	황해도 연백군 해월면 송계리
916	문미교회	성공회	황해도 연백군 금산면 장현리
917	문미성바실래교회	성공회	황해도 평산군 안성면 문미리
918	문발교회	장로	평안남도 대동군 남곶면 문발리
919	문사교회	장로	평안북도 선천군 남면 문사동
920	문산교회	장로	황해도 신천군 노월면 문산리
921	문산리영	구세군	강원도 평강군 현내면 문산리
922	문산읍교회	감리	평안북도 운산군 운산면 읍내동
923	문서교회	장로	평안북도 철산군 부서면 등곶면
924	문성교회	장로	황해도 곡산군 멱미면 문성동
925	문성중앙교회	감리	평안남도 평양시 서성리
926	문수리교회	감리	황해도 김천군 외류면 문수리
927	문악교회	장로	평안북도 강계군 문옥면 문악동
928	문악교회	장로	황해도 서흥군 용평면 월은리
929	문악동교회	장로	함경남도 장진군 상남면 문악리
930	문암교회	장로	함경남도 북청군 신포읍 문암리
931	문암교회	장로	황해도 재령군 하성면 갈산리
932	문암리교회	감리	강원도 이천군 서면 문암리
933	문애리교회	감리	평안남도 진남포부 문애리
934	문원리교회	장로	평안남도 성천군 삼덕면 문원리
935	문원리교회	성공회	평안남도 순천군 선소면 문원리
936	문인교회	장로	평안북도 정주군 옥천면 문안리
937	문재교회	성공회	황해도 서흥군 내덕면 문제리
938	문정교회	장로	황해도 재령군 하성면 대청리
939	문창교회	장로	평안남도 순천군 은산면 문창리
940	문창리	성공회	황해도 서흥군 세평면 고읍리
941	문천교회	장로	함경남도 문천군 문천면 유정리
942	문천교회	장로	평안북도 의주군 송장면 운천동
943	문천구읍교회	모름	함경남도 문천군 문천면
944	문천읍교회	장로	함경남도 문천군 문천면 옥평리
945	문평교회	장로	함경남도 이원군 이원면 문평리
946	문포교회	감리	황해도 벽성군 내성면 오봉리
947	문학동교회	모름	황해도 서흥군 내덕면 문학리
948	문헌교회	장로	황해도 송화군 풍해면 문헌리
949	문현리교회	모름	황해도 해주부 북정리
950	문화교회	성결	황해도 신천군 문화면 서정리
951	문화교회	장로	황해도 신천군 문화면 서정리

번호	교회명	교단	주소
952	문흥리교회	모름	평안남도 성천군 통선면 문흥리
953	물뢰교회	감리	강원도 김화군 강현면 물뢰리
954	물아시교회	장로	평안남도 성천군 통선면 백원리
955	미곡교회	장로	황해도 봉산군 영천면 미곡리
956	미둔리교회	장로	함경남도 고원군 수동면 미둔리
957	미림(리)교회	장로	평안남도 대동군 추을미면 신리
958	미산교회	장로	평안북도 의주군 수진면 미산동
959	미산교회	장로	황해도 연백군 봉서면 미산리 충흥동
960	미산교회	장로	황해도 곡산군 하도면 미산리
961	미생촌교회	장로	황해도 재령군 북율면 미생리
962	미생촌교회	장로	황해도 재령군 북율면 남지리
963	미전리교회	일본장로	함경남도 풍산군 안수면 미전리
964	미정리교회	장로	평안남도 대동군 추을미면 미정리
965	미타교회	장로	평안북도 강계군 고산면 미타동
966	미현교회	장로	함경남도 안변군 안변면 미현리
967	박구리교회	감리	평안남도 평양시 신암리
968	박천읍교회	장로	평안북도 박천군 박천읍 동부동
969	반궁교회	장로	평안북도 용천군 외하면 반궁리
970	반삼리교회	장로	평안남도 강서군 반석면 반오리
971	반석(동)교회	장로	평안남도 용강군 해운면 용번리
972	반석교회	감리	황해도 옹진군 옹진읍 수혜리
973	반석교회	장로	평안남도 강서군 반석면 반룩리 618
974	반석포교회	감리	황해도 평산군 남천읍 수일리
975	반일리교회	감리	평안남도 강서군 반석면 반일리
976	반작교회	장로	평안남도 평원군 공덕면 간리
977	반정교회	감리	황해도 연백군 용도면 옥야리
978	반정교회	장로	황해도 신천군 용문면 반정리
979	반천리교회	장로	평안남도 대동군 대보면 반천리
980	발북교회	장로	평안남도 안주군 대니면 발북리
981	발산교회	장로	황해도 신천군 온천면 발산리
982	발산외동교회	감리	평안남도 강서군 신흥면 발산외동
983	발우교회	감리	황해도 연백군 해룡면 대흥리
984	발은교회	장로	평안북도 초산군 남면 발은리동산
985	방곡리교회	감리	황해도 서흥군 소사면 방곡리
986	방남교회	감리	황해도 연백군 해월면 용봉리
987	방목리교회	감리	강원도 회양군 안풍면 방목리
988	방산교회	장로	평안북도 의주군 가산면 방산동

번호	교회명	교단	주소
989	방촌교회	장로	함경남도 북청군 하차서면 방촌리
990	방포교회	감리	강원도 통천군 통천면 방포리
991	방현교회	모름	평안북도 구성군 이현면 마성동
992	방화동교회	감리	경기도 장단군 소남면 두곡리
993	배산점교회	감리	평안남도 대동군 용악면 하리
994	배천교회	감리	황해도 연백군 도서면 배천리
995	배촌교회	감리	황해도 봉산군 구연면 배촌리
996	배치교회	감리	함경남도 원산부 배치리
997	배화교회	장로	함경남도 안변군 배화면 배화리
998	백곡교회	모름	황해도 곡산군 청계면 백곡리
999	백마교회	장로	평안북도 의주군 위원면 서하동
1000	백석교회	장로	황해도 신천군 가산면 백석리
1001	백암교회	장로	함경남도 혜산군 봉두면 백암리 백암역 앞
1002	백암교회	장로	평안북도 용천군 북중면 백암동
1003	백양교회	감리	황해도 김천군 웅덕면 백양리
1004	백양동기도처	감리	강원도 철원군 원남면 구용리 531
1005	백의교회	장로	평안북도 의주군 옥상면 중대동
1006	백자동교회	일본장로	함경남도 풍산군 안산면 노은리
1007	백천교회	감리	황해도 연백군 은천면 연남리 303
1008	백천교회	성공회	황해도 연백군 은천면 진천리
1009	백천읍성제성교회	성공회	황해도 연백군 백천읍 서촌리
1010	백촌교회	장로	황해도 장연군 신화면 효제리
1011	백학동교회	장로	함경북도 경흥군 웅기읍 백학동
1012	백현교회	장로	평안북도 선천군 신부면 백현동
1013	백화리교회	장로	황해도 송화군 연방면 백화리
1014	버드내(성바올로)교회	성공회	황해도 연백군 유곡면 유천리
1015	법동교회	장로	평안북도 자성군 자하면 법동리
1016	법천교회	감리	황해도 김천군 동화(웅덕)면 법천리
1017	법화리교회	장로	평안남도 중화군 상원면 법화리
1018	법흥교회	성결	평안북도 용천군 동하면 법흥동
1019	벽단교회	장로	평안북도 벽동군 송서면 삼서동
1020	벽동읍교회	장로	평안북도 벽동군 벽동면 이동
1021	벽란리교회	감리	황해도 연백군 해월면 벽란리
1022	벽산교회	감리	강원도 통천군 벽양면 차성리
1023	벽위교회	장로	황해도 벽성군 대차면 벽위리

번호	교회명	교단	주소	번호	교회명	교단	주소
1024	벽지도교회	장로	평안남도 대동군 남곶면 벽지도리	1061	봉산(구)읍교회	감리	황해도 봉산군 동선면 기양리
1025	벽하(리)교회	장로	평안남도 중화군 풍동면 벽하리	1062	봉서교회	감리	황해도 연백군 도서면 봉서리
1026	변산교회	장로	평안북도 구성군 방현면 변산동	1063	봉서리교회	장로	평안남도 안주군 안주읍 봉서리
1027	변촌교회	장로	황해도 황주군 도치면 대송리 변촌	1064	봉소교회	감리	황해도 옹진군 북면 봉소리
1028	별기동교회	장로	황해도 은율군 이도면 생팔리 별기동	1065	봉의교회	장로	함경북도 회령군 봉의면 봉창리
1029	별장교회	장로	평안북도 벽동군 가별면 별장시	1066	봉창교회	장로	평안남도 순천군 선소면 봉창리
1030	별재교회	모름	황해도 봉산군 구연면 상동	1067	봉창교회	장로	평안남도 개천군 봉동면 봉창리
1031	별하교회	장로	평안북도 강계군 성간면 별하동	1068	봉천교회	장로	황해도 재령군 재령읍 봉천리 129
1032	병산교회	감리	황해도 연백군 유곡면 충무리	1069	봉현교회	감리	평안남도 성천군 영천면 봉현리
1033	병점교회	감리	황해도 김천군 고동면 송현리	1070	봉현교회	장로	황해도 곡산군 도화면 갈천리
1034	보광교회	모름	황해도 수안군 수구면 보광리	1071	봉황리교회	장로	황해도 재령군 재령은 부성리
1035	보덕교회	장로	평안남도 평원군 서해면 보덕리	1072	부감교회	장로	평안북도 자성군 중강면 만흥동
1036	보령교회	장로	황해도 신천군 궁흥면 응봉리	1073	부감덕교회	장로	평안북도 자성군 중강면 만흥동
1037	보로교회	장로	황해도 신천군 초리면 보로리	1074	부개리교회	침례	함경북도 회령군 서상면 부개리
1038	보산교회	장로	평안북도 철산군 백양면 자작동	1075	부거교회	장로	함경북도 부령군 부거면 부거동
1039	보신교회	장로	평안북도 선천군 용연면 보암동	1076	부둔교회	장로	황해도 안악군 대행면 적둔리
1040	보음리기도처	감리	황해도 신계군 사지면 사이곡리 578	1077	부령교회	장로	함경북도 부령군 부령면 부령동
1041	보전교회	장로	함경남도 혜산군 보천면 보전리	1078	부백교회	장로	평안남도 평원군 동암면 부백리
1042	보천교회	감리	황해도 연백군 용도면 체산리	1079	부상교회	장로	평안북도 의주군 고령삭면 부상리
1043	보평교회	장로	평안남도 강동군 고천면 향교리	1080	부성리교회	장로	황해도 재령군 재령은 부성리
1044	복계영	구세군	강원도 평강군 평강읍 복계리	1081	부용리교회	감리	황해도 신계군 미수면 부용리
1045	복부정교회	성결	함경남도 함흥부 복부정	1082	부정교회	장로	황해도 신천군 남부면 부정리
1046	복양리교회	장로	황해도 신천군 용문면 복우리	1083	부토리영	구세군	황해도 연백군 해룡면 부토리
1047	본궁교회	장로	함경남도 함흥부 회상동	1084	부평교회	장로	평안북도 초산군 남면 부평동
1048	본영교회	감리	황해도 옹진군 북면 화산중리 148	1085	부포교회	감리	황해도 옹진군 봉구면 부포리
1049	봉곡교회	장로	황해도 안악군 안곡면 봉곡리	1086	부호교회	장로	평안북도 정주군 남서면 남양동
1050	봉관교회	장로	황해도 곡산군 도화면 봉관리	1087	부흥동교회	장로	평안남도 덕천군 일하면 상계리
1051	봉남교회	장로	황해도 은율군 남부면 봉남리	1088	북녕교회	감리	경기도 개풍군 토성면 흑녕리
1052	봉내리교회	장로	평안남도 강동군 삼등면 봉래리	1089	북동교회	일본	함경남도 장진군 신남면 북동
1053	봉당리교회	장로	평안남도 강동군 봉진면 봉당리	1090	북률교회	성결	황해도 재령군 북율면 내종리
1054	봉대교회	장로	황해도 장연군 대구면 구미포리	1091	북면원리교회	감리	평안남도 개천군 북면 원리
1055	봉동교회	장로	평안북도 선천군 남면 삼봉동	1092	북부교회	감리	경기도 개성부 북본정
1056	봉두교회	장로	함경남도 혜산군 봉두면 봉두리	1093	북부교회	모름	함경남도 함주군 덕산면 북부리
1057	봉두리교회	장로	함경남도 혜산군 봉두면 봉두리	1094	북부정교회	장로	함경남도 함흥부 복부정
1058	봉래기도처	감리	경기도 연천군 서남면 율현리 635	1095	북삼교회	모름	평안북도 의주군 고령삭면 북삼면
1059	봉명교회	장로	평안남도 개천군 조양면 봉명리	1096	북신리교회	장로	평안남도 평양시 신리 129
1060	봉미교회	장로	황해도 안악군 안곡면 가곡리	1097	북영교회	감리	경기도 개성지방

번호	교회명	교단	주소
1098	북원교회	감리	평안남도 개천군 중서면 평원리
1099	북주동교회	장로	함경남도 함주군 덕산면 회양리
1100	북지동교회	침례	함경북도 회령군 서상면 북지동
1101	북진교회	감리	평안북도 운산군 북지읍 홍수리
1102	북창교회	감리	평안남도 순천군 북창면 북창리
1103	북창교회	장로	평안북도 위원군 회창면 북창리
1104	북창교회	장로	평안남도 맹산군 옥천면 북창리
1105	북창교회	장로	평안남도 평원군 공덕면 신화리
1106	북청교회	성결	함경남도 북청군 북청읍 내리
1107	북청중앙교회	장로	함경남도 북청군 북청읍 내리
1108	북촌교회	감리	강원도 평강군 현내면 북촌리
1109	북평교회	장로	평안북도 용천군 양서면 북평동
1110	북하교회	성결	평안북도 벽동군 오북면 북하동
1111	북하교회	장로	평안북도 벽동군 오북면 북하동148
1112	북하교회	장로	평안북도 의주군 위화면 하단동
1113	북회교회	장로	평안북도 선천군 선천읍 천북동
1114	분토교회	장로	평안북도 강계군 고산면 포상동
1115	불로교회	장로	함경북도 길주군 동해면 불로동
1116	비석리교회	감리	평안남도 진남포부 비석리
1117	비석리교회	장로	평안남도 진남포부 비석리 191
1118	비현교회	장로	평안북도 의주군 비현면 체마동
1119	빙장교회	장로	평안남도 대동군 재경리면 빙장리
1120	사고리교회	장로	함경남도 안변군 배화면 사고리
1121	사곡기도처	감리	강원도 김화군 근남면 사곡리
1122	사곶교회	장로	황해도 장연군 백령면 진촌리
1123	사교교회	장로	평안북도 선천군 군산면 사교동
1124	사기리교회	장로	황해도 송화군 운유면 사기리
1125	사동교회	감리	평안남도 대동군 대동강면 의암리
1126	사동교회	감리	황해도 신계군 미수면 사암리
1127	사동교회	장로	황해도 장연군 목감면 기동리
1128	사동교회	모름	황해도 신계군 다미면 순암리
1129	사둔교회	장로	평안남도 덕천군 잠상면 사둔리
1130	사룡리교회	장로	평안남도 중화군 중화면 사룡리
1131	사리교회	장로	황해도 은율군 장련면 사리
1132	사리영	구세군	함경남도 정평군 성수면 사리영
1133	사리원교회	감리	황해도 봉산군 사리원읍 북리
1134	사리원교회	성결	황해도 봉산군 사리원읍 북리 48

번호	교회명	교단	주소
1135	사리원교회	하나님의교회	황해도 봉산군 사리원읍 북리
1136	사리원교회	성공회	황해도 봉산군 사리원읍 행정리
1137	사리원교회	조선기독	황해도 봉산군 사리원읍 성화리
1138	사리원교회	일본장로	황해도 봉산군 사리원읍 성상리
1139	사리원남부교회	장로	황해도 봉산군 사리원읍 성상리
1140	사리원동부교회	장로	황해도 봉산군 사리원읍 신창리
1141	사리원서부교회	장로	황해도 봉산군 사리원읍 북리
1142	사리원영	구세군	황해도 봉산군 사리원읍 북정
1143	사막교회	모름	황해도 봉산군 사리원읍 상하리
1144	사산교회	장로	평안남도 평원군 서해면 사산리
1145	사수교회	장로	함경남도 장진군 중남면 사수리
1146	사양교회	장로	평안남도 강서군 함종면 사양리
1147	사양교회	장로	평안남도 개천군 남암면 남양리
1148	사인교회	장로	평안남도 순천군 사인면 사인리
1149	사인암교회	장로	황해도 송화군 하리면 수사리
1150	사전교회	장로	황해도 신계군 다미면 백암리
1151	사지동교회	장로	함경북도 무산군 연사면 사지동
1152	사진동교회	모름	함경북도 나진시 나진동
1153	사창교회	장로	평안남도 영원군 대흥면 사창리
1154	사창교회	장로	평안북도 창성군 창성면 사창동
1155	사창교회	장로	황해도 수안군 대오면 사창리
1156	사창리교회	감리	황해도 수안군 대오면 사창리
1157	사천교회	장로	평안남도 강서군 반석면 상사리
1158	사천리교회	감리	평안남도 용강군 대대면 사천리
1159	사통교회	감리	평안남도 대동군 율리면 현교리
1160	사평교회	감리	평안남도 순천군 신창면 자파리
1161	사평교회	장로	황해도 신천군 산천면 사읍리
1162	사포교회	장로	함경북도 명천군 하가면 사포동
1163	사회교회	침례	함경북도 경흥군 경흥면 사회리
1164	삭녕교회	감리	경기도 연천군 삭녕면 삭녕리
1165	삭영교회	감리	강원도 철원지방
1166	삭주읍교회	장로	평안북도 삭주군 삭주읍 서부동 83
1167	산곡교회	감리	황해도 봉산군 사리원읍 상하리
1168	산구리교회	감리	경기도 개풍군 대성면 산귀리
1169	산단동교회	일본장로	함경남도 풍산군 안산면 산단동
1170	산동교회	장로	평안북도 선천군 남면 산동리

번호	교회명	교단	주소
1171	산북리교회	감리	강원도 고성군 간성면 하리
1172	산사리교회	장로	평안남도 대동군 청룡면 산사리
1173	산산교회	장로	황해도 봉산군 사인면 산산리
1174	산서교회	장로	함경북도 경원군 아산면 산서동
1175	산성교회	장로	함경북도 경흥군 산화면 산성동
1176	산성동교회	침례	함경북도 회령군 화풍면 산성동
1177	산수리교회	장로	평안남도 대동군 김제면 산수리 212
1178	산수정교회	성결	함경남도 함흥부 산수정
1179	산월리기도처	감리	강원도 회양군 내금강면 장연리
1180	산정교회	장로	평안북도 신의주시 성외동
1181	산정현교회	장로	평안남도 평양시 계리 55
1182	산죽교회	장로	황해도 신천군 북부면 산죽리 435-5
1183	산현교회	장로	황해도 안악군 안악읍 판오리
1184	삼가교회	장로	황해도 송화군 장양면 애천리
1185	삼강교회	장로	평안북도 강계군 문옥면 옥동 삼강
1186	삼관교회	장로	평안남도 평원군 용호면 관성리
1187	삼기교회	장로	함경남도 북청군 이곡면 삼기리
1188	삼기리교회	장로	황해도 송화군 장양면 애천리
1189	삼기리기도처	감리	평안남도 강서군 강서면 현봉리
1190	삼남동교회	감리	강원도 철원군 원남면 구룡리
1191	삼덕교회	장로	함경남도 삼수군 관흥면 삼덕리
1192	삼등교회	장로	평안남도 강동군 삼등면 봉의리
1193	삼룡교회	장로	평안북도 용천군 부라면 삼용동
1194	삼방교회	장로	함경남도 안변군 신고산면 삼방리
1195	삼봉교회	감리	황해도 옹진군 용천면 원상리
1196	삼봉교회	장로	평안북도 선천군 군산면 삼봉리
1197	삼봉교회	장로	함경북도 온성군 온성면 동화동
1198	삼봉교회	장로	황해도 옹진군 해남면 삼봉리
1199	삼봉교회	침례	함경북도 회령군 화풍면 포을동
1200	삼부동교회	감리	평안남도 강서군 적송면 삼부리
1201	삼산교회	감리	황해도 평산군 서봉면 삼산리
1202	삼산점교회	장로	평안남도 대동군 자족면 삼산리
1203	삼상교회	장로	함경남도 장진군 상남면 삼상리
1204	삼상교회	장로	황해도 안악군 안곡면 동파리
1205	삼성교회	장로	평안북도 선천군 남면 삼성동
1206	삼성리교회	장로	평안남도 중화군 해압면 삼성리
1207	삼성리교회	장로	평안남도 강동군 고천면 삼성리
1208	삼용교회	장로	평안북도 용천군 부라면 삼용동
1209	삼은동교회	장로	황해도 장연군 신화면 삼은리
1210	삼응교회	장로	평안남도 용강군 양곡면 삼응리
1211	삼일교회	장로	평안북도 신의주시 미륵동
1212	삼일교회	모름	평안북도 신의주시 삼일동
1213	삼장교회	장로	함경북도 무산군 삼장면 삼산동
1214	삼정교회	감리	평안남도 대동군 용연면 검포리
1215	삼천교회	장로	황해도 신천군 궁흥면 삼천리
1216	삼천리교회	감리	경기도 연천군 중면 삼천리
1217	삼천온천교회	모름	황해도 신천군 궁흥면 삼천리
1218	삼평교회	장로	함경남도 함주군 삼평면 동오리
1219	삼풍교회	장로	평안북도 자성군 삼풍면 인풍동
1220	삼합교회	장로	평안남도 대동군 청룡면 삼합리
1221	삼합리교회	장로	평안남도 중화군 양정면 삼합리
1222	삼향동교회	장로	함경북도 경성군 주남면 삼향동
1223	삼현리영	구세군	황해도 해주부 삼현리
1224	삼호교회	장로	함경남도 홍원군 삼호면 신덕리
1225	삼화교회	감리	평안남도 용강군 삼화면 옥정리 135
1226	삼화교회	장로	평안북도 의주군 옥상면 삼하리
1227	삼화교회	장로	평안북도 의주군 옥상면 삼하리
1228	상거동교회	장로	황해도 재령군 북율면 상거리
1229	상관동교회	장로	평안남도 중화군 서성면 상관리
1230	상광교회	장로	평안북도 의주군 광평면 상광동 472
1231	상구리교회	장로	황해도 수안군 천곡면 상구리
1232	상구리교회	장로	황해도 수안군 오동면 상구리
1233	상귀동교회	장로	평안남도 중화군 상원면 상귀동리
1234	상농교회	장로	함경남도 단천군 수하면 상농리
1235	상단교회	장로	평안북도 정주군 남서면 상단동 550
1236	상단교회	장로	평안북도 의주군 월화면 상단리
1237	상당교회	장로	황해도 안악군 문산면 상당리
1238	상덕교회	장로	황해도 안악군 용문면 상덕리
1239	상동교회	장로	평안북도 후창군 남신면 상동
1240	상리영	구세군	경기도 장단군 장도면 상리
1241	상매교회	장로	황해도 황주군 인교면 상매리
1242	상봉교회	장로	황해도 옹진군 해남면 삼봉리
1243	상사리교회	감리	황해도 김천군 서천면 상사리
1244	상산리교회	조선기독	황해도 황주군 도치면 기와리

번호	교회명	교단	주소
1245	상서교회	장로	평안북도 자성군 자하면 서해동
1246	상서해평리교회	장로	평안북도 자성군 자하면 상서해평리
1247	상석교회	장로	평안북도 철산군 여한면 상석동
1248	상석교회	장로	황해도 서흥군 내덕면 상석리
1249	상성간교회	장로	평안북도 강계군 성간면 쌍방동
1250	상소덕교회	장로	평안북도 자성군 이평면 진송동
1251	상수리교회	감리	평안남도 평양시 상수리
1252	상수리교회	장로	평안남도 평양시 상수리
1253	상안교회	장로	평안북도 의주군 월화면 화합하동
1254	상암리교회	감리	황해도 수안군 연암면 상암리
1255	상원리영	구세군	강원도 평강군 현내면 상원리
1256	상장교회	장로	평안북도 후창군 후창면 장흥동 상장
1257	상지리교회	장로	평안남도 대동군 김제면 상지리
1258	상진교회	감리	평안남도 평양시 장진리
1259	상팔교회	장로	평안남도 안주군 연호면 상팔리 435
1260	상평리교회	조선기독	황해도 서흥군 용평면 상평리
1261	상포리교회	장로	평안북도 의주군 자족면 상포리
1262	상홍교회	장로	황해도 안악군 은홍면 상흥리
1263	상화교회	장로	평안남도 맹산군 지덕면 상화리
1264	상흥교회	장로	황해도 안악군 은홍면 상흥리
1265	상흥리교회	장로	황해도 김천군 서천면 상흥리
1266	새터교회	장로	황해도 곡산군 도화면 갈천리 석정동
1267	새평영	구세군	황해도 해주부 세장동
1268	생금교회	감리	황해도 연백군 괘궁면 생금리
1269	생기령교회	장로	평안남도 안주군 안산면 황수리
1270	생기령교회	장로	함경북도 경성군 주을면 작동
1271	생양별교회	장로	함경남도 풍산군 안산면 황수원리
1272	생왕리교회	장로	황해도 곡산군 멱미면 생왕리
1273	생포리교회	장로	함경남도 문천군 명구면 생포리
1274	서기리교회	장로	평안남도 대동군 대보면 서기리
1275	서도몰영	구세군	경기도 장단군 장도면 서도정리
1276	서동교회	장로	평안남도 성천군 영천면 용암리 427
1277	서리교회	장로	함경남도 풍산군 웅이면 서리
1278	서면교회	장로	평안북도 정주군 남서면 하단동111
1279	서문밖교회	장로	평안남도 평양시 하수구리 109
1280	서부교회	감리	평안북도 영변군 연산면 신천동
1281	서부제일교회	장로	함경북도 청진부 포항동
1282	서산교회	장로	평안북도 구성군 서산면 신덕동
1283	서산평교회	장로	평안북도 강계군 종남면 한전동 산서평
1284	서상리교회	장로	함경남도 함주군 하기천면 서상리
1285	서석교회	장로	평안북도 용천군 외상면 서석동
1286	서성교회	장로	평안남도 평양시 서성리 14
1287	서소안리교회	감리	평안남도 강서군 증산면 소안리
1288	서수(리)교회	장로	평안북도 자성군 중강면 만흥동 서수리
1289	서수덕교회	장로	평안북도 자성군 중강면 만흥동
1290	서수라교회	성결	함경북도 경흥군 노서면 서수라
1291	서수라교회	장로	함경북도 경흥군 노서면 서수라동
1292	서신교회	장로	평안남도 평양시 신리 176
1293	서양리교회	장로	함경남도 신흥군 하원천면 서양리
1294	서의동교회	장로	황해도 장연군 신화면 서의동
1295	서재(제)동교회	감리	황해도 김천군 토산면 부압리
1296	서재산교회	장로	평안남도 대동군 김제면 대정리
1297	서제산교회	장로	평안남도 개천군 조양면 서재리
1298	서제산교회	장로	평안남도 대동군 김제면 황각리
1299	서창교회	감리	평안북도 희천군 서면 극성동
1300	서창교회	장로	평안남도 평원군 검산면 서창리
1301	서촌교회	장로	황해도 평산군 마산면 서촌리
1302	서촌교회	침례	함경북도 회령군 벽성면 서촌동
1303	서평양교회	감리	평안남도 평양시 서성도
1304	서포항교회	장로	함경북도 경흥군 노서면 서포항동
1305	서풍산교회	장로	함경남도 풍산군 서풍산 부전
1306	서하리교회	감리	평안남도 강서군 강서면 서화리
1307	서해교회	장로	평안북도 자성군 자하면 하서해평리
1308	서현교회	장로	평안북도 용천군 동하면 대인동
1309	서호교회	장로	평안남도 중화군 양정면 문정리
1310	서호교회	장로	함경남도 흥남시 서호진
1311	서호진교회	성결	함경남도 흥남시 서호진
1312	서흥교회	감리	황해도 서흥군 서흥면 영파리
1313	서흥교회	성결	함경남도 문천군 풍상면 서흥리
1314	서흥교회	장로	함경남도 북청군 덕성면 서흥리
1315	서흥읍교회	장로	황해도 서흥군 서흥면 세교리
1316	석계교회	감리	황해도 해주부 영동면 석계리
1317	석곡창교회	장로	평안북도 위원군 화창면 대야동
1318	석교(리)교회	감리	황해도 신계군 사지면 석교리

번호	교회명	교단	주소
1319	석교교회	감리	강원도 철원군 마장면 장포리
1320	석교교회	장로	평안남도 순천군 은산면 석교리
1321	석교교회	장로	평안북도 삭주군 삭주면 대대동
1322	석교교회	장로	평안남도 중화군 당정면 석교리 290
1323	석교교회	장로	황해도 장연군 용연면 석교리
1324	석교교회	성공회	평안남도 평양시 경창리
1325	석교기도처	감리	강원도 평강군 평강읍 복계리
1326	석달리교회	장로	황해도 수안군 수구면 석달리
1327	석담교회	모름	황해도 해주부 석담리
1328	석당교회	장로	황해도 신천군 북부면 석당리
1329	석도교회	장로	황해도 송화군 진풍면 석도리
1330	석동교회	장로	함경남도 삼수군 삼수면 석동리
1331	석목(리)교회	장로	평안남도 대동군 추을미면 석목리
1332	석사교회	장로	함경남도 북청군 승대면 보성리
1333	석사리영	구세군	황해도 평산군 용산면 석사리
1334	석사을영	구세군	황해도 해주부 광석동
1335	석산교회	장로	황해도 황주군 구성면 석산리
1336	석삼리교회	감리	평안남도 강서군 적송면 석삼리
1337	석상교회	감리	평안북도 희천군 진면 마선동
1338	석소안리교회	감리	평안남도 강서군 장안면 석소안리
1339	석수리영	구세군	황해도 연백군 해동면 석수리
1340	석순리교회	감리	경기도 연천군 서남면 석순리
1341	석암교회	장로	평안북도 의주군 월화면 회합차동 629
1342	석암교회	장로	평안남도 평원군 동암면 석암리
1343	석암교회	장로	황해도 곡산군 청계면 문양리
1344	석암교회	모름	황해도 곡산군 화촌면 운암리
1345	석양교회	감리	평안남도 중화군 양정면 석양리 79
1346	석우교회	장로	함경남도 갑산군 산남면 석우동
1347	석우교회	장로	평안남도 순천군 사인면 석우리
1348	석우동교회	장로	함경남도 원산부 본동 오정목
1349	석우동교회	장로	황해도 은율군 남부면 청계리 석우동
1350	석월동교회	감리	황해도 김천군 좌면 구성리
1351	석전리교회	성공회	황해도 연백군 금산면 석전리
1352	석정(리)교회	장로	평안남도 대동군 율리면 석정리
1353	석정교회	장로	평안남도 중화군 양정면 석정리
1354	석정교회	장로	황해도 곡산군 도화면 석정동
1355	석정교회	장로	황해도 황주군 청룡면 석평리
1356	석정리성알반교회	성공회	평안남도 순천군 후탄면 석정리
1357	석천성알반교회	성공회	황해도 연백군 은천면 낙천리
1358	석탄교회	장로	황해도 송화군 천동면 석탄리
1359	석탄교회	장로	황해도 황주군 송림면 석탄리
1360	석포(동)교회	장로	평안북도 위원군 위송면 석포동 203
1361	석포교회	장로	함경북도 부령군 관해면 나석동
1362	석포리영	구세군	황해도 옹진군 흥미면 석포리 153
1363	석현교회	장로	평안북도 용천군 동하면 대인동
1364	석화교회	장로	평안북도 박천군 동남면 석화동 79
1365	석화교회	장로	평안북도 선천군 남면 석화동
1366	석화교회	장로	평안북도 선천군 동면 노상동
1367	석화교회	장로	황해도 신천군 용문면 석화리
1368	선교리교회	감리	평안남도 평양시 선교리 109
1369	선교리교회	성결	평안남도 평양시 선교리
1370	선교리교회	장로	평안남도 평양시 선교리
1371	선덕교회	장로	함경남도 정평군 신상면 선덕리
1372	선도동교회	감리	황해도 김천군 합탄면 도천리
1373	선미교회	감리	경기도 개풍군 상도면 상인리
1374	선봉교회	장로	황해도 황주군 주남면 정방리
1375	선사교회	장로	평안북도 철산군 여한면 선사리
1376	선산교회	장로	황해도 봉산군 사인면 산산리
1377	선암교회	장로	평안북도 철산군 백량면 선암동
1378	선암교회	장로	평안북도 철산군 백량면 선암리
1379	선암교회	장로	황해도 은율군 은율면 선암리
1380	선암교회	장로	황해도 곡산군 하도면 선암리
1381	선천남교회	장로	평안북도 선천군 선천읍 욱동
1382	선천동교회	장로	평안북도 선천군 선천읍 황금동 171
1383	선천북교회	장로	평안북도 선천군 선천읍 창동 378-5
1384	선천중앙교회	장로	평안북도 선천군 선천읍 명치동
1385	설매교회	장로	평안남도 중화군 동두면 설매리
1386	설을교회	감리	평안남도 용강군 서화면 설을리
1387	설을교회	장로	평안남도 용강군 서화면 죽본리
1388	설현리교회	감리	황해도 평산군 안성면 설현리
1389	성거리기도처	감리	강원도 이천군 용포면 성거리
1390	성남리교회	장로	함경남도 안변군 신고산면 성남리
1391	성남리영	구세군	함경남도 안변군 신고산면 성남리

번호	교회명	교단	주소
1392	성내(동)교회	장로	평안북도 위원군 위원면 성내동 91
1393	성내교회	장로	평안북도 영변군 오리면 성내리
1394	성대리교회	감리	강원도 양양군 토성면 성대리
1395	성동교회	장로	평안남도 성천군 능증면 명덕리
1396	성동교회	장로	황해도 황주군 도치면 성동리
1397	성동교회	모름	평안북도 용천군 동천면 성동리
1398	성라리교회	감리	함경남도 문천군 덕원면 성라리
1399	성리교회	장로	함경남도 영흥군 선흥면 성산리
1400	성머리교회	성공회	황해도 송화군 하리면 성머리
1401	성면교회	장로	평안북도 벽동군 성남면 성상동
1402	성문교회	장로	평안남도 대동군 자족면 성문리
1403	성미교회	장로	황해도 신천군 노월면 정예리 성미촌
1404	성북리교회	감리	함경남도 문천군 덕원면 성북리
1405	성사리교회	장로	함경남도 문천군 덕원면 성사리
1406	성암리교회	장로	황해도 신천군 궁흥면 성암리
1407	성장평교회	장로	평안북도 강계군 종남면 성장동
1408	성재교회	장로	황해도 황주군 영풍면 성재리
1409	성재리교회	장로	평안남도 중화군 수산면 성재리 (성재면 수산리)
1410	성종리교회	감리	황해도 서흥군 비산면 서종리
1411	성주교회	장로	황해도 봉산군 구연면 화간리
1412	성진교회	감리	함경남도 원산부 춘일동
1413	성진교회	장로	함경북도 성진시 욱동
1414	성진교회	침례	함경북도 성진시 욱동
1415	성진교회	감리	함경북도 성진시 욱동 193
1416	성진교회	성결	함경북도 성진시 욱동
1417	성진영	구세군	함경북도 성진시 욱동
1418	성진중앙교회	장로	함경북도 성진시 욱동 193
1419	성천교회	장로	평안남도 중화군 신흥면 성천리
1420	성천읍교회	장로	평안남도 성천군 성천면 하부리
1421	성현교회	장로	평안남도 평원군 공덕면 성교리
1422	성현교회	장로	평안남도 중화군 양정면 성현리
1423	성현리교회	감리	평안남도 용강군 해운면 성현리
1424	성흥읍교회	장로	황해도 서흥군 서흥면 명의리
1425	세거리영	구세군	황해도 해주부 성산리
1426	세교교회	장로	황해도 송화군 풍해면 세교리
1427	세동교회	장로	황해도 황주군 도치면 세동

번호	교회명	교단	주소
1428	세석교회	장로	평안북도 용천군 외상면 세계리
1429	세심교회	장로	평안남도 성천군 능중면 숭덕리
1430	세심교회2	장로	평안남도 강동군 강동면 화강리
1431	세심리교회	장로	평안남도 성천군 능중면 숭덕리
1432	세평교회	장로	평안북도 철산군 여한면 원세평동
1433	세포교회	감리	강원도 평강군 고삽면 세포리
1434	세포리영	구세군	함경남도 안변군 신고산면 세포리
1435	소강교회	감리	황해도 옹진군 서면 읍저리
1436	소고동교회	장로	황해도 곡산군 청계면 문양리 소고동
1437	소광교회	장로	황해도 봉산군 사리원읍 대원리
1438	소두리교회	장로	평안북도 정주군 가산면 소두리
1439	소룡동교회	감리	평안남도 강서군 수산면 어경리
1440	소룡리교회	장로	평안남도 대동군 용산면 소룡리
1441	소매교회	장로	황해도 황주군 인교면 소매리
1442	소북동교회	장로	평안북도 후창군 칠평면 소북동
1443	소북수교회	장로	평안북도 후창군 칠평면 대흥동
1444	소수교회	장로	평안북도 의주군 송장면 소수동
1445	소순교회	장로	황해도 장연군 해안면 순계리
1446	소용리교회	장로	평안남도 대동군 용산면 소룡리
1447	소일교회	성공회	황해도 평산군 신암면 소일면
1448	소죽교회	장로	평안남도 평원군 조운면 순정리
1449	소중강교회	장로	평안북도 자성군 중강면 만흥동
1450	소후주교회	장로	평안북도 후창군 동흥면 남사동
1451	속사곡교회	장로	평안북도 강계군 공북면 향하동 창목첨
1452	속새말교회	장로	황해도 곡산군 도화면 갈천리 봉현동
1453	속수간평교회	장로	함경남도 원산부 속수리
1454	속후간평교회	장로	함경남도 북청군 속후면 간평리
1455	속후교회	장로	함경남도 북청군 속후면 서호리
1456	속후교회	침례	함경남도 원산부 광석동
1457	솔곡교회	감리	황해도 연백군 해월면 송계리
1458	솔봉교회	침례	함경북도 경흥군 화방면 솔봉리
1459	송가(강)리교회	장로	평안남도 강동군 삼등면 송가리
1460	송간교회	감리	황해도 벽성군 서석면 송간리
1461	송간교회	장로	황해도 벽성군 서석면 송간리
1462	송간리교회	장로	황해도 안악군 문산면 송간리
1463	송강리성빌립교회	성공회	평안남도 성천군 영천면 송강리
1464	송경교회	감리	평안남도 강서군 함종면 송경리

번호	교회명	교단	주소
1465	송곡교회	장로	황해도 송화군 운유면 송곡리
1466	송교교회	장로	평안북도 철산군 철산면 송교동200
1467	송귀교회	감리	평안북도 태천군 서성면 송귀동
1468	송단교회	장로	함경남도 이원군 남송면 송단리
1469	송당리교회	장로	황해도 안악군 대행면
1470	송덕교회	장로	평안북도 박천군 박천읍 송덕동
1471	송동교회	감리	평안남도 강서군 함종면 송동리
1472	송동교회	장로	함경남도 함주군 삼평면 송동리
1473	송두리교회	장로	평안남도 강동군 원탄면 송두리
1474	송림교회	감리	황해도 옹진군 문정면 송림리
1475	송림교회	장로	평안남도 평원군 양화면 상송리
1476	송모리교회	성공회	황해도 연백군 기성면 송두리
1477	송방교회	침례	함경남도 원산부 천대리
1478	송산교회	장로	평안남도 영원군 태극면 송산리
1479	송산교회	장로	평안북도 용천군 내중면 송산동
1480	송산교회	장로	평안남도 대동군 고평면 송산리
1481	송삼교회	장로	평안북도 벽동군 송서면 송삼동
1482	송신교회	장로	평안남도 평양시 송신정
1483	송암교회	장로	평안북도 자성군 자하면 송암도
1484	송암리교회	장로	평안남도 대동군 임원면 송암리
1485	송오교회	감리	평안남도 중화군 당정면 양라리
1486	송오동교회	장로	평안남도 강동군 원탄면 송오리
1487	송일교회	장로	평안북도 벽동군 송서면 송일동
1488	송전교회	성결	함경남도 북청군 평산면 송전리
1489	송전교회	장로	함경남도 문천군 명구면 추미리
1490	송전교회	장로	황해도 연백군 해월면 송계리 송전동
1491	송전리교회	감리	황해도 서흥군 소사면 송전리
1492	송정교회	장로	평안남도 덕천군 풍덕면 추풍리
1493	송정교회	장로	황해도 안악군 대원면 송산리
1494	송정교회	장로	황해도 봉산군 쌍산면 송정리
1495	송정동교회	장로	평안남도 평원군 해소면 송정리
1496	송정리영	구세군	황해도 봉산군 쌍산면 송정리
1497	송중창교회	장로	평안북도 초산군 송면 송수동
1498	송진동교회	장로	평안북도 용천군 밀산면 송진리
1499	송천교회	감리	평안남도 강서군 수산면 쌍송리
1500	송천교회	장로	평안북도 의주군 수진면 송천동 401
1501	송천교회	장로	황해도 장연군 대구면 송천리
1502	송천교회	장로	황해도 수안군 공포면 송산리
1503	송탄교회	장로	황해도 장연군 대구면 송탄리
1504	송탄교회	장로	황해도 재령군 은룡면 창전리
1505	송파리교회	장로	황해도 황주군 흑교면 송파리
1506	송평교회	장로	함경북도 경성군 용성면 송평리
1507	송평영	구세군	함경북도 청진부 서송향동
1508	송학리교회	장로	황해도 송화군 운유면 송학리
1509	송한교회	장로	평안북도 강계군 고진면 송학동
1510	송현(성모탄생)교회	성공회	평안남도 순천군 신창면 송현리
1511	송현교회	장로	함경남도 고원군 상산면 송현리
1512	송현교회	장로	황해도 옹진군 기천면 흑천상리
1513	송호리교회	장로	평안남도 강서군 초리면 송호리
1514	송화리교회	감리	황해도 서흥군 도면 송화리
1515	송화온천교회	장로	황해도 송화군 연정면 온수리
1516	송화읍교회	장로	황해도 송화군 송화면 읍내리 132
1517	송흥교회	모름	강원도 통천군 임남면 외송흥동
1518	송흥리교회	장로	함경남도 문천군 문천면 송흥리
1519	수교교회	장로	황해도 송화군 봉래면 연방리
1520	수구교회	장로	평안북도 의주군 수진면 수구동 272
1521	수남교회	성결	함경북도 청진부 수남동
1522	수남교회	장로	함경북도 경성군 어랑면 용강동 수남
1523	수덕성요한제자교회	성공회	평안남도 순천군 신창면 수덕리
1524	수도교회	감리	평안북도 정주군 옥천면 문인동
1525	수동교회	감리	황해도 옹진군 북면 삼산리
1526	수두교회	장로	평안북도 정주군 옥천면 문인동 493
1527	수명교회	장로	평안북도 강계군 어뢰면 풍청동
1528	수부교회	장로	평안북도 철산군 백량면 수부동
1529	수북교회	장로	함경북도 경성군 어랑면 용강동 수북
1530	수사리교회	장로	황해도 송화군 하리면 수사리
1531	수산교회	장로	평안남도 강서군 반석면 수산리
1532	수서동교회	장로	함경북도 명천군 상가면 수서동
1533	수성교회	장로	함경북도 종성군 용성면 수성동
1534	수송교회	모름	평안북도 용천군 양하면 사남동
1535	수안읍교회	감리	황해도 수안군 수안면 창후리
1536	수압교회	장로	황해도 황주군 송림면 수압리

번호	교회명	교단	주소
1537	수완교회	감리	황해도 봉산군 사리원읍 두부리
1538	수우교회	장로	평안남도 대동군 부산면 중리
1539	수우동교회	감리	평안북도 영변군 독산면 수우동
1540	수일리교회	감리	평안남도 용강군 신녕면 수일리
1541	수저교회	장로	평안남도 덕천군 일하면 상신리
1542	수정교회	장로	평안북도 철산군 서림면 원동리
1543	수참교회	장로	평안북도 초산군 초산면 수침동
1544	수침교회	장로	평안북도 초산군 초산면 수침동
1545	수풍교회	장로	평안북도 삭주군 수풍면 수풍리
1546	수하교회	장로	함경남도 신흥군 동상면 수하리
1547	수항교회	장로	함경남도 이원군 남송면 수항리
1548	숙천교회	감리	평안남도 평원군 숙천면 단장리
1549	숙천교회	성결	평안남도 평원군 숙천면 관전리
1550	숙천읍교회	장로	평안남도 평원군 숙천면 관전리
1551	숙천읍교회	장로	평안남도 순천군 순천읍 상차리
1552	순안읍교회	장로	평안남도 평원군 순안면 남창리
1553	순암교회	장로	황해도 신계군 다미면 순암리
1554	순천리교회	감리	황해도 해주군 서성면 순천리
1555	순천성마리아교회	성공회	평안남도 순천군 순천읍 관상리
1556	순천읍교회	감리	평안남도 순천군 순천읍 관하리
1557	순천읍교회	장로	평안남도 순천군 순천읍 관하리
1558	숭덕리교회	감리	평안남도 순천군 순천읍 숭덕리
1559	슬복교회	장로	황해도 평산군 적암면 금릉리
1560	승강곡교회	장로	함경북도 부령군 관해면 승강동
1561	승덕리교회	감리	평안남도 안주군 용화면
1562	승리동부교회	장로	평안남도 강동군 만달면 승호리
1563	승방교회	장로	평안북도 강계군 공북면 승방동
1564	승삼파교회	장로	평안북도 강계군 종남면 승삼파
1565	승암동교회	장로	함경북도 경성군 경성면 승암동
1566	승지교회	장로	평안북도 선천군 신부면 승지동
1567	승평리교회	장로	함경남도 북청군 신창읍 승평리
1568	승호리동부교회	장로	평안남도 강동군 상풍면 승호리 44
1569	승호리중부교회	장로	평안남도 강동군 승호읍 승호리
1570	승호리중부교회	장로	평안남도 강동군 승호읍 승호리 중부
1571	시변리교회	감리	황해도 김천군 서천면 시변리 795-5
1572	시천교회	장로	평안북도 강계군 시중면 안찬동
1573	시천리교회	감리	강원도 통천군 학일면 시천리
1574	식송교회	장로	평안남도 순천군 자산면 신암리
1575	식영교회	감리	황해도 옹진군 흥미면 식여리
1576	신가울교회	장로	함경남도 영흥군 청수면 신가울리
1577	신갈파교회	장로	함경남도 삼수군 신파면 신갈파
1578	신강리교회	감리	황해도 김천군 웅덕면 신강리
1579	신건원교회	장로	함경북도 경원군 동원면 신건동
1580	신계교회	감리	평안남도 평원군 덕산면 신계리
1581	신계읍교회	감리	황해도 신계군 신계면 향교리
1582	신고산교회	감리	함경남도 안변군 신고산면 신대리
1583	신고산교회	성결	함경남도 안변군 신고산면 신고산리
1584	신고산교회	장로	함경남도 안변군 신고산면 신고산리
1585	신고산영	구세군	함경남도 안변군 신고산면 신고산리
1586	신고천교회	감리	함경남도 안변군 신고산면 신대리
1587	신고천교회	장로	함경남도 안변군 신고산면 신대리
1588	신곡교회	장로	평안북도 철산군 참면 신곡동
1589	신광산교회	장로	함경북도 부령군 관해면 관산동
1590	신기교회	장로	황해도 은율군 서부면 신기리
1591	신남시교회	장로	평안북도 용천군 외상면 정거동
1592	신대리영	구세군	강원도 평강군 현내면 신대리
1593	신덕교회	감리	평안남도 성천군 삼덕면 신덕리
1594	신덕교회	장로	황해도 안악군 안곡면 신덕리
1595	신덕리교회	감리	평안남도 용강군 신녕면 신덕리
1596	신덕리교회	장로	평안남도 영원군 소백면 신덕리
1597	신덕리교회	장로	황해도 재령군 하성면 신덕리
1598	신도교회	장로	평안북도 선천군 신도면 남주동
1599	신도교회	장로	평안북도 용천군 신도면 남주동
1600	신도장교회	장로	평안북도 철산군 참면 신도장리
1601	신동교회	장로	황해도 신천군 온천면 장재리
1602	신령리교회	장로	황해도 장연군 신화면 신령리
1603	신리교회	감리	평안남도 평양시 신리 117-4
1604	신리교회	장로	평안남도 안주군 대니면 금계리
1605	신리교회	장로	평안남도 강동군 봉진면 신리
1606	신막교회	감리	황해도 봉산군 사리원읍 언농리
1607	신막교회	감리	황해도 서흥군 화회면 율사리
1608	신막교회	성결	황해도 서흥군 신막읍 성상리
1609	신막교회	장로	황해도 서흥군 신막읍 역전

번호	교회명	교단	주소
1610	신미도교회	장로	평안북도 선천군 신미도
1611	신부리교회	감리	함경남도 안변군 배화면 사고리
1612	신북교회	장로	함경남도 단천군 북두일면 대신리
1613	신북청교회	성결	함경남도 북청군 이곡면 신북리
1614	신북청교회	장로	함경남도 북청군 신북청면 신북청리
1615	신상교회	장로	함경남도 정평군 신상면 신상리
1616	신상교회	침례	함경남도 신흥군 상원천면 신성리
1617	신서동교회	장로	평안북도 용천군 양서면 신서동
1618	신성(리)교회	장로	평안북도 용천군 양서면 신성동
1619	신성교회	감리	황해도 신계군 미수면 신성리
1620	신성교회	장로	평안북도 철산군 부서면 성암동
1621	신성교회	장로	황해도 신계군 사지면 지리
1622	신성리교회	성결	함경남도 신흥군 원평면 신성리
1623	신성천교회	성공회	평안남도 성천군 사가면 성림리
1624	신시교회	장로	평안북도 구성군 사기면 향산동 258
1625	신아산교회	장로	함경북도 경원군 아산면 신아산동
1626	신안교회	장로	평안북도 삭주군 구곡면 신안동
1627	신안교회	장로	평안북도 삭주군 구곡면 신안동
1628	신안리교회	감리	강원도 회양군 회양면 신안리
1629	신안주교회	성결	평안남도 안주군 신안주면 신안주리
1630	신안주교회	장로	평안남도 안주군 신안주면 운흥리 23
1631	신암교회	장로	평안남도 평양시 신양리 176-10
1632	신암동교회	장로	함경북도 청진부 신암동
1633	신암리교회	감리	평안남도 용강군 신녕면 신암리
1634	신양리교회	감리	평안남도 평양시 남산동 43-3
1635	신언리교회	장로	황해도 곡산군 봉명면 신언리
1636	신원교회	장로	황해도 재령군 신원면 신원리
1637	신원교회	장로	황해도 봉산군 구연면 신원리
1638	신원교회	조선기독	황해도 봉산군 구연면 신원리
1639	신유리교회	감리	평안남도 용강군 양곡면 신류리 251
1640	신읍교회	감리	평안남도 양덕군 양덕읍 용계리
1641	신읍교회	장로	평안북도 위원군 읍내면 신읍리
1642	신읍교회	장로	평안남도 중화군 상원면 신읍리
1643	신의주교회	감리	평안북도 신의주시 미륵동 185
1644	신의주동부교회	성결	평안북도 신의주시 초음동
1645	신의주미륵동교회	장로	평안북도 신의주시 미륵동
1646	신의주삼일교회	장로	평안북도 신의주시 미륵동

번호	교회명	교단	주소
1647	신의주서부교회	성결	평안북도 신의주시 미륵동 196-2
1648	신의주영	구세군	평안북도 신의주시 미륵동
1649	신의주제사교회	장로	평안북도 신의주시 미륵동 224-3
1650	신의주제오교회	장로	평안북도 신의주시 미륵동 121
1651	신의주제이교회	장로	평안북도 신의주시 매지동 6
1652	신의주제일교회	장로	평안북도 신의주시 매지동 8
1653	신의주초음정교회	성결	평안북도 신의주시 초음동
1654	신장교회	감리	황해도 김천군 산외면 신명리
1655	신적교회	장로	평안북도 강계군 화경면 신적동
1656	신적자교회	장로	평안북도 용천군 신도면 신적리
1657	신정교회	감리	평안남도 강서군 신정면 구련리
1658	신정리교회	장로	황해도 황주군 삼전면 용전리
1659	신정시교회	감리	평안남도 강서군 신정면 구련리
1660	신주동교회	장로	황해도 황주군 영풍면 신정리
1661	신주막교회	감리	황해도 벽성군 금산면 신창리
1662	신죽교회	감리	황해도 벽성군 장곡면 국봉리
1663	신참교회	장로	함경북도 무산군 동면 신참리
1664	신창교회	감리	평안남도 순천군 신창면 신창리
1665	신창교회	장로	평안북도 강계군 용림면 신창동
1666	신창교회	장로	평안북도 강계군 화경면 고아리
1667	신창교회	장로	평안북도 삭주군 남서면 창신동
1668	신창교회	장로	평안북도 용천군 양하면 신창리
1669	신창교회	장로	함경남도 북청군 신창읍 만춘리
1670	신창리교회	장로	황해도 수안군 수안면 사창리
1671	신창성바울교회	성공회	평안남도 순천군 신창면 신창리
1672	신천교회	성결	황해도 신천군 신천읍 남천리
1673	신천동교회	감리	평안북도 영변군 연산면 신천동
1674	신천동부교회	장로	황해도 신천군 신천읍 사직리
1675	신천서부교회	장로	황해도 신천군 신천읍 척서리
1676	신천온천교회	장로	황해도 신천군 신천읍 송오리
1677	신초령교회	장로	함경북도 온성군 영충면 북창평동
1678	신촌교회	감리	황해도 벽성군 추화면 만송리
1679	신촌교회	감리	황해도 벽성군 추화면 만송리
1680	신촌교회	장로	황해도 송화군 천동면 신촌리
1681	신촌교회	장로	황해도 평산군 상월면 신촌리
1682	신촌동교회	모름	황해도 옹진군 웅덕면 신강리
1683	신촌지영교회	구세군	황해도 해주부 석계리

번호	교회명	교단	주소
1684	신평교회	장로	황해도 곡산군 멱미면 문암리
1685	신포교회	장로	함경남도 북청군 신포읍 신포리
1686	신풍교회	감리	평안북도 희천군 신풍면 서동
1687	신풍교회	장로	평안북도 삭주군 남서면 송평동
1688	신풍동교회	장로	평안북도 위원군 위송면 신풍리
1689	신풍리교회	장로	함경남도 원산부 신풍리
1690	신하동교회	장로	평안남도 대동군 용연면 신하리
1691	신한리교회	장로	함경남도 함주군 종가면 신하리
1692	신현교회	장로	평안남도 평양시 장별리 84
1693	신현리영교회	구세군	함경남도 흥남시 신현리
1694	신환포교회	장로	황해도 재령군 서호면 신환포리
1695	신흥교회	감리	평안북도 영변군 용산면 신흥동
1696	신흥교회	장로	평안북도 위원군 화창면 신흥동
1697	신흥교회	장로	평안북도 자성군 삼풍면 신흥동
1698	신흥교회	장로	평안남도 대동군 용산면 신흥리 325-1
1699	신흥교회	장로	황해도 은율군 북부면 신흥리
1700	신흥교회	장로	황해도 장연군
1701	신흥리교회	감리	강원도 통천군 답전면 신흥리
1702	신흥리교회	감리	평안남도 진남포부 신흥리 42
1703	신흥리교회	장로	함경남도 이원군 서면 신흥리
1704	신흥읍교회	장로	함경남도 신흥군 신흥면 흥경리
1705	심덕리교회	감리	평안남도
1706	심정리교회	장로	평안남도 강서군 동진면 심정리
1707	심촌교회	장로	황해도 황주군 청룡면 심촌시
1708	심현리영교회	구세군	황해도 해주부 심현리
1709	쌍림리교회	성공회	평안남도 성천군 사가면 쌍계리
1710	쌍포교회	장로	함경북도 성진시 웅포정
1711	아간장교회	장로	함경북도 명천군 아간면 아간장
1712	아고교회	장로	평안북도 의주군 위원면 정심동
1713	아고교회	장로	평안북도 의주군 가산면 아동
1714	아심기도처	감리	강원도 김화군 근동면 아심리
1715	아오지교회	장로	함경북도 경흥군 아오지읍 아오지동
1716	아정교회	장로	평안북도 용천군 북중면 아정동
1717	아파교회	감리	평안남도 성천군 영천면 요파리
1718	아평교회	장로	평안북도 후창군 후창면 장흥동
1719	악산교회	장로	황해도 송화군 연정면 악산리
1720	안곡교회	장로	함경남도 북청군 신북청면 안곡리
1721	안국교회	장로	평안남도 순천군 사인면 안국리
1722	안농교회	장로	황해도 송화군 하리면 안농리
1723	안도교회	장로	평안북도 강계군 이서면 송학동
1724	안락리교회	감리	황해도 옹진군 흥미면 안락리
1725	안변교회	감리	함경남도 안변군 안변면 읍내리
1726	안변교회	성결	함경남도 안변군 신고산면 고성리
1727	안변읍교회	장로	함경남도 안변군 안도면 영춘리
1728	안성교회	감리	강원도 철원지방
1729	안성리교회	장로	평안북도 의주군 자운면 안성리
1730	안심촌교회	장로	황해도 황주군 영풍면 냉천리
1731	안악온정교회	장로	황해도 안악군 은홍면 온정리
1732	안악읍교회	장로	황해도 안악군 안악읍 비석리 159
1733	안원교회	장로	함경북도 경원군 안농면 안원동
1734	안주동교회	장로	평안남도 안주군 안주읍 진인리 114
1735	안주중앙교회	장로	평안남도 안주군 안주읍 건인리
1736	안찬교회	장로	평안북도 초산군 성서면 안창동
1737	안평교회	장로	평안북도 영변군 봉산면 양지동
1738	안평교회	장로	평안북도 용천군 외상면 안평동
1739	안협교회	감리	강원도 이천군 안협면
1740	암산점교회	장로	평안남도 대동군 대보면 암산리
1741	암저리교회	감리	평안남도 강서군 강서면 암저리
1742	암정교회	성결	평안남도 안주군 안주읍 암정면 남정리
1743	애도교회	장로	평안북도 정주군 갈산면 애도리
1744	애정교회	장로	황해도 재령군 재령읍 봉천리
1745	애창교회	장로	평안남도 맹산군 애전면 창리
1746	애현교회	장로	평안북도 선천군 대산면 길성동 애현
1747	야죽교회	장로	황해도 신천군 북부면 야죽리
1748	야태교회	감리	함경남도 문천군 북성면 야태리
1749	야태교회	장로	함경남도 문천군 북성면 야태리
1750	약삼교회	침례	함경북도 경흥군 노서면 약삼리
1751	약수평교회	감리	평안남도 강서군 강서면 정화리
1752	약전교회	장로	평안남도 평원군 용호면 약전리
1753	약현교회	장로	황해도 평산군 추하면 청단리
1754	양가교회	장로	함경남도 북청군 이곡면 초리
1755	양강교회	장로	평안북도 초산군 송면 양강동
1756	양강교회	장로	평안북도 위원군 화창면 양강리
1757	양거수교회	장로	함경남도 장진군 상남면 양거수리

번호	교회명	교단	주소
1758	양덕교회	감리	평안남도 양덕군 동양면
1759	양덕교회	감리	황해도 봉산군 문정면 어수리
1760	양덕성니코라이교회	성공회	평안남도 양덕군 서면 양덕리
1761	양동교회	장로	평안북도 선천군 신부면 양동리
1762	양생촌교회	장로	황해도 재령군 북율면 남지리
1763	양시교회	성결	평안북도 용천군 양하면 안심동
1764	양시교회	장로	평안북도 용천군 양하면 시남동
1765	양양교회	감리	함경남도 원산부 양양리
1766	양자교회	장로	함경남도 풍산군 안산면 노은리
1767	양장교회	장로	황해도 신천군 신천읍 양장리
1768	양정교회	장로	황해도 은율군 북부면 양정리
1769	양지교회	장로	평안남도 덕천군 일하면 구정리
1770	양지동교회	장로	황해도 송화군 연정면 고양리
1771	양지리교회	장로	평안남도 대동군 청룡면 양지리
1772	양책교회	장로	평안북도 용천군 동상면 양책동
1773	양천교회	성결	함경남도 북청군 신북청면 양천리
1774	양평교회	장로	함경남도 풍산군 웅이면 양평리
1775	양평교회	장로	평안북도 벽동군 벽동면 양평동
1776	양평교회	신의교회	평안북도 용천군 양하면
1777	양포교회	장로	평안남도 순천군 후탄면 양포리 139-2
1778	양학리교회	조선기독	황해도 서흥군 도면 양학리
1779	양화교회	장로	함경남도 북청군 양화면 양화리
1780	양화교회	장로	함경북도 명천군 서면 양화동
1781	양화리교회	장로	평안남도 용강군 지운면 양화리
1782	양화리교회	성공회	평안남도 순천군 신창면 양화리
1783	양화서촌교회	장로	함경남도 북청군 양화면 양화리
1784	어경교회	감리	평안남도 강서군 수산면 어경리
1785	어곡(동)교회	장로	평안북도 위원군 대덕면 어곡동 222
1786	어궁교회	장로	평안북도 구성군 관서면 어궁동
1787	어대진교회	장로	함경북도 경성군 어랑면 송신 동어대진
1788	어로교회	모름	평안북도 강계군 만포읍 옥동
1789	어룡교회	감리	황해도 서흥군 세평면 어룡리
1790	어부산교회	장로	평안남도 중화군 중화면 어부산리
1791	어산교회	모름	평안북도 철산군 부서면 계산리
1792	어운교회	감리	강원도 통천군 고저읍 어운리
1793	어은동교회	장로	평안남도 대동군 대보면 팔청리
1794	어중교회	장로	평안남도 평원군 동암면 어중리
1795	어촌교회	장로	평안남도 평양시 어촌리 440
1796	어파교회	장로	평안남도 평원군 영유면 어파리
1797	어포리교회	성결	함경남도 북청군 청해면 어포리
1798	어해진교회	장로	함경남도 단천군 북두일면 예회리
1799	어화도교회	감리	황해도 옹진군 동남면 어화도리
1800	억량기교회	감리	평안남도 진남포부 억량기리
1801	억양기교회	장로	평안남도 진남포부 억양기리
1802	언교리교회	장로	황해도 송화군 연방면 연교리
1803	언도골성시몬교회	성공회	황해도 평산군 적암면 한정리
1804	엄곶교회	장로	황해도 안악군 대원면 엄곶리
1805	엄동교회	장로	함경남도 북청군 상차서면 엄동리
1806	엄양동교회	장로	황해도 장연군 순택면 전산리
1807	엄장교회	장로	평안북도 정주군 관주면 초장동
1808	엄천교회	모름	평안북도 철산군 피현면 덕산리
1809	업억교회	모름	함경남도 성진군 학서면 업억동
1810	역동교회	감리	황해도 연백군 해성면 초양리
1811	역량기리교회	장로	평안남도 진남포부 역량기리
1812	역전교회	장로	함경남도 홍원군 삼호면 신하리
1813	역포교회	감리	평안남도 대동군 용연면 검포리
1814	역포교회	감리	평안남도 대동군 용연면 검포리
1815	연곡교회	장로	황해도 안악군 안악읍 연곡리
1816	연남리교회	감리	평안남도 강서군 풍전면 연남리
1817	연남리교회	성공회	황해도 연백군 석산면 연남리
1818	연동교회	장로	평안남도 안주군 상팔리 연동
1819	연두도리교회	감리	함경남도 문천군 덕원면 연두도리
1820	연등교회	장로	황해도 안악군 안악읍 연곡리
1821	연리교회	장로	평안남도 강동군 봉진면 연리
1822	연명동교회	장로	황해도 은율군 은율면 연명동
1823	연백교회	감리	황해도 곡산군 공포면 연백리
1824	연봉교회	장로	평안북도 정주군 고안면 연봉동
1825	연봉교회	장로	황해도 황주군 송림면 연봉리
1826	연봉리교회	장로	평안남도 용강군 해운면 연봉리
1827	연산교회	장로	평안북도 의주군 고성면 연하동
1828	연산교회	장로	황해도 송화군 장양면 연산리
1829	연상교회	장로	평안북도 강계군 고산면 연상동
1830	연수교회	장로	평안북도 철산군 여한면 연수동

번호	교회명	교단	주소
1831	연안교회	감리	황해도 연백군 연안면 봉남리
1832	연안교회	성결	황해도 연백군 연안읍 관천리 195
1833	연안교회	성공회	황해도 해주군
1834	연안영	구세군	황해도 해주부 개선동
1835	연안읍교회	감리	황해도 연백군 연안읍 봉남리 39
1836	연안읍교회	성공회	황해도 연백군 연안읍 성화리
1837	연천읍교회	감리	경기도 연천군 연천면 차탄리
1838	연평교회	감리	강원도 철원지방
1839	연평교회	장로	평안북도 삭주군 구곡면 연평동
1840	연평교회	장로	황해도 황주군 송림면 송현리
1841	연평리교회	장로	평안남도 용강군 오신면 연평리
1842	연포교회	장로	함경남도 장진군 상남면 연포리
1843	연포교회	장로	평안북도 강계군 문옥면 연포동
1844	연풍교회	장로	평안북도 자성군 자하면 연풍리
1845	연풍덕교회	장로	평안북도 자성군 중강면 만흥동 연풍덕
1846	연하영	구세군	황해도 해주부 연하동
1847	연화동교	장로	평안남도 평양시 연화리 팔천대동 40
1848	연화동교회	장로	황해도 신천군 가산면 연화리
1849	염방교회	장로	평안북도 정주군 해산면 담호동
1850	염불리교회	감리	황해도 옹진군 서면 속오리
1851	염성교회	감리	강원도 통천군 임남면 외렴성리
1852	염성교회2	침례	함경남도 원산부 성수리
1853	영강리교회	모름	평안북도 벽동군 부내면 영강리
1854	영대교회	감리	평안남도 순천군 신창면 영대리
1855	영동교회	장로	평안북도 철산군 백량면 영동 514
1856	영동덕교회	모름	함경남도 혜산군 운흥면 영동덕동
1857	영무교회	장로	함경남도 홍원군 용원면 영무리
1858	영미교회	장로	평안북도 정주군 양가면 영미동
1859	영변교회	감리	평안북도 영변군 태평면 영변리
1860	영변읍교회	장로	평안북도 영변군 소림면 서위동 73
1861	영복교회	모름	평안남도 안주군 운곡면
1862	영산교회	장로	평안북도 의주군 고령삭면 구창동 98-2
1863	영삼리교회	장로	평안남도 중화군 해압면 영삼리
1864	영소교회	감리	평안남도 순천군 은산면 영소리
1865	영안영	구세군	황해도 해주부 욱동
1866	영양교회	감리	황해도 벽성군 청룡면 영양리
1867	영양읍교회	감리	강원도 양양군 양양면 성내리

번호	교회명	교단	주소
1868	영원동교회	장로	함경북도 경성군 주북면 영원동
1869	영원읍교회	모름	평안남도 영원군 영천읍 영녕리
1870	영유읍교회	장로	평안남도 평원군 영유면 원내리
1871	영정리영	구세군	황해도 벽성군 동운면 영정리
1872	영정영	구세군	황해도 연백군 목단면 영정리
1873	영천리교회	감리	평안남도 강서군 증산면 영천리
1874	영평교회	장로	평안북도 의주군 비현면 영평동
1875	영평리교회	장로	평안남도 강서군 성암면 영평리
1876	영학촌교회	감리	강원도 회양군 난곡면 천읍리
1877	영흥교회	성결	함경남도 영흥군 흥인면 영흥리
1878	영흥교회	장로	함경남도 영흥군 영흥읍 남산리
1879	영흥읍교회	장로	함경남도 영흥군 영흥면 남산리
1880	예간리교회	장로	평안남도 중화군 당정면 애간리
1881	예노교회	장로	황해도 봉산군 서종면 예노리
1882	예동교회	장로	함경북도 성진군 학남면 예동
1883	예동교회	장로	황해도 평산군 인산면 수마리 예동
1884	예명교회	장로	평안남도 강서군 강서면 삼묘리
1885	예산교회	감리	황해도 연백군 유곡면 충무리
1886	예원리교회	성결	함경남도 북청군 청해면 예원리
1887	예현교회	모름	평안북도 선천군 대산면 길성동
1888	오구미교회	성공회	평안남도 순천군 선소면 오구미리
1889	오노리교회	장로	함경남도 함주군 상기천면 오로리
1890	오동리교회	조선기독	황해도 서흥군 율리면 진목리
1891	오륜대교회	장로	평안북도 위원군 위원면 송진동
1892	오륜리교회	모름	황해도 곡산군 동촌면 오륜리
1893	오리정교회	감리	강원도 철원군 연목면 숭양리
1894	오리포교회	장로	황해도 은율군 이도면 오리포리
1895	오매교회	장로	함경남도 북청군 속후면 오매리
1896	오복교회	장로	함경남도 북청군 청해면 오복리
1897	오봉동교회	장로	함경북도 경흥군 아오지읍 오봉동
1898	오봉리교회	감리	강원도 양양군 죽왕면 오봉리
1899	오산교회	장로	평안북도 정주군 갈산면 익성동
1900	오산리교회	감리	함경남도 원산부 오산리
1901	오서동교회	성결	함경남도 안변군 석왕사면 오산리
1902	오서동교회	장로	함경남도 정평군 광덕면 용응리
1903	오언골성요한 세자교회	성공회	평안남도 성천군 대곡면 대곡리

번호	교회명	교단	주소
1904	오유리교회	장로	평안남도 대동군 청룡면 대오류리
1905	오윤대교회	장로	평안북도 위원군 위원면 송진리
1906	오윤리교회	조선기독	황해도 서흥군 목감면 오윤리
1907	오은골교회	성공회	황해도 연백군 금산면 오은골
1908	오정리교회	감리	강원도 철원지방
1909	오촌교회	장로	평안남도 대동군 강계면 오촌리
1910	오흥리교회	감리	평안남도 강서군 증산면 오흥리
1911	옥검리교회	장로	황해도 수안군 도소면 옥검리
1912	옥계교회	장로	평안북도 창성군 창성면 옥계동
1913	옥련동교회	장로	황해도 수안군 천곡면 옥련동
1914	옥사교회	감리	경기도 개풍군 대성면 대성리
1915	옥정리교회	감리	평안남도 용강군 삼화면 옥정리
1916	옥평교회	장로	함경남도 문천군 북성면 문평리
1917	옥포교회	장로	함경북도 길주군 웅평면 쌍용동
1918	옥포교회	장로	함경북도 길주군 동해면 옥포동
1919	온보교회	장로	함경북도 경성군 주을읍 온천동
1920	온성교회	장로	함경북도 온성군 온성면 온성리
1921	온성교회	침례	함경북도 경흥군 경흥면 고성동
1922	온정교회	장로	평안북도 삭주군 남서면 신온동
1923	온정교회	장로	황해도 평산군 적암면 온정원리
1924	온정교회	장로	황해도 안악군 은홍면 온정리
1925	온정교회	감리	황해도 곡산군 공포면 온정리
1926	온정리교회	감리	강원도 고성군 외금강면 온정리
1927	온정리교회	감리	평안남도 용강군 해운면 온정리
1928	온천교회	감리	황해도 연백군 연안읍 모정리
1929	온천교회	감리	황해도 벽성군 검단면 온천리
1930	온천교회	장로	황해도 신천군 신천읍 원암리
1931	온천교회	성공회	황해도 연백군 연안읍 모정리
1932	옹진읍교회	감리	황해도 옹진군
1933	와동교회	장로	평안남도 맹산군 동면 대흥리
1934	와산교회	장로	평안남도 대동군 임원면 와산리
1935	와연동교회	장로	함경북도 명천군 상가면 와현동
1936	와평교회	장로	황해도 재령군 삼강면 와평리
1937	완장교회	장로	평안남도 대동군 김제면 황각리
1938	완풍교회	장로	평안북도 창성군 신창면 완풍동
1939	왕장교회	모름	함경남도 영흥군 인흥면 화흥리
1940	왕촌교회	장로	황해도 신천군 북부면 서호리
1941	외귀진교회	장로	평안북도 강계군 외귀면 외귀진
1942	외사창교회	장로	평안남도 평원군 한천면 감오리
1943	외서창교회	장로	평안남도 평원군 한천면 감오리
1944	외석교리교회	장로	함경남도 안변군 안변면 외석교리
1945	외성간교회	장로	평안북도 강계군 성간면 외중리
1946	외신교회	감리	평안남도 평양시 신리
1947	외신리교회	감리	평안남도 대동군 대동강면 외신리
1948	외암리교회	장로	황해도 수안군 수안면 외암리
1949	외촌교회	성결	강원도 철원군 철원읍 외촌리
1950	외하리교회	장로	황해도 황주군 천주면 외하리
1951	요담교회	장로	황해도 안악군 은홍면 요담동
1952	요덕교회	장로	함경남도 영흥군 요덕면 인상리
1953	요앵리교회	장로	황해도 연백군 목단면 요앵리
1954	요촌교회	장로	평안남도 강서군 초리면 강선리 170
1955	요포교회	장로	평안남도 중화군 해압면 요포리
1956	용강교회	감리	평안북도 영변군 소림면 용강동
1957	용강읍(군)교회	장로	평안남도 용강군 용강면 옥도리
1958	용경교회	장로	평안북도 선천군 용연면 용경리
1959	용담교회	장로	평안남도 안주군 용화면 용담리
1960	용담교회	모름	황해도 해주부 용당동
1961	용담포교회	감리	황해도 벽성군 서석면 용당리
1962	용대교회	장로	함경북도 성진군 학남면 용대동
1963	용덕교회	감리	평안남도 강서군 증산면 용덕리
1964	용덕교회	모름	평안남도 맹산군 지덕면 용덕리
1965	용덕리교회	감리	평안남도 강서군 증산면 용덕리 80
1966	용덕리교회	장로	평안남도 영원군 온화면 용덕리
1967	용도리교회	감리	평안남도 용강군 귀성면 용도리
1968	용동교회	장로	평안남도 용강군 오신면 구룡리
1969	용동교회	장로	함경북도 길주군 동해면 용동
1970	용마촌교회	일본장로	함경남도 풍산군 안산면 용마촌
1971	용매교회	감리	황해도 벽성군 룡면 용매리 492
1972	용모교회	장로	평안북도 철산군 철산면 용모동 32
1973	용못교회	성공회	황해도 김천군 산외면 용연리
1974	용문리교회	감리	평안남도 용강군 삼화면 용문리 552
1975	용문리교회	장로	함경북도 풍산군 웅이면 용문리
1976	용문성애단교회	성공회	평안남도 성천군 쌍룡면 용문리
1977	용반리교회	장로	평안남도 용강군 해운면 용번리

번호	교회명	교단	주소
1978	용복교회	장로	평안남도 안주군 운곡면 용복리
1979	용봉(화)교회	장로	평안남도 안주군 대니면 용봉리
1980	용봉교회	감리	평안남도 성천군 영천면 용봉리
1981	용봉교회	장로	평안북도 용천군 양서면 용봉동
1982	용북교회	장로	평안북도 정주군 성주면 용북동
1983	용북동교회	장로	함경북도 경원군 용덕면 용북동
1984	용북동교회	침례	함경북도 경원군 용덕면 용북동
1985	용북동교회	침례	함경북도 회령군 창두면 용북동
1986	용산(리)교회	장로	평안남도 중화군 해압면 봉산리
1987	용산교회	장로	평안북도 철산군 참면 용산동
1988	용산교회	장로	평안북도 의주군 고성면 용산동 56
1989	용산교회	장로	황해도 안악군 대행면 생근리
1990	용산리교회	장로	평안남도 용강군 금곡면 용산리
1991	용산리교회	장로	평안남도 중화군 동두면 용산리
1992	용산시교회	감리	평안북도 영변군 팔월면 용산동
1993	용상교회	장로	평안북도 신의주시 고진면 용상동
1994	용상교회	장로	평안북도 용천군 동상면 상북동
1995	용성교회	장로	평안남도 대동군 근산면 용성리
1996	용소교회	장로	평안남도 순천군 순천읍 용소리
1997	용수교회	감리	황해도 벽성군 금산면 송전리
1998	용수동교회	장로	황해도 황주군 영풍면 용수동
1999	용수평교회	모름	황해도 황주군 주남면 율목리
2000	용숭리교회	감리	평안남도 성천군 삼덕면 원덕리
2001	용승리교회	감리	평안남도 안주군 용화면
2002	용승리교회	장로	평안남도 안주군 용화면 용승리
2003	용악교회	장로	평안남도 대동군 용산면 용악리
2004	용암교회	감리	평안남도 순천군 선소면 용암리
2005	용암교회	장로	평안북도 자성군 장토면 용암동
2006	용암교회	장로	평안남도 순천군 선소면 용암리
2007	용암교회	장로	함경북도 명천군 아간면 용암동
2008	용암교회	장로	황해도 신천군 궁흥면 용암리
2009	용암교회	성공회	평안남도 순천군 선소면 용암리
2010	용암리교회	장로	평안남도 성천군 영천면 용암리
2011	용암제일교회	장로	평안북도 용천군 용암포읍 운흥동
2012	용암포중앙교회	장로	평안북도 용천군 용암포읍 운흥동
2013	용연교회	장로	함경남도 단천군 북두일면 용양리
2014	용연교회	장로	황해도 장연군 용연면 용정리
2015	용연교회	장로	황해도 봉산군 영천면 용연리
2016	용연교회	장로	황해도 황주군 흑교면 용연리
2017	용연교회	성공회	황해도 평산군 상월면 용연리
2018	용운교회	장로	평안북도 의주군 수진면 용운동
2019	용원교회	장로	함경남도 단천군 북두일면 용양리
2020	용원교회	장로	함경남도 홍원군 용원면 용원리
2021	용유교회	장로	평안북도 용천군 양광면 용유동
2022	용전교회	장로	평안남도 안주군 운곡면 용전리
2023	용전리교회	성결	함경남도 함흥부 형탄리
2024	용정교회	장로	평안남도 평원군 노지면 용정리
2025	용정교회	장로	평안남도 평원군 노지면 용정리
2026	용정교회	장로	평안북도 철산군 백량면 용정리
2027	용정동교회	장로	황해도 장연군 용연면 용정리
2028	용정리교회	모름	황해도 황주군 천주면 용정리
2029	용지성미가엘교회	성공회	황해도 김천군 산외면 용지리
2030	용천교회	장로	황해도 신천군 가산면 용천리
2031	용천리교회	장로	평안남도 강동군 고천면 용천리
2032	용천중앙교회	장로	평안북도 용천군 용암포읍 운흥동
2033	용택교회	감리	평안남도 성천군 영천면 용택리
2034	용포교회	장로	평안북도 강계군 곡하면 용포동
2035	용포교회	장로	평안남도 안주군 대니면 용포리
2036	용포교회	장로	황해도 은율군 장련면 용포리
2037	용포리교회	장로	함경남도 안변군 신방면 용포리
2038	용현교회	감리	평안북도 영변군 용산면 용현동
2039	용현리교회	감리	황해도 수안군 천곡면 용현리
2040	용호교회	장로	평안남도 안주군 대니면 용호리
2041	용호교회	장로	함경북도 성진군 학동면 용호동
2042	용호도교회	감리	황해도 옹진군 동남면 용호도리
2043	용화리교회	성공회	평안남도 순천군 신창면 용화리
2044	용흥교회	감리	평안남도 중화군 신흥면 용흥리
2045	용흥교회	성결	함경남도 원산부
2046	용흥교회	장로	함경남도 흥남시 흥남읍 용흥리
2047	용흥교회2	성결	함경남도 흥남시 용흥리
2048	우가장교회	모름	평안북도 의주군 가산면 빙산동
2049	우등리교회	감리	평안남도 용강군 금곡면 우등리
2050	우목동교회	감리	경기도 개풍군 토성면 흑녕리
2051	우밀리교회	장로	황해도 곡산군 운중면 우밀리

번호	교회명	교단	주소
2052	우사장교회	장로	함경북도 명천군 상우남면 상장동
2053	우일리교회	장로	평안남도 강서군 동진면 우일리
2054	우장교회	장로	평안북도 벽동군 우시면 우하동
2055	우장교회	장로	평안북도 벽동군 우시면 우하동
2056	욱정교회	장로	함경북도 성진시 욱동
2057	운곡교회	성공회	황해도 평산군 연길면 간도리
2058	운담교회	장로	함경남도 풍산군 안수면 평산리
2059	운매동교회	장로	평안남도 중화군 금사면 운매리
2060	운봉교회	장로	평안북도 자성군 삼풍면 운봉동
2061	운봉교회	장로	황해도 황주군 황주읍 운봉리
2062	운봉성바울로교회	성공회	평안남도 성천군 삼덕면 운봉리
2063	운산교회	감리	평안남도 중화군 신흥면 운산리
2064	운산교회	장로	평안북도 정주군 대전면 운학동 641
2065	운서교회	장로	함경남도 풍산군 안산면 운서리
2066	운연교회	성결	함경북도 회령군 보을면 운연리
2067	운용교회	감리	평안북도 영변군 남신현면 운용동
2068	운용교회	장로	함경남도 혜산군 운흥면 운용리
2069	운용교회	장로	평안북도 용천군 부라면 운용동
2070	운전교회	장로	평안북도 정주군 대전면 운전동
2071	운전리교회	모름	평안남도 성천군 구룡면 운전리
2072	운창성마태교회	성공회	평안남도 순천군 자산면 운흥리
2073	운천교회	감리	황해도 평산군 남천읍 신남천리 61
2074	운천교회	장로	평안북도 의주군 송장면 운천동
2075	운천교회	장로	황해도 서흥군 구포면 운천리
2076	운천리교회	감리	평안북도 용천군 부라면 중단동
2077	운천리교회	감리	황해도 평산군 남천읍 운천리
2078	운향교회	장로	평안북도 용천군 부라면 중단동 45
2079	운현리교회	장로	황해도 평산군 안성면 운현리
2080	운흥교회	장로	평안북도 정주군 관주면 금담동
2081	운흥리교회	장로	함경남도 함흥부 춘일1동
2082	웅기교회	장로	함경북도 경흥군 웅기읍 천북리
2083	웅기교회	침례	함경북도 경흥군 웅기읍 웅기동
2084	웅기중앙교회	장로	함경북도 경흥군 웅기읍 산본정
2085	웅상교회	장로	함경북도 경흥군 웅기읍 웅상동
2086	웅상교회	장로	함경북도 경흥군 웅기읍 몽상동
2087	원남교회	장로	평안북도 박천군 박천읍 원남동
2088	원남리영교회	구세군	강원도 평강군 고삽면 원남리

번호	교회명	교단	주소
2089	원내교회	장로	황해도 은율군 장련면 직전리
2090	원내교회	장로	황해도 재령군 청천면 원내리
2091	원당교회	장로	황해도 은율군 남부면 남창리
2092	원대리교회	장로	평안북도 초산군 송면 원대리
2093	원덕교회	장로	함경남도 삼수군 자서면 원덕리
2094	원덕교회	장로	함경남도 단천군 북두일면 신덕리
2095	원동교회	장로	평안북도 자성군 장토면 호서동
2096	원동교회	장로	평안북도 선천군 신부면 원동
2097	원동교회	장로	함경북도 경성군 주을면 용평리
2098	원동교회	장로	황해도 안악군 대원면 원용리
2099	원동교회	장로	황해도 황주군 흑교면 원동
2100	원룡리교회	장로	함경남도 이원군 동면 운용리
2101	원리교회	감리	평안남도 안주군 용화면 승덕리
2102	원리교회	장로	평안남도 대동군 용악면 원리
2103	원봉교회	감리	평안남도 순천군 내남면 원봉리
2104	원봉교회	장로	평안북도 선천군 대산면 원봉동
2105	원봉교회	장로	평안북도 의주군 고령삭면 원봉동
2106	원봉교회	장로	평안북도 철산군 백량면 가도동
2107	원봉교회	장로	함경북도 나진시 신안동 원봉
2108	원산교회	침례	함경남도 원산부
2109	원산영	구세군	함경남도 원산부 남촌동
2110	원산제이교회	성결	함경남도 원산부 영정
2111	원산제일교회	성결	함경남도 원산부 상리1동
2112	원산중앙교회	감리	함경남도 원산부 송석동
2113	원산중앙교회	감리	함경남도 원산부 산제동 9
2114	원상교회	감리	평안북도 태천군 원면 원판동
2115	원성교회	장로	평안북도 용천군 부라면 원성동
2116	원송교회	장로	평안북도 용천군 북중면 원송동
2117	원오리교회	모름	평안남도 덕신면 원오리
2118	원용교회	조선기독	황해도 안악군 대원면 원용리
2119	원읍리교회	감리	평안남도 용강군 귀성면 원읍리
2120	원장교회	장로	평안남도 대동군 김제면 원장리
2121	원주고읍교회	장로	평안북도 후창군 동흥면 고읍동
2122	원지동교회	장로	평안북도 강계군 용림면 원지동
2123	원창교회	장로	평안북도 구성군 이현면 원창동
2124	원창리교회	성공회	평안남도 순천군 후탄면 화오리
2125	원창읍교회	장로	평안북도 벽동군 부내면 읍내리

번호	교회명	교단	주소	번호	교회명	교단	주소
2126	원촌교회	장로	황해도 장연군 용연면 원촌리	2163	유정교회	감리	평안남도 평양시 유정
2127	원평교회	장로	평안북도 강계군 종남면 원평동	2164	유정교회	장로	황해도 봉산군 만천면 유정리
2128	원풍교회	장로	평안북도 삭주군 양산면 원풍동	2165	유정리교회	모름	평안남도 성천군 성천면 유정리
2129	원풍교회	장로	함경남도 신흥군 동상면 원풍리	2166	유천교회	감리	황해도 연백군 유곡면 유천리
2130	원흥리교회	장로	평안남도 강동군 원탄면 원흥리	2167	유천교회	장로	황해도 신천군 용진면 유천리
2131	월곡교회	장로	평안북도 철산군 여한면 상석동	2168	유천교회	장로	황해도 봉산군 사리원읍 명유리
2132	월곡동교회	장로	평안북도 선천군 심천면 월곡동	2169	유초교회	장로	평안북도 신의주시 유초동
2133	월산교회	장로	평안북도 자성군 중강면 월산리	2170	유촌교회	장로	황해도 장연군 낙도면 지경리 유촌
2134	월안교회	장로	평안북도 철산군 참면 월안동	2171	유평동교회	장로	함경북도 무산군 삼사면 유평동
2135	월와동교회	장로	평안북도 의주군 월화면 열화리	2172	유포교회	장로	황해도 봉산군 사인면 명유리 17
2136	월정리교회	감리	강원도 철원군 어운면 중강리	2173	유흥교회	장로	함경남도 정평군 광덕면 유흥리
2137	월천교회	장로	평안북도 선천군 선천읍 월천동	2174	육대교회	장로	함경남도 북청군 신포면 노암리
2138	월탄교회	장로	평안남도 순천군 후탄면 월탄리	2175	육령리교회	장로	황해도 수안군 공동면 육령리
2139	월탄교회	장로	평안남도 평원군 평원면 월평리	2176	육성교회	장로	평안북도 철산군 부서면 육성동
2140	월평교회	장로	황해도 곡산군 이녕면 난전리	2177	율기교회	장로	함경남도 이원군 남송면 율기리
2141	위계교회	장로	황해도 장연군 장연읍 칠북리	2178	율동교회	감리	경기도 개풍군 남면 율동리 611
2142	위남리영	구세군	함경남도 흥남시 위남리	2179	율동교회	감리	평안남도 중화군 중화면 진률리
2143	위동교회	장로	황해도 평산군 적암면 위동리	2180	율동교회	감리	황해도 벽성군 동운면 삼정리
2144	위북리교회	장로	함경남도 안변군 신고산면 위북리	2181	율랑리영	구세군	경기도 장단군 강상면 율랑리
2145	위원리교회	감리	평안남도 중화군 당정면 위원리	2182	율리교회	감리	평안남도 평양시 율리
2146	위원읍교회	장로	평안북도 위원군 위원읍 성내동	2183	율리교회	감리	평안남도 평양시 매하령리
2147	위창교회	장로	평안북도 위원군 위송면 용탄동	2184	율리교회	감리	황해도 수안군 연암면 율리
2148	유담교회	장로	함경남도 장진군 서한면 유담리	2185	율리교회	장로	평안남도 강서군 쌍용면 율리
2149	유대포기도처	감리	강원도 고성군 서면 유대포리	2186	율리교회	장로	황해도 은율군 장련면 율리
2150	유도교회	장로	함경남도 영흥군 억기면 표산리	2187	율목동기도처	감리	강원도 이천군 낙양면 지상리
2151	유동교회	감리	평안남도 평양시 유동	2188	율사교회	장로	황해도 신천군 궁흥면 성암리
2152	유동교회	장로	황해도 봉산군 만천면 유정리	2189	율상리교회	감리	평안남도 용강군 삼화면 율상리
2153	유동교회	침례	함경남도 원산부 유동	2190	율암리교회	성결	함경남도 북청군 전규면 율암리
2154	유리교회	장로	평안남도 대동군 용연면 유리	2191	율지교회	장로	평안남도 평원군 해소면 종율리
2155	유복동교회	장로	황해도 봉산군 서종면 흥수리	2192	율현교회	장로	황해도 장연군 순택면 율현리
2156	유사리교회	감리	평안남도 진남포부 유사리	2193	융흥교회	장로	평안북도 영변군 독산면 용흥동
2157	유선동교회	장로	함경북도 회령군 보을면 유선동	2194	은구리교회	장로	평안남도 중화군 수산면 은구리
2158	유성리교회	감리	평안남도 평양시 소문리	2195	은동교회	장로	황해도 벽성군 대차면 은동리
2159	유순교회	장로	황해도 안악군 용순면 유순리	2196	은봉교회	장로	평안북도 구성군 사기면 은봉동
2160	유신교회	감리	평안남도 대동군 율리면 유신리	2197	은봉교회	장로	평안북도 선천군 용연면 은봉동 586
2161	유신동교회	장로	함경북도 회령군 창두면 유지동	2198	은봉교회	장로	평안북도 선천군 군산면 은봉동
2162	유점교회	장로	평안북도 위원군 대덕면 독산동	2199	은북지교회	장로	황해도 재령군 남율면 은북지리

번호	교회명	교단	주소
2200	은산교회	감리	평안남도 순천군 은산면 은산리
2201	은산교회	감리	황해도 김천군 서천면 냉정리
2202	은산교회	장로	평안남도 순천군 은산면 은산리
2203	은산읍교회	감리	평안북도 운산군 운산면 읍내동
2204	은성교회	장로	함경북도 온성군 온성면 동화리
2205	은성교회	장로	황해도 신천군 북부면
2206	은옹덕교회	성결	함경남도 단천군 북두일면 은용리
2207	은용덕교회	장로	함경남도 단천군 북두일면 용양리
2208	은용덕교회	장로	함경남도 이원군 남송면 은용덕리
2209	은율읍교회	장로	황해도 은율군 은율면 남천리
2210	은점교회	감리	황해도 신계군 마서면 은점리
2211	은정교회	장로	황해도 재령군 삼강면 은정리
2212	은파교회	장로	황해도 봉산군 초와면 은파리
2213	은행정교회	감리	강원도 이천군 학봉면 은행정리
2214	은행정교회	장로	황해도 장연군 목감면 노평리
2215	음양동교회	장로	황해도 장연군 순택면 발산리
2216	읍동리교회	감리	황해도 연백군 호남면 읍동리
2217	읍항리교회	감리	황해도 연백군 호남면 읍항리
2218	응곡교회	장로	평안북도 강계군 곡하면 흥주동 용포첨
2219	응봉교회	장로	평안북도 박천군 청룡면 응봉동
2220	응산교회	장로	평안북도 용천군 내증면 응산동 250
2221	응산교회	침례	함경북도 경흥군 웅기읍 웅산동
2222	응암교회	장로	평안남도 강동군 승호읍 응암리
2223	의동교회	장로	황해도 황주군 인교면 능산리 의동
2224	의산교회	장로	평안북도 창성군 창성면 인산동
2225	의성교회	장로	평안북도 벽동군 학회면 사상동
2226	의암(리)교회	장로	평안남도 평양시 의암리
2227	의주교회	성결	평안북도 의주군 의주읍 읍내리
2228	의주동교회	장로	평안북도 의주군 의주읍 읍동리
2229	의주서교회	장로	평안북도 의주군 의주읍 서동리
2230	의주제이교회	장로	평안북도 의주군 의주읍 읍남리
2231	의창교회	장로	평안북도 창성군 창성면 의산동
2232	의흥교회	장로	평안북도 벽동군 송서면 송삼동 93-3
2233	이남교회	장로	평안북도 강계군 외귀면 남동
2234	이남제이교회	장로	평안북도 강계군 외귀면 이남동 오평참
2235	이남제일교회	장로	평안북도 강계군 이서면 용문첩
2236	이노리교회	장로	평안남도 강서군 초리면 이로리

번호	교회명	교단	주소
2237	이덕교회	장로	함경남도 이원군 이원면 이덕리
2238	이도교회	장로	황해도 장연군 후남면 도지리
2239	이도리교회	감리	평안남도
2240	이동교회	장로	황해도 황주군 천주면 이동리
2241	이령교회	장로	평안북도 강계군 이서면 이령동
2242	이만교회	장로	평안북도 강계군 화경면 사평동
2243	이망지리교회	성결	함경남도 북청군 덕성면 이망지리
2244	이목교회	감리	황해도 벽성군 검단면 온정리
2245	이목교회	감리	황해도 신계군 고면 이목리
2246	이목교회	장로	황해도 벽성군 검단면 이목리
2247	이목교회2	장로	황해도 벽성군 검단면 온천리
2248	이목동교회	감리	황해도 벽성군 동운면 주산리
2249	이목동교회	장로	평안남도 대동군 청룡면 이목리
2250	이목동교회	장로	평안남도 강서군 반석면 반이리
2251	이목리교회	장로	평안남도 대동군 김제면 이목리
2252	이문교회	감리	평안남도 평양시 이문동
2253	이설포교회	침례	함경북도 회령군 용흥면 이설포동
2254	이안리교회	장로	평안남도 중화군 해압면 이안리
2255	이안리교회	장로	평안남도 중화군 영율면 대안동
2256	이언교회	장로	평안북도 정주군 덕언면 대성동 706(고안면 탄우동)
2257	이영리교회	장로	평안남도 안주군 연호면 이영리
2258	이원읍교회	장로	함경남도 이원군 이원면 남문리
2259	이응교회	장로	평안북도 철산군 참면 이응동
2260	이장포교회	감리	경기도 연천군 진남면 동파리 748
2261	이천교회	장로	평안남도 대동군 추을미면 이천리 427
2262	이천읍교회	감리	강원도 이천군 이산면 탑리
2263	이평교회	장로	평안북도 후창군 후창면 회동
2264	이평교회	장로	평안북도 자성군 이평면 이평동
2265	이향리교회	감리	평안남도 평양시 이향리
2266	이현교회	장로	평안북도 구성군 관서면 이현리
2267	이현리교회	장로	평안남도 대동군 청룡면 이현리
2268	이홍리교회	감리	평안남도 강서군 증산면 오흥리
2269	이화교회	모름	평안북도 의주군 수진면 양천동
2270	인가해교회	장로	평안북도 강계군 공북면 공인동
2271	인가해교회	장로	평안북도 강계군 공북면 행인동 인가해
2272	인곡교회	장로	평안북도 선천군 서면 등곳리

번호	교회명	교단	주소
2273	인곡교회	장로	평안북도 선천군 동면 인곡동
2274	인곡교회	장로	평안북도 구성군 사기면 인곡동
2275	인교리교회	모름	황해도 황주군 천주면 인교리
2276	인덕교회	장로	평안남도 맹산군 지덕면 용덕리
2277	인덕교회	장로	평안북도 박천군 청룡면 인덕동
2278	인덕교회	장로	황해도 황주군 청룡면 인덕리
2279	인두문교회	장로	함경남도 안변군 석왕사면 인두문리
2280	인산(리)교회	장로	평안남도 용강군 오신면 인산리 46
2281	인성리교회	장로	평안남도 용강군 지운면 안성리
2282	인인정포교회	장로	함경남도 갑산군 산남면 인정표
2283	인포교회	장로	황해도 황주군 청룡면 인포리
2284	인흥교회	장로	평안남도 강동군 승호읍 인흥리
2285	인흥리교회	장로	평안남도 평양시 인흥리 132-2
2286	일리교회	장로	함경남도 북청군 후창면 일리
2287	일봉교회	장로	평안북도 선천군 동면 일봉동
2288	일산교회	장로	평안북도 용천군 동하면 일산동
2289	일상교회	장로	황해도 안악군 안곡면 일상동
2290	일신교회	감리	황해도 수안군 연암면 일신리
2291	일온리영	구세군	함경남도 안변군 신고산면 일온리
2292	일유동교회	장로	함경북도 경흥군 풍해면 일유동
2293	일화리교회	장로	평안남도 대동군 우평면 일화리
2294	임강리성도마교회	성공회	평안남도 순천군 은산면 임강리
2295	임단리영	구세군	강원도 평강군
2296	임명교회	장로	함경북도 성진군 학중면 임명동
2297	임암교회	장로	평안북도 정주군 안흥면 임암동 640
2298	임원면교회	장로	평안남도 대동군 임원면 임원리
2299	임자동교회	성결	함경남도 북청군 하차서면 안장리
2300	임자동교회	장로	함경남도 북청군 하차서면 양지동
2301	임죽기도처	감리	경기도 연천군 서남면 율현리 92
2302	임천교회	침례	함경북도 회령군 팔을면 영천동
2303	임촌교회	장로	황해도 봉산군 서종면 임촌리
2304	입석교회	감리	평안남도 용강군 서화면 입석리
2305	입석교회	장로	함경남도 안변군 안도면 낭성리
2306	입석교회	장로	평안북도 강계군 고산면 미타동
2307	입석교회	장로	평안북도 강계군 입관면 운송동
2308	입석교회	장로	평안남도 안주군 입석면 입석리
2309	입석교회	장로	평안남도 용강군 서화면
2310	입석교회	장로	평안북도 철산군 백량면 입석리
2311	입석리교회	모름	황해도 황주군 천주면 신주리
2312	입석리성니콜라스교회	성공회	평안남도 순천군 후탄면 입석리
2313	입암교회	장로	평안북도 선천군 선천읍 대목동
2314	입암교회	장로	평안북도 용천군 용하면 입암동
2315	입암교회	장로	황해도 서흥군 목감면 입암리
2316	자노비교회	장로	평안남도 평원군 공덕면 퇴현리
2317	자덕교회	장로	평안남도 평원군 공덕면 간리
2318	자동교회	감리	황해도 신계군 다미면 자동리
2319	자룡교회	모름	평안북도 구성군 사기면 자룡리
2320	자복교회	장로	평안남도 용강군 서화면 자복리
2321	자비령교회	장로	황해도 서흥군 세평면 장연리
2322	자산교회	감리	평안남도 안주군 신안주면 낙만리
2323	자산교회	장로	평안남도 순천군 자산면 자산리
2324	자산교회	장로	함경남도 영흥군 선흥면 자산리
2325	자산교회	성공회	평안남도 순천군 자산면 자산리
2326	자산리교회	감리	강원도 통천군 협곡면 자천리
2327	자산제령교회	장로	평안남도 순천군 자산면 자산리
2328	자성교회	장로	함경남도 풍산군 안산면 자성리
2329	자성읍교회	장로	평안북도 자성군 자성면 융내동 319
2330	자양교회	장로	황해도 송화군 장양면 자양리
2331	자요교회	모름	평안북도 정주군 관주면 관삽동
2332	자유동교회	감리	평안남도 대동군 형제산면 자유동
2333	자작교회	장로	평안남도 평원군 공덕면 간리
2334	자지리교회	감리	평안남도 대동군 자족면 자지리
2335	자파교회	감리	평안남도 순천군 신청면 자파리
2336	작동교회	장로	함경남도 정평군 광덕면 작동리
2337	작면교회	장로	평안북도 벽동군 관회면 고나상동 용평리
2338	작반교회	장로	평안남도 평원군 공덕면 간리
2339	작천교회	장로	황해도 벽성군 금산면 작천리
2340	잠진교회	장로	평안남도 강서군 잉차면 잠진리
2341	장경교회	장로	평안북도 정주군 옥천면 상안동
2342	장공교회	장로	평안북도 선천군 군산면 장공동
2343	장곶교회	장로	황해도 안악군 안곡면 장월리
2344	장국리교회	장로	황해도 재령군 장수면 장국리
2345	장단남교회	감리	경기도 장단군 장단면 덕산리

번호	교회명	교단	주소
2346	장단동교회	감리	경기도 장단군 장단면 동장리
2347	장단읍교회	감리	경기도 장단군 장단면 읍내리
2348	장단읍교회	구세군	경기도 장단군 장단면 읍내리
2349	장대제교회	장로	평안남도 평양시 신양리
2350	장대현교회	장로	평안남도 평양시 관후리
2351	장덕교회	장로	함경남도 풍산군 웅이면 장덕리
2352	장덕교회	장로	함경북도 경흥군 성구면 성구리
2353	장동교회	감리	황해도 신계군 마서면 장동리
2354	장동교회	장로	함경북도 온성군 온정면 창동리
2355	장동교회	장로	황해도 은율군 일도면 장통리
2356	장동교회	장로	황해도 은율군 남부면 장암리
2357	장동교회	장로	황해도 황주군 영풍면 영풍리 장동
2358	장련읍교회	장로	황해도 은율군 장련면 동부리
2359	장림교회	감리	평안남도 성천군 사가면 장림리
2360	장림교회	성공회	평안남도 성천군 사가면
2361	장림동교회	감리	강원도 김화군 금화면 신창리
2362	장문리교회	장로	함경남도 이원군 동면 장문리
2363	장방교회	장로	황해도 장연군 장연읍 선정리
2364	장방리영	구세군	황해도 해주부 정방동
2365	장산교회	장로	평안북도 용천군 북중면 원송동
2366	장산교회	장로	평안남도 중화군 중화면 장산리
2367	장산교회	장로	함경북도 부령군 관해면 장산동
2368	장산교회	장로	황해도 곡산군 운중면 장산동
2369	장산성요셉교회	성공회	평안남도 성천군 삼덕면 장상리
2370	장상교회	감리	평안남도 성천군 삼덕면 장상리
2371	장상리성안드레교회	성공회	평안남도 성천군 삼덕면 장상리
2372	장석교회	장로	황해도 장연군 후남면 원촌리
2373	장석교회	장로	황해도 봉산군 사리원읍 장상리
2374	장석교회	모름	황해도 장연군 후남면 원촌리
2375	장성교회	장로	평안북도 자성군 장토면 호서동
2376	장수원교회	장로	평안남도 대동군 자족면 노산리
2377	장신리교회	성공회	황해도 연백군 금산면 장산리
2378	장암교회	장로	황해도 은율군 남부면 장암리
2379	장암교회	장로	황해도 은율군 서부면 장암리
2380	장양교회	장로	황해도 은율군 일도면 구양리
2381	장양교회	장로	황해도 은율군 일도면 구양리
2382	장연동부교회	장로	황해도 장연군 장연읍 내리
2383	장연서부교회	장로	황해도 장연군 장연읍 읍전리
2384	장연읍교회	장로	황해도 은율군 장련면 동부리
2385	장요교회	장로	평안북도 정주군 관주면 관삽동
2386	장원리교회	장로	평안남도 중화군 중화면 장원리
2387	장월교회	장로	황해도 안악군 안곡면 장월리
2388	장의교회	침례	함경남도 원산부 장의리
2389	장작리교회	장로	평안남도 평양시 순위리
2390	장재동교회	장로	황해도 신천군 온천면 장재리
2391	장전교회	감리	함경남도 원산부 장전리
2392	장좌교회	장로	평안북도 철산군 장좌동
2393	장좌교회	장로	황해도 황주군 천주면 장좌리
2394	장주동교회	감리	경기도 개풍군 광덕면 황강리 1255
2395	장진교회	감리	평안남도 대동군 대동강면 장진리
2396	장진교회	장로	평안남도 대동군 대동강면 장진리
2397	장진교회	침례	함경남도 원산부 장진리
2398	장진리교회	감리	평안남도 평양시 장진리
2399	장진읍교회	장로	함경남도 장진군 장진면 내리
2400	장천리교회	장로	평안남도 대동군 율리면 장천리
2401	장촌교회	장로	황해도 송화군 연방면 마산리 장촌
2402	장추동교회	감리	경기도 개풍군 광덕면 사분리
2403	장태동교회	장로	평안남도 대동군 재경리면 수재리
2404	장태동교회	장로	평안남도 대동군 재경리면 빙장리
2405	장토교회	장로	황해도 옹진군 운정면 운중동
2406	장통교회	장로	황해도 은율군 일도면 장통리
2407	장평교회	장로	함경남도 풍산군 웅이면 장안평리
2408	장평교회	장로	평안북도 철산군 백양면 장평동
2409	장포교회	장로	평안북도 벽동군 우시면 운숭동
2410	장포동교회	장로	평안남도 평원군 공덕면 법흥리
2411	장포리교회	감리	강원도 철원군 마장면 장포리
2412	장항교회	장로	평안북도 선천군 남면 장항리
2413	장현교회	감리	황해도 연백군 해성면 초양리
2414	장현교회	감리	황해도 옹진군 가천면 장현리
2415	장현교회	장로	평안남도 대동군 김제면 원장리
2416	장현교회	장로	평안남도 대동군 강계면 장현리
2417	장현교회	장로	함경북도 성진군 학상면 장현동
2418	장현리교회	감리	황해도 옹진군 가천면 장현리

번호	교회명	교단	주소
2419	장호(리)교회	장로	함경남도 북청군 신창읍 장호리
2420	장흥교회	장로	함경남도 북청군 승대면 평리
2421	장흥리교회	감리	강원도 철원군 동송면 장흥리
2422	재령교회	성결	황해도 재령군 북율면 수창리
2423	재령교회	장로	황해도 재령군 재령읍 남천시
2424	재령동부교회	장로	황해도 재령군 재령읍 수창리
2425	재령서부교회	장로	황해도 재령군 재령읍 국화리
2426	재령중앙교회	장로	황해도 재령군 재령읍 일신리
2427	재원교회	일본장로	함경남도 장진군 신남면 좌원리
2428	재천교회	장로	황해도 재령군 서호면 재천리
2429	저도교회	장로	황해도 안악군 대행면 저도리
2430	저동교회	감리	강원도 이천군 동면 하식점리 244
2431	전곡교회	감리	경기도 연천군 영근면 전곡리
2432	전구리교회	감리	평안남도 평양시 전구리
2433	전당리교회	감리	황해도 옹진군 동남면 전당리
2434	전량교회	감리	평안남도 개천군 중서면 전암리
2435	전산교회	감리	황해도 연백군 해룡면 용남리
2436	전산교회	장로	평안남도 강서군 성태면 전산리
2437	전산지영	구세군	황해도 장연군 박택면 전산리
2438	전성성바우로교회	성공회	평안남도 성천군 사가면 천성리
2439	전창교회	장로	평안북도 창성군 창성면 신평동
2440	전천교회	감리	강원도 통천군 고저읍 전천리
2441	전천교회	감리	평안북도 강계군 전천면 장흥동
2442	전천교회	장로	평안북도 강계군 전천면 장흥동
2443	절갈영	구세군	강원도 평강군
2444	점교교회	모름	황해도 신계군 다율면 침교리
2445	점암동영	구세군	황해도 해주부 용동리
2446	정곡교회	장로	황해도 서흥군 용평면 서곡리
2447	정녀동교회	장로	황해도 신천군 노월면 정예리
2448	정동교회	감리	경기도 개풍군 청교면 덕암리 411
2449	정동교회	감리	황해도 수안군 대오면 정동리
2450	정리교회	장로	평안남도 대동군 김제면 정리
2451	정리교회	모름	평안남도 대동군 김제면 정리
2452	정림교회	장로	황해도 봉산군 산수면 용현리
2453	정산교회	장로	평안북도 의주군 비현면 정산동
2454	정산리(성미카엘)교회	성공회	평안남도 순천군 은산면 정산리
2455	정성교회	감리	평안남도 양덕군 대륜면 괘송리
2456	정심교회	장로	평안북도 의주군 위원면 정심동
2457	정암동영	구세군	황해도 해주부 정암동
2458	정오교회	장로	평안남도 평양시 오야리
2459	정오리교회	장로	평안남도 대동군 남곶면 정오리
2460	정일동교회	감리	평안남도 개천군 중서면 전암리 하참
2461	정자교회	장로	황해도 황주군 흑교면 정자리
2462	정주읍교회	장로	평안북도 정주군 정주읍 성내동 75
2463	정지리교회	장로	평안남도 중화군 중화면 정지리
2464	정척리교회	장로	평안남도 중화군 중화면 정척리
2465	정촌교회	장로	황해도 은율군 은율면 장담리
2466	정평읍교회	장로	함경남도 정평군 정평면 동천리
2467	제당교회	장로	황해도 송화군 풍해면 천북리
2468	제당교회	장로	황해도 송화군 풍해면 천남리
2469	제풍교회	감리	황해도 해주부 해주읍 제풍정
2470	제현교회	장로	평안남도 용강군 용월면 갈현리
2471	조강교회	감리	경기도 개풍군 임한면 하조강리
2472	조달교회	모름	평안남도 용강군 용월면
2473	조래교회	장로	함경남도 홍원군 운락면 조래리
2474	조산교회	감리	강원도 양양군 양양면 조산리
2475	조산동교회	성결	함경북도 경흥군 노서면 조산동
2476	조성리교회	감리	강원도 김화군 창도면 도성리
2477	조아교회	장로	평안북도 자성군 삼풍면 조아동
2478	조아평교회	장로	평안북도 자성군 중강면 건하동
2479	조악교회	장로	평안북도 구성군 관서면 조악동
2480	조암교회	감리	황해도 연백군 오도면 조암리
2481	조양리교회	장로	황해도 수안군 오동면 상조양리
2482	조왕리교회	장로	평안남도 평양시 조왕리
2483	조인리교회	모름	황해도 곡산군 서촌면 조인리
2484	조파교회	장로	평안북도 강계군 입관면 용문동
2485	종고대교회	성결	함경남도 북청군 가회면 종고대리
2486	종산교회	장로	황해도 신천군 초리면 월산리
2487	종상교회	장로	평안북도 강계군 어뢰면 종상동
2488	종성교회	성결	함경북도 종성군 종성면 종성리
2489	종성교회	장로	함경북도 종성군 남산면 삼봉동
2490	종성교회	장로	함경북도 종성군 종성면 금산동
2491	종자곡교회	장로	평안북도 자성군 이평면 이평동

번호	교회명	교단	주소
2492	종포진교회	장로	평안북도 강계군 이서면 송학동
2493	좌곡교회	장로	황해도 재령군 남율면 좌곡리
2494	좌곡교회	장로	황해도 봉산군 서종면 좌곡리
2495	주가동교회	장로	평안남도 평원군 덕산면 주촌리
2496	주단교회	모름	평안북도 의주군 위원면 주단리
2497	주달교회	장로	평안남도 용강군 용월면 주달리
2498	주달교회	장로	평안남도 평원군 덕산면 주촌리
2499	주동교회	장로	황해도 황주군 삼전면 용전리 주동
2500	주령교회	장로	함경북도 경성군 주을면 온정동
2501	주막거리교회	장로	평안북도 강계군 강계읍 주막거리
2502	주방교회	장로	평안북도 강계군
2503	주산동교회	감리	경기도 연천군 진남면 동장리
2504	주암리기도처	감리	강원도 통천군 서곡면 주암리
2505	주은교회	감리	황해도 신계군 사지면 막대리
2506	주을교회	장로	함경북도 경성군 주을면 주을역전
2507	주을교회	장로	함경북도 경성군 주을면 주을역전
2508	주음교회	장로	평안북도 의주군 월화면 주음동
2509	주의교회	모름	평안북도 용천군 외하면 율곡동
2510	주의동교회	장로	함경남도 북청군 덕성면 주의동리
2511	주촌교회	장로	평안남도 평원군 덕산면 주촌리
2512	주촌교회	장로	평안남도 평원군 덕산면 주촌리
2513	주촌교회	장로	황해도 재령군 재령읍 부성리
2514	죽근리교회	감리	함경남도 안변군 신고산면 죽근리
2515	죽본리교회	장로	평안남도 용강군 서화면 죽본리
2516	죽전교회	감리	황해도 옹진군 옹진읍 단천리
2517	죽전교회	장로	함경남도 북청군 덕성면 죽전리
2518	죽천교회	감리	황해도 벽성군 장곡면 죽천리
2519	죽천교회	장로	황해도 벽성군 장곡면 죽천리
2520	죽천교회	모름	황해도 옹진군 옹진읍 단천리
2521	중강교회	장로	평안북도 자성군 삼풍면 중강진리
2522	중강제이교회	장로	평안북도 자성군 중강면 중산동
2523	중강제일교회	장로	평안북도 자성군 중강면 중산동
2524	중고대교회	장로	함경남도 북청군 가회면 중고리
2525	중기교회	장로	황해도 안악군 서하면 중도리
2526	중단교회	장로	평안북도 의주군 고관면 중단동
2527	중단교회	장로	평안북도 의주군 의원면 동상동
2528	중돌교회	장로	함경남도 북청군 상차서면 중돌리

번호	교회명	교단	주소
2529	중동교회	장로	평안북도 자성군 중강면 만흥동
2530	중리교회	장로	평안남도 대동군 부산면 중이리
2531	중리교회	장로	함경남도 북청군 이곡면 중리
2532	중방교회	장로	평안북도 구성군 노동면 중방동
2533	중봉동교회	침례	함경북도 회령군 화풍면 중봉리
2534	중봉리교회	장로	함경남도 혜산군 운흥면 중봉리
2535	중성교회	장로	평안북도 강계군 성간면 외중동
2536	중악리교회	감리	평안남도 용강군 귀성면 증악리
2537	중암교회	모름	황해도 해주군 고면 화개리
2538	중앙교회	장로	함경남도 흥남시 흥남읍 하덕리
2539	중앙교회	장로	황해도 장연군 백령면 북포리
2540	중연교회	감리	경기도 개풍군 광덕면 중연리
2541	중이리교회	장로	평안남도 대동군 근산면 중이리
2542	중창교회	장로	평안북도 초산군 송면 송수동
2543	중청리교회	감리	함경남도 원산부 중청동 144-1
2544	중촌교회	감리	황해도 벽성군 추화면 만송리
2545	중평교회	감리	평안남도 순천군 내남면 중평리
2546	중평교회	장로	함경남도 삼수군 삼수면 중평장리
2547	중평교회	장로	함경남도 단천군 수하면 중평리
2548	중평교회	장로	황해도 장연군 후남면 중평리
2549	중평교회	장로	황해도 곡산군 화촌면 장평리
2550	중평리교회	장로	함경남도 안변군 안도면 중평리
2551	중하리교회	장로	함경남도 함흥부 중하리
2552	중화교회	감리	평안남도 평양시 대타령동
2553	중화교회	감리	평안남도 중화군 중화면 초현리
2554	중화동교회	장로	황해도 장연군 백령면 연화리
2555	중흥교회	장로	평안북도 후창군 칠평면 중흥동
2556	중흥교회	장로	평안북도 용천군 용암포읍 중흥동
2557	중흥교회	장로	황해도 은율군 북부면 중흥동
2558	증산교회	감리	평안남도 강서군 증산면 리안리 99
2559	증산교회	침례	함경북도 경흥군 웅기읍 증산리
2560	증악교회	감리	평안남도 용강군 귀성면 증악리
2561	증악리교회	감리	평안남도 용강군 귀성면 증악리
2562	지경교회	장로	황해도 황주군 송림면 송현리
2563	지경동교회	감리	강원도 김화군 갈말면 토성리
2564	지경동교회	장로	황해도 장연군 낙도면 지경리
2565	지경동교회	장로	황해도 장연군 순택면 백산리

번호	교회명	교단	주소
2566	지경리교회	장로	황해도 곡산군 상도면 지경리
2567	지금리교회	감리	경기도 장단군 소남면 화금리
2568	지남리교회	감리	황해도 벽성군 검단면 지남리
2569	지내교회	장로	황해도 은율군 이도면 지내리
2570	지능교회	장로	황해도 안악군 대원면 상산리
2571	지동교회	감리	황해도 벽성군 서석면 지동리
2572	지동교회	감리	황해도 신계군 다미면 지동리
2573	지동교회	장로	평안남도 중화군 풍동면 지동리
2574	지봉교회	장로	황해도 신천군 가련면 지봉리
2575	지사동교회	장로	평안남도 용강군 다미면 지사동리
2576	지석교회	감리	강원도 김화군 통구면 지석리
2577	지석교회2	감리	황해도 은율군 장련면 지하리
2578	지성교회	장로	평안남도 맹산군 지덕면 덕화리
2579	지암교회	감리	황해도 벽성군 검단면 냉정리
2580	지치암교회	장로	황해도 벽성군 검단면 지남리
2581	지현교회	장로	평안남도 용강군 귀성면 지현리
2582	지현교회	장로	평안남도 용강군 다미면 지사동
2583	직전교회	장로	황해도 은율군 장련면 직전리
2584	직전리교회	장로	황해도 은율군 장련면 직전리
2585	진곡리교회	조선기독	황해도 봉산군 서경면 진곡리
2586	진남포교회	감리	평안남도 진남포부 욱정
2587	진남포교회	구세군	평안남도 진남포부 시용정리 177
2588	진남포교회	성결	평안남도 진남포부 신흥리
2589	진남포교회	신의교회	평안남도 진남포부 비석리
2590	진남포교회	장로	평안남도 진남포부 창동
2591	진남포교회	성공회	평안남도 진남포부 후포리
2592	진남포영	구세군	평안남도 진남포부 용정리
2593	진남포중앙교회	감리	평안남도 진남포부 비석리 224
2594	진도교회	장로	평안북도 구성군 이현면 진오동
2595	진목교회	장로	황해도 송화군 율리면 세진리
2596	진사대기도처	감리	강원도 회양군 난곡면 귀락리
2597	진석교회	장로	평안북도 박천군 동남면 진석동
2598	진석교회	장로	평안북도 선천군 군산면 진석리
2599	진송교회	장로	평안북도 자성군 이평면 진송동
2600	진오교회	장로	평안북도 철산군 여한면 진오리
2601	진율리교회	감리	평안남도 중화군 중화면 진률리
2602	진음교회	장로	평안북도 의주군 월화면 진음동
2603	진조교회	모름	평안북도 구성군 이현면 진조동
2604	진지동교회	성결	평안남도 용강군 지운면 진지리
2605	진지동교회	장로	평안남도 용강군 지운면 진지리
2606	진촌교회	장로	황해도 장연군 백령면 진촌리
2607	진평교회	장로	평안북도 자성군 중강면 진평시
2608	진포리교회	감리	황해도 평산군 서봉면 진포리
2609	진하창교회	장로	평안남도 영원군 덕화면 중흥리
2610	진흥교회	장로	함경남도 영흥군 진평면 진흥리
2611	짐치장교회	침례	함경북도 경흥군 경흥면 짐치리
2612	차관리교회	감리	평안남도 평양시 차관리
2613	차동교회	장로	평안남도 대동군 고평면 차동
2614	차련관교회	장로	평안북도 철산군 참면 서부동
2615	차리교회	장로	평안남도 대동군 고평면 차리
2616	차문리교회	모름	함경남도 이원군
2617	차수교회	모름	황해도 봉산군 산수면 용현리
2618	차유령교회	장로	평안북도 의주군 고령삭면 차유령리
2619	차유령교회	장로	평안북도 의주군 고령삭면 동고동 565
2620	차현교회	감리	강원도 김화군 금성면 별량리
2621	차호교회	장로	함경남도 이원군 차호읍 상차호리
2622	찰욱교회	장로	평안남도 강서군 증산면 찰육리
2623	찰육교회	장로	평안남도 강서군 증산면 찰육리
2624	창광산교회	감리	평안남도 평양시 서성리
2625	창광산교회	장로	평안남도 평양시 서성리 72
2626	창덕교회	장로	평안북도 강계군 전천면 창덕동
2627	창도교회	감리	강원도 김화군 창도면 창도리
2628	창동교회	장로	평안남도 평양시 창전리 214
2629	창동교회	장로	함경남도 북청군 승대면 창성리
2630	창리교회	장로	황해도 송화군 운유면 송학리
2631	창린교회	감리	황해도 옹진군 용천면 창린도리
2632	창린도영	구세군	황해도 평산군 용산면 석사리
2633	창림교회	감리	평안남도 순천군 선소면 창림리
2634	창목교회	장로	평안북도 강계군 공북면 향하동
2635	창사교회	장로	평안북도 의주군 송장면 창사리
2636	창성교회	장로	평안북도 창성군 청산면 학송동
2637	창성읍교회	장로	평안북도 창성군 창성면 성풍동 392
2638	창송교회	장로	평안남도 안주군 운곡면 구룡리
2639	창원교회	장로	평안북도 의주군 송장면 창원동

번호	교회명	교단	주소
2640	창전교회	장로	함경북도 길주군 동해면 창전동
2641	창전교회	장로	황해도 재령군 은룡면 창전리
2642	창진교회	감리	함경남도 원산부 창진동
2643	창촌교회	장로	황해도 봉산군 토성면 창촌리
2644	창촌교회	장로	황해도 봉산군 서종면 창촌리
2645	창평(동)교회	장로	평안북도 강계군 간북면 남동
2646	창평교회	장로	평안북도 강계군 우북면 창평리
2647	창평교회	장로	평안북도 벽동군 우시면 시하동 창하리
2648	창평교회	장로	평안북도 창성군 창성면 창평동
2649	채송교회	장로	평안남도 중화군 동두면 채송리
2650	채전교회	장로	평안남도 용강군 용호면 채전리
2651	채청룡교회	장로	평안남도 강서군 성대면 대사리
2652	천괘동교회	장로	황해도 곡산군 상도면 천괘리
2653	천교리교회	감리	평안남도 용강군 양곡면 천교리
2654	천기리교회	성결	함경남도 흥남시 천기리
2655	천기리교회	장로	함경남도 흥남시 흥남읍 천기리
2656	천남리교회	장로	평안남도 대동군 임원면 천남리
2657	천남리교회	장로	황해도 송화군 풍해면 천남리
2658	천내(리)교회	장로	강원도 통천군 도초면 천내리
2659	천대교회	감리	황해도 연백군 용도면 천대리
2660	천대교회	모름	평안북도 정주군 옥천면 월옥동
2661	천동교회	장로	평안남도 순천군 자산면 향봉리
2662	천리교회	장로	평안북도 초산군 송면 송정동
2663	천마교회	장로	평안북도 의주군 고령삭면 구창리
2664	천사리영	구세군	황해도 해주부 천시동
2665	천상교회	감리	황해도 옹진군 부민면 천상리
2666	천상교회	장로	함경남도 북청군 청해면 청산리
2667	천상수덕교회	장로	평안북도 자성군 중강면 만흥동
2668	천성교회	장로	평안북도 강계군 어뢰면 천성동
2669	천성동교회	장로	평안북도 강계군 어뢰면 천성동
2670	천성리교회	성공회	평안남도 성천군 사가면 천성리
2671	천암교회	감리	황해도 벽성군 청룡면 영양리
2672	천태교회	감리	황해도 연백군 용도면 천태리
2673	천태교회	장로	평안북도 정주군 임포면 천태리
2674	천평교회	장로	함경남도 삼수군 삼수면 천평리
2675	철골교회	성공회	황해도 해주군
2676	철도교회	장로	황해도 황주군 삼전면 철도리
2677	철봉교회	모름	평안남도 대동군 자족면 철봉리
2678	철산교회	장로	평안남도 강서군 성태면 철산리
2679	철산읍교회	장로	평안북도 철산군 철산읍 동부동
2680	철산중앙교회	장로	평안북도 철산군 철산면 중부동60
2681	철원읍교회	감리	강원도 철원군 철원읍 관저리
2682	철원제이교회	감리	강원도 철원군 철원읍 사요(오)리
2683	철점교회	장로	평안북도 위원군 대덕면 독산동
2684	철포교회	장로	함경북도 경흥군 웅기읍 웅상동
2685	청간리교회	감리	강원도 양양군 토성면 청간리
2686	청강교회	장로	평안북도 선천군 심천면 고군영동
2687	청계교회	장로	평안남도 안주군 대니면 용호리
2688	청계교회	장로	평안북도 삭주군 외남면 청계동
2689	청계교회	장로	황해도 장연군 장연읍 죽계리
2690	청계리영	구세군	황해도 연백군 용도면 청계리
2691	청년교회	장로	평안북도 의주군 고관면 청파리
2692	청단교회	감리	황해도 벽성군 추화면 약현리
2693	청룡교회	장로	평안북도 구성군 노동면 청룡동
2694	청룡교회	장로	평안남도 대동군 청룡면 지탄리
2695	청룡교회	모름	평안북도 구성군 이현면 길상동
2696	청룡동교회	장로	평안남도 강서군 성태면 대사리
2697	청산교회	장로	평안북도 창성군 창성면 학송동
2698	청산교회	장로	평안북도 강계군 고진면 토교동
2699	청산교회	장로	황해도 장연군 신화면 군산리
2700	청산포교회	장로	평안남도 강서군 잉차면 팔리 838
2701	청석두교회	장로	황해도 재령군 상성면 청석두리
2702	청성교회	장로	평안북도 의주군 광평면 청성동
2703	청성교회	장로	평안남도 안주군 신안주면 청송리
2704	청송교회	감리	평안남도 순천군 자산면 청송리
2705	청송교회	장로	평안남도 순천군 자산면 청송리
2706	청송리교회	장로	황해도 신천군 용문면 청송리
2707	청수교회	장로	평안북도 삭주군 청수읍 청수동
2708	청수리교회	장로	황해도 재령군 청천면 청수리
2709	청암교회	감리	황해도 벽성군 룡면 영양리
2710	청옥교회	장로	평안남도 순천군 사인면 청옥리
2711	청용교회	장로	평안북도 영변군 노동면 청신동
2712	청전교회	장로	평안북도 의주군 의주읍 청전동
2713	청정교회	장로	평안북도 정주군 마산면 청정동

번호	교회명	교단	주소
2714	청정리교회	감리	평안남도 용강군 해운면 청정리
2715	청진교회	감리	함경남도 원산부 청진동
2716	청진교회	성결	함경북도 청진부 신암동
2717	청진교회	장로	함경북도 청진부 신암동 91-5
2718	청진교회	침례	함경북도 회령군 회령읍 청진동
2719	청진교회	감리	함경북도 청진부 포항동 207
2720	청진동부교회	장로	함경북도 청진부 고사동
2721	청진서부제일교회	장로	함경북도 청진부 포항동
2722	청진영	구세군	함경북도 청진부 도은리
2723	청진중앙교회	장로	함경북도 청진부 신암동
2724	청풍교회	감리	황해도 해주부 영동면 청풍리 729
2725	청풍리영	구세군	황해도 해주부 영동면 청풍리
2726	청호리교회	장로	평안남도 대동군 임원면 청호리
2727	청화동교회	장로	황해도 은율군 남부면 운례리 꼴밀
2728	청회동교회	감리	황해도 안악군 서하면 청회리
2729	체마교회	장로	평안북도 의주군 비현면 체마동
2730	초남리교회	감리	평안남도 진남포시 산서리
2731	초도교회	장로	황해도 송화군 풍해면 이현리
2732	초리교회	감리	평안남도 성천군 삼덕면 삼덕리
2733	초목동교회	장로	평안남도 중화군 상원면 법화리
2734	초봉교회	장로	평안남도 중화군 천곡면 초봉리
2735	초산읍교회	장로	평안북도 초산군 초산면 성서동
2736	초원교회	장로	함경남도 정평군 장원면 초원리
2737	초전동교회	감리	강원도 이천군 서면 천양리
2738	초정교회	장로	황해도 안악군 서하면 초정리
2739	초추교회	감리	평안남도 용강군 양곡면 초유리
2740	총령교회	장로	황해도 수안군 천곡면 총령리
2741	총막교회	장로	황해도 수안군 천곡면 총막리
2742	최촌교회	장로	황해도 장연군 낙도면 삼천리
2743	추당교회	감리	평안남도 중화군 중화면 추당리
2744	추동교회	감리	강원도 고성군 외금강면 추동리
2745	추동교회	장로	평안남도 덕천군 풍덕면 추동리
2746	추동교회	장로	평안북도 의주군 가산면 추동
2747	추동교회	장로	황해도 신천군 문무면 추능리
2748	추동기도처	감리	강원도 이천군 산내면 추동리
2749	추미교회	장로	평안남도 대동군 청룡면 추미리
2750	추빈교회	장로	평안남도 대동군 율리면 추빈리
2751	추자도교회	장로	평안남도 대동군 고평면 추자리
2752	추정교회	감리	황해도 벽성군 금산면 추정리 781
2753	추정교회	감리	황해도 황주군 흑교면 추정리
2754	추정교회	장로	평안북도 용천군 북중면 추정동
2755	추정교회	장로	황해도 벽성군 금산면 추정리
2756	추정리교회	감리	황해도 연백군 호동면 추정리
2757	춘곡교회	장로	평안북도 의주군 고관면 춘곡동
2758	충령교회	장로	황해도 수안군 천곡면 충령리
2759	충상교회	장로	평안북도 초산군 남면 충상동
2760	충암교회	장로	황해도 곡산군 멱미면 생왕리
2761	취봉교회	장로	평안북도 의주군 월화면 회하동
2762	취야교회	감리	황해도 벽성군 가좌면 국봉리
2763	칠곡교회	장로	황해도 장연군 장연읍 칠남리
2764	칠남교회	장로	황해도 장연군 장연읍 칠남리
2765	칠동교회	장로	황해도 장연군 장연읍 칠남리
2766	칠산교회	감리	평안남도 대동군 대동강면 칠산
2767	칠산교회	감리	평안남도 대동군 율리면 현교리
2768	칠정교회	장로	황해도 송화군 하리면 칠정리
2769	칠평교회	장로	평안북도 후창군 칠평면 칠평리
2770	침교교회	장로	황해도 신계군 미수면 침교리
2771	침촌교회	장로	황해도 황주군 청룡면 소곶리
2772	쾌송교회	감리	평안남도 양덕군 대륜면 쾌송리
2773	탁산교회	모름	평안북도 철산군 부서면 인흥동
2774	탁영대교회	감리	황해도 해주부 남욱정
2775	탄동교회	장로	황해도 평산군 문무면 청수리
2776	탄부교회	감리	평안남도 진남포부 탄부리
2777	탄포리교회	장로	평안남도 강서군 동진면 탄포리
2778	탐골영	구세군	황해도 해주부 동정동
2779	탑동교회	장로	평안북도 구성군 천마면 탑동
2780	탑동교회	장로	평안북도 구성군 천마면 탑동
2781	탑동기도처	감리	황해도 김천군 웅덕면 백양리
2782	탑신리교회	감리	강원도 회양군 내금강면 장연리
2783	탑촌리교회	감리	황해도 봉산군 구연면 탑촌리
2784	탑촌리교회	조선기독	황해도 봉산군 구연면 탑촌리
2785	탑평교회	장로	황해도 송화군 도원면 탑평리
2786	탑현교회	장로	평안남도 평원군 평원면 탑현리
2787	태산교회	장로	평안북도 의주군 수진면 태산리

번호	교회명	교단	주소
2788	태산교회	장로	평안북도 용천군 동상면 태상동
2789	태상교회	장로	평안북도 의주군 고성면 대산동
2790	태성리교회	장로	평안남도 강서군 동진면 태성리
2791	태을교회	장로	함경남도 영흥군 김경면 태을리
2792	태을리교회	장로	황해도 송화군 진풍면 태을리
2793	태천읍교회	감리	평안북도 태천군 태천면 서부동
2794	태탄교회	장로	황해도 장연군 속달면 태탄리
2795	태평(동)교회	장로	평안남도 중화군 수산면 건천리
2796	태평교회	감리	평안북도 영변군 태평면 관상동
2797	태평교회	장로	평안북도 벽동군 벽동면 평외동 246-2
2798	태평교회	장로	황해도 신계군 적여면 대평리
2799	태향산교회	장로	평안남도 안주군 입석면 서호리160
2800	택동교회	감리	황해도 연백군 해성면 초양리
2801	택인리교회	장로	황해도 곡산군 봉명면 택인리
2802	탱석교회	장로	황해도 장연군 목감면 원촌리
2803	토교교회	장로	평안북도 의주군 고관면 동상동
2804	토리교회	장로	함경북도 경흥군 노서면 토리동
2805	토산읍교회	감리	황해도 김천군 토산면 당관리
2806	토성교회	감리	경기도 개풍군 남면 조제리
2807	토성교회	장로	평안북도 자성군 장토면 토성동
2808	토성교회	장로	황해도 은율군 북부면 신흥리
2809	토성교회	장로	황해도 봉산군 토성면 토성리
2810	토성리교회	장로	황해도 봉산군 토성면 토성리
2811	토정리교회	장로	황해도 송화군 진풍면 토정리
2812	토포(리)교회	장로	평안남도 대동군 자족면 토포리
2813	통산교회	장로	황해도 벽성군 금산면 통산리
2814	통천교회	감리	강원도 통천군 통천면 태리
2815	통천교회	침례	함경남도 원산부 통천리
2816	통피교회	장로	함경남도 북청군 이곡면 통피리
2817	통호리교회	장로	평안남도 평원군 검산면 통토리
2818	퇴조교회	장로	함경남도 함주군 퇴조면 퇴조역전
2819	파능리교회	장로	평안남도 강동군 만달면 파릉리
2820	파발교회	장로	함경남도 풍산군 안산면 파발리
2821	파주읍교회	감리	경기도 파주군 파주면 파주리 383
2822	파춘교회	장로	함경남도 정평군 문산면 파춘리
2823	판교교회	감리	황해도 김천군 우봉면 원명리
2824	판막교회	장로	평안북도 후창군 동흥면 판막리
2825	판오리교회	장로	황해도 안악군 안악읍 판오리
2826	판장교회	장로	평안북도 후창군 판면 판장시
2827	팔동교회	장로	평안남도 평원군 영유면 어파리
2828	팔청교회	장로	평안남도 대동군 대보면 팔청리
2829	팔학리교회	감리	황해도 벽성군 내성면 팔학리
2830	팔학리영	구세군	황해도 연백군 용도면 청계리
2831	편장교회	장로	평안남도 평원군 풍면 용당동
2832	평강교회	감리	강원도 평강군
2833	평강교회	장로	평안남도 평양시 서성리
2834	평강읍교회	감리	강원도 평강군 평강읍 서변리
2835	평남진교회	장로	평안북도 강계군 용림면 평남진
2836	평당교회	장로	평안북도 초산군 풍면 용당동
2837	평동교회	감리	평안남도 평양시 신리
2838	평로교회	장로	평안북도 창성군 창성면 평로동
2839	평리교회	장로	평안남도 대동군 대보면 평리
2840	평리교회	장로	평안남도 평원군 양화면 평리
2841	평리교회	장로	함경남도 북청군 거산면 평리
2842	평산교회	성결	함경남도 북청군 거산면 평리
2843	평산교회	성공회	황해도 평산군 적암면 온정리
2844	평산교회	성공회	황해도 평산군 적암면 온정리
2845	평산읍교회	감리	황해도 평산군 평산면 빙고리
2846	평양남산교회	감리	평안남도 평양시 수옥리
2847	평양교회	성결	평안남도 평양시 상수리 127
2848	평양교회	성공회	평안남도 평양시 경창문리
2849	평양교회	성공회	평안남도 평양시 창전리
2850	평양교회1	구세군	평안남도 평양시 상수구리
2851	평양남산현교회	감리	평안남도 평양시 대찰리
2852	평양상수리	교회성-하나님	평안남도 평양시 상수리
2853	평양상수리교회	성결	평안남도 평양시 상수리
2854	평양암정교회	성결	평안남도 안주군 안주읍 암정면
2855	평양영	구세군	평안남도 평양시 신양리
2856	평양일본영문	구세군	평안남도 평양시 수정
2857	평양제삼교회	감리	평안남도 평양시 암정
2858	평양제이교회	성결	평안남도 평양시 유정
2859	평양제일교회	성결	평안남도 평양시 상유리
2860	평양중앙교회	감리	평안남도 평양시 죽전리

번호	교회명	교단	주소
2861	평양중앙교회	감리	평안남도 평양시 수옥리 324
2862	평원교회	장로	황해도 수안군 천곡면 평원리
2863	평율교회	모름	평안남도 안주군 동화면 평율리
2864	평장교회	장로	평안북도 초산군 풍면 용당동
2865	평창교회	감리	평안남도 양덕군 쌍룡면 평창리
2866	평촌교회	감리	경기도 개풍군 토성면 연하리 483
2867	평촌교회	장로	황해도 송화군 장양면 평촌리 792-2
2868	평촌교회	장로	황해도 신천군 노월면 정예리
2869	평촌교회	장로	황해도 곡산군 하도면 하남리
2870	평촌영	구세군	황해도 해주부 평촌리
2871	평풍동교회	장로	함경남도 풍산군 안산면 평풍동
2872	포남교회	장로	황해도 황주군 청룡면 포남리
2873	포동교회	감리	평안남도 강서군 쌍용면 다족리
2874	포북교회	장로	황해도 황주군 청룡면 포북리
2875	포웅교회	장로	황해도 신계군 사지면 사이곡리
2876	포읍교회	감리	황해도 신계군 사지면 사이곡리
2877	포중 장로교회	장로	함경북도 명천군 보촌면 포중리
2878	포중교회	장로	함경북도 명천군 상고면 포중동
2879	포청교회	성결	함경남도 북청군 서면 포청리
2880	포항교회	장로	함경남도 이원군 차호읍 포항리
2881	포항교회	장로	함경북도 청진부 포항동
2882	포항동교회	성결	함경북도 청진부 포항동 93
2883	포항리교회	장로	함경남도 북청군 청해면 포항리
2884	표대리교회	장로	평안남도 강동군 원탄면 표대리 393
2885	표동교회	감리	평안남도
2886	표호교회	모름	평안북도 강계군 이서면 함부동
2887	풍계교회	감리	평안남도 양덕군 화촌면 풍계리
2888	풍곡교회	장로	황해도 안악군 대행면 풍곡리 신풍동
2889	풍동리교회	장로	함경남도 신흥군 상원천면 풍동리
2890	풍룡교회	장로	평안북도 강계군 어뢰면 풍룡동
2891	풍산교회	장로	평안북도 철산군 백량면 풍천동
2892	풍산읍교회	장로	함경남도 풍산군 풍산읍 서길동
2893	풍양리교회	감리	황해도 연백군 봉북면 풍양리
2894	풍인교회	침례	함경북도 경흥군 경흥면 풍인리
2895	풍전교회	장로	평안남도 덕천군 일하면 정산리
2896	풍전교회	장로	평안남도 순천군 자산면 제일리
2897	풍전교회	장로	평안남도 영원군 태극면 풍전리
2898	풍정교회	장로	평안남도 중화군 풍동면 풍정리
2899	풍천읍교회	장로	황해도 송화군 풍해면 성상리
2900	풍화교회	장로	함경남도 단천군 하다면 풍화리
2901	피목골교회	장로	평안북도 위원군 위송면 피목동
2902	피현교회	모름	평안북도 의주군 비현면 제밀동
2903	하갈교회	장로	함경남도 장진군 신남면 경하리
2904	하갈우교회	장로	함경남도 장진군 장진면 하갈우리
2905	하건포교회	장로	평안북도 후창군 남신면 부흥동 491
2906	하검대교회	장로	황해도 수안군 도소면
2907	하고읍교회	장로	함경남도 고원군 군내면 하고읍리
2908	하구교회	장로	황해도 안악군 용순면 유순리
2909	하구비교회	장로	평안북도 후창군 동흥면 나죽동
2910	하금동교회	장로	황해도 서흥군 내덕면 작시리
2911	하남교회	장로	황해도 곡산군 하도면 하남리
2912	하남주교회	장로	평안북도 강계군 곡하면 흥주동 하남주
2913	하내촌교회	감리	황해도 김천군 웅덕면 백양리
2914	하내촌교회	감리	황해도 김천군 웅덕면 벽파리
2915	하농교회	장로	함경남도 단천군 수하면 하농리
2916	하단교회	장로	평안북도 초산군 성서면 내연동
2917	하단교회	장로	평안북도 선천군 용연면 하단동 802
2918	하단교회	장로	평안북도 삭주군 서면 하단리
2919	하단리교회	장로	황해도 곡산군 멱미면 하단리
2920	하리교회	감리	평안남도 순천군 순천읍 하리
2921	하리교회	감리	평안남도 용강군 금곡면 화리
2922	하리교회	성결	함경남도 혜산군 운흥면 하리
2923	하리교회	장로	평안남도 대동군 용악면 하리
2924	하리교회	장로	평안남도 강동군 강동면 하리
2925	하리교회	장로	평안남도 대동군 고평면 하리
2926	하리교회	장로	평안남도 대동군 용산면 하리 191
2927	하리교회3	장로	평안남도 순천군 순천읍 하리
2928	하리성어거스틴교회	성공회	평안남도 성천군 통선면 하리
2929	하리성캐트린교회	성공회	황해도 연백군 연백읍 하리
2930	하복리영	구세군	강원도 평강군
2931	하북동교회	장로	평안북도 의주군
2932	하사리영	세군	강원도 평강군

번호	교회명	교단	주소	번호	교회명	교단	주소
2933	하삼교회	장로	평안남도 평원군 용호면 뇌송리	2970	학현교회	장로	황해도 재령군 장수면 학현리
2934	하삼교회	장로	함경북도 풍산군 풍산면 하리	2971	한달교회	장로	황해도 곡산군 동촌면 한달리
2935	하서교회	장로	평안북도 자성군 삼풍면 운봉동	2972	한대교회	장로	황해도 봉산군 덕재면 적성리
2936	하선교리교회	감리	평안남도 평양시 하선교리	2973	한대동교회	장로	황해도 장연군 용연면 두정리
2937	하선교리교회	장로	평안남도 평양시 선교리	2974	한동교회	장로	함경북도 성진군 학동면 한동
2938	하설교회	장로	황해도 안악군 용순면 가정리	2975	한봉교회	장로	황해도 안악군 대행면 한봉리
2939	하수구리교회	성결	평안남도 평양시 하수구리	2976	한상리교회	일본장로	함경남도 장진군 서한면 한상리
2940	하수회리교회	감리	강원도 이천군 안협면 하수회리	2977	한석동교회	장로	평안남도 용강군 오신면 한석리
2941	하양리교회	장로	평안남도 용강군 오신면 하양리	2978	한왕교회	감리	평안남도 강동군 봉진면 한왕리
2942	하운동교회	장로	황해도 서흥군 목감면 입암리	2979	한장교회	장로	평안북도 위원군 숭정면 용연동
2943	하유교회	모름	황해도 수안군 수안면 하유리	2980	한전교회	장로	평안북도 강계군 종남면 한전리
2944	하장교회	장로	평안북도 자성군 중강면 중덕동	2981	한정교회	감리	평안북도 정주군 옥천면 문인동
2945	하전교회	장로	함경남도 이원군 이원면 하전리	2982	한정교회	감리	황해도 벽성군 금산면 한정동
2946	하진창교회	장로	평안남도 영원군 영락면 중흥리	2983	한천교회	장로	평안남도 평원군 한천면 감팔리
2947	하차리교회	모름	평안남도 대동군 용악면 하차리	2984	한천동교회	감리	경기도 개성부 남산정
2948	하창교회	장로	평안북도 삭주군 수풍면 하창리	2985	한촌교회	장로	황해도 곡산군 운중면 임덕리 한촌
2949	하청동교회	감리	평안남도 강서군 신흥면 하청동	2986	한평교회	감리	평안남도 강동군 마산면 한평리
2950	하평교회	장로	함경북도 명천군 하고면 하평동	2987	한포교회	감리	황해도 평산군 금암면 한포리 18-3
2951	하호교회	장로	평안북도 용천군 외하면 하호동	2988	함부교회	장로	평안북도 강계군 이서면 함부동48
2952	하회교회	장로	황해도 수안군 공포면 하회리	2989	함전교회	장로	함경남도 북청군 이곡면 초리 상성동
2953	학계교회	장로	황해도 송화군 진풍면 학계리	2990	함종교회	감리	평안남도 강서군 함종면 함종리 267
2954	학과교회	장로	평안북도 용천군 외상면 학과동	2991	함흥교회	성결	함경남도 함흥부 산수정
2955	학교리교회	장로	평안남도 대동군 남형제산면 학교리	2992	함흥남부교회	장로	함경남도 함흥부 황금동2가
2956	학남교회	장로	평안남도 강서군 보림면 학남리	2993	함흥동부교회	장로	함경남도 함흥부 춘운동
2957	학령교회	장로	평안북도 용천군 동하면 학령동	2994	함흥북부교회	장로	함경남도 함주군 덕산면 회양리
2958	학로리교회	장로	평안남도 대동군 재경리면 학로리	2995	함흥영	구세군	함경남도 함흥부 본정
2959	학리교회	장로	평안북도 벽동군 학회면 학상동	2996	함흥제이교회	성결	함경남도 함흥부 산수정
2960	학리교회	장로	황해도 은율군 장련면 학리	2997	함흥제일교회	성결	함경남도 함흥부 복부정
2961	학면교회	장로	평안북도 철산군 백량면 원봉리	2998	함흥중앙교회	성결	함경남도 함흥부 중앙동1가
2962	학봉리교회	감리	강원도 이천군 학봉면 학봉리	2999	함흥중앙교회	장로	함경남도 함흥부 주길동
2963	학산교회	장로	평안남도 대동군 용연면 삼봉리	3000	합수교회	장로	함경남도 혜산군 합수역 앞
2964	학산교회	장로	함경남도 홍원군 운학면 학산리	3001	항내동교회	장로	황해도 재령군 재령읍 수청리
2965	학소교회	장로	평안북도 용천군 외상면 학소동	3002	항산교회	장로	평안북도 의주군 의주읍 황상리
2966	학암교회	장로	평안북도 철산군 부서면 학암동	3003	항현리영	구세군	황해도 해주지방
2967	학포교회	장로	황해도 안악군 안곡면 학포리	3004	해랑도교회	감리	경기도 개풍군 남면 후석리
2968	학현교회	장로	평안북도 선천군 수청면 학현동	3005	해주교회	성결	황해도 해주부 해주읍 광석리
2969	학현교회	장로	황해도 장연군 순택면 학현리	3006	해주교회	장로	황해도 해주부 해주읍 남욱정 350

번호	교회명	교단	주소
3007	해주남본정교회	감리	황해도 해주부 남본정
3008	해주남욱정교	감리	황해도 해주부 해주읍 남욱정
3009	해주남욱정교회	감리	황해도 해주부 남욱정 129
3010	해주서동교회	감리	황해도 해주군 동영동 서동
3011	해주성애단교회	성공회	황해도 해주부 광석동
3012	해주영	구세군	황해도 해주부 북욱동
3013	해주제일교회	장로	황해도 해주부 중동
3014	해주항교회	성결	황해도 봉산군 상도면
3015	해주항교회	장로	황해도 해주부 항동
3016	해창교회	장로	황해도 안악군 안악읍 해창리
3017	해창교회	장로	황해도 재령군 남율면 해창리
3018	해천교회	장로	평안북도 의주군 가산면 추동 103
3019	행산교회	감리	평안남도 맹산군 원남면 행산리
3020	행산교회	장로	평안남도 맹산군 원남면 행산리
3021	행영교회	장로	함경북도 종성군 행영면 행영동
3022	행영교회	침례	함경북도 회령군 보을면 유선동
3023	행정교회	감리	평안북도 영변군 북신현면 노하동
3024	행정교회	감리	황해도 해주부 북행동
3025	행정교회	장로	함경북도 성진군 상지면 행정리
3026	행정교회	장로	황해도 안악군 은홍면 학산리
3027	행정교회	장로	황해도 봉산군 쌍산면 행정리
3028	향봉교회	모름	평안남도 순천군 자산면 향봉리
3029	향현리교회	장로	황해도 옹진군 용천면 창린도리
3030	향현리영	구세군	황해도 해주부 광석동
3031	허정교회	장로	황해도 봉산군 서석면 파정리
3032	현교교회	감리	평안남도 대동군 대동강면 현교리
3033	현리교회	감리	강원도 회양군 난곡면 현리
3034	현리교회	감리	강원도 김화군 통구면 현리
3035	현봉교회	성공회	평안남도 성천군 구룡면 운흥리
3036	현성교회	장로	평안남도 평원군 공덕면 송매리
3037	현암교회	장로	평안남도 용강군 지운면 현암리 121-2
3038	현암영	구세군	황해도 해주부 광석동
3039	형제정교회	장로	황해도 황주군 영풍면 신정리
3040	형포교회	장로	평안북도 강계군 문옥면 형포리
3041	혜산교회	장로	함경남도 혜산군 혜산읍 혜산리
3042	혜산진교회	성결	함경남도 혜산군 혜산읍 혜산리 551
3043	호동교회	장로	평안북도 자성군 자하면 호동
3044	호동교회	모름	황해도 황주군 도치면 호동리
3045	호상중동교회	장로	평안북도 자성군 장토면 호상중동
3046	호서교회	감리	황해도 연백군 호남면 호서리
3047	호암교회	장로	평안북도 정주군 안흥면 호암리
3048	호암교회	장로	평안북도 의주군 월화면 화합하동
3049	호예교회	장로	평안북도 자성군 장사면 호하동
3050	호하교회	장로	평안북도 자성군 장토면 호하동
3051	호현교회	감리	황해도 김천군 미율면 둔창리
3052	호현교회	장로	황해도 재령군 장수면 호현리
3053	홀동교회	장로	황해도 수안군 수구면 실광리
3054	홍교동교회	감리	평안남도 대동군 율리면 유신리
3055	홍교동기도처	감리	평안남도 대동군 율리면 유신리
3056	홍상교회	장로	함경남도 함흥부 외흥상면 홍상리
3057	홍수원교회	장로	황해도 봉산군 구연면 신원리
3058	홍원교회	성결	함경남도 홍원군 주익면 홍원리
3059	홍원읍교회	장로	함경남도 홍원군 홍원읍 성산리
3060	홍의동교회	침례	함경북도 경흥군 화방면 홍의동
3061	홍주동교회	장로	평안북도 강계군 외귀면 홍주리
3062	홍촌교회	장로	황해도 황주군 구성면 홍천리
3063	홍현교회	감리	황해도 연백군 유곡면 영성리
3064	화강교회	장로	평안남도 강동군 강동면 화강리
3065	화대교회	장로	함경북도 명천군 하가면 화대동
3066	화동교회	장로	평안남도 개천군 조양면 화동리
3067	화동교회	장로	평안남도 평원군 공덕면 간리
3068	화동교회	장로	황해도 황주군 구성면 화동리
3069	화림교회	장로	평안남도 평원군 해소면 용현리
3070	화림교회	장로	평안남도 평원군 영유면 화림리
3071	화사리교회	감리	강원도 김화군 통구면 화평리
3072	화산교회	감리	황해도 안악군 대행면 화산리
3073	화산교회	감리	황해도 해주군 화성면 화산리 266
3074	화산교회	장로	황해도 송화군 연방면 백화리
3075	화산교회	장로	황해도 벽성군 동강면 화산리
3076	화성리교회	성공회	황해도 연백군 호남면 화성리
3077	화송교회	장로	평안남도 평원군 양화면 화송리
3078	화순교회	장로	평안남도 영원군 태극면 화순리
3079	화암교회	장로	황해도 재령군 청천면 송암리 477
3080	화암교회	장로	황해도 곡산군 멱미면 하단리 778

번호	교회명	교단	주소
3081	화암리교회	장로	평안남도 중화군 수산면 화암리
3082	화양교회	장로	평안북도 강계군 입관면 화양동
3083	화오교회	장로	평안남도 순천군 후탄면 화오리
3084	화전리교회	장로	평안남도 중화군 수산면 화전리
3085	화창교회	장로	평안북도 위원군 화창면 대안동
3086	화천교회	장로	황해도 은율군 장련면 화천리
3087	화천교회	장로	황해도 평산군 문무면 화천리
3088	화천리교회	장로	황해도 은율군 장련면 화천리
3089	화천리교회	장로	황해도 곡산군 서촌면 화천리
3090	화촌영	구세군	황해도 평산군 용산면 화촌리
3091	화탄교회	장로	평안북도 철산군 서림면 화탄동 100
3092	화평교회	장로	평안북도 벽동군 오북면 오상리
3093	화평교회	장로	평안북도 후창군 남신면 유화동
3094	화평리교회	감리	강원도 김화군 통구면 화평리
3095	화학교회	장로	평안남도 강서군 보림면 화학리
3096	화합교회	장로	평안북도 의주군 고성면 화합리
3097	화합상동교회	장로	평안북도 의주군 월화면 화합상리
3098	화합하동교회	장로	평안북도 의주군 월화면 화합동
3099	화호교회	모름	평안북도 영변군 남신현면 화호리
3100	황강교회	감리	경기도 개풍군 광덕면 황강리
3101	황대교회	장로	황해도 곡산군 동촌면 귀락리
3102	황만동교회	장로	함경북도 부령군 석막면 황만동
3103	황면리교회	감리	평안남도 대동군 김제면 황면리
3104	황산교회	장로	평안북도 의주군 고관면 황산리
3105	황아동교회	장로	평안북도 강계군 어뢰면 황아동
3106	황용리교회	성공회	황해도 김천군 산외면 황읍리
3107	황주교회	성결	황해도 황주군 황주읍 성수리
3108	황주읍교회	장로	황해도 황주군 황주읍 황강리
3109	황철교회	장로	함경남도 삼수군 자서면 황철리
3110	황청교회	장로	평안북도 강계군 종서면 황청동
3111	황촌교회	장로	황해도 은율군 서부면 신기리
3112	황추교회	장로	평안북도 강계군 어뢰면 황추동
3113	황추동교회	장로	평안북도 강계군 어뢰면 풍룡동 황추곡첨
3114	회당교회	장로	평안북도 철산군 서림면 회당동
3115	회동교회	감리	황해도 수안군 수안면 옥현리
3116	회동교회	장로	함경남도 북청군 이곡면 정성리
3117	회령교회	성결	함경북도 회령군 회령읍 4동 116

번호	교회명	교단	주소
3118	회령교회	장로	함경북도 회령군 회령읍 1동
3119	회령교회	침례	함경북도 회령군 회령읍 회령리
3120	회목동교회	장로	평안북도 초산군 도원면 회목동
3121	회문교회	장로	함경북도 경성군 주북면 용중동 회문역
3122	회산리교회	감리	강원도 철원군 북면 회산리
3123	회상구역	모름	
3124	회석리교회	조선기독	황해도 수안군 율계면 화석리
3125	회암교회	성결	함경북도 경흥군 아오지읍 회암리
3126	회암교회	장로	함경북도 경흥군 아오지읍 회암동
3127	회양교회	감리	함경남도 원산부 회양리
3128	회양읍교회	감리	강원도 회양군 회양읍 읍내리
3129	회유리교회	장로	평안남도 중화군 중화면 회유리
3130	회창교회	감리	평안남도 성천군 숭인면 창인리
3131	회천읍교회	감리	평안북도 희천군 희천읍 읍하동
3132	회천읍교회	장로	평안북도 희천군 회천읍 읍하동
3133	횡산교회	장로	평안북도 의주군 고관면 노동
3134	효자교회	장로	평안북도 선천군 군산면 장공동
3135	효자리교회	장로	함경남도 안변군 신아면 효지리
3136	후남교회	장로	황해도 장연군 후남면 부양리
3137	후복교회	모름	함경남도 혜산군 운흥면 후복동
3138	후서강교회	감리	경기도 개풍군 서면 강리
3139	후육교회	감리	경기도 개성지방
3140	후장교리교회	감리	평안남도 중화군 당정면 후장교리
3141	후지동교회	장로	평안북도 강계군 용림면 후지동
3142	후창읍교회	장로	평안북도 후창군 후창면 내동 103
3143	후창제이교회	장로	함경남도 북청군 후창면 일리
3144	후창제일교회	장로	함경남도 북청군 북청읍 당우리
3145	후평기도처	감리	경기도 연천군 서남면 귀존리
3146	후평영	구세군	강원도 평강군
3147	후호교회	장로	함경남도 북청군 양화면 후호리
3148	훈계교회	장로	함경북도 온성군 훈계면 풍무동
3149	휴동교회	장로	황해도 장연군 신화면 휴동리
3150	휴서교회	장로	황해도 장연군 신화면 휴서리
3151	흑교교회	장로	황해도 황주군 흑교면 흑교리
3152	흑령교회	장로	평안남도 강동군 상풍면 상동리
3153	흑자수교회	장로	황해도 봉산군 토성면 토성리
3154	흑천교회	장로	황해도 황주군 흑교면 흑천리

번호	교회명	교단	주소
3155	흔희동교회	장로	평안남도 중화군 금사면 흔희리
3156	흥교동교회	장로	평안남도 대동군 율리면 동신리
3157	흥남중앙교회	성결	함경남도 흥남시 하덕리
3158	흥동교회	장로	황해도 수안군 도소면 흥덕리
3159	흥상교회	장로	함경남도 함흥부 외흥상역전
3160	흥수원교회	장로	황해도 봉산군 구연면 신원리
3161	흥주교회	장로	평안북도 강계군 강계읍 흥주리
3162	흥판교회	장로	평안북도 강계군 외귀면 흥판동
3163	희동교회	감리	황해도 수안군 수안면 옥현리 희동
3164	희동교회	장로	함경남도 북청군 이곡면 정성리
3165	희천교회	감리	평안북도 희천군 희천읍 읍하동
3166	희천교회	성결	평안북도 희천군 동창면 희천리

표 목록

참고 문헌

[ㄱ]

감리교신학대학교 한반도평화통일신학연구소, 『통일 이후 신학 연구』(서울: 신앙과지성사, 2009).

강대진, 『나는 북의 반탐정원이다』(시광생활사, 1970).

강명도, 『평양은 망명을 꿈꾼다』(중앙일보사, 1995).

강인철, 『한국의 개신교와 반공주의』(중심사, 2007).

『현대 북한종교의 재인식』(서울: 다산글방, 1992).

고태우, 『북녘의 남은 자들을 위한 기도』(서울: 은성, 1990).

『북한의 종교정책』(민족문화사, 1989).

국방부, 『대병동 평양성에 정치적 생명줄』(국방부, 1983).

기독교통일학교, 『기독교와 통일』 제1권(기독교통일학회, 2007).

길성철, 『공산당의 종교실태』(국토통일원, 1981).

김경일, 『공자가 죽어야 나라가 산다』(서울: 바다출판사, 2000)

김진형, 『수난기 한국감리교회 북한교회사:1910-1950』(기독대한감리교회 홍보출판국, 1999).

김광수, 『북한 기독교 탐구사』(한국교회사 연구원, 1994).

『한국기독교 순교사』(한국기독교 순교사연구원, 1984).

김길남, 『굶주림보다 더 큰 목마름』(두란노, 2012).

김대인, 『숨겨진 한국교회사』(한들출판사, 1995).

김범수, (http://www.futurekorea.co.kr, 2004.8.25).

김병로, 『북한종교정책의 변화와 종교실태』(통일연구원, 2002).

"북한 그루터기 신앙공동체의 존재양식", 『통일한국포럼』(서울: 바울, 2006)

『남북한 통일 콘서트』(기북선, 2006)

김성준, 『한국기독교 순교사』(기독교문화사, 1993).

김성태, 『북방 선교의 실상』(서울: 생명의말씀사, 1994).

김승태, 『한국기독교와 신사참배문제』(한국기독교, 1991).

김양선, 『한국 기독교 해방 후 10년사』(대한예수교장로총회 종교교육부, 1956).

김영국, 『북한종교 말살의 진상』(백합출판사, 1979).

김영수, 『탈북자 문제의 이해』(KBS남북교류 협력기획단, 2003).

김영재, 『한국교회사』(개혁주의 신행협회, 1998).

김영환, 『기독교와 통일』 2007년 제1권 (서울: 기독교통일학회).

김용규, 『시효인간』(나라기획, 1978).

김일성, 『세기와 더불어』(평양: 조선로동당출판사, 1992).

김중석, 『북한교회 재건백서』(북한교회재건위원회, 1997).

김진형, 『한국의 첫 선교사』(계명대학교 출판부, 1982).

김춘배, 『한국기독교 수난사화』(성문학사, 1969).

김학준, 『한국전쟁』(서울: 박영사, 2003).

김현식, 『나는 21세기 이념의 유목민』(김영사, 2007).

김흥수, 『조선기독교도연맹과 국가: 북한에서의 정교관계 연구』(한국기독교 역사연구소, 1997).

『해방 후 북한교회사』(서울: 다산글방, 1992).

김흥수·류대영, 『북한종교의 새로운 이해』(서울: 다산글방, 2002).

[ㄴ]

나초스, 『북한의 기아: 기아 정치, 그리고 외교정책』(다할미디어, 2003).

남북한선교통일위원회, 『해방 전 북한교회 총람』(북한문제연구소, 1995).

남재중, 『북한의 기독교인 탄압실태』(조선일보, 2001).

내외통신사부설 북한문제연구소편, 『북한실상』(서울: 내외통신사 부설 북한문제연구소, 1995).

[ㄹ]

류성민, 『북한주민의 종교 생활』(서울: 공보처, 1994).

[ㅁ]

멸공의거단(반공계몽부), 『자유를 찾아서: 북괴의 만행을 폭로한다』(서울: 성청사, 1969)

모퉁이돌선교회, 『김정일 이후의 북한 선교: 김정일 시대와 김정일 이후의 북한 종교정책의 변화와 선교전망』(서울: 예영커뮤니케이션, 2008).

민경배, 『한국기독교회사』(서울: 대한기독교서회, 1993).

[ㅂ]

박승민·배진영, “전 주민을 기본군중·복잡한 군중·조대세력 잔여자로 분류”, (월간조선, 2007)

박영환, 『선교정책과 전략』(도서출판 바울, 2006).

박완신, 『통일의 그날』(서울: 엠마오, 1989).

박용규, 『북녘에 두고온 교회』(생명의말씀사, 1991)

『한국기독교회사』(서울: 생명의말씀사, 2004).

박용진, 『화해꾼 이승만 목사』(한국장로교출판부, 2007).

백승종, 『동독 도편수 레셀의 북한 추억』(효형출판사, 2000).

백종국, 『한반도의 평화적 통일과 한국의 그리스도인』(기독교와 통일 제1권, 2007).

북한교회재건위원회, 『무너진 제단을 세운다』(서울: 진리와 자유, 1995).

북한보안사무국, 학습제강(2007, 3)

북한 민주화를 위한 정치범수용소 해체운동본부, 2003

북한민주화운동본부 편찬위원회, 『잊혀진 이름』(시대정신, 2004).

북한연구소, 『북한총람』, (서울: 북한연구소, 1983).

북한 통일원 연구소 북한용어해설

[ㅅ]

사와 마사히코, 김숙자·강문규 역, 『남북한기독교사론』(도서출판 민중사, 1997).

사회과학출판사, 『조선말 대사전 2』(사회과학출판사, 1992).

손광주, 『북한사회의 실상: 김정일 시대 북한선교』(모퉁이돌선교회 연구원, 2004).

『김정일 리포트』(바다출판사, 2003).

신평길, 『노동당의 반종교정책 전개과정』(북한연구소, 1995).

신평로교회선교부, 『북녘의 하늘과 그 땅』(미진, 1991).

[ㅇ]

안혁, 『요덕 리스트』(천지미디어, 1995).

오승환, 『한국교회의 북한선교 역사』(서울신학대학교, 2001).

오영순, 『내가 체험한 김일성, 김정일 시대의 하나님』(모퉁이돌선교회, 2004).

유석렬, 『김정일 시대의 북한선교』(모퉁이돌선교회 연구원, 2004).

유천용, 『탈북자 실태 보고』(아시아태평양 인권위원회, 2005).

윤대일, 『악의 축 집행부 – 국가안전보위부의 내막』(월간조선사, 2002).

윤동현, 『북한의 종교실태』(서울: 통일원, 1986).

윤이훈, 『종교가 북한 사회에 미치는 영향』(통일원, 1990).

이금순, 『북한주민의 국경 이동 실태』(통일연구원, 2005).

『대북지원민간단체의 남북교류협력 연구』 통일연구원 연구총서 04-18(서울: 통일연구원, 2004)

이덕주, 『기독교 사회주의 산책』(홍성사, 2011).

『한국 그리스도인들의 개종 이야기』(한국기독교역사연구소, 2003).

이만열 외, 『대한성서공회사』(대한성서공회, 1994).

이삭, 『북한도 복음화하라』(은석논장, 1990).

이석, 『1994-2000년 북한 기근 발생 충격 그리고 특징』(통일연구원, 2004).

이순옥, 『증언』(크리스찬저널사, 2003).

이영선, 『자유냐 죽음이냐?』(신원문화사, 1984).

이영훈, 『한국기독교회사』(콘코디아, 1978).

이원순, 『한국천주교회사 연구』(한국교회사연구소, 2004).

이정훈, 『공작』(글마당, 2013).

이찬영, 『북한 기독교 100장면』(한국기독교총연합회, 2000).

『한국기독교회사 총람』(소망사, 1994).

『북한교회 사진명감』(총회북한교회재건위원회,2000)

이형근, 『한국교회 순교자』(세신문화사, 1992).

임순희, 『식량난과 북한 여성의 역할 및 의식 변화』(통일연구원, 2004).

임영태 & 고유한, 『북한 50년사』(서울: 들녘, 1999).

임영섭, 『한국기독교 순교자』(양문출판사, 1991).

[ㅈ]

장규식, "기독교 공동체 운동 강좌" – 제3강 가가와 도요히코의 □ 사회주의와 협동조합 – 제 4강 기독교 사회주의의 토착화와 예수촌 건설론

장병욱, 『6 .25 남침과 교회』(1983): 김홍수,(1992), 3

전택부, 『한국교회발전사』(서울: 대한기독교출판사, 1987).

조선중앙통신사, 『조선 중앙 연감』(평양: 조선중앙통신사, 1949).

조창호, 『돌아온 사자』(지호, 1995).

주도홍, 『기독교와 통일』 제1권(서울: 기독교통일학회, 2007).

진순종, 『사진으로 보는 한국기독교선교사 면모』(한가람 출판사, 1984).

[ㅊ]

최광, 『내래죽어도 좋습네다』(생명의말씀사, 2006).

최광석, 『북한에서의 신앙생활』(북한연구소, 1972).

최성철, 『북한의 인권』(남북문제연구소, 1995).

최훈, 『한국교회박해사』(서울: 예수교문서선교회, 1979).

[ㅌ]

탁지일, 『한국선교의 기원문제 : 제물포인가 부산인가?』(한국장로교출판사, 2007).

탈북난민보호운동본부, 『북한기독교 박해사례 증언집』(탈북난민보호운동본부, 2006).

토니 램버트, 최태희 역, 『중국의 교회 그 놀라운 성장』(서울: 로뎀, 2000).

통일부 교류협력국, 『사회문화 분야 남북교류 협력 실무안내』(통일부, 2001).

통일연수원, 『북한의 종교』(통일연수원, 1992).

[ㅎ]

하루히사 오가와, 황용성 역, 『실사구시의 눈으로 시대를 밝힌다』(서울: 강, 1999).

하종필, 『북한의 종교문화』(선인사, 2003).

한국기독교 100주년 기념사업협의회, 『한국기독교 순교자 기념관』(한국기독교 100주년 기념사업협의회, 2001).

한국기독교역사연구소, 북한교회사집필위원회 『북한교회사』(서울: 한국기독교역사연구소, 1996).

한국기독교사연구회, 『한국기독교의 역사 1』(기독교문사, 1989).

한국기독교통일포럼, 『통일한국포럼』(바울, 2006).

한국선교정보연구센터, 『한국선교핸드북』(한국해외선교회출판부, 1996).

한국선교연구협회

한국인 사이의 교환과 협동사무국, 통합 사역 2004.

한창수 편, 『한국공산주의 운동사: 현대사 사료집Ⅰ』 지양전서16 (서울: 지양사, 1984), 16-18.

한철하, 『지상교회와 지하교회』(서울: 기독교사상, 1971).

허문영, 『21세기 복음통일을 향한 우리의 인식과 전략방향』(기독교 통일 제 1권, 2007).

허휘훈, 『중국 소수민족 종교 신앙』(태학사, 1997).

홍동근, 『주체사상과 기독교』(북미주체사상연구회, 1990).

홍만춘, 『북한인물연구: 북한 초기의 기독교와 강양욱』(서울: 1990).

홍성현, 『맑스주의자들의 종교비판』(제3세계신학연구소, 1988).

황장엽, 『개인의 생명보다 귀중한 민족의 생명』(시대정신, 1999).

『나는 역사의 진리를 보았다』(한울, 1999).

[신문 및 잡지]

기독교문사, 『기독교대사감』(서울: 기독교문사, 1992).

"김동식 목사 유해라도 돌려오게 해 주세요", 미션뉴스(2007).

김범수, "기독교인 86명 비밀예배소란, 보위부원 증언", 조선일보(2002.6.18).

김철영, "북한 교회 가짜인가?", 그래서 손길을 거두어야 하는가?(코람데오닷컴, 2007).

뉴스미션(2007.8).

뉴스파워(2006.8.22).

대한변호사협회, 〈2006년 인권보고서〉(대한변호사협회, 2006).

동아신문(2003.6.2)

백중현, "북한에도 교회가 있나요", 국민일보(1998).

북한개발소식

"북한 교회 예배 우리와 흡사", 경향신문(1991.1.12).

북한인권시민연합, 〈생명과 인권〉(1999년 여름호).

"북한 평양 칠골교회 개축 개관 기념예배", 연합뉴스(1992.12.9).

빛과 소금 (2001.4).

양병희, "북한교회 어제와 오늘", 국민일보(2006).

윤여상, "탈북자의 발생원인과 규모 그리고 전망", www.iloveminority.com. (2002.8.23).

위키백과, "우리의 소원" http://ko.wikipedia.org/wiki/%EC%9A%B0%EB%A6%AC%EC%9D%98_%EC%86%8C%EC%9B%90

위키백과, "임수경" http://ko.wikipedia.org/wiki/%EC%9E%84%EC%88%98%EA%B2%BD

이상규, "초기 기독교인은 어디서 모였을까", 〈헤르메니이아 투데이〉 제23호(2006).

이정식, "우리의 소원은 통일(2)" http://nocutkorea.egloos.com/m/2288453

이정훈, "국정원 평안요원, 통일 저항세력 제거하라", 〈신동아〉(2012.11).

조선일보(2006.6.13)

조선일보(2009.2.22)

탈북난민(2002년 여름호).

탈북난민보호운동본부, 사례번호4 북한기독교박해사례 증언집(2006).

"6.25 전쟁인명피해 현황", 미션매거진(2002).

"6.25 납북자 82,959명", 〈월간조선〉(2003).

www.missionmagazine.com, 2006년 3월 23일 게재기사

참고 문헌

[A]

Andrea Natsios, *The Great North Korean Famine:Famine, Politics and Foreign Policy*, Seoul, Korea: Da-Hal Media, 2003.

A History of Christianity in Asia, Vol I: Beginnings to 1500. Maryknoll, NY: Orbis Books. 1998.

A History of Christianity in Asia, Maryknoll, NY: Orbis Books. 2005.

Aikman, *D. Love China Today*. Holland, MI: Open Doors International. 1977.

Anderson, Kenneth, *Bold as a Lamb*, Grand Rapids, MI: Zondervan Publishing House, 1991.

[B]

Baek, Won-Gye. Anti-Communist Reaction and Morality of Religion" and "Life and Superstition." North Korea Communist Labor Party. 1959.

Barnett, Paul *Jesus and the Rise of Early Christianity: A History of New Testament Times*, Downers Grove, InterVarsity Press. 1999.

Belke, Tom, *Juche: A Christian Study of North Korea's State Religion*, Bartlesville, OK: Living Sacrifice Book Company. 1999.

Blair, William and Bruce Hunt, *The Korean Pentecost and The Sufferings Which Followed*. Carlisle, PA: The Banner of Truth Trust. 1977.

Bright, John, *The Kingdom of God*, Nashville, TN: Abingdon Press. 1976.

Brown, G. T. *Mission to Korea*, Board of World Missions, Presbyterian Church U.S. 1962.

Buttrick, George A. *The Interpreter's Dictionary of the Bible*. Vol. 4. Nashville, TN: Abingdon Press.

[C]

Catacomb Connection. Cornerstone Ministries International. Seoul, Korea.

Chadwick, Harold. *The New Foxe's Book of Martyrs*, North Brunswick, NJ: Bridge-Logos Publishers. 1977.

Chao, Jonathan, *China Mission Handbook*, Hong Kong, Chinese Church Research Center. 1989.

Clark, Allen D. *History of the Korean Church*. Seoul, Korea: The Christian Literature Society of Korea. 1961.

[F]

Fletcher, William C, *The Russian Orthodox Church Underground 1917-1970*, London, UK: Oxford University Press. 1971.

FLPH(Foreign Language Publishing House), *Kim Jong-Il Short Biography*, Pyongyang, Korea: Foreign Language Publishing House. 2001.

Forbush, William B, *Foxe's Book of Martyrs*, Grand Rapids, MI: Zondervan Publishing House. 1967.

Foreign Languages Publishing House, "*KIM JONG IL ON THE JUCHE PHILOSOPHY*"(Foreign Languages Publishing House, 2002).

Freeman, David, ed. *The Anchor Bible Dictionary*. New York, Doubleday. 1992.

[G]

Gentz, William H, *The Dictionary of Bible and Religion*, Nashville, TN: Abingdon Press.

Gerstenberger, E. S. S., W. *Suffering; Biblical Encounters Series*. Nashiville, TN: Abingdon Press. 1980.

[H]

Hasel, Gerhard. *The Remnant: The History and Theology of the Remnant Idea from Genesis to Isaiah*. Berrien Springs, MI: Andrew University Press. 1972.

Hiebert, Paul G. *Cutural Anthropolgy*. Grand Rapids, MI: Baker Book House. 1983.

[K]

Kerr, Edith A., and George Anderson. *The Australian Presbyterian Mission in Korea 1889-1941*. Sydney, Australia: Australian Presbyterian Board of Missions. 1970.

Keston College, *Religious Prisoners in the USSR*, Sutherland, NSW, Australia: Albatros Books Pty Ltd. 1987.

Korea, Los Angeles: Fuller Theological Seminary, 2009.

[L]

Laurent, Bob., *Watchman Nee: Man of Suffering*, Unrichville, OH; Barbour Publishing, Inc. 1998.

Lee, Peter. Historical Review of the persecuted Church IN China AND THE Emergence of Spirit-Credentialed Ministers. School of Intercultural Studies. Pasadena, Fuller Theological Seminary. 2004

Lee, Peter. Historical Review of the Persecuted Church in China Prior to the Arrival of Western Missions. School of Intercultural Studies. Pasadena, Fuller Theological Seminary. 2003.

Lee, Soon Ok, *Eyes of Tail-less Animals*, Bartlesville, OK: Living Sacrifice Book Company, 1996.

Lee, Y. K.God's Mission in Suffering and Martyrdom. School of World Mission. Arbor, MI: Fuller Theological Seminary: 539.

[M]

Manson, T.W,“ The Servant Messiah: A Study of the Public Ministry of Jesus”, Cambridge University Press Day Month 1953, 1.

McKnight, Scot,“The Warning Passages of Hebrews: A Formal Analysis and Theological Conclusions.” *Trinity Journal* 13NS, Vol. 21-59. Deerfield, IL: Trinity Evangelical Divinity School. 1992.

Mission on the Wary: Issues in Mission Theology. Grand Rapids, MI: Baker Books. xvii-; 1996.

Moffet, S. H. *The Christians of Korea*. New York, Friendship Press. 1962.

Monod, R. *The Korean Revival*. London, Hodder and Stoughton. 1969.

[N]

North Korea Security Bureau *U-Ri 3 Seh, 4 Seh Ghoon-in-deul-eul Byun-jil-wah-hae-si-ki-ryeo-neun Jeok-deul-eui sim-ri Mo-rak-jeon-eul Dan-ho-hi Jit-boo-seu-bue-ril-de Dae-hae-yeu (To Defend our 3rd and 4th Generation of Army Who Would be Changed Based on Pyscological Propaganda of the Enemy)*, North Korea Security Bureau. 2007.

Norwood, Frederick, “*Strangers and Exiles*.”(Nashville, TN: Abingdon Press. 1969)

[O]

Sok Hun Om, *The Glorious Career*, Pyongyang: Foreign Languages Publishing House. 1990.

[P]

Paik, L. G. *The History of Protestant Missions in Korea 1832-1910*. Seoul, Korea: Yonsei University Press. 1980

Penner, G. M. *In the Shadow of the Cross*. Bartlesville, OK: Living Sacrifice Books. 2004

Peter Lee, Toward a Missiological Understanding of the Persecuted Church in North Korea,(Los Angeles: Fuller Theological Seminary, 2009)

[R]

Religion is the Opium of the People and America Uses Religion in South Korea as a Tool of Aggression, North Korea Communist Labor Party. No information available. 1959.

Rhodes, H. *History of the Korea Mission: Presbyterian Church U.S.A. 1884-1934*. Seoul, Korea: Chosen Mission Presbyterian Church. 1934.

Ringe, S. H., *Jesus, Liberation, and the Biblical Jubilee*, Philadelphia, PA: Fortress Press. 1985.

Rowthorn, Anne *The Liberation of Laity*. Wilton, CT: Morehouse-Barlow Publisher. 1986.

[S]

Saeki, P. Y. *The Nestorian Documents and Relics in China*. Tokyo, Japan: The Maruzen Company. 1951.

Schaff, Phillip *History of the Christian Church*. Peabody, MA: Hendrickson Publishers, Inc. 2002.

Sterk, V. J. "The Dynamics of Persecution." School of World Mission, Fuller Theological Seminary. 1992.

Stott, J. R. *The Message of Acts: The Spirit, the Church and the World*. Downers Grove, IL: Inter-Varsity Press. 1994.

[T]

Takashi, N. *Korea in Kim Joing Il's Era*. Pyongyang, Korea: Foreign Languages Publishing House. 2000.

Thomas, Wang and Chan, Sharon.," Christian Witness to the Chinese People. "In Perspectives on the World Christian Movement. R. D. (Winter, Hawthorne, Steven C. Pasadena, CA: William Carey Library, 1999)

Ton, J. *Suffering, Martyrdom, and Rewards in Heaven*. Lanham, MD: University Press of America. 1997.

[U]

United Nations High Commissioner for Refugees *Handbook for Emergencies*. Second Edition. Geneva: UNHCR. 1999.

[V]

Van Engen, Charles, *Footprints of God: A Narrative Theology of Mission*, Monrovia, CA: MARC. 1990.

[W]

Wenham, G., ed. Genesis 16-50 In *Word Biblical Commentary*. Waco, TX: Word Books. 1987.

Wurmbrand, Richard, *Tortured for Christ*, Glendale, CA: Diane Books., 1976.

[Y]

Yi, B. D. *An Account of the Shipwreck of a Dutch Vessel on the Coast of the Isle of Quelpaert, Together with the Description of the Kingdom of Corea*. 1954.